国家社科基金一般项目
"中国藏、彝英语学习者语法意识与语用意识互动机制研究"
（18BYY213）研究成果

# 藏彝英语学习者语法意识与语用意识互动研究

何周春　龚彦知◎著

四川大学出版社
SICHUAN UNIVERSITY PRESS

图书在版编目（CIP）数据

藏彝英语学习者语法意识与语用意识互动研究 / 何周春，龚彦知著. — 成都：四川大学出版社，2023.10
（语言与应用文库）
ISBN 978-7-5690-6265-6

Ⅰ．①藏… Ⅱ．①何… ②龚… Ⅲ．①英语－语法－学习方法－研究 Ⅳ．① H314

中国国家版本馆 CIP 数据核字（2023）第 146416 号

| | |
|---|---|
| 书　　名： | 藏彝英语学习者语法意识与语用意识互动研究 |
| | Zang-Yi Yingyu Xuexizhe Yufa Yishi yu Yuyong Yishi Hudong Yanjiu |
| 著　　者： | 何周春　龚彦知 |
| 丛 书 名： | 语言与应用文库 |

---

| | |
|---|---|
| 丛书策划： | 张宏辉　黄蕴婷 |
| 选题策划： | 张　晶　敬铃凌 |
| 责任编辑： | 王心怡　敬铃凌 |
| 责任校对： | 于　俊 |
| 装帧设计： | 墨创文化 |
| 责任印制： | 王　炜 |

---

| | |
|---|---|
| 出版发行： | 四川大学出版社有限责任公司 |
| 地址： | 成都市一环路南一段 24 号（610065） |
| 电话： | （028）85408311（发行部）、85400276（总编室） |
| 电子邮箱： | scupress@vip.163.com |
| 网址： | https://press.scu.edu.cn |
| 印前制作： | 成都墨之创文化传播有限公司 |
| 印刷装订： | 成都金阳印务有限责任公司 |

---

| | |
|---|---|
| 成品尺寸： | 170 mm×240 mm |
| 印　　张： | 18 |
| 字　　数： | 302 千字 |

---

| | |
|---|---|
| 版　　次： | 2023 年 10 月 第 1 版 |
| 印　　次： | 2023 年 10 月 第 1 次印刷 |
| 定　　价： | 89.00 元 |

---

本社图书如有印装质量问题，请联系发行部调换

版权所有 ◆ 侵权必究

扫码获取数字资源

四川大学出版社
微信公众号

# 前言

自 20 世纪 70 年代英国"语言意识运动"(language awareness movement)开展以来,其核心组成部分"语法意识"(grammatical awareness)和"语用意识"(pragmatic awareness)成为国内外众多学者关注的焦点。语法意识有关学习者对语言结构、意义的敏感性与认知,涉及语言符号本身(Borg, 2003),语用意识有关学习者恰当语言运用的意识性与反思,基于并超越语言符号(Alcon & Safont, 2008),因而两者存在一定的映射关系(Ariel, 2008;张绍杰, 2010)。而语法意识和语用意识不仅是学习者语法能力和语用能力发展的前提和基础,且具有显著的民族性特征(赵秋野, 2008),再加之有着独特语言、文化和心理的我国藏彝英语学习者总体上存在英语水平相对较低的问题(蒋霞、克撒, 2012;王静, 2016;魏娜, 2017),因此厘清我国藏彝英语学习者语法意识和语用意识发展现状、两者间具体交互程度、形式、特征等问题势在必行。

以往国内外有关语法意识和语用意识的关系研究,主要聚焦于两者发展的不同步性、先后性等主题,也常将语法意识和语用意识视为两个独立个体,未对两者间可能存在的整体、层级交互作用做深入研究。另外,以往研究主要针对母语学习者或二语/外语学习者进行,而忽视对三语学习者的探讨。所以,本研究通过对 475 名藏彝英语学习者的问卷调查,不仅可解答我国藏彝英语学习者语法意识和语用意识发展现状、特征、交互关系、互动机制等系列问题，且可基于研究结论，从语法意识和语用意识角度提出围绕藏彝少数民族英语教学内容、教法、教材等维度的对策与建议。

本书是国家社科基金一般项目"中国藏、彝英语学习者语法意识与语用意识互动机制研究"（18BYY213）研究成果之一，由成都中医药大学外语学院何周春、龚彦知两位教师合作完成。本书主要包括文献理论、实证、讨论和教学启示等几个方面内容，清晰呈现了我国藏彝英语学习者语法意识、语用意识发展现状、特征及成因，展示了我国藏彝英语学习者语法意识、语用意识整体间、层级间的交互形式、交互程度、交互特征及原因等，为我国藏彝英语学习者语法教学和语用教学方法的改进与质量的提升提供了相关策略。

# 目录

1 **语法意识** /001

    1.1 引言 /002

    1.2 语法意识的内涵及特征 /002

    1.3 语法意识的分层 /003

    1.4 语法意识的功能 /005

    1.5 结语 /007

2 **语用意识** /009

    2.1 引言 /010

    2.2 语用意识的内涵及特征 /010

    2.3 语用意识的分层 /011

    2.4 语用意识的功能 /012

    2.5 结语 /014

3 **语法意识与语用意识交互关系文献回顾** /015

    3.1 引言 /016

    3.2 基于社会规约视角的语法意识与语用意识交互关系 /016

    3.3 基于编码和推论视角的语法意识与语用意识交互关系 /018

    3.4 基于历时和共时视角的语法意识与语用意识交互关系 /020

    3.5 基于发展顺序视角的语法意识与语用意识交互关系 /023

3.6 语法意识与语用意识交互关系研究的反思 /027

3.7 结语 /031

**4 藏彝英语学习者语法意识问卷调查与研究 /033**

4.1 引言 /034

4.2 藏彝英语学习者语法意识调查与研究的理论基础 /034

4.3 藏彝英语学习者语法意识调查与研究方法 /035

4.4 藏彝英语学习者语法意识调查的开展与实施 /036

4.5 藏彝英语学习者语法意识问卷调查研究结果 /040

4.6 结语 /065

**5 藏彝英语学习者语用意识问卷调查与研究 /067**

5.1 引言 /068

5.2 藏彝英语学习者语用意识调查与研究的理论基础 /068

5.3 藏彝英语学习者语用意识调查与研究方法 /069

5.4 藏彝英语学习者语用意识调查的开展与实施 /071

5.5 藏彝英语学习者语用意识问卷调查研究结果 /075

5.6 结语 /101

**6 藏彝英语学习者语法意识与语用意识互动关系的问卷调查与研究 /103**

6.1 引言 /104

6.2 藏彝英语学习者语法意识与语用意识交互关系研究方法 /104

6.3 藏彝英语学习者语法意识与语用意识发展的差异性 /105

- 6.4 藏彝英语学习者语法意识与语用意识整体 – 整体交互关系 /108
- 6.5 藏彝英语学习者语法意识与语用意识层级 – 整体交互关系 /111
- 6.6 藏彝英语学习者语法意识与语用意识层级 – 层级交互关系 /127
- 6.7 结语 /167

# 7 藏彝英语学习者语法意识与语用意识交互关系及成因 /169

- 7.1 引言 /170
- 7.2 藏彝英语学习者语法意识与语用意识整体 – 整体交互关系 /170
- 7.3 藏彝英语学习者语法意识与语用意识整体 – 整体交互成因 /171
- 7.4 藏彝英语学习者语法意识与语用意识层级 – 整体交互关系 /174
- 7.5 藏彝英语学习者语法意识与语用意识层级 – 整体交互成因 /183
- 7.6 藏彝英语学习者语法意识与语用意识层级 – 层级交互关系 /187
- 7.7 藏彝英语学习者语法意识与语用意识层级 – 层级交互成因 /198
- 7.8 结语 /204

# 8 基于语法意识视角的藏彝英语语法教学与研究 /205

- 8.1 引言 /206
- 8.2 基于语法意识视角的语法教学源起与发展 /206
- 8.3 基于语法意识视角的语法教学的几个要素 /208
- 8.4 基于语法意识视角的英语语法教学的开展与实施 /215

- 8.5 基于语法意识视角的英语语法教学特征 /222
- 8.6 结语 /227

## 9 基于语用意识视角的藏彝英语语用教学与研究 /229

- 9.1 引言 /230
- 9.2 基于语用意识视角的语用教学的源起与发展 /230
- 9.3 基于语用意识视角的语用教学的几个要素 /231
- 9.4 基于语用意识视角的英语语用教学的开展与实施 /240
- 9.5 基于语用意识视角的英语语用教学特征 /245
- 9.6 结语 /252

**结束语 /253**

**参考文献 /255**

# 1 语法意识

## 1.1 引言

语法在人类语言系统中具有重要地位，也是语言的三要素之一。从语言的本质来看，语言的发展即是语法的发展（胡壮麟，2017）。在过去五百多年的发展过程中，虽然语法教学经历了"中心"—"边缘"—"再中心"等变化与波折，但在语言教学中，语法始终居于不可忽视的地位。正如 Wilkins（1976）指出，语法是语言学习和语言教学过程不可缺少的重要"元素"（element）。因此，语法既是语言意义的系统资源，是传递思想和完成交际的重要基础，也是语言教学中不可或缺的重要组成部分。而语法意识不仅是语言规则的再现，更是学习者、语言使用者认知意识和认知能力的体现。

## 1.2 语法意识的内涵及特征

"语法意识"（grammatical awareness）是基于语法学习或语法教学而提出，而不是基于语言本身或言语使用本身而提出的。语法意识这一术语首先由 Rutherford & Sharwood-Smith（1985）提出，他们认为语法意识是指"学习者有意识注意目的语的形式特征"，强调学习者对语法形式的注意，从而有利于语法学习。自从 Rutherford（1987）提出通过"意识提升"（consciousness-raising）来促进语法教学以来，语法意识研究逐渐受到国内外学界广泛的关注。然而，在早期的语法意识研究过程中，对语法意识术语的选择及内涵阐释存在诸多分歧。

语法意识早期研究中，由于术语的选择存在不确定性，因而相关界定也存在一定的异同。有学者使用"语法意识"（grammatical awareness）术语，如 Rutherford & Sharwood-Smith（1985），也有学者使用"句法意识"（syntactic awareness）术语，如 Tunmer & Grieve（1984）、Gombert（1992）。但在该阶段，句法意识反而在学界使用更为广泛。例如，Tunmer & Grieve（1984）认为，句法意识是指学习者对句子外在结构的认识与反思。Gombert（1992：39）指出，句法意识是指能"有意识地"（consciously）分析语言的句法结构，并对语法结构进行"有意识控制"（intentional control）。可见，早期有关语法意识的界定与研究，注重对语言规则的有意识识别与记忆，既强调语法规则本身，也重视学习主体的主动意识和认知过程。

到 20 世纪 90 年代末，语法意识界定及研究在"语言意识运动"(language awareness movement)的带动下得到进一步发展。在 Hawkins(1999)的倡导下,兴起了语言意识研究,而这个阶段的语言意识研究主要聚焦于语法本身,也就是语法意识研究。所以,在很长的一段时间里,学界有关语言意识的研究主要聚焦于语法意识本身,甚至将语法意识等同于语言意识。例如 Donmall(1985:7)以及 James & Garrett(1991)在界定语言意识时指出,语言意识是学习主体对语言形式及语言功能的敏感性与意识性。虽然 Hawkins(1981;1984;1987;1999)本人并未就语言意识或语法意识做出一个明确的界定和分类,但也仍然强调语言意识注重学习者对语言符号的敏感性和意识性。后来随着语言意识研究的不断推进,学界对语法意识有了更清晰的认识。Andrews(2001)认为,语法意识是复杂"语言意识"概念中的一种,是指一种有助于学习者逐渐获得洞察语言结构与意义的能力,也是学习者自我分析语言结构与意义的能力。Cain(2007)认为,语法意识是指学习者对"语法结构"(grammatical structure)的"使用"(manipulate)与"反思"(reflect),是一种"元语言技能"(metalinguistic skill)。何周春、龚彦知(2015a)和龚彦知等(2021a)认为,语法意识是"学习者对语法形式和意义的客观注意、主观感受及认知分析"。所以,语法意识既是学习者对语法特征及其含义的有意识注意,也是学习者对语法学习过程及内容的分析、总结与思考,体现了学习主体对语法特有现象的主动认知与反思。

以上界定反映了国内外学界早期至今对语法意识的认识,虽然句法意识和语法意识两个术语存在一定差异性,但从以往研究内容来看,早期研究中所指的句法意识、语言意识即是今天所讨论的语法意识(Bowey,1986;Cain,2007;Bourke,2008)。

## 1.3 语法意识的分层

语言意识存在层级之分,且不同层级对语言学习产生的影响不一。目前,国内外学者对语言意识的分层并未统一。例如 Schmidt(1990;1995)、Leow(1997)、Tomlin & Villa(1994)、Clark(2001)等对语言意识的分层与赵秋野(2003)、杨敏(2008)等国内相关学者对语言意识的分层研究存在差异性。Schmidt(1990;1995)和 Leow(1997)指出,语言意识具有"感知"(perception)、"注意"(noticing)

和"理解"（understanding）三层。所谓感知，是指对"外在事物"（external events）的内在反映的心理过程，是语言意识的最低层；注意，是指对存留在短时记忆里信息的体会，是语言意识的中间层；理解，是指语言学习过程中的思维活动，如对语言规则的演绎与归纳等，是语言意识的最高层；语言意识层级越高说明学习者语言意识越强。而国内学者赵秋野（2003）主要从心理语言学角度，将语言意识分为语义层、语言认知层和语用层。杨敏（2008）从语言与思维角度，将语言意识分为语感和语言思维两层。因此，国内外学者因角度不同，对语言意识的分层结果也不同。

语法意识是语言意识的重要组成部分，其分层也应依据语言意识的层级进行。而国内外有关语法意识及语法意识分层研究主要参照Schmidt（1990；1995）、Leow（1997）等对语言意识的分类标准进行。究其原因，可能与其所体现的意识层级特性有关，也可能与其实际应用与测量的有效性等客观因素有关。首先，有意识和无意识各具自身的特性，但也存在交叉与重叠：有意识具有目的性、能动性、不稳定性等特征，是人类认识周围事物的心理组成部分；而无意识具有自动性、能动性、稳定性等特征，是人类未感知或未意识到的情况下客观存在的意识；有意识和无意识共同存在于人类认知事物的过程中，既有对立、矛盾、冲突的一面，也有统一、一致、协同的一面；既存在相互关联、彼此依存，也存在互为基础和前提，且可相互转化。因此，虽然从表象看，Schmidt（1990；1995）和 Leow（1997）对语言意识的分层结果与其他学者的分层结果存在差异，但从有意识和无意识间的关系看，无论是何种分层结果，均存在一定的相似性和共性。其次，Schmidt（1990；1995）和 Leow（1997）对语言意识层级的划分，不仅体现了学习主体的认知过程和意识的参与过程，也为检测学习者语言意识程度的高低提供了前提和具体策略。例如，Bialystok（1979；1986）早在 Schmidt（1990；1995）和 Leow（1997）提出语言意识层级理论前就认为，感知是人"自然的"（spontaneous）、"直觉的"（intuitive）隐性语言知识的体现，可依赖学习者主观、直觉感受来测定；注意是学习主体的有意识观察，可通过学习者的客观注意来检测；而理解是隐性知识显性化的体现，可根据学习者对语言规则/现象的解释来测量。虽然后来 Layton et al（1998）再次专门对语法意识进行了分层，但与 Schmidt（1990；1995）和 Leow（1997）的分层结果大同小异。例如 Layton et al（1998）认为，语法意识包括以下四层：①能获得"隐性知识"（tacit knowledge），是语法意识的最基层；②能使用"固定"（fix up）的策略或利用语言"特征"（features）进行理解；③能"表述"（articulate）或"识别"（identify）相关语言规则；④能"反思"（reflect）自我语言知识和自我语言"运用"（performance）。所以，通过对国内外文献的分析可见，语法意识是语言意识的一个重要分支，其层级的划分也与语言意识的层级划分几乎一致，包括感知、注意和理解三层，不仅体现了人类在语言使用过程中对语言的主动认知，也体现语法是人类主客观认知的结果。

## 1.4 语法意识的功能

由于语法意识往往因主体的不同而分为教师语法意识和学习者语法意识。以往文献结论显示，语法意识不仅有助于教师教学理念与教学能力的提高，也有助于学习者有意识注意与反思相关语法形式与规则，逐渐成为独立的学习者和教学者（何周春、龚彦知，2015a；2017b；龚彦知等，2021a）。

### 1.4.1 教师语法意识

由于教师语言意识不仅包括语法意识、语音意识、语用意识等不同种类，且包括教师语言专业知识和语言学科教学知识两个维度；因此，语法意识不仅是教师语言意识的一个重要分支，也是语言专业知识和语言学科教学知识中不可或缺的重要成分。所以，教师语法意识在一定程度上是决定其教学能力和教学质量的重要指标。Wright & Bolitho（1993）和 Andrews（1999a；2003）研究发现，教师语法意识与其语言能力、教学能力相关，语法意识很大程度上决定了教师的课堂教学理念与行为。Andrews（1999b）从"元语言认知"（recognize metalanguage）、"元语言术语产出"（produce appropriate metalanguage terms）、"语法错误辨认与纠正"（identify and correct errors）和"语法规则解释"（explain grammatical rules）等四个方面对 60 位教师语法意识发展现状及成因进行研究。结果表明，有经验者的语法意识高于无经验者；"非本族语者"（NNS）的语法意识高于"本族语者"（NS）；而究其原因，与教师教学经验、教龄及其语言学科知识等有一定关联。该结论与 Bardovi-Harlig

& Dörnyei（1998）研究结果基本一致。国内王琦（2004）通过对80名初中和小学的英语教师的问卷调查，发现英语教师的语法意识水平普遍偏低，教师教学观念和教学方法创新受限；因此提出，提高教师的语法意识水平是提高教师素质及推进中小学英语教育改革的重要保障。以上研究一方面体现了教师语法意识的构成，另一方面也显示了教师语法意识是影响教学效果的重要因素。

### 1.4.2 学习者语法意识

以往研究显示，语法意识是学习者语法能力发展的前提，有助于提高学习效能。Rutherford（1988）指出，缺乏语法意识就无法感知语言结构，无法感知话语功能，也无法理解语言符号所传递的信息。Bardovi-Harlig & Dörnyei（1998）和 Neizgoda & Röver（2001）通过问卷调查与访谈发现，语法意识是决定外语学习者语法能力、语言水平的重要前提，高程度的语法意识意味着高的语法能力与外语水平。以往研究更多将重点放在语法意识与词汇拼写能力及阅读能力相关研究上，并发现语法意识可显著预测学习者对词汇的辨析能力和阅读能力的高低。Bryant et al（2000）和 Juul（2005）指出，外语学习者词汇拼写能力的高低受语法意识制约，学习者语法意识与词的"屈折拼写"（inflectional spelling）能力有关，学习者语法意识程度对其词汇屈折拼写能力具有显著的预测作用；学习者语法意识程度越强，词汇拼写能力越好。也有研究显示，语法意识的发展程度决定了学习者阅读能力和水平。Bowey（1986）、Nation & Snowling（2000）和 Tong et al（2014）研究结论表明，学习者句法意识与其篇章阅读能力相关，句法意识水平越高，其篇章阅读能力也越强。国内主要采用问卷调查来探究学习者语法意识的功能。以往研究表明，语法意识不仅有助于学习者的主动、发现性学习，也是英语学习者语法能力发展的前提和基础（李民、陈新仁，2007；李民等，2009；何周春、龚彦知，2015a）；语法意识不仅可加快语言学习的进程，防止错误僵化（高远，2006），还可促进学习者语用意识和语用能力的发展（龚彦知等，2021a）。因此，语法意识有利于增强学习者语法知识和技能，也有利于提升其语言观察、语言分析和语言使用的能力。

## 1.5 结语

语法意识是学习者对语言规则，包括其形式、意义和功能的敏感性和意识性。语法意识不仅是学习者语法能力发展的前提和基础，也是教师语法教学质量提升的必要条件。目前，我国藏彝英语学习者语法意识发展现状如何、特征是什么等问题厘清后，可为具体语法教学方法的实施提供新的路径和策略。

② 语用意识

## 2.1 引言

语用意识是学界研究的重要议题。对语用意识的认识与研究，不仅有助于研究者、教学者清晰认识和理解语用形成、功能、特征以及相关影响因素，更有助于推动外语教学，尤其是语用教学的发展。

## 2.2 语用意识的内涵及特征

语用内涵的多样性决定了语用意识内涵的多样性。Alcon & Safont-Jorda（2008）从语用知识角度，将"语用意识"（pragmatic awareness）定义为学习者对语用"显性知识"（explicit knowledge）的"意识性"（conscious）和"反思性"（reflective），其内容主要涵盖了有关语言使用的基本规则和社会"规约"（conventions）的语用知识。这种界定类似于语言意识的界定，将意识聚焦于语言知识本身或语用知识本身。然而，知识与意识虽存在关联，但并非意识本身。Culpeper & Haugh（2014：239）基于元语用意识视角，认为语用意识是"如何使用语言反思自我言语行为以及反思言语交际方式等意识"。国内学者也给出了不同的界定。例如，卢加伟（2013）将语用意识限定于二语交际而非母语交际范畴，认为语用意识是指"学习者对第二语言运用的规则及交际实现过程中有一个清晰、深刻的认识"。胡美馨（2007）和陈新仁（2013：36）对语用意识的界定与国外定义存在一定的相似性，认为语用意识是学习者在特定语境下对语用规则与语用实现的意识性与敏感性。何周春、龚彦知（2020）从语用知识和元语用意识角度指出，语用意识不仅是学习者语用知识的综合体现，也是学习者对语用实现的自我调整与监控。

因此，语用意识不仅包括语用，即语言符号及符号所传递的语用信息，也包括交际主体的主观意识和自我监控与调节；语用意识是交际主体对某一交际语境或某一具体社会规约下言语使用的敏感性和意识性。学习者语用意识就是学习者在语言学习过程中逐渐建立的交际意识，随时以一种无形的力量指引着交际者在恰当的时间、恰当的环境，以恰当的语言表达方式达到想要的交际意图。所以，语用意识是学习者基于特定语境、交际双方心理、交际实际而产生的心理认知，是动态的构建过程和认知过程。

## 2.3 语用意识的分层

语用意识不仅基于语言符号本身,也超越语言符号,还涉及学习者的认知心理。因此,语用意识是多结构的综合体,必然具有一定的层级特征,但常因角度不同而得出不同的语用意识层级。基于言语的交际过程,语用意识是学习者言语心理认知层级的反映。张巨文(2003)认为,语用意识反映的是语言交际过程,交际双方头脑中所形成的有关语言形式、观念、概念以及行为范式等。因而语用意识包括6个方面的内容和层级:①感觉,指交际过程中大脑对交际需要的最基本、最简单、最直觉的反映;②知觉,指基于感觉的心理反应;③表象,指大脑中基于客观交际所呈现的形象,是语言的客观再现;④概念,指基于感觉、知觉和表象而形成的抽象思维;⑤判断,指基于语言和客观世界的判断,从而形成一个或多个命题;⑥推理,指基于前面程序的直接或间接推理,并得出结论。可见,基于言语交际,语用意识更多关注交际主体内在心理对客观世界的反映程度及其认知过程。其次,基于语用知识构成角度,语用意识是由主观世界和客观世界两层级构成。Alcon & Safont-Jorda(2008)和Gilmore(2011)认为,语用意识包括"语用语言"(pragmalinguistic)和"社会语用"(sociopragmatic)两方面的知识。前者是指基于一定的语境下,对具体语用表达或言语交际,如道歉、要求、拒绝等的恰当理解和交际意图的恰当"传递"(convey)能力。而后者是指说话人在特定的"交际社区"(speech community)内所具有的恰当的、适合该文化的知识。何周春、龚彦知(2020)研究指出,语用意识既包括语用知识,也包括元语用意识两部分内容。前者是基础,后者是对前者的认知与反映,如监控与调整。因此,语用意识是以客观世界、客观语用知识为基础,从而形成主观认知与反思并作用于客观语用实践,因而是学习者主客观两层的综合。

另外,语言意识具有层级性,而语用意识属于语言意识的重要组成部分,因而也具有层级特性。Gattegno(1976)认为语言意识由多层级构成,且不同层级的语言意识有着不同的功能。例如,高层次的语言意识理解层级意味着更高层级的语言认知(Rosa & Leow, 2004; Leow, 2006)。与语言意识、语法意识类似,语用意识包括语用意识感知、语用意识注意和语用意识理解三层,而高层级的语用意识意味着更高层次的语用意识及能力。语用意识感知是指对外在事物（如客观世界和客观语言符号）内在反映的心理过程，是语用意识的最低层，是学习者个体自然的、直觉的语用感知；语用意识注意是指学习者个体对语言符号所承载的语用信息的聚焦和体会，是语用意识的中间层，是显性的、有意识的层级；语用意识理解是指学习者个体对语用规约的分析、理解、总结与反思，是语用意识的最高层，是隐性语用知识的显性化，也是学习者语用知识的逐渐内化的表现。可见，语用意识的层级性与语法意识的层级性存在相似，均体现了学习者对语言信息的处理过程，也体现了无意识和有意识、隐性和显性的综合。学界在讨论与分析语用意识分层时常常是基于 Schmidt（1990；1995）和 Leow（1997）所提出的语言意识层级框架进行，因而本书有关语用意识的研究也主要参照此分层标准展开。

## 2.4 语用意识的功能

语用意识是语用能力发展的前提和基础，不仅影响学习者语用能力的发展，也影响其语言水平的提升。

### 2.4.1 语用意识是语用能力发展的前提和基础

学界认为，语用意识是语用能力发展的前提和基础。Bachman（1990）指出，语言"组织能力"（organizational competence）和"语用能力"（pragmatic competence）均是语言能力的两个重要分支，而语用意识是语用能力不可分割的一部分。Koike（1996）、Cook & Liddicoat（2002）、Garcia（2004）、Laughlin et al（2015）指出，语用能力"基于"（anchored in）语用意识，语用意识是语用能力的基础，要提升学习者语用能力，首先要提高其语用意识。虽然学界有 Wray（1999）、Ishihara（2006）等学者指出，学习者语用意识与其实际的语用能力存在非一一对应的发展关系，但对于语言学习者而言，尤其是外语学习者，语用意识的发展是其语用能力发展的必要前提和基础。例如 Alcon & Safont Jorda（2008）指出，对于本族语者而言，语用意识也许是不需要的，但对于外语学习者而言，语用意识是语用能力获得的必要条件。Shively（2010）也认为，即使是对于留学海外的外语学习者，其语用能力的提高也需通过提升语用意识的方式才能实现。Koike（1996）、Garcia（2004）、Alcon & Safont（2008）和 Couper et al（2016）采用问卷调查，发现学习者语用意识程度的强弱决定其语用能力的高低，语用意识程度越高，学习者语言能力越强。另外，从语用意识与语用能力间发展的前后关系来看，语用意识也是语用能力的必要基础。Taguchi（2011a）和 Couper et al（2016）通过实证研究发现，语用意识与语用能力发展并非一致，而是呈现出"先后"（tandem）发展的关系：语用意识先于语用能力发展。由此可见，语用意识是有关语用知识和元语用认知，具有潜意识性（何春燕，2011）；语用意识不仅为学习者语用知识向语用能力的转化搭建支架，也为学习者语用能力的提高奠定了基础。正如 Verschueren(2000)指出，语用意识总在"话语意义构建与协商"（generation and negotiation of meaning）中扮演着重要作用。

### 2.4.2　语用意识是影响学习者语言水平高低的重要因素

国内外诸多研究结论显示，学习者语用意识及能力对其语言水平的发展具有促进作用。Widdowson（1979）和 Cook & Liddicoat（2002）研究表明，学习者语用意识发展程度越高，其语言水平也越高，反之亦然。可见，学习者语用意识程度的提高有利于促进其语言水平的提升。语用本身就是一种社会规约，是基于语码的推理，因而语用能力是学习者语言能力的重要构成部分，而语用意识是语用能力的前提和基础，因此学习者语用意识的发展不仅影响其语用能力的提升，也影响其语言水平的发展。Verschueren（2000）认为，语用意识是学习者语意"产出"（generation）与"沟通"（negotiation）的重要基础，也是影响其语言水平的重要变量。Bardovi-Harlig & Dörnyei（1998）和 Neizgoda & Röver（2001）通过问卷调查与访谈发现，语用意识是影响学习者语言水平的重要变量，高程度的语用意识意味着高的语用能力与外语水平。国内李民、陈新仁（2007），闫小斌（2008），李民等（2009），陈新仁（2013：37），何周春、龚彦知（2013b）等的研究结论表明，语用意识程度不仅对语言水平具有决定性作用，有助于学习者完成语用语言知识与社交语用知识的映射，也影响到学习者对交际策略及语言手段选择的各种因素的把控。因此，语用意识不仅为交际双方提供了交际对象、交际意图、交际时间、交际地点、交际方式等语用信息，也为交际主体的自我调整和自我监控提供了前提（Purpura，2004)，还为学习者综合语言水平的提高创造了可能。

## 2.5 结语

语用意识是基于语言符号的社会规约、集体意识，因而语用的实现，既需要遵守一定的语言规则，也需要服从一定的社会规约。语用意识不仅是学习者语用能力发展的前提和基础，也是影响其语言能力的重要指标。然而，学习者语用意识及能力的发展不但受到"微观社会变量"（microsocial variation），例如人物关系、心理/社会距离、冒犯程度，和"宏观社会变量"（macrosocial variation），例如区域、社会、种族等因素的影响（Schneider & Barron, 2008），还受到学习者自身因素、语言环境等条件的制约。而我国藏彝英语学习者有着独特的语言、文化和心理，因此其语用意识发展也必然存在特殊性。

# 3 语法意识与语用意识交互关系文献回顾

## 3.1 引言

第 1 章和第 2 章分别论述了语法意识、语用意识等具体内涵、特征、功能及相关影响因素等内容。虽然语法意识和语用意识存在差异，如语法意识主要负责编码/规则，而语用意识主要负责基于编码/规则的推理，但无法否定的是语法意识与语用意识均隶属于语言能力的范畴，两者之间必然存在关联。本章分别从社会规约、编码与推论、历时与共时以及发展先后顺序等不同角度对语法意识和语用意识交互关系进行文献回顾，并基于文献回顾进行反思，从而为后续章节深入探讨语法意识和语用意识整体、层级间交互关系奠定基础。

## 3.2 基于社会规约视角的语法意识与语用意识交互关系

语法意识、语用意识虽有诸多差异，但均具有社会规约的属性，因而两者间也必然存在交叉与关联。

### 3.2.1 社会规约是语法意识和语用意识交互的界面

语法意识、语用意识虽均具有一定的体系性和客观性，但仍然离不开社会规约的制约，因此社会规约是语法意识和语用意识交互的界面。虽然语法意识是语言成分的固有属性，即语言的内在属性，是与语境等外在因素无关的恒常表现，具有相对稳定性特征；而语用意识是语言成分在具体语境里的随机表现，具有相对不确定性特征。但无论语法意识、语用意识存在多大差异，两者均受社会规约的管控。以亚里士多德为代表的规约理论认为，语言是约定俗成的，在不同的社会群体有不同的社会规约，因而造就不同的语言。Saussure（1916）曾指出，语言是语言社团的集体规约/集体意识。在集体意识或集体规约的大框架下，团体成员依赖集体意识/规约进行意义创造和意义表达，因此集体规约是约束语言、限制语言、引导语言发展的风向标。Austin（1962：105）的"言语行为"（speech act）理论也显示，使用语言做事是遵循某一种规约实现的言语行为；无论是"话语行为"（locutionary act）、"施事行为"（illocutionary act）还是"取效行为"（perlocutionary act）均须遵从一定的规约；而这种规约不是表象的语言规约而是深层的社会规约。如果语言要成为人们日常的交际工具，必须要有达成的契约；而语言契约的达成是该语言能成为一个团体成员间交流工具的必要前提，因为任何语言都是基于规约/集体意识而存在（Wittgenstein，1953：242）。在日常交际中，语言使用者，无论是其句法结构的构建还是其语用意图的传递，始终会受到语言意向性/集体意向的驱使和管控，即社会规约。在第1章和第2章中，作者分别论述语法意识和语用意识时也指出，语法意识、语用意识不仅是一种语言规则及现象认知的表达，更是集体意识、社会规约的体现。可见，语法意识和语用意识是建立在社会规约的基础之上的，社会规约既是语法意识和语用意识的共同特征，是两者历时、共时互动的关键领域（薛兵，2018：26），也是两者得以产生、发展和交互的界面。

### 3.2.2 社会规约是语法意识和语用意识交互的源动力和约束力

语言是客观世界与主观世界的综合，社会规约既是语言社会属性的表现，也是语言形成与发展的动力和约束力。在前两章中，作者分别论述语法意识和语用意识时指出，语言是集体意识/倾向/规约的体现，语法意识及语用意识均是社会规约的结果。Ariel（2008：209）指出，"社会规约"（conventionalization）是"显性话语模式"（salient discourse pattern）形成的重要"驱动"（motivation）因素，也是"促进"（stipulate）语言形式与功能相"关联"（association）的源泉。在日常生活中，出于表达和交际的需要，言语社团内部的使用者会有意识地、不断地、高频率地使用特定的语法形式表达特定的交际话语意图。通过反复的磋商和交流，语言使用者会逐渐在语法形式的选择和表达意义的标记上达成一定程度的契约，并最终形成特定的规约化意义表达形式（薛兵，2018：44）。另外，从"信息结构"（information structure）理论来看，社会规约仍然是语法意识、语用意识交互的动力和源泉。例如，双文庭、潘曼妮（2020）指出，信息结构背后存在两个子系统，一个是语言系统，另一个是认知系统。语言系统主要指有关言语构成的规则，而认知系统是人类对世界的认识。语言系统为人类认知系统服务，也是认知的反映和结果；而认知系统为语言系统提供支架，是将世界认知转化成规则的动力源。可见，社会规约为语法意识和语用意识的发展与交互提供了动力支持。

另外，语法意识和语用意识受社会规约的管控和限制。社会规约常常都是由特定社会、团体、特定文化、认知、语言等多种因素产生与构成，具有高度的概括性、抽象性、普遍性和共识性，不仅以一定符号、形式为标记，且在一定程度上已脱离并超越了原有标记符号本身。默认理论认为，语言是客观世界和主观认知的综合。例如 Jaszczolt（2010，2011）指出，"默认意义"（default meaning）包括社会、文化、世界等知识的默认和"认知默认"（cognitive default）。前者来源于社会和文化，且受社会、文化规约的约束，而后者来源于人类思维，也受社会群体思维、意识的影响和制约。言语交际过程中，不管是基于语境的默认意义还是依赖认知常识的默认意义，它都是听话人自动获得的规约性意义；由于社会规约的存在，因而这种自动获得有时候需要依赖语境信息，也有时候不需要依赖语境信息（Jaszczolt，2011：13-15）。在日常生活中，交际双方会话意义传递的完成常常也是以无标记的或假定的默认意义即社会规约，为前提（Levinson，2000；Jaszczolt，2005）。由此可见，社会规约对语言的形成与发展具有潜在的影响力和约束力，语法意识和语用意识在社会规约的促力和管控下得以交互和发展；社会规约为语法意识、语用意识间交互关系的建立与发展提供了约束力和限制条件。

## 3.3 基于编码和推论视角的语法意识与语用意识交互关系

从编码和推论的视角看，没有无语法的语用，也没有无语用的语法，语法意识与语用意识彼此依存，共存于话语交际过程中。

### 3.3.1 语法意识和语用意识存在编码和推论的关联

语法是一套编码，语用是基于编码的推理。语法是语言的"抽象形式系统"（abstract formal system），而语用是"语言使用的相关规则"（the principles of language use）；"语法是实现语用的资源手段，语用是语法在使用中的具体实现，即语用是对语法在语言情境下的选择"，两者是语言内"互为补充的领域"（complementary domains）（Leech，1983：4；张绍杰，2010）。Sperber & Wilson（1995）将语法与语用视为"语码与推论"（code and inference）的不同分工关系，前者是显性编码，后者是隐性推理。然而，这种分工关系的解读强调了两者间的差异却忽视了两者间的联系与合作。尽管后来 Ariel（2008，2010，2017）在讨论与分析语法和语用间的关系时所提及的"语法语用学"（grammatical pragmatics）也是基于"编码"（coding）和"推论"(inferencing)这一单一标准进行,但其焦点不仅在于语法和语用间分工的不同,也在于从语法编码的角度来探讨语用推论问题。例如 Ariel（2008：2；2010：99）从语法和语用交互视角认为,"语法首先是一套编码系统",这种编码过程体现语言"形式和功能的连接"(form-function correlation),语用是在语码标记意义基础上展开的推论;有限的语码（语法）可形成无限的"意义"（meaning）,而意义的传递有时与语法有关,也有时与语用有关,因而语法与语用总是"相辅相成"（go together）。大量实证研究结论也表明,诸多语言现象本身既涉及语法,也涉及语用,其意义解释中体现一定程度的语法与语用的分工和相互作用（薛兵,2018：25）。语法形式或语法结构具有语言编码意义和语用意义的兼容性,这种语法形式编码的信息为人类交际行为的实现提供了表达意义的资源,构成了意义理解的基础（薛兵、张绍杰,2018）。正如 Ariel（2008：7-11）指出,语法与语用意识在言语使用过程中相互交织与补充,从而构成意义的传递;"当语法缺失,语用可以为话语提供补充"（inferences serve discourse when codes fail）,反之亦然。在我们日常生活中,很多难以用语法来解释的语言现象,基于语用便可得以诠释。可见,语法编码和语用推论并非单独存在,而是共存于交际的全过程。学界将语法和语用的关系视为编码和推论的关系,既凸显了两者的差异,也显示了两者存在一定关联。

### 3.3.2 语法意识编码和语用意识推论协作完成语义的传递

从语言使用的视角看,语法为语用实践创造了条件,语用是语法的实现,两者分工不同,却协同完成语义的传递。薛兵（2018：42）将语法界定为一套规约化资源编码手段,认为语法为语言的使用和表达提供了一种"意义潜势"（meaning potential）;而语用是在一定语境下,基于社会规约,按照交际意图对语法编码形式的选择,并对语法编码形式传达的话语意义进行推论与识解。语法作为规约化的形式编码系统,本质上来源于语言的使用;或者可以说"今天的语法就是昨天的语用"。因此,语法作为形式和意义的编码系统,既来源于语用,即语用法语法化,同时又服务于语用,即具体语言使用中的交际目的。例如,在实际的言语交际过程中,说话方基于语言符号进行编码,而听话方基于语言符号进行解码,但无论是编码的顺利进行还是解码的顺利实现，均依赖双方对现有社会、文化、语境等共同认知的掌握。Ariel（2008：1）认为，任何一个语言的使用，既不是仅仅涉及语法，也不是仅仅涉及语用，而是两者的综合，因为人类的语言交际既依赖语法也依赖语用的存在才可能完成。在人们日常言语交际过程中，语法意识和语用意识间的关系绝非简单的"单边"（unidimensional）关系，而是存在交互的复杂关联。从言语交际反向示例，即语用对语法的违反，也依然可见语法意识与语用意识间的协作关系。相对语法的"刻板"性、稳定性和有限性，语用则存在更多灵活性、创造性和无限性。例如，在文体，尤其是修辞的使用过程中，往往存在语用对语法的违反。然而，正如蒋庆胜（2021）所言，这种语用对语法的违反，不仅恰好体现了语用的创造性和灵活性，也正好体现了语法和语用间的合作与互补性：语法结构可任由填补，但语用只能有限度地利用语法。林大津、谢朝群（2003）认为："功能语法把自然语言看作是社会互动的工具，认为表达者和接受者能够相互影响各自的心智和语用信息，并最终影响各自的行为模式。换言之，功能语法把自然语言看作是一种语用现象：语言形式是作为意义的载体而存在的，而意义的存在是为了使信息在实际言语事件中能够在表达者和接受者之间相互传递。"可见，从编码或解码的视角看，我们似乎更为清晰语法意识、语用意识分别对言语交际产生的影响，语法意识与语用意识交互关系在话语构建和语义传递过程中得以体现。语法和语用均是"话语"（discourse）的一部分，且始终相互交织，因话语而共存，我们无法用一条清晰的界线将两者截然分开。也正如薛兵（2018：45）指出，语法作为意义建构的资源系统，在语言使用中的作用主要体现为对语义的标记，而语用作为具体的选择与推论过程，其本质也是围绕意义展开的。

## 3.4　基于历时和共时视角的语法意识与语用意识交互关系

语法意识与语用意识不仅存在历时互动关系，也存在共时交互关系：在历时层面上语用顺应于语法；在共时层面上，语法顺应于语用。

### 3.4.1　语法意识和语用意识存在顺应与兼容的交互关系

语法和语用表现为顺应与兼容的交互关系，因而语法意识和语用意识间也存在该特征。首先，从语法化历时、共时视角可见，语法和语用间存在顺应与合作的关联。基于历时视角，语法化是词的不断虚化的过程和结果；而基于共时视角，语法化是语用参与的过程和结果。随着语法化进程的逐渐深入，语言形式、意义的主观化程度不断加深，其结果必然导致语用意义增强、语义成分"褪色"（bleaching）（薛兵，2018：17）。Hopper（1987）提出的"浮现语法"（emergent grammar）也认为，独立于话语实践的语法实际上并不存在，语法知识是语言使用的一种浮现特征。可见，在很大程度上，语法的形成与发展是基于语言的使用，语法形式和所含意义的变化在使用中得以实现和规化。因而语法在历时层面上常常被界定为"语用法语法化的结果"（results of pragmatic grammaticalization），而在共时层面上也经常被界定为语言使用服务的规约化的意义"编码资源系统"（coding resource system）。其次，基于话语交际历时、共时视角，语法和语用仍然表现为顺应与兼容的关系。赵方铭、张绍杰（2020）认为："在共时层面，句法顺应于语用，说话人遵循个体意向在句法资源中自由选择紧缩句式，交际双方对语用意图凸显程度的认知差异导致紧缩句语用失误的产生。在历时层面，语法化的单向演进使语用最终顺应于句法，但出于过渡阶段的紧缩格式的使用尚未完全语法化，交际双方对体现集体意向的语用规约凸显程度的认知差异同样导致语用失误的产生。"张绍杰（2017）也指出："从历时角度看，语法是经过语用长期演进逐渐规约化的结果，体现为语用顺应于语法……语用为语法提供外部制约的理据……语法和语用不是分离的或自治的，而是兼容的……从共时的视角考察，语法是一套规约代码，是用于组织信息和建构意义的资源系统，以满足交际目的的需要，体现于语法顺应于语用，而语用是一系列推论，一方面说话人根据使用条件对语法资源进行选择，另一方面听话人根据语法的规约代码推断其语用意义。"所以，语法与语用的关系，从历时层面上体现为语用顺应于语法，而在共时层面上体现为语法的选择顺应于语用交际目的需要。语法与语用双向选择与顺应的交互关系揭示了规约性与意向性的相互作用，这种相互作用决定了语法作为规约化的意义编码资源系统为语言的使用提供选择，而语用顺应于交际意向决定了从语法资源系统中做出选择，因而在语言使用的层面体现为语法和语用的双向选择与双向顺应的兼容交互关系，语法意识和语用意识不是分离或自治的系统，而是兼容的、不可分割的统一体。

### 3.4.2 语法意识和语用意识呈现互为因果的交互关系

无论是基于历时层面还是基于共时层面，语法意识和语用意识均呈现互为因果的交互关系。从历时演化的视角看，语法体现为语用法语法化的结果，在特定的言语内部结构，语用信息经过规约化、语法化进程逐渐成为语法标记。语用是语法形式产生、形成和演化的原初动力，语言的使用推动并催生了语法结构的形成，因此语用是语法化过程推进的动因。从共时层面上看，语法体现为提供语言使用的意义编码资源系统；语用体现为说话人对语法所提供资源系统的选择，以及听话人在对语言规约、背景知识大量了解和掌握的基础上对意义的推论性识解（薛兵，2018：44-70）。可以说，在历时层面上语用是推动语用法语法化进程的根本动因，在共时层面上语用体现为对语法编码资源系统的选择过程和对话语意义的推论过程（薛兵，2018：43）。因此，在语法和语用的历时、共时的互动关系中，尤其是历时关系中，语用是始、语法是终，语用是因，语法是果（薛兵，2018：48）。与之相对，从另一个角度看，语法也可能是语用产生的因，而语用却是果。例如，张绍杰（2010）指出："语法，包括词法和句法，是由语言内部关系组成的抽象系统，这种系统为人类使用语言创造意义提供了资源手段。语用是以交际目的为指向的具体语言情境下的语言使用，实现某一交际目的必须借助于语法的手段，或者说，意义的表达是通过形式实现的。所以，语法是实现语用的手段，语用是语法在使用中的具体实现，也可以说，语法和语用两者是实现关系，是类型和例型的关系，体现为语用对语法多层面的选择……语法和语用的实现关系，实质上是语用对语法的选择，语法具有提供资源手段的潜势，语用则根据具体的语言情境做出选择……语用选择的过程受到规约性和意向性两方面的限制。"因此，虽然语法在很大程度上可以理解为"固化的语用"（fossilized pragmatics），是语用驱动（pragmatic motivation）的结果（薛兵，2018：47）；但从语用的实现必须基于语法视角来看，语法也可能是驱动语用形成与发展的基础、动因、方式和手段。因此，从历时角度看，语用是语法的动因或动力源泉，而语法是语用动态发展的结果，也是语用规约化的抽象规则或是语用升华的抽象结果。而在共时层面上，语法形式是基于语言使用并根据特定的交际目的、认知规律，在语言社团内部逐渐约定俗成的一套编码意义的规则契约系统，而语用的实现又须以语法规则为条件。可见，没有语用意识就没有语法意识，但无语法意识，语用意识也无存在的价值和意义，语法意识与语用意识间的交互是双向的、互为因果的关系。

## 3.5 基于发展顺序视角的语法意识与语用意识交互关系

国内外有关语法意识、语用意识发展的对比研究主要聚焦于两者发展的先后顺序。然而，国内外相关研究结论却始终未达成一致：有研究表明语法意识的发展先于语用意识，而有研究表明语用意识的发展先于语法意识，但均表明，语法意识和语用意识存在不均衡的发展关系。

### 3.5.1 语法意识先于并高于语用意识发展

国内外诸多研究结论显示，学习者的语法意识先于并高于语用意识的发展。例如，Bardovi-Harlig & Hartford（1993）和 Takahashi（2001）通过对语言学习者，尤其是外语学习者的语法、语用意识及能力的实证调查发现，学习者语法意识高于且先于语用意识的发展。House & Kasper（1987）、Blum-Kulka（1989）以及 Faerch & Kasper（1989）等通过对英语中的情态动词调查研究发现，学习者常常都是在掌握相关情态动词语法规则及含义之后才能对该类词进行恰当的运用，因此他们的研究结论表明，语法意识是语用意识的基础，学习者语法意识的发展先于语用意识的发展。Bardovi-Harlig & Hartford（1993）和 House（1996）发现，有些被试尽管语言水平（主要指语法知识水平）较高，但在恰当使用"请求"（requests）和"建议"（suggestions）等语用表达时仍然存在困难，学习者的二语语用意识/能力低于其语法意识/能力的发展。可见，以上研究均得出类似的结论，学习者语法意识先于并高于语用意识的发展。当然，以上研究也忽略了另外两个重要因素：语法和语用本身存在的差异和课堂教学内容设置的差异。例如 Bella（2012）认为，学习者语法意识先于且高于语用意识的发展，可能是由于语法与语用自身"特性"（nature）差异造成的：语法是一些相对固定的形式与规则构成，表现在语言符号本身，因此语法相对语用而言更具"突出性"（salient）和"外显性"（overt），更容易被学习者注意和识别，而语用意识或知识是本族语者在一定语境下采用的语用策略，隐含在语言符号之中，更具隐蔽性，而容易被学习者忽略。语法相对语用而言是固定的、形式的和有限的,而语用相对语法而言是灵活的、功能的和无限的。因此,语法和语用本质特征的不同可能给学习者带来认知负荷的差异,因而可能最终导致语法意识和语用意识发展存在先后。此外,虽然以上研究中的被试均是生活在目的语语境下,我们也常常认为,目的语社区的生活语境更有利于学习者语用意识的发展,但以上研究的结论却仍然表明,被试语用意识滞后于语法意识的发展。这可能与被试课堂学习内容有关。因为尽管以上研究被试均处于目的语语境,但其目的语的获得还是主要依赖于课堂教学,而非自然的目的语社区。正如何周春、龚彦知(2013a;2015a;2020)指出,以语法为主的课堂教学和考试导向可能是导致学习者语法意识发展先于语用意识发展的主要因素。

### 3.5.2 语用意识先于并高于语法意识发展

与以上研究结论相反,国内外也有诸多研究结论表明,学习者语用意识的发展先于并高于语法意识的发展。例如,Schmidt(1983)和 Dietrich et al(1995)基于语用迁移视角研究指出,语用是社会规约和集体意识的综合,而学习者由于受母语语用意识的影响,其外语语用意识及能力发展较早且水平较高,而其语法意识及能力发展较晚且水平较低,因此学习者语用意识先于语法意识的发展。Pearson(2006)对西班牙二语学习者语用习得的研究结论也表明,二语学习者语用意识及能力的发展先于语法意识及能力的发展,因为学习者母语语用意识及能力为其外语语用意识及能力的获得与产出提供了前提和基础。另外,一些个案研究也得出类似的结论。例如 Schmidt(1983)对一位名叫 Hawaii 的英语初学者进行了为期三年的研究。在整个研究过程中,Schmidt 主要聚焦于学习者"语法语素"(grammatical morphemes)和"语用语言行为"(pragmatic speech act)的研究。Schmidt 研究发现,尽管该被试 Hawaii 在学习初期语用发展较慢,仅能使用简单的"请求策略"(request strategies);而在语法方面,多数情况下均能正确使用不规则动词的过去时态和名词单复数,但对语法中的 ing 形式的使用以及对助动词 be 的使用是存在问题的。而在三年之后,该被试 Hawaii 在语法方面所存在的问题并未得到改善;但其语用能力得到显著提升,如对"请求策略"的运用,被试 Hawaii 对目的语的使用更为"清晰"(elaborate),也更具"恰当性"(appropriate)。

Koike（1989）通过对美国的一位西班牙语初学者进行个案调查发现，该被试对西班牙语中的相关语用原则，例如"请求"语用，较为清楚，但其语法意识及能力却显著落后于语用意识及能力的发展，且阻碍了学习者对语言恰当使用的实现。因此，Koike（1989）认为，学习者语法意识及能力相对语用意识及能力而言是滞后的。然而，尽管以上研究结论表明了学习语用意识/能力的发展先于语法意识/能力，但却忽略了两个重要因素。第一，被试因素。以上研究中的被试均为成年学习者，而对于成年学习者而言，在学习外语前，其母语语用意识和能力已形成，因而容易导致学习者将母语的语用意识、语用原则迁移到二语/外语的语用学习和使用过程中，所以呈现语用意识发展先于语法意识发展的现象。第二，目的语语境因素。由于以上研究被试所处的语境均为目的语语境，为学习者目的语接触提供了更多契机，因而也为学习者相关语用注意和识解提供了机会，必然有利于自身语用意识及能力的发展。

### 3.5.3 语法意识与语用意识间不对应的映射关系

以上分析似乎表明，语法意识和语用意识的发展顺序并非一成不变，而是因外在条件的变化而变化。然而，语法意识和语用意识间的交互关联不仅受其外在因素的牵制，也受其内在条件制约。国内外研究表明，语法意识与语用意识的发展既具有各自的特点，同时也存在内在映射关系，但这种映射关系并非一一对应。

国内外研究结论显示，学习者语法意识与语用意识的发展具有各自的发展轨迹。Bardovi-Harlig & Hartford（1996）通过问卷调查发现，二语学习者语用意识水平高于其语法意识发展水平，而外语学习者语法意识的发展高于其语用意识的发展。Kasper & Rose（2002a）调查发现，学习者语法与语用的关系并非固定不变。在学习初期，学习者的语用意识发展先于语法意识发展，但到高级阶段，学习者的语法水平高于语用水平。而何周春、龚彦知（2013a；2015a；2020）的结论表明，我国英语学习者的语用意识与语法意识发展存在"镜面效应"（mirror effect），即学习者语法意识/能力发展高则其语用意识/能力低，或反之亦然；在外语学习的初级阶段，学习者语法意识先于并高于语用意识发展，但在外语学习高级阶段，语用意识显著高于语法意识发展；学习者语用意识呈直线上升发展趋势，而语法意识却呈现出由低到高再逐渐降低的倒置"U"型发展特征。虽然以上国内外研究结论存在一定差异，甚至矛盾，但均反映了学习者语法意识与语用意识的发展并非一致的发展关系，而是存在自身的特性和发展规律。

另外，国内外研究也表明，学习者语法意识与语用意识的发展存在关联，但并非同步的发展关系。龚彦知等(2021a)实证研究结论显示，我国英语学习者语法意识与语用意识存在交互影响，学习者语法意识的发展能显著预测语用意识的发展，学习者语用意识的发展也能显著预测其语法意识的发展；但语法意识与语用意识间的映射关系并非均衡对等的关系。Kasper（2000）指出，学习者的语法与语用意识及能力的发展并不存在"一致性"（hand in hand），学习者语法意识及能力的发展并不意味着语用意识及能力的发展,反之亦然。Schauer(2012)通过实证研究发现，对于中等语言水平和高级阶段的学习者而言，一定的语法能力并不一定就会转化成对等的语用能力。Bardovi-Harlig & Hartford（1993）、House（1996）均以大学成年英语学习者为对象，且被试均具有较高语言水平，尤其是较高的语法水平，但却发现被试的语用意识及能力发展与其语法意识与能力的发展存在不吻合性。Eisenstein & Bodman（1986）也指出，学习者语法规则的掌握与正确使用并不意味着语言的恰当运用。例如学习者虽然已掌握相关情态动词的用法及规则，但在实际的语言使用过程中仍然存在无法识解语用信息或恰当运用交际中的"言外之力"（illocutionary force）等问题（Salsbury & Bardovi-Harlig, 2000）。传统的语法翻译法教学结果也表明，学习者语法规则的掌握并不能确保其语用的顺利实施。与此相反，在日常生活中，学习者也可能存在能恰当使用语言进行交际，但却存在语法规则运用错误的情况。因此，虽然以上研究结论的差异可能是由于研究者的着力点不同、研究被试个体因素的差异、语言学习环境的差异等因素导致，但均表明了一种现象：学习者语法意识与语用意识的发展存在不一致、不平衡、不同步等特征。也正如 Schauer（2012）指出，尽管以往研究结论存在分歧，但至少可以肯定的是，学习者语法意识及能力并不能"自动转换"（automatically translate into）为相应的语用意识及能力，因为语法意识/能力和语用意识/能力不是一一对应的发展关系。

## 3.6 语法意识与语用意识交互关系研究的反思

以往有关语法意识和语用意识关系研究既存在一定的合理性、科学性，且取得了丰硕研究成果，但也有简单化、重思辨轻实证的倾向，不仅缺乏对语法意识和语用意识的动态研究，且忽略两者间微观层面研究，因而无法回答语法意识与语用意识交互程度、作用形式是什么、为什么语法意识和语用意识发展存在不平衡性或同步性的"非一一对应"关系等问题。

### 3.6.1 研究框架简单化，缺乏综合性

以往研究框架有简单化之嫌，缺乏对语法意识和语用意识的综合分析。文献研究表明，学界在研究语法意识和语用意识交互关系时常常以"编码和推论"为基本范式，该框架看似界定了二者之间存在的本质差异、将两个较为复杂的概念简单化，但同时也将语法意识和语用意识视为两个对立面，不仅割裂了语法意识与语用意识的整体性，也忽视了两者间的合作与交互性。例如，Sperber & Wilson（1995）和Ariel（2008, 2010）采用"编码"（code）和"推论"（inferencing）分别对应于语法意识和语用意识，从而划定语法意识和语用意识的研究范围。在一定程度上，这种对语法意识和语用意识的系统性界定具有一定的合理性和科学性。因为从本质上讲，语法体现为意义规约化编码手段，而语用在很大程度上体现为听话人对说话人意图的推论，因而语法与语用的差异是必然存在的。然而，从语言使用的角度出发，这种对语法意识、语用意识的严格框架界定显得绝对化、简单化。这种界定不仅违背了语法化就是语用和语法之间过渡性转化等相关理论的认识，且忽略了语法意识和语用意识两者间的合作和交互关联。此外，这种基于二元对立的基本思路，也错误地将语法意识和语用意识视为对立的、僵化的言语构成体，因而也约束和限制了学界对语法意识和语用意识交互关系的认识与研究。尽管薛兵(2018)从语言的时态、语态、语气的研究视角拓宽了以往"编码和推论"的研究界限，但仍然未详尽阐释语法意识和语用意识间具体的交互与关联。因此，尽管语法意识和语用意识的确存在认知、分工、发展顺序等不同，但严格采用编码和推论来分别界定语法意识和语用意识研究似乎有待进一步商榷（张绍杰、薛兵，2018）。语法意识、语用意识不是简单的形式与功能的对接，而是语言的自然属性和社会属性的有机融合。

### 3.6.2 研究视角聚焦差异,忽视交互

以往研究聚焦语法意识和语用意识的差异性研究,而忽略了两者交互性特点。由于以往常常将语法意识和语用意识视为各自独立的对立体和静态体,因而侧重两者间差异性对比与分析,而合作性与交互性未得到应有的重视。尽管以往研究结论显示,语法意识和语用意识关系存在你强我弱的先后关系或"非一一对应"的线性发展关系,但这些视角和结论仍然偏重差异性的一面。例如 Bardovi-Harlig & Hartford(1993)、House(1996)、Kasper(2000)、Schauer(2012)等研究结论虽然表明,语法意识和语用意识发展存在不平衡的关系,但对其内在"非一一对应"的映射关系并未做深入探讨与分析。语法意识和语用意识不仅存在和谐共处、互为补充、互为基础和条件的彼此依存关系,也存在互为促进和限制的关联。界面理论也认为,语言由句法、语义、语用、语音等不同模块构成,这些模块本身具有开放性、多维性、含混性、不稳定性等特征,且模块之间由于互动而形成界面,因而呈现你中有我、我中有你的映射与对接的特性(Jackendoff, 2007;Sorace & Serratrice, 2009;White, 2011;朱跃、伍菡, 2013;盛云岚, 2015)。因此,语法意识和语用意识是语言意识的两个重要组成部分,两者不仅互为前提和基础,也存在过渡界面与双向交互的可能。但语法意识和语用意识两者"非一一对应"关系的具体形式是什么、这种关系是如何产生、是否是因其内在层级作用而不同等问题还需从语法意识和语用意识整体交互、层级交互等研究视角找到答案。

### 3.6.3 研究内容重静态,轻动态

以往研究往往注重语法意识和语用意识自然的、静态的一面,而忽略了两者社会性、动态性的一面。编码和推论主要是基于静态视角的语法意识、语用意识的界定,但对于交际中动态语法意识和语用意识之间的关系的揭示并不全面。显然,编码是说话人通过语法形式对意义的输入过程,而推论是听话人对话语的理解过程。这样的界定似乎隐含了语法意识只在说话人发出话语时起作用,而语用意识只在听话人理解话语过程中起作用(张绍杰、薛兵, 2018)。然而,在话语交际过程中,事实并非如此。一方面,语法意识的作用不仅仅体现在对话语意义的表达,同时也是听话人识解说话人意图的基本保障,语法意识在"话语识解过程中也起着重要的认知基础的作用,决定话

语理解的路径和方向"（张绍杰，2017）；另一方面，语用意识的作用除了体现在听话人依据语法形式进行推论性理解，还体现在说话人对特定语法形式的动态选择过程（薛兵，2018：26）。在语言的实际使用过程中，语法意识也可能是推论，语用意识也可能是一套编码，语法意识和语用意识存在互为补充的关联，因为无论是语法意识还是语用意识，均是"活的"认知与规约。虽然薛兵（2018：26-27）在Ariel（2008）的理论模式基础上，对语法意识和语用意识的界定进行了进一步的修正，认为语法和语用分别是"编码资源系统"（coding resource system）和"选择和推论过程"（choosing and inferencing process），但作者仍然认为，该界定依然没有将语法意识和语用意识间的合作与互动关系作为考量的核心。语言既有规则性也有规约性，且这两者间既存在关联，又存在表层结构和深层结构的不同（Searle, 1979：39-40）。因此，语法意识与语用意识的关系，不仅仅是编码与推理、形式与功能的简单二元对立的、静止关系或语言内部结构与外部结构、表层结构与深层结构的关系，可能还是自然属性与社会属性、层级与层级间的复杂交互关系。

### 3.6.4 研究方法重思辨轻实证，缺乏微观层级研究

以往研究多以思辨为主、实证为辅。前文有关语法意识和语用意识交互关系文献回顾结论表明，无论是基于社会规约、编码和推论视角还是基于历时和共时、发展先后顺序视角等研究，均主要从理论思辨角度进行，缺乏足够的实证依据。重理论轻实证不仅可能导致研究结论仅为"纸上谈兵"，限于表面现象、缺失背后机理的深层探讨，也可能导致研究本身走进"死胡同"。而实证研究不仅可对社会现象进行宏观调查与探索，提供客观的、精确的、科学的、系统的数据、推理和检验，还可对其现象机理做深入挖掘和解读。因此，有关语法意识和语用意识交互关系的研究，采用实证法不仅是对以往理论思辨研究的有益补充和完善，更为语法意识和语用意识间具体交互程度、作用机制的发现提供了可能。另外，以往实证研究注重语法意识和语用意识整体交互关系的研究，且仅限于两者间发展的先后顺序和发展程度的差异等浅层描述，更缺乏微观视角的研究，即层级视角的研究。语法意识和语用意识均具有层级性特征，均包括感知（perception）、注意（noticing）和理解（understanding）等三层。这三个层级不仅具

有不同功能，也与学习者认知发展过程相关。感知是指个人对"外在事物"(external events)的"内在反映"（internal representations），是一种无意识情况下的直觉思维，是一个无意识的过程，也是一个常常无法用语言表达的意识层级，有意识程度极低。注意是指学习者对存留在短时记忆里信息的体会，是个人能表达出意识的基本层级；学习者个体不能陈述相关规则是什么，但却能无意识使用该规则进行思维，是一个有意识的层级。理解是指学习语言过程中的所有思维活动，例如对语言规则、语言模式的理解，包括对语言规则的演绎与归纳等，是一个显著的有意识且意识程度最强的层级；高层次的意识层级，如"理解"，意味着更高层次的语言认知与"吸收"（intake）；学习者意识层级越高，其语言学习效果越好，反之亦然（Leow，1997；2000；2006；Robinson，1995）。但感知、注意、理解等语法意识各层对语用意识发展产生的影响是什么，感知、注意、理解等语用意识各层对语法意识发展的作用机制是什么，哪一层产生的影响更大等诸多问题均难以在已有研究结论中找到答案。所以，基于整体视角、层级视角的语法意识、语用意识交互关系研究不仅有利于辨析两者具体的交互程度、作用形式、交互特征等，还为探究其内在层级间"非——对应"关系的具体形式、作用机制提供可能。

### 3.6.5 研究对象单一，忽视对三语学习者的考量

以往研究常常以母语、二语或外语学习者为研究对象，忽视对三语学习者的考量。文献研究表明，无论是国内还是国外相关研究，其对象均为母语、二语或外语学习者，而对三语学习者，如我国藏彝英语学习者，语法意识和语用意识交互关系研究鲜有提及。三语学习者具有自身的特性。首先，三语学习者语言学习不仅受到自身母语的影响也会受到二语的制约。例如，陈建林等（2018）研究发现，汉语水平较高的藏族英语学习者，其英语学习主要借助二语，即汉语来实现，而汉语水平较低的藏族英语学习者，其英语学习主要基于母语，即藏语来实现。其次，对于三语学习者而言，在英语学习和使用过程中不仅需要在母语、二语和三语等语言间加以读音、拼写、语法、语用等基本语码转换，还需进行不同文化、不同思维等转换，因而必然增加学习者认知负荷，也必然给学习者三语学习带来诸多困难。另外，语法意识和语用意识是学习者语法能力和语用能力发展的前提和基础，

且具有显著的民族性特征（赵秋野，2008）。我国藏彝英语学习者具有自身的特性，有着独特的语言、文化和心理，且存在英语水平相对较低的问题（王静，2016）。同时，我国藏彝英语学习者多数来自经济欠发达地区，地理位置偏僻，经济、教育等基础条件较差，其原有的生活习惯、文化信仰等较为传统，且对英语语言及其文化所持有的认同度较低，学习积极性不高（边巴等，2016；李晓莉，2021）。因此，对于"既没有精通本民族语言又没有掌握好汉语，还不得不通过汉语学习英语"（李晓莉，2021）的藏彝学习者而言，其英语语法意识和语用意识的发展及其交互必然具有自身特性。本书以不同阶段、不同性别、不同英语水平、不同汉语水平、不同民族语水平的我国藏彝英语学习者为研究对象，既为厘清我国藏彝英语学习者语法意识和语用意识间具体交互程度、形式、特征等问题奠定了基础，凸显和延伸了语法意识和语用意识的国别性、民族性研究，拓宽了三语学习者中介语语法/语用研究视角，还为我国藏彝等少数民族英语教学质量的提高提供了理论支持和策略参考。

## 3.7 结语

本章基于文献分析视角，从不同视角、不同理论以及不同学者的观点来阐述语法意识和语用意识间的交互关系，也进一步展示了语法意识和语用意识间存在的关联。语法意识和语用意识是语言意识的两个重要组成部分，两者不仅存在和谐共处、互为补充、互为基础和条件的彼此依存关系，也还存在互为促进和限制的关联。然而，语法意识和语用意识整体间、层级间交互程度如何、作用机制是什么、"非一一对应"关系具体表现形式是什么等问题还需通过后续章节实证研究进行回答。

# 4 藏彝英语学习者语法意识问卷调查与研究

## 4.1 引言

语法意识是学习者语法能力发展的前提和基础，也是学习者语法能力的基本体现。然而，以往研究在被试的选择、研究内容的广度与深度以及研究方法的使用等方面还存在问题。对于研究被试的选择，以往国内外研究均聚焦于外语学习者或二语学习者，而忽视对三语学习者研究，尤其缺乏针对我国少数民族英语学习者的语法意识调查与研究。另外，对于研究内容，以往研究主要从宏观角度揭示语法意识发展整体现状及特征，而忽略了对语法意识层级发展特征、规律及相关因素的剖析。对于研究方法，虽然 Pratt et al（1984）认为，采用语法纠错比语法错误判断更有利于检测被试语法意识发展程度，但作者认为，若仅仅依赖语法纠错来检测也是无法充分反映被试的语法意识发展水平。语法意识具有多层级性，包括语法意识感知、注意和理解等层级（Schmidt, 1990; Leow, 1997），若要真实反映学习者语法意识的发展状况，不仅需要从语法意识整体视角进行考察，还需从其层级入手，将被试的语法判断、语法纠错和语法规则诠释等变量充分纳入考量。因此，本章通过对我国藏族、彝族英语学习者语法意识整体、层级的调查与分析，揭示藏族、彝族英语学习者语法意识的发展整体、层级现状、特征及成因，为我国三语教学实践，即少数民族英语教学，提供可行性建议和策略支持。

## 4.2 藏彝英语学习者语法意识调查与研究的理论基础

在第 1 章中，作者在讨论语法意识时指出，从语法意识的属性看，语法既包括自身的自然属性，也包括外在的社会属性；从语法意识的内容看，语法不仅涉及相关言语规则，也是基于一定语境下规则的具体应用；因而从某种程度上看，语法也映射语用元素及内容。然而，语法与语用间的差异也是显而易见的，尤其是分工的差异。因此，本章在进行语法意识测试时，为避免被试语用意识对其语法意识产生影响，作者在设计相关调查问卷时主要考虑语法意识自然属性的一面，即语法知识/规则，因此语法意识问卷是以单独的句子形式加以呈现，而不是基于一定语境下或语篇下语法规则的检测与考量。

基于语法意识层级、整体开展调查与研究。Schmidt（1990）和 Leow（1997）认为，语言意识由"感知"（perception）、"注意"（noticing）、

"理解"（understanding）三层构成。所谓感知，指对"外在事物"（external events）的内在反映的心理过程，是语言意识的最低层。注意，指对存留在短时记忆里信息的体会，是语言意识的中间层。理解，指语言学习过程中的所有思维活动，是语言意识的最高层。而 Bialystok（1979，1986）认为，感知是人"自然的"（spontaneous）、"直觉的"（intuitive）隐性语言知识的体现，可依赖学习者主观、直觉感受来测定；注意是客观存在的事实，可通过学习者的客观注意来检测；理解是隐性知识显性化的体现，可依赖学习者对语言规则／现象的解释来检测。由于语法意识是语言意识的重要组成部分，也含有感知、注意、理解三层（Andrews，2007；Bourke，2008），因此可通过直觉、客观注意和对语言规则的诠释等方式进行学习者语法意识发展程度检测。所以，本章基于语法意识宏观整体视角和语法意识微观层级视角，对我国藏族、彝族英语学习者语法意识进行综合、分层调查，旨在探寻其发展整体、层级特征、规律以及内外影响因素。

## 4.3 藏彝英语学习者语法意识调查与研究方法

现有的实证过程中，学界主要采用三种方式进行语法意识检测："在线提取法"（online elicitation）、"离线提取法"（off-line elicitation）和在线、离线结合的方法。在线提取法包括"有声思维"（think-aloud protocols）、访谈法（Leow, 1997; Rosa & O'Neill, 1999），离线提取法最常见的是问卷调查法（Robinson, 1997）。然而，由于在线提取法可能因时间客观因素或被试反应慢而难以及时做出反应等主观因素，难以达到获得"真实"数据信息的目的；而离线提取法也可能存在因被试隐瞒"不利"数据信息而导致收集信息不"真实"的问题。何周春、龚彦知（2013b）也曾指出，由于两种研究方法并不存在互为补充的关系，因此两种方法的合用也同样不能改变其局限性。因此，如何"操作"（operationalize）与"测量"（measure）二语习得中的语言意识／语法意识本身就是一个棘手的问题（Leow, 2000）。本章节虽然也主要基于离线提取法，即问卷调查，但由于其目的在于通过语言试题测试检测我国藏彝英语学习者语法意识整体、层级现状和特征及成因，因而被试存在隐瞒真实信息的可能性极小，将离线提取数据的不利因素排除在外。

## 4.4 藏彝英语学习者语法意识调查的开展与实施

从语法意识整体和层级视角，作者对我国藏族、彝族英语学习者语法意识进行综合、分层调查与分析。

### 4.4.1 研究问题

①我国藏族、彝族英语学习者语法意识发展整体、层级现状是什么？

②不同性别、不同年级、不同民族（藏彝）、不同民族语水平、不同汉语水平、不同英语水平的藏彝英语学习者语法意识发展是否存在显著性差异？

③影响我国藏族、彝族英语学习者语法意识发展的主要因素是什么？

### 4.4.2 研究被试

此次实证研究被试不仅包括我国藏族、彝族高中英语学习者，也包括我国藏族、彝族本科阶段的英语学习者。表1是此次被试的具体信息。

表 1  研究对象的基本情况

| 组别 | 人数 | 男生 | 女生 |
| --- | --- | --- | --- |
| 藏族高中组 | 117 | 56 | 61 |
| 藏族本科组 | 127 | 20 | 107 |
| 彝族高中组 | 114 | 52 | 62 |
| 彝族本科组 | 117 | 34 | 83 |
| 总数 | 475 | 162 | 313 |

此次研究被试，均为藏族被试或彝族被试，主要分布于四川省、云南省、甘肃省、贵州省等。

藏族被试主要包括藏族高中、本科两类被试。藏族高中被试，主要来自四川省阿坝州茂县和四川省阿坝州松潘县等地区，共计117名。藏族本科被试，主要来自四川省甘孜州德格县、新龙县、得荣县、巴塘县、乡城县，甘肃省舟曲县、甘南县，以及云南迪庆香格里拉等地区，共计127名。

彝族被试主要包括彝族高中、本科两类被试。彝族高中被试，主要来自四川省德昌县、普格县、西昌市、理县等地区，共计114名。彝族本科被试，主要来自凉山州喜德县、凉山州冕宁县、凉山州盐源县、马边彝族自治县、贵州省毕节市赫章县等地区，共计117名。

### 4.4.3 语法意识问卷调查

由于此次是针对我国藏族、彝族英语学习者进行语法意识调查与研究,因此所使用的语法意识调查问卷需具有针对性。相关语法意识问卷的设计、调试及最终语法意识问卷的形成具体如下。

#### 4.4.3.1 语法意识调查问卷的设计与调试

语法意识调查问卷的设计。在 2018 年国家社科基金项目申报书中,项目主持人及研究团队原计划将语法意识调查问卷设计为 15 道测试试题,但在最近几年的研究过程中却发现,若题量偏少,可能无法全面、客观再现英语学习者被试的语法意识发展现状及特征。所以,此次语法意识调查问卷不仅借鉴了 Andrews(1999a;1999b)、Bardovi-Harlig & Dörnyei(1998)等国外诸多学者的调查问卷,也综合借用了何周春、龚彦知(2015a;2017b)、龚彦知等(2021a)的问卷,并同时根据我国藏族、彝族英语学习者学习实际进行修订。语法意识问卷分为两部分。第一部分涉及被试个人信息(姓名、性别、学习阶段、民族、英语水平、汉语水平、民族语水平、生源地)。第二部分为语法测试题,其内容主要包括我国英语学习者常见的语法问题,如动词时态、名词单复数、情态动词、介词、形容词、副词、冠词等 7 项,每项 3 小题,共计 21 题。针对每题,要求被试根据自己的理解进行判断与分析:①该题是否有错误;②若有错误,请纠正;③说明错误原因。作者对问卷进行多次校对;校对完之后再由两位外籍英语教师分别核对,以确保问卷中每一道测试题仅有一个语法错误,且无语用失误。最后,经由作者再次逐一校对后,初步形成此次语法意识调查问卷。

语法意识调查问卷的试测、整理与分析。随机抽取四川某医学院校大一非英语专业藏族、彝族学生(2020 级)70 名,其中藏族 36 名、彝族 34 名。共回收试测卷 70 份,剔除未填写个人信息、或个人信息填写不全、或全部判断正确、或全部判断错误且无任何理由与修正、或未完成测试试题等无效问卷共 23 份,其中藏族被试无效问卷 17 份,彝族被试无效问卷 6 份。将回收后的 47 份有效问卷进行统计与分析。分析结果显示,该试测问卷内在信度系数 a 值为 0.71,基本达到调查问卷内部一致性的要求。但作者在试测过程中发现,部分试测被试对问卷内容的理解存在困难,且难以在 30 分钟内完成该测试试题。此外,在试测问卷结束后,有部分被试反应"看不懂""有些题是懵的""词汇量不够，有好多单词不认识""句子太长了，看不懂""不知道该怎么做"。因此，作者决定对语法意识调查问卷进行重新修订。

语法意识调查问卷的修订。基于试测问卷的分析结果以及试测过程中被试所反映的情况，作者对该问卷进行了重新调整。虽然该问卷仍然是由动词时态、名词单复数、情态动词、介词、形容词、副词、冠词等7项21题组成，但从整体上，作者统一对问卷中词汇的难度、句子结构的难度等进行了调整，尽量做到浅显易懂，不存在较为生僻的词汇、语法规则等，确保问卷内容对被试不造成理解困难。经由作者、外籍教师重新校对后，新版本的语法意识调查问卷最终生成。

语法意识调查问卷的再次试测、整理与分析。随机抽取四川某民族院校大一非英语专业藏族、彝族学生(2020级)60名，其中藏族38名、彝族24名。回收问卷60份，剔除个人信息不全的问卷3份、完全判定正确的试卷2份和完全判定错误且无任何原因呈现的问卷6份，有效问卷49份，其中藏族有效问卷26份，彝族有效问卷23份。该试测结果表明，问卷内容难易程度适中，被试能在30分钟内基本完成问卷。作者再次对问卷的内在一致性进行检测，检测结果显示，该问卷的内在信度系数a值为0.77，表明内部一致性较高，具有较高的可信度。至此，此次语法意识调查问卷的设计与调试最终完成。

#### 4.4.3.2 语法意识问卷的调查过程

正式测试前准备。作者在各地区教师、学生的帮助下，开始了此次语法意识问卷调查。对于高中阶段藏族、彝族被试的调查，作者在自己教学班级学生的帮助和协调下，与他们当年的高中英语教师取得联系，并协商具体调查项目的细节，采用邮寄和实地调查相结合的方式进行。而对于大学本科藏族和彝族被试的调查，由作者具体负责问卷调查的实施与回收等工作。

语法意识问卷测试前的说明。无论是对于高中被试还是对于本科被试，在正式测试开始前，测试教师均须告知被试此次语法意识调查的目的及要求，并举例说明什么是语法错误、如何纠正以及如何解释语法错误等。由于在语法意识试测过程中发现，部分被试将一些语法错误归结于文化误解或语用失误，因此在此次正式测试中，测试教师须告知被试该调查仅涉及语法错误不涉及语用、文化等因素。另外，在正式测试时，测试教师须特意提醒被试填完个人信息，否则问卷无效。

语法意识问卷的正式测试。在各教师的帮助和被试的合作下，正式测试开始。在测试过程中，若被试存在词汇不认识、理解困难等问题，测试教师不做任何解释与说明，均由被试独立完成。约30分钟后，测试教师回收语法意识调查问卷。

#### 4.4.3.3 语法意识调查问卷的数据回收、整理及分析

语法意识调查问卷的回收与整理。此次语法意识调查问卷共发放问卷593份，包括藏族高中被试163份、彝族高中被试149份，藏族本科被试144份、彝族本科被试137份。回收问卷589份，包括藏族高中被试163份、彝族高中被试148份，藏族本科被试143份、彝族本科被试135份。剔除无效问卷33份，其中包括藏族高中被试无效问卷11份、彝族高中被试无效问卷9份，藏族本科被试无效问卷8份、彝族本科被试无效问卷5份，得到有效语法意识问卷556份。但由于本国家社科项目的研究目的在于探寻我国藏彝英语学习者语法意识与语用意识交互关系，因此只有语法意识问卷与语用意识问卷同时有效的被试问卷才能最终纳入统计结果。所以，再次剔除语法意识有效问卷但其语用意识问卷无效，和语用意识有效问卷但其语法意识无效的被试问卷51份，最终得到有效语法意识问卷505份。由于本研究涉及语法意识与语用意识间的交互机制研究，其语法意识问卷和语用意识问卷需保证一一对应的关系，因此通过对有效语法意识问卷和有效语用意识问卷的一一核对，最终得到有效语法意识问卷仅有475份，其中包括藏族高中被试117份、彝族高中被试114份，藏族本科被试127份、彝族本科被试117份。

语法意识调查问卷数据的整理与分析。

首先，对每份有效语法意识问卷进行赋值。由于语法意识分为感知、注意和理解三个低、中、高等不同层次，且层次越高说明语法意识越强（Schmidt，1990；Leow，1997）。因此，本研究问卷调查中有关判断与分析的三个问题（判断是否有误，指出并纠正错误，解释错误原因）正是从语法意识的基本层面（感知层）到高级层面（理解层）来进行。若被试对语法意识问卷中每道测试题的三个问题判断、分析正确，依次赋以分值1分、2分、3分。对于第一个问题（判断是否有误），判断正确赋值1分，判断错误赋值0分；对于第二个问题（指出并纠正错误），若指出该错误赋值1分，正确纠正错误赋值1分；对于第三个问题（解释错误/失误原因），若被试回答的正确性在80%及以

上，赋值3分，若在50%～80%之间，赋值2分，若在30%～50%之间，赋值1分，若低于30%则赋值0分。

其次，将有效语法意识数据逐条输入SPSS（20.0版本）统计软件系统。在数据输入前，首先对被试个人信息进行编码，并输入系统。少数民族代码："1"代指彝族，"2"代指藏族。学习阶段代码："2"代指高中阶段，"3"代指本科阶段。性别代码："0"代指男性英语学习者，"1"代指女性英语学习者。而语言水平代码（包括英语、汉语和民族语）："1"代指低水平，"2"代指中水平，"3"代指高水平。由于每个阶段被试的英语、汉语、民族语的语言水平不存在一致性，因而只能根据被试的语言水平实际情况进行不同等级的划分，且在进行语言水平划分时，为充分体现不同语言水平间的差异，将不同语言水平间的分值差增加到10分。例如，对于高中阶段藏彝学习者，其英语、汉语、民族语水平均依据其期末考试得分分值进行：分值在110分以上（满分150分）为高水平，分值在100～90分为中水平，分值在80分以下为低水平。而对于本科阶段藏彝学习者，其英语、汉语、民族语水平均参照其高考各科得分分值进行：分值在110分以上为高水平，分值在100～90分为中水平，分值在80分以下为低水平。最后，对输入数据进行描述性分析、独立样本$t$检验、单因素方差分析以及相关性分析。

## 4.5 藏彝英语学习者语法意识问卷调查研究结果

作者采用SPSS（20.0版本）软件对有效数据进行描述性统计分析、独立样本$t$检验、单因素方差分析和相关性分析，对我国藏族、彝族英语学习者语法意识进行综合、分层调查，旨在探寻其发展现状、规律、特征及成因。

### 4.5.1 描述性统计分析

为探寻我国藏族、彝族英语学习者语法意识发展的整体及层级现状，作者采用描述性统计进行分析。由于语法意识分为语法意识感知、语法意识注意和语法意识理解等三层，且根据语法意识问卷设计、赋值情况，语法意识感知层总分值为21分，语法意识注意层总分值为42分，语法意识理解层总分值为63分，因此语法意识总分值为126分。为充分展现我国藏彝英语学习者语法意识整体、层级发展现状及特征，作者在进行描述性统计时，也对被试语法意识整体、层级等相应得分率进行了统计与描述。

#### 4.5.1.1 藏族英语学习者语法意识发展整体及层级现状

描述性统计分析显示（表2），从语法意识整体视角看，我国藏族英语学习者语法意识发展程度较低（$M_{藏族综合GA}=27.8811$），得分率为22.13%。从分阶段情况看，我国藏族高中阶段的英语学习者语法意识发展程度较低（$M_{藏族高中GA}=29.3333$），得分率仅占23.28%；与此相对，我国本科阶段的藏族英语学习者语法意识发展程度不升反降（$M_{藏族本科GA}=26.5433$），相对高中阶段的藏族英语学习者，其得分率更低，仅为21.07%。而从语法意识层级视角看，我国高中、本科阶段的英语学习者语法意识感知发展较好（$M_{藏族高中GAP}=10.3077$；$M_{藏族本科GAP}=12.4882$），其得分率分别为49.08%和59.47%，但语法意识注意和语法意识理解发展程度较低，尤其是语法意识理解层（$M_{藏族高中GAN}=11.8974$；$M_{藏族本科GAN}=7.7795$；$M_{藏族高中GAU}=7.1795$；$M_{藏族本科GAU}=6.2598$），得分率分别为28.33%、18.52%、11.40%和9.94%。由此可见，我国藏族英语学习者语法意识发展的整体及层级特征呈现下滑的发展状态；我国藏族英语学习者语法意识整体发展程度较低，尤其是语法意识注意层和语法意识理解层发展较低。

表2 藏族高中、本科阶段英语学习者语法意识整体、层级发展程度描述性统计分析

| 组别 | N | 整体/层级 | 极小值 | 极大值 | 均值 | 标准差 |
|---|---|---|---|---|---|---|
| 藏族高中 | 117 | GAP | 4.0 | 18.0 | 10.3077 | 4.27596 |
| | | GAN | 0.0 | 32.0 | 11.8974 | 7.85580 |
| | | GAU | 0.0 | 31.0 | 7.1795 | 6.25826 |
| | | GA | 4.0 | 71.0 | 29.3333 | 15.46074 |
| 藏族本科 | 127 | GAP | 2.0 | 21.0 | 12.4882 | 4.26850 |
| | | GAN | 0.0 | 24.0 | 7.7795 | 5.06609 |
| | | GAU | 0.0 | 27.0 | 6.2598 | 5.14891 |
| | | GA | 2.0 | 70.0 | 26.5433 | 11.59554 |
| 藏族综合 | 244 | GAP | 2.0 | 21.0 | 11.4426 | 4.40080 |
| | | GAN | 0.0 | 32.0 | 9.7541 | 6.85693 |
| | | GAU | 0.0 | 31.0 | 6.7008 | 5.71445 |
| | | GA | 2.0 | 71.0 | 27.8811 | 13.62996 |

注：GA＝语法意识；GAP＝语法意识感知；GAN＝语法意识注意；GAU＝语法意识理解。

#### 4.5.1.2 彝族英语学习者语法意识发展整体及层级现状

描述性统计分析显示（表3），从语法意识整体视角看，我国彝族英语学习者语法意识发展程度较低（M$_{彝族综合GA}$ = 36.1818），得分率为28.72%。从发展阶段来看，虽然我国彝族英语学习者语法意识发展呈现阶段性上升趋势，但其发展程度仍然较低（M$_{彝族高中GA}$ = 33.9474；M$_{彝族本科GA}$ = 38.3590），得分率分别为26.94%和30.44%。从语法意识层级视角看，我国彝族英语学习者语法意识感知层发展较好（M$_{彝族高中GAP}$ = 13.2544；M$_{彝族本科GAP}$ = 13.5897），得分率分别为63.12%和64.71%，而语法意识注意层和语法意识理解层发展较差（M$_{彝族高中GAN}$ = 11.1228；M$_{彝族本科GAN}$ = 11.7949；M$_{彝族高中GAU}$ = 9.5789；M$_{彝族本科GAU}$ = 12.8889），得分率分别为26.48%、28.08%、15.20%和20.46%。由此可见，我国彝族英语学习者语法意识发展呈现阶段性上升发展趋势；但我国彝族英语学习者语法意识发展整体程度较低，尤其是语法意识注意层和语法意识理解层发展程度偏低。

表3 彝族高中、本科阶段英语学习者语法意识整体、层级发展程度描述性统计分析

| 组别 | N | 整体/层级 | 极小值 | 极大值 | 均值 | 标准差 |
|---|---|---|---|---|---|---|
| 彝族高中 | 114 | GAP | 3.0 | 21.0 | 13.2544 | 4.69383 |
| | | GAN | 0.0 | 36.0 | 11.1228 | 5.70691 |
| | | GAU | 0.0 | 33.0 | 9.5789 | 7.60635 |
| | | GA | 7.0 | 77.0 | 33.9474 | 15.36623 |
| 彝族本科 | 117 | GAP | 6.0 | 21.0 | 13.5897 | 3.34033 |
| | | GAN | 4.0 | 24.0 | 11.7949 | 4.88760 |
| | | GAU | 1.0 | 29.0 | 12.8889 | 6.39204 |
| | | GA | 13.0 | 73.0 | 38.3590 | 13.56241 |
| 彝族综合 | 231 | GAP | 3.0 | 21.0 | 13.4242 | 4.05957 |
| | | GAN | 0.0 | 36.0 | 11.4632 | 5.30686 |
| | | GAU | 0.0 | 33.0 | 11.2554 | 7.19599 |
| | | GA | 7.0 | 77.0 | 36.1818 | 14.61720 |

注：GA＝语法意识；GAP＝语法意识感知；GAN＝语法意识注意；GAU＝语法意识理解。

#### 4.5.1.3 藏彝（综合）英语学习者语法意识发展整体及层级现状

描述性统计分析显示（表4），从语法意识整体视角看，我国藏彝高中阶段的英语学习者语法意识发展程度较低（M$_{藏彝综合GA}$ = 31.9179），得分率仅占25.33%。从发展阶段来看，我国藏彝英语学习者语法意识发展整体程度较低（M$_{藏彝高中GA}$ = 31.6104；

$M_{藏彝本科\,GA} = 32.2090$），高中阶段和本科阶段语法意识得分率分别为 25.09% 和 25.56%。从语法意识层级视角来看，我国藏彝英语学习者语法意识感知层发展较好（$M_{藏彝高中\,GAP} = 11.7619$；$M_{藏彝本科\,GAP} = 13.0164$），得分率分别为 56.01% 和 61.98%；但语法意识注意层和语法意识理解层发展较差（$M_{藏彝高中\,GAN} = 11.5152$；$M_{藏彝本科\,GAN} = 9.7049$；$M_{藏彝高中\,GAU} = 8.3636$；$M_{藏彝本科\,GAU} = 9.4385$），得分率分别为 27.42%、23.11%、13.28% 和 14.98%。由此可见，我国藏彝英语学习者语法意识发展整体呈现较差的发展状态，尤其是语法意识注意层和语法意识理解层的发展水平较差。

表 4　藏彝（综合）英语学习者语法意识整体、层级发展程度描述性统计分析

| 组别 | N | 整体/层级 | 极小值 | 极大值 | 均值 | 标准差 |
|---|---|---|---|---|---|---|
| 藏彝高中 | 231 | GAP | 3.0 | 21.0 | 11.7619 | 4.71441 |
| | | GAN | 0.0 | 36.0 | 11.5152 | 6.87582 |
| | | GAU | 0.0 | 33.0 | 8.3636 | 7.04441 |
| | | GA | 4.0 | 77.0 | 31.6104 | 15.70252 |
| 藏彝本科 | 244 | GAP | 2.0 | 21.0 | 13.0164 | 3.88303 |
| | | GAN | 0.0 | 24.0 | 9.7049 | 5.36210 |
| | | GAU | 0.0 | 29.0 | 9.4385 | 6.65310 |
| | | GA | 2.0 | 73.0 | 32.2090 | 13.87486 |
| 藏彝综合 | 475 | GAP | 2.0 | 21.0 | 12.4063 | 4.34839 |
| | | GAN | 0.0 | 36.0 | 10.5853 | 6.20489 |
| | | GAU | 0.0 | 33.0 | 8.9158 | 6.86006 |
| | | GA | 2.0 | 77.0 | 31.9179 | 14.70252 |

注：GA = 语法意识；GAP = 语法意识感知；GAN = 语法意识注意；GAU = 语法意识理解。

### 4.5.2　独立样本 t 检验

为探寻我国藏族、彝族英语学习者语法意识发展的差异性特征，作者采用了独立样本 t 检验。

#### 4.5.2.1　不同性别藏彝英语学习者语法意识发展差异性研究

采用独立样本 t 检验，作者对不同性别我国藏族、彝族英语学习者语法意识发展的差异性特征进行了研究。

##### 4.5.2.1.1　藏族高中、本科不同性别英语学习者语法意识发展差异性研究

表 5 显示，从整体分阶段情况来看：高中阶段我国藏族男性英语学习者与藏族女性英语学习者语法意识发展存在显著性差异

（$p_{藏族高中 GA} = 0.000 < 0.001$），藏族男性英语学习者语法意识发展程度显著低于藏族女性英语学习者；而本科阶段我国藏族男性英语学习者与藏族女性英语学习者语法意识发展也存在显著性差异（$p_{藏族本科 GA} = 0.001 < 0.01$），男性英语学习者语法意识发展程度显著低于女性英语学习者。基于语法意识分层视角，我国藏族男性英语学习者语法意识感知层、语法意识注意层和语法意识理解层的发展均显著低于藏族女性英语学习者（$p_{藏族高中 GAP} = 0.000 < 0.001$；$p_{藏族高中 GAN} = 0.000 < 0.001$；$p_{藏族高中 GAU} = 0.000 < 0.001$；$p_{藏族本科 GAP} = 0.000 < 0.001$；$p_{藏族本科 GAN} = 0.036 < 0.05$；$p_{藏族本科 GAU} = 0.040 < 0.05$；）。由此可见，我国藏族男性英语学习者语法意识发展显著低于藏族女性英语学习者。

表5　藏族高中、本科阶段不同性别英语学习者语法意识发展的独立样本 $t$ 检验

| 组别 | | GAP | | GAN | | GAU | | GA | |
|---|---|---|---|---|---|---|---|---|---|
| | | 高中 | 本科 | 高中 | 本科 | 高中 | 本科 | 高中 | 本科 |
| 均值 | 男 | 8.68 | 9.05 | 8.75 | 5.60 | 5.07 | 4.10 | 22.64 | 18.75 |
| | 女 | 11.80 | 13.13 | 14.79 | 8.19 | 9.12 | 6.66 | 35.48 | 28.00 |
| $t$ | | -4.226 | -4.172 | -4.481 | -2.125 | -3.674 | -2.070 | -4.912 | -3.410 |
| $p$ | | 0.000 | 0.000 | 0.000 | 0.036 | 0.000 | 0.040 | 0.000 | 0.001 |

注：$t$ 是指不同性别学习者语法意识发展的独立样本 $t$ 检验。GA =语法意识；GAP =语法意识感知；GAN =语法意识注意；GAU =语法意识理解。

#### 4.5.2.1.2　藏族（综合）不同性别英语学习者语法意识发展差异性研究

表6表明，无论是基于语法意识整体视角，即藏族不同性别英语学习者语法意识整体发展（$p_{藏族综合 GA} = 0.000 < 0.001$），还是基于语法意识层级视角，即藏族不同性别英语学习者语法意识感知、语法意识注意和语法意识理解等层级发展（$p_{藏族综合 GAP} = 0.000 < 0.001$；$p_{藏族综合 GAN} = 0.005 < 0.01$；$p_{藏族综合 GAU} = 0.000 < 0.001$），我国藏族不同性别英语学习者语法意识发展呈现显著性差异，男性学习者语法意识发展显著低于女性学习者。

表6　藏族（综合）不同性别英语学习者语法意识发展的独立样本 $t$ 检验

| 组别 | | GAP | | GAN | | GAU | | GA | |
|---|---|---|---|---|---|---|---|---|---|
| | | 男 | 女 | 男 | 女 | 男 | 女 | 男 | 女 |
| 均值 | | 8.78 | 12.65 | 7.92 | 10.58 | 4.82 | 7.55 | 21.62 | 30.71 |
| $t$ | | -6.959 | | -2.849 | | -3.547 | | -5.067 | |
| $p$ | | 0.000 | | 0.005 | | 0.000 | | 0.000 | |

注：$t$ 是指不同性别学习者语法意识发展的独立样本 $t$ 检验。GA =语法意识；GAP =语法意识感知；GAN =语法意识注意；GAU =语法意识理解。

#### 4.5.2.1.3 彝族高中、本科不同性别英语学习者语法意识发展差异性研究

表7显示，从语法意识整体视角看，彝族高中阶段不同性别学习者语法意识发展呈现显著性差异（$p_{彝族高中GA}=0.000<0.001$），彝族男性英语学习者语法意识发展显著低于女性英语学习者；但彝族本科阶段不同性别的英语学习者语法意识发展未呈现显著性差异（$p_{彝族本科GA}=0.844>0.05$）。从语法意识层级视角看，彝族高中阶段不同性别学习者的语法意识感知、语法意识注意和语法意识理解均呈现显著性差异（$p=0.000<0.001$），而彝族本科阶段不同性别的英语学习者语法意识感知、语法意识注意和语法意识理解均无显著性差异（$p_{彝族本科GAP}=0.469>0.05$；$p_{彝族本科GAN}=0.771>0.05$；$p_{彝族本科GAU}=0.424>0.05$）。可见，我国彝族不同性别英语学习者语法意识发展呈现阶段性发展差异：高中阶段不同性别学习者语法意识呈现显著性差异，而本科阶段不同性别英语学习者语法意识发展无显著性差异。

表7 彝族高中、本科阶段不同性别英语学习者语法意识发展的独立样本 $t$ 检验

| 组别 | | GAP | | GAN | | GAU | | GA | |
|---|---|---|---|---|---|---|---|---|---|
| | | 高中 | 本科 | 高中 | 本科 | 高中 | 本科 | 高中 | 本科 |
| 均值 | 男 | 11.23 | 13.94 | 8.62 | 11.59 | 6.79 | 12.15 | 26.44 | 37.97 |
| | 女 | 14.95 | 13.45 | 13.23 | 11.88 | 11.92 | 13.19 | 40.24 | 38.52 |
| $t$ | | -4.572 | 0.727 | -4.676 | -0.292 | -3.794 | -0.802 | -5.322 | -0.197 |
| $p$ | | 0.000 | 0.469 | 0.000 | 0.771 | 0.000 | 0.424 | 0.000 | 0.844 |

注：$t$ 是指不同性别学习者语法意识发展的独立样本 $t$ 检验。GA＝语法意识；GAP＝语法意识感知；GAN＝语法意识注意；GAU＝语法意识理解。

#### 4.5.2.1.4 彝族（综合）不同性别英语学习者语法意识发展差异性研究

表8表明，无论是基于语法意识整体视角，即彝族不同性别英语学习者语法意识整体发展（$p_{彝族综合GA}=0.000<0.001$），还是基于语法意识层级视角，即彝族不同性别英语学习者语法意识层级发展（$p_{彝族综合GAP}=0.001<0.01;p_{彝族综合GAN}=.000<.001;p_{彝族综合GAU}=0.000<0.001$），我国彝族不同性别英语学习者语法意识发展呈现显著性差异，男性学习者语法意识发展显著低于女性学习者。因此，从综合的视角看，我国彝族不同性别的英语学习者语法意识发展整体、层级均呈现显著性差异，彝族女性英语学习者语法意识发展显著高于彝族男性英语学习者。

表 8　彝族（综合）不同性别英语学习者语法意识发展的独立样本 t 检验

| 组别 | GAP | | GAN | | GAU | | GA | |
|---|---|---|---|---|---|---|---|---|
| | 男 | 女 | 男 | 女 | 男 | 女 | 男 | 女 |
| 均值 | 12.30 | 14.09 | 9.79 | 12.46 | 8.91 | 12.65 | 31.00 | 39.26 |
| t | -3.304 | | -3.795 | | -3.939 | | -4.305 | |
| p | 0.001 | | 0.000 | | 0.000 | | 0.000 | |

注：t 是指不同性别学习者语法意识发展的独立样本 t 检验。GA = 语法意识；GAP = 语法意识感知；GAN = 语法意识注意；GAU = 语法意识理解。

### 4.5.2.1.5　藏彝（综合）不同性别高中、本科阶段英语学习者语法意识发展差异性研究

独立样本 t 检验结果表明（表 9），基于语法意识整体视角，藏彝高中阶段不同性别学习者语法意识发展呈现显著性差异（$p_{藏彝高中GA} = 0.000 < 0.001$），男性英语学习者语法意识发展显著低于女性英语学习者；但藏彝本科阶段不同性别的英语学习者语法意识发展未呈现显著性差异（$p_{藏彝本科GA} = 0.416 > 0.05$）。从语法意识层级视角看，藏彝高中阶段不同性别学习者的语法意识感知、语法意识注意和语法意识理解均呈现显著性差异（$p = 0.000 < 0.001$），而藏彝本科阶段不同性别的英语学习者语法意识感知、语法意识注意和语法意识理解均无显著性差异（$p_{藏彝本科GAP} = 0.057 > 0.05$；$p_{藏彝本科GAN} = 0.604 > 0.05$；$p_{藏彝本科GAU} = 0.734 > 0.05$）。可见，我国藏彝不同性别英语学习者语法意识发展呈现阶段性发展差异：高中阶段不同性别学习者语法意识呈现显著性差异，而本科阶段不同性别英语学习者语法意识发展无显著性差异；但从整体上，女性英语学习者语法意识发展始终高于男性英语学习者。

表 9　藏彝（综合）高中、本科阶段不同性别英语学习者语法意识发展的独立样本 t 检验

| 组别 | | GAP | | GAN | | GAU | | GA | |
|---|---|---|---|---|---|---|---|---|---|
| | | 高中 | 本科 | 高中 | 本科 | 高中 | 本科 | 高中 | 本科 |
| 均值 | 男 | 9.91 | 12.13 | 8.69 | 9.37 | 5.90 | 9.17 | 24.47 | 30.85 |
| | 女 | 13.39 | 13.27 | 14.00 | 9.80 | 10.53 | 9.52 | 37.88 | 32.59 |
| t | | -6.016 | -1.912 | -6.342 | -0.519 | -5.266 | -0.340 | -7.228 | -0.814 |
| p | | 0.000 | 0.057 | 0.000 | 0.604 | 0.000 | 0.734 | 0.000 | 0.416 |

注：t 是指不同性别学习者语法意识发展的独立样本 t 检验。GA = 语法意识；GAP = 语法意识感知；GAN = 语法意识注意；GAU = 语法意识理解。

### 4.5.2.1.6　藏彝（综合）英语学习者语法意识发展差异性研究

表 10 显示，无论是基于语法意识整体视角，即藏彝不同性别英

语学习者语法意识整体发展（$p_{藏彝综合GA} = 0.000 < 0.001$），还是基于语法意识层级视角，即藏彝不同性别英语学习者语法意识层级发展（$p_{藏彝综合GAP} = 0.000 < 0.001$；$p_{藏彝综合GAN} = 0.000 < 0.001$；$p_{藏彝综合GAU} = 0.000 < 0.001$），我国藏彝不同性别英语学习者语法意识发展均呈现显著性差异，男性学习者语法意识发展显著低于女性学习者。因此，从综合分析结果可知，我国藏彝不同性别的英语学习者语法意识发展整体、层级均呈现显著性差异，藏彝女性英语学习者语法意识发展均显著高于藏彝男性英语学习者。

表10 藏彝（综合）不同性别英语学习者语法意识发展的独立样本 $t$ 检验

| 组别 | GAP | | GAN | | GAU | | GA | |
|---|---|---|---|---|---|---|---|---|
| | 男 | 女 | 男 | 女 | 男 | 女 | 男 | 女 |
| 均值 | 10.65 | 13.32 | 8.91 | 11.45 | 6.99 | 9.91 | 26.60 | 37.67 |
| $t$ | -6.620 | | -4.302 | | -4.495 | | -5.869 | |
| $p$ | 0.000 | | 0.000 | | 0.000 | | 0.000 | |

注：$t$ 是指不同性别学习者语法意识发展的独立样本 $t$ 检验。GA＝语法意识；GAP＝语法意识感知；GAN＝语法意识注意；GAU＝语法意识理解。

#### 4.5.2.2 藏彝不同年级英语学习者语法意识发展差异性研究

采用独立样本 $t$ 检验，作者对我国藏族、彝族不同年级英语学习者语法意识发展的差异性特征进行了研究。

##### 4.5.2.2.1 藏族不同年级英语学习者语法意识发展差异性研究

表11表明，基于语法意识整体视角，我国藏族不同年级英语学习者语法意识发展不存在显著性差异（$p_{藏族GA} = 0.110 > 0.05$）；而基于语法意识层级视角，我国藏族不同年级英语学习者仅语法意识注意层存在显著性差异（$p_{藏族GAN} = 0.000 < 0.001$），即藏族高中阶段英语学习者语法意识注意高于藏族本科阶段英语学习者，但语法意识感知和语法意识理解均不存在显著性差异（$p_{藏族GAP} = 0.242 > 0.05$；$p_{藏族GAU} = 0.210 > 0.05$）。可见，虽然我国藏族不同年级英语学习者语法意识整体上未呈现显著性差异，但语法意识注意层级却存在显著性差异，藏族高中阶段学习者语法意识注意显著高于藏族本科阶段学习者。

表 11　藏族不同年级英语学习者语法意识发展的独立样本 $t$ 检验

| 组别 | GAP | | GAN | | GAU | | GA | |
|---|---|---|---|---|---|---|---|---|
| | 高中 | 本科 | 高中 | 本科 | 高中 | 本科 | 高中 | 本科 |
| 均值 | 10.31 | 12.49 | 11.90 | 7.78 | 7.18 | 6.25 | 29.33 | 26.54 |
| $t$ | -3.983 | | 4.904 | | 1.257 | | 1.603 | |
| $p$ | 0.242 | | 0.000 | | 0.210 | | 0.110 | |

注：$t$ 是指不同年级学习者语法意识发展的独立样本 $t$ 检验。GA ＝语法意识；GAP ＝语法意识感知；GAN ＝语法意识注意；GAU ＝语法意识理解。

#### 4.5.2.2.2　彝族不同年级英语学习者语法意识发展差异性研究

表 12 显示，基于语法意识整体视角，我国彝族不同年级英语学习者语法意识发展存在显著性差异（$p_{彝族 GA} = 0.021 < 0.05$），彝族本科阶段英语学习者语法意识发展显著高于彝族高中阶段英语学习者；而基于层级视角，我国彝族不同年级英语学习者仅语法意识理解层存在显著性差异（$p_{彝族 GAU} = 0.000 < 0.001$），即彝族本科阶段英语学习者语法意识理解显著高于彝族高中阶段英语学习者，但语法意识感知和语法意识注意均不存在显著性差异（$p_{彝族 GAP} = 0.531 > 0.05$；$p_{彝族 GAN} = 0.337 > 0.05$）。可见，我国彝族不同年级英语学习者语法意识整体上存在显著性差异，尤其是在语法意识理解层级上，彝族本科阶段英语学习者语法意识发展显著高于彝族高中阶段英语学习者。

表 12　彝族不同年级英语学习者语法意识发展的独立样本 $t$ 检验

| 组别 | GAP | | GAN | | GAU | | GA | |
|---|---|---|---|---|---|---|---|---|
| | 高中 | 本科 | 高中 | 本科 | 高中 | 本科 | 高中 | 本科 |
| 均值 | 13.25 | 13.59 | 11.12 | 11.79 | 9.58 | 12.89 | 33.95 | 38.36 |
| $t$ | -0.627 | | -0.962 | | -3.584 | | -2.315 | |
| $p$ | 0.531 | | 0.337 | | 0.000 | | 0.021 | |

注：$t$ 是指不同年级学习者语法意识发展的独立样本 $t$ 检验。GA ＝语法意识；GAP ＝语法意识感知；GAN ＝语法意识注意；GAU ＝语法意识理解。

#### 4.5.2.2.3　藏彝（综合）不同年级英语学习者语法意识发展差异性研究

表 13 分析结论表明，从语法意识整体现状看，我国藏彝不同年级英语学习者语法意识发展不存在显著性差异（$p_{藏彝 GA} = 0.658 > 0.05$）；但从语法意识层级视角看，我国藏彝不同年级英语学习者语法意识感知和语法意识注意存在显著性差异（$p_{藏彝 GAP} = 0.002 < 0.01$；$p_{藏彝 GAN} = 0.001 < 0.01$），即本科阶段藏彝英语学习者语法意识感知和语法意识注意显著高于高中阶段英语学习者，而语法意识理解不存在显著性差异（$p_{藏彝 GAU} = 0.088 > 0.05$）。因此，我国藏彝不同年级英语学习者语法意识发展虽整体上未呈现显

著性差异，但在语法意识感知和语法意识注意层级上，藏彝本科阶段英语学习者语法意识显著高于藏彝高中阶段英语学习者。

表13　藏彝（综合）不同年级英语学习者语法意识发展的独立样本 $t$ 检验

| 组别 | GAP | | GAN | | GAU | | GA | |
| --- | --- | --- | --- | --- | --- | --- | --- | --- |
| | 高中 | 本科 | 高中 | 本科 | 高中 | 本科 | 高中 | 本科 |
| 均值 | 11.76 | 13.02 | 11.52 | 9.70 | 8.37 | 9.44 | 31.61 | 32.21 |
| t | -3.173 | | 3.209 | | -1.701 | | -0.443 | |
| p | 0.002 | | 0.001 | | 0.088 | | 0.658 | |

注：$t$ 是指不同年级学习者语法意识发展的独立样本 $t$ 检验。GA＝语法意识；GAP＝语法意识感知；GAN＝语法意识注意；GAU＝语法意识理解。

### 4.5.2.3　不同民族（藏彝）英语学习者语法意识发展差异性研究

采用独立样本 $t$ 检验，作者对我国藏族、彝族英语学习者语法意识发展的差异及特征进行了研究。

#### 4.5.2.3.1　藏彝高中阶段英语学习者语法意识发展差异性研究

表14研究结果显示，基于语法意识整体视角，我国高中阶段藏族和彝族英语学习者语法意识发展呈现显著性差异（$p_{藏彝高中GA} = 0.024 < 0.05$），彝族高中阶段英语学习者语法意识发展显著高于藏族高中阶段英语学习者；而基于语法意识层级视角，我国高中阶段藏族和彝族英语学习者语法意识感知和语法意识理解均呈现显著性差异（$p_{藏彝高中GAP} = 0.000 < 0.001$；$p_{藏彝高中GAU} = 0.009 < 0.01$），但语法意识注意不存在显著性差异（$p_{藏彝高中GAN} = 0.393 > 0.05$），彝族高中阶段英语学习者语法意识感知和语法意识理解均显著高于藏族高中阶段英语学习者。可见，我国高中阶段藏族、彝族语法意识发展整体上存在显著性差异，彝族高中阶段英语学习者语法意识显著高于藏族高中阶段英语学习者，尤其是语法意识感知层和语法意识理解层。

表14　藏彝高中阶段英语学习者语法意识发展的独立样本 $t$ 检验

| 组别 | GAP | | GAN | | GAU | | GA | |
| --- | --- | --- | --- | --- | --- | --- | --- | --- |
| | 藏族高中 | 彝族高中 | 藏族高中 | 彝族高中 | 藏族高中 | 彝族高中 | 藏族高中 | 彝族高中 |
| 均值 | 10.31 | 13.25 | 11.90 | 11.12 | 7.18 | 9.58 | 29.33 | 33.95 |
| t | -4.990 | | 0.856 | | -2.621 | | -2.275 | |
| p | 0.000 | | 0.393 | | 0.009 | | 0.024 | |

注：$t$ 是指不同民族学习者语用意识发展的独立样本 $t$ 检验。GA＝语法意识；GAP＝语法意识感知；GAN＝语法意识注意；GAU＝语法意识理解。

#### 4.5.2.3.2 藏彝本科阶段英语学习者语法意识发展差异性研究

表15表明，基于语法意识整体视角，我国本科阶段藏族和彝族英语学习者语法意识发展呈现显著性差异（$p_{藏彝本科GA}=0.000<0.001$），彝族本科阶段英语学习者语法意识发展显著高于藏族本科阶段英语学习者；而基于语法意识层级视角，我国本科阶段藏族和彝族英语学习者语法意识感知、语法意识注意和语法意识理解等三层均呈现显著性差异（$p_{藏彝本科GAP}=0.027<0.05$；$p_{藏彝本科GAN}=0.000<0.001$；$p_{藏彝本科GAU}=0.000<0.001$），彝族本科阶段英语学习者语法意识感知、语法意识注意和语法意识理解均显著高于藏族本科阶段英语学习者。可见，无论是从整体视角还是从层级视角看，我国本科阶段藏族、彝族英语学习者语法意识发展整体上存在显著性差异，且彝族本科阶段英语学习者语法意识整体及层级均显著高于藏族本科阶段英语学习者。

表15 藏彝本科阶段英语学习者语法意识发展的独立样本 $t$ 检验

| 组别 | GAP | | GAN | | GAU | | GA | |
|---|---|---|---|---|---|---|---|---|
| | 藏族本科 | 彝族本科 | 藏族本科 | 彝族本科 | 藏族本科 | 彝族本科 | 藏族本科 | 彝族本科 |
| 均值 | 12.49 | 13.59 | 7.78 | 11.79 | 6.26 | 12.89 | 26.54 | 38.36 |
| $t$ | -2.232 | | -6.290 | | -8.953 | | -7.331 | |
| $p$ | 0.027 | | 0.000 | | 0.000 | | 0.000 | |

注：$t$ 是指不同民族学习者语用意识发展的独立样本 $t$ 检验。GA＝语法意识；GAP＝语法意识感知；GAN＝语法意识注意；GAU＝语法意识理解。

#### 4.5.2.3.3 藏彝（综合）英语学习者语法意识发展差异性研究

表16显示，基于语法意识整体视角，我国藏族和彝族英语学习者语法意识发展呈现显著性差异（$p_{藏彝GA}=0.000<0.001$），彝族英语学习者语法意识发展显著高于藏族英语学习者；而基于语法意识层级视角，我国藏族和彝族英语学习者语法意识感知、语法意识注意和语法意识理解等三层均呈现显著性差异（$p_{藏彝GAP}=0.000<0.001$；$p_{藏彝GAN}=0.003<0.01$；$p_{藏彝GAU}=0.000<0.001$），彝族英语学习者语法意识感知、语法意识注意和语法意识理解均显著高于藏族英语学习者。综上，无论是从语法意识整体视角还是从语法意识层级视角看，我国藏族、彝族英语学习者语法意识发展均存在显著性差异，彝族英语学习者语法意识整体及层级均显著高于藏族英语学习者。

表 16 藏彝（综合）英语学习者语法意识发展的独立样本 t 检验

| 组别 | GAP | | GAN | | GAU | | GA | |
|---|---|---|---|---|---|---|---|---|
| | 藏族 | 彝族 | 藏族 | 彝族 | 藏族 | 彝族 | 藏族 | 彝族 |
| 均值 | 11.44 | 13.42 | 9.75 | 11.46 | 6.70 | 11.26 | 27.88 | 36.12 |
| t | -5.093 | | -3.026 | | -7.660 | | -6.404 | |
| p | 0.000 | | 0.003 | | 0.000 | | 0.000 | |

注：t 是指不同民族学习者语用意识发展的独立样本 t 检验。GA ＝语法意识；GAP ＝语法意识感知；GAN ＝语法意识注意；GAU ＝语法意识理解。

### 4.5.3 单因素方差分析

为探寻我国民族语水平、汉语水平和英语水平对藏族、彝族英语学习者语法意识发展产生的影响，本研究做了单因素方差分析。

#### 4.5.3.1 藏彝不同民族语水平英语学习者语法意识发展差异性研究

基于民族语水平视角，作者对我国藏族、彝族不同民族语水平英语学习者语法意识发展特征进行了研究。

##### 4.5.3.1.1 藏族不同民族语水平英语学习者语法意识发展差异性研究

为探寻不同民族语水平藏族英语学习者语法意识发展是否存在显著性差异，作者做了单因素方差分析。

表 17 显示，从语法意识整体视角看，我国藏族英语学习者民族语水平未对其语法意识发展产生显著性影响（$F_{藏族GA} = 2.208, p = 0.112 > 0.05$）；从语法意识层级视角看，我国藏族英语学习者民族语水平也未对语法意识感知、语法意识注意和语法意识理解等三层产生显著性影响（$F_{藏族GAP} = 2.692, p = 0.070 > 0.05; F_{藏族GAN} = 1.133, p = 0.324 > 0.05; F_{藏族GAU} = 1.777, p = 0.171 > 0.05$）。可见，对于我国藏族英语学习者而言，其自身民族语水平并不对其英语语法意识整体发展和层级发展产生显著性影响。

表 17 藏族不同民族语水平英语学习者语法意识发展单因素方差分析

| 组别 | | 平方和 | df | 均方 | F | 显著性 |
|---|---|---|---|---|---|---|
| GAP | 组间 | 102.847 | 2 | 51.424 | 2.692 | 0.070 |
| | 组内 | 4603.350 | 241 | 19.101 | | |
| GAN | 组间 | 106.467 | 2 | 53.234 | 1.133 | 0.320 |
| | 组内 | 11318.779 | 241 | 46.966 | | |
| GAU | 组间 | 115.329 | 2 | 57.665 | 1.777 | 0.171 |
| | 组内 | 7819.830 | 241 | 32.447 | | |
| GA | 组间 | 812.163 | 2 | 406.081 | 2.208 | 0.112 |
| | 组内 | 44331.390 | 241 | 183.948 | | |

注：GA ＝语法意识；GAP ＝语法意识感知；GAN ＝语法意识注意；GAU ＝语法意识理解。

单因素方差分析事后检验（LSD）表明（表 18），从语法意识整体视角来看，我国藏族低民族语水平和中民族语水平（$p_{藏族低-中GA}$ $= 0.642 > 0.05$）、中民族语水平和高民族语水平（$p_{藏族中-高GA} = 0.060 > 0.05$）英语学习者语法意识发展不存在显著性差异，但低民族语水平和高民族语水平英语学习者语法意识呈现显著性差异（$p_{藏族低-高GA} = 0.048 < 0.05$）。从语法意识层级视角看，除中民族语水平和高民族语水平英语学习者语法意识感知层发展呈现显著性差异外（$p_{藏族中-高GAP} = 0.024 < 0.05$），其余各层级、各民族语水平的学习者间，其语法意识发展均不存在显著性差异（$p > 0.05$）。因此，从方差检验事后分析可见，我国藏族英语学习者自身的民族语水平并未显著影响其英语语法意识的发展，其民族语水平并非是影响其英语语法意识发展的重要因素。

表18 藏族不同民族语水平英语学习者语法意识发展单因素方差分析事后检验

| 组别 | GAP | | GAN | | GAU | | GA | |
|---|---|---|---|---|---|---|---|---|
| | I-J | p | I-J | p | I-J | p | I-J | p |
| 低水平-中水平 | 0.041 | 0.951 | -.0709 | 0.504 | -0.351 | 0.691 | -0.976 | 0.642 |
| 低水平-高水平 | -1.822 | 0.053 | -2.200 | 0.135 | -2.170 | 0.076 | -5.780 | 0.048 |
| 中水平-高水平 | -1.863 | 0.024 | -1.491 | 0.247 | -1.820 | 0.090 | -4.805 | 0.060 |

注：GA＝语法意识；GAP＝语法意识感知；GAN＝语法意识注意；GAU＝语法意识理解。高水平＝110分以上；中水平＝100～90分；低水平＝80分以下。

#### 4.5.3.1.2 彝族不同民族语水平英语学习者语法意识发展差异性研究

为探寻不同民族语水平彝族英语学习者语法意识发展是否存在显著性差异，作者做了单因素方差分析。

表19显示，从语法意识整体视角看，我国彝族英语学习者民族语水平未对其语法意识发展产生显著性影响（$F_{彝族GA} = 2.251$，$p = 0.108 > 0.05$）；从语法意识层级视角看，我国彝族英语学习者民族语水平也未对语法意识感知和语法意识注意产生显著性影响（$F_{彝族GAP} = 0.662$，$p = 0.538 > 0.05$；$F_{彝族GAN} = 1.784$，$p = 0.170 > 0.05$），但对语法意识理解产生了显著性影响（$F_{彝族GAU} = 4.015$，$p = 0.019 < 0.05$）。可见，对于我国彝族英语学习者来说，虽然自身民族语水平对语法意识理解产生了显著性影响，但仍然从整体上并未对英语语法意识的发展产生显著性影响。

表 19　彝族不同民族语水平英语学习者语法意识发展单因素方差分析

| 组别 | | 平方和 | df | 均方 | F | 显著性 |
|---|---|---|---|---|---|---|
| GAP | 组间 | 20.563 | 2 | 10.281 | 0.622 | 0.538 |
| | 组内 | 3769.861 | 228 | 16.534 | | |
| GAN | 组间 | 99.792 | 2 | 49.896 | 1.784 | 0.170 |
| | 组内 | 6377.645 | 228 | 27.972 | | |
| GAU | 组间 | 405.210 | 2 | 202.605 | 4.015 | 0.019 |
| | 组内 | 11504.720 | 228 | 50.459 | | |
| GA | 组间 | 951.476 | 2 | 475.738 | 2.251 | 0.108 |
| | 组内 | 48190.887 | 228 | 211.364 | | |

注：GA＝语法意识；GAP＝语法意识感知；GAN＝语法意识注意；GAU＝语法意识理解。

表 20 方差分析事后检验（LSD）表明：从语法意识整体视角看，我国彝族低民族语水平和高民族语水平（$p_{彝族低-高GA}=0.410>0.05$）、中民族语水平和高民族语水平（$p_{彝族中-高GA}=0.713>0.05$）英语学习者语法意识发展不存在显著性差异，但低民族语水平和中民族语水平英语学习者语法意识呈现显著性差异（$p_{彝族低-中GA}=0.036<0.05$）。从语法意识层级视角看，除语法意识理解层的低民族语水平和中民族语水平彝族英语学习者语法意识发展呈现显著性差异外（$p_{彝族低-中GAU}=0.005<0.01$），其余各层级、各民族语水平的学习者间，其语法意识发展均不存在显著性差异（$p>0.05$）。从方差事后分析可见，尽管在理解层，我国彝族英语学习者民族语水平对英语语法意识发展产生了影响，但从整体和其他层级视角可见，我国彝族英语学习者自身的民族语水平并未对英语语法意识产生显著性影响。因此，彝族英语学习者民族语水平并非影响其语法意识发展的重要因素。

表 20　彝族不同民族语水平英语学习者语法意识发展单因素方差分析事后检验

| 组别 | GAP | | GAN | | GAU | | GA | |
|---|---|---|---|---|---|---|---|---|
| | I-J | p | I-J | p | I-J | p | I-J | p |
| 低水平-中水平 | 0.189 | 0.738 | 1.377 | 0.061 | 2.761 | 0.005 | 4.248 | 0.036 |
| 低水平-高水平 | 1.115 | 0.266 | 0.929 | 0.475 | 0.908 | 0.603 | 2.952 | 0.410 |
| 中水平-高水平 | 0.926 | 0.348 | -0.448 | 0.727 | -1.852 | 0.283 | -1.296 | 0.713 |

注：GA＝语法意识；GAP＝语法意识感知；GAN＝语法意识注意；GAU＝语法意识理解。高水平＝110 分以上；中水平＝100～90 分；低水平＝80 分以下。

#### 4.5.3.1.3　藏彝（综合）不同民族语水平英语学习者语法意识发展差异性研究

从藏彝综合视角看，为探寻民族语水平对我国藏彝英语学习者语法意识发展产生的影响，作者做了单因素方差分析。

基于藏彝综合视角的单因素方差分析结果表明（表 21），整体上，我国藏彝英语学习者民族语水平对其语法意识发展产生显著性影响（$F_{藏彝GA} = 3.287$，$p = 0.038 < 0.05$）；但从语法意识层级上看，我国藏彝民族语水平并未对其语法意识感知和语法意识注意产生显著性影响（$F_{藏彝GAP} = 1.128$，$p = 0.325 > 0.05$；$F_{藏彝GAN} = 1.174$，$p = 0.310 > 0.05$），但对语法意识理解产生了显著性影响（$F_{藏彝GAU} = 5.631$，$p = 0.004 < 0.01$）。可见，藏彝英语学习者民族语水平对其英语语法意识理解产生了显著性影响，因而导致藏彝英语学习者民族语水平对其英语语法意识整体的发展产生了显著影响。

表 21 藏彝（综合）不同民族语水平英语学习者语法意识发展单因素方差分析

| 组别 | | 平方和 | df | 均方 | F | 显著性 |
| --- | --- | --- | --- | --- | --- | --- |
| GAP | 组间 | 42.632 | 2 | 21.316 | 1.128 | 0.325 |
| | 组内 | 8919.949 | 472 | 18.898 | | |
| GAN | 组间 | 90.358 | 2 | 45.179 | 1.174 | 0.310 |
| | 组内 | 18158.939 | 472 | 38.472 | | |
| GAU | 组间 | 519.812 | 2 | 259.906 | 5.631 | 0.004 |
| | 组内 | 21786.820 | 472 | 46.159 | | |
| GA | 组间 | 1407.409 | 2 | 703.704 | 3.287 | 0.038 |
| | 组内 | 101054.389 | 472 | 214.098 | | |

注：GA = 语法意识；GAP = 语法意识感知；GAN = 语法意识注意；GAU = 语法意识理解。

表 22 方差分析事后检验（LSD）表明：从语法意识整体视角看，我国藏彝低民族语水平和高民族语水平（$p_{藏彝低-高GA} = 0.815 > 0.05$）、中民族语水平和高民族语水平（$p_{藏彝中-高GA} = 0.159 > 0.05$）英语学习者语法意识发展不存在显著性差异，但低民族语水平和中民族语水平英语学习者语法意识呈现显著性差异（$p_{藏彝低-中GA} = 0.016 < 0.05$）。从语法意识层级视角看，除语法意识理解层的低民族语水平和中民族语水平藏彝英语学习者语法意识发展呈现显著性差异外（$p_{藏彝低-中GAU} = 0.001 < 0.01$），其余各层级、各民族语水平的学习者的语法意识发展均不存在显著性差异（$p > 0.05$）。综上，从方差事后分析可见，尽管在语法意识理解层，我国藏彝英语学习者民族语水平对英语语法意识发展产生了显著性影响，但从整体和其他层级视角可见，我国藏彝英语学习者自身的民族语水平并未对英语语法意识产生显著性影响。因此，基于藏彝民族语水平对其英语语法意识发展产生的影响，藏彝英语学习者民族语水平并非影响其英语语法意识发展的重要因素。

表22 藏彝（综合）不同民族语水平英语学习者语法意识
发展单因素方差分析事后检验

| 组别 | GAP | | GAN | | GAU | | GA | |
|---|---|---|---|---|---|---|---|---|
| | I-J | p | I-J | p | I-J | p | I-J | p |
| 低水平-中水平 | 0.565 | 0.200 | 0.810 | 0.198 | 2.243 | 0.001 | 3.595 | 0.016 |
| 低水平-高水平 | -0.126 | 0.851 | -0.223 | 0.819 | 0.647 | 0.545 | 0.5390 | 0.815 |
| 中水平-高水平 | -0.694 | 0.851 | -1.033 | 0.261 | -1.596 | 0.113 | -3.056 | 0.159 |

注：GA＝语法意识；GAP＝语法意识感知；GAN＝语法意识注意；GAU＝语法意识理解。高水平＝110分以上；中水平＝100～90分；低水平＝80分以下。

#### 4.5.3.2 藏彝不同汉语水平英语学习者语法意识发展差异性研究

基于被试汉语水平视角，作者对我国藏族、彝族不同汉语水平英语学习者语法意识发展特征进行了研究。

##### 4.5.3.2.1 藏族不同汉语水平英语学习者语法意识发展差异性研究

为探寻不同汉语水平藏族英语学习者语法意识发展是否存在显著性差异，作者做了单因素方差分析。

表23显示，从语法意识整体视角看，汉语水平对我国藏族英语学习者语法意识发展产生了显著性影响（$F_{藏族GA}=88.552$，$p=0.000<0.001$）；从语法意识层级视角看，汉语水平也对我国藏族英语学习者语法意识感知、语法意识注意和语法意识理解等三层产生显著性影响（$F_{藏族GAP}=28.389$，$p=0.000<0.001$；$F_{藏族GAN}=52.457$，$p=0.000<0.001$；$F_{藏族GAU}=67.719$，$p=0.000<0.001$）。由此可见，对于我国藏族英语学习者而言，其自身汉语水平对其英语语法意识整体发展和层级发展均产生显著性影响。

表23 藏族不同汉语水平英语学习者语法意识发展单因素方差分析

| 组别 | | 平方和 | df | 均方 | F | 显著性 |
|---|---|---|---|---|---|---|
| GAP | 组间 | 897.349 | 2 | 448.675 | 28.389 | 0.000 |
| | 组内 | 3808.848 | 241 | 15.804 | | |
| GAN | 组间 | 3465.201 | 2 | 1732.600 | 52.457 | 0.000 |
| | 组内 | 7960.045 | 241 | 33.029 | | |
| GAU | 组间 | 2854.978 | 2 | 1427.489 | 67.719 | 0.000 |
| | 组内 | 5080.182 | 241 | 21.080 | | |
| GA | 组间 | 19122.251 | 2 | 9561.126 | 88.552 | 0.000 |
| | 组内 | 26021.302 | 241 | 107.972 | | |

注：GA＝语法意识；GAP＝语法意识感知；GAN＝语法意识注意；GAU＝语法意识理解。

单因素方差分析事后检验（LSD）表明（表24），从语法意识整体视角看，我国藏族不同汉语水平英语学习者英语语法意识发展均呈现显著性差异（$p_{藏族低-中GA}=0.000<0.001$；$p_{藏族低-高GA}=0.000<0.001$；

$p_{藏族中-高GA}=0.000<0.001$），藏族英语学习者汉语水平越高，其英语语法意识发展程度也越高；从语法意识层级视角看，除中汉语水平和高汉语水平藏族英语学习者语法意识感知层不存在显著性差异外（$p_{藏族中-高GAP}=0.371>0.05$），其余各层级、各汉语水平的藏族英语学习者英语语法意识发展均存在显著性差异（$p=0.000<0.001$），藏族英语学习者汉语水平与其英语语法意识层级发展存在一致性。因此，基于以上单因素方差分析事后检验可知，尽管在语法意识感知层级，中汉语水平和高汉语水平藏族英语学习者语法意识发展不存在显著性差异性，但从其他层级以及整体视角看，我国藏族不同汉语水平英语学习者语法意识发展具有显著性差异，汉语水平是影响我国藏族英语学习者英语语法意识发展水平高低的重要因素。

表24 藏族不同汉语水平英语学习者语法意识发展单因素方差分析事后检验

| 组别 | GAP | | GAN | | GAU | | GA | |
|---|---|---|---|---|---|---|---|---|
| | I-J | p | I-J | p | I-J | p | I-J | p |
| 低水平-中水平 | -3.832 | 0.000 | -5.403 | 0.000 | -4.693 | 0.000 | -13.781 | 0.000 |
| 低水平-高水平 | -4.720 | 0.000 | -11.768 | 0.000 | -10.838 | 0.000 | -26.732 | 0.000 |
| 中水平-高水平 | -0.888 | 0.371 | -6.366 | 0.000 | -6.145 | 0.000 | -12.951 | 0.000 |

注：GA＝语法意识；GAP＝语法意识感知；GAN＝语法意识注意；GAU＝语法意识理解。高水平＝110分以上；中水平＝100～90分；低水平＝80分以下。

#### 4.5.3.2.2 彝族不同汉语水平英语学习者语法意识发展差异性研究

为探寻不同汉语水平彝族英语学习者语法意识发展是否存在显著性差异，作者做了单因素方差分析。

表25显示，从语法意识整体视角看，我国彝族英语学习者汉语水平对其自身英语语法意识发展产生显著性影响（$F_{彝族GA}=42.691$，$p=0.000<0.001$）；从语法意识层级视角看，我国彝族英语学习者汉语水平也对语法意识感知、语法意识注意和语法意识理解等三层均产生显著性影响（$F_{彝族GAP}=29.428$，$p=0.000<0.001$；$F_{彝族GAN}=36.385$，$p=0.000<0.001$；$F_{彝族GAU}=28.276$，$p=0.000<0.001$）。可见，对于我国彝族英语学习者而言，汉语水平对其英语语法意识的整体发展和层级发展均产生显著性影响。

表 25　彝族不同汉语水平英语学习者语法意识发展单因素方差分析

| 组别 | | 平方和 | df | 均方 | F | 显著性 |
| --- | --- | --- | --- | --- | --- | --- |
| GAP | 组间 | 777.700 | 2 | 388.850 | 29.428 | 0.000 |
| | 组内 | 3012.725 | 228 | 13.214 | | |
| GAN | 组间 | 1567.191 | 2 | 783.596 | 36.385 | 0.000 |
| | 组内 | 4910.246 | 228 | 21.536 | | |
| GAU | 组间 | 2366.991 | 2 | 1183.496 | 28.276 | 0.000 |
| | 组内 | 9542.939 | 228 | 41.855 | | |
| GA | 组间 | 13389.077 | 2 | 6694.538 | 42.691 | 0.000 |
| | 组内 | 35753.287 | 228 | 156.813 | | |

注：GA＝语法意识；GAP＝语法意识感知；GAN＝语法意识注意；GAU＝语法意识理解。

单因素方差分析事后检验（LSD）表明（表26），从语法意识整体视角看，我国彝族不同汉语水平英语学习者的英语语法意识发展均存在显著性差异（$p_{彝族低-中GA}=0.001<0.01$；$p_{彝族低-高GA}=0.000<0.001$；$p_{彝族中-高GA}=0.000<0.001$），学习者汉语水平越高，其英语语法意识发展程度也越高。从语法意识层级视角看，我国彝族不同汉语水平英语学习者语法意识感知、语法意识注意和语法意识理解均存在显著性差异（$p<0.05$；$p<0.001$），且表明彝族英语学习者语法意识发展与其汉语水平的发展存在一致性。由此可见，彝族不同汉语水平的英语学习者语法意识发展存在显著性差异，彝族英语学习者语法意识的发展受到汉语水平因素的影响和制约。

表 26　彝族不同汉语水平英语学习者语法意识发展单因素方差分析事后检验

| 组别 | GAP | | GAN | | GAU | | GA | |
| --- | --- | --- | --- | --- | --- | --- | --- | --- |
| | I-J | p | I-J | p | I-J | p | I-J | p |
| 低水平-中水平 | -1.396 | 0.010 | -2.574 | 0.000 | -2.260 | 0.019 | -6.314 | 0.001 |
| 低水平-高水平 | -5.518 | 0.000 | -7.899 | 0.000 | -9.592 | 0.000 | -22.983 | 0.000 |
| 中水平-高水平 | -4.123 | 0.000 | -5.325 | 0.000 | -7.332 | 0.000 | -16.669 | 0.000 |

注：GA＝语法意识；GAP＝语法意识感知；GAN＝语法意识注意；GAU＝语法意识理解。高水平＝110分以上；中水平＝100～90分；低水平＝80分以下。

#### 4.5.3.2.3　藏彝（综合）不同汉语水平英语学习者语法意识发展差异性研究

从藏彝综合视角看，为探寻汉语水平对我国藏彝英语学习者语法意识发展产生的影响，作者做了单因素方差分析。

基于藏彝综合视角的单因素方差分析结果表明（表27），从语法意识整体上看，我国藏彝英语学习者汉语水平对其语法意识发展产生显著性影响（$F_{藏彝GA}=139.930$，$p=0.000<0.001$）。从语法意识层级上看，我国藏彝英语学习者汉语水平也均对其语法意识感知、

语法意识注意和语法意识理解等三层产生显著性影响（$F_{藏彝GAP}=63.193$，$p=0.000<0.001$；$F_{藏彝GAN}=91.905$，$p=0.000<0.001$；$F_{藏彝GAU}=102.151$，$p=0.000<0.001$）。所以，综合藏彝英语学习者语法意识整体和层级视角来看，我国藏彝英语学习者汉语水平均对其英语语法意识整体和层级发展产生显著性影响。

表27　藏彝（综合）不同汉语水平英语学习者语法意识发展单因素方差分析

| 组别 | | 平方和 | df | 均方 | F | 显著性 |
|---|---|---|---|---|---|---|
| GAP | 组间 | 1892.996 | 2 | 946.498 | 63.193 | 0.000 |
| | 组内 | 7069.585 | 472 | 14.978 | | |
| GAN | 组间 | 5114.918 | 2 | 2557.459 | 91.905 | 0.000 |
| | 组内 | 13134.379 | 472 | 27.827 | | |
| GAU | 组间 | 6738.537 | 2 | 3369.269 | 102.151 | 0.000 |
| | 组内 | 15568.094 | 472 | 32.983 | | |
| GA | 组间 | 38138.653 | 2 | 19069.326 | 139.930 | 0.000 |
| | 组内 | 64323.145 | 472 | 136.278 | | |

注：GA＝语法意识；GAP＝语法意识感知；GAN＝语法意识注意；GAU＝语法意识理解。

　　方差分析事后检验（LSD）表明（表28），从语法意识整体视角看，我国藏彝不同汉语水平的英语学习者语法意识发展均存在显著性差异（$p_{藏彝低-中GA}=0.000<0.001$；$p_{藏彝低-高GA}=0.000<0.001$；$p_{藏彝中-高GA}=0.000<0.001$），藏彝英语学习者汉语水平发展越高，其英语语法意识发展程度也越高。从语法意识层级视角看，无论是语法意识感知层、语法意识注意层还是语法意识理解层，不同汉语水平的藏彝英语学习者语法意识发展均存在显著性差异（$p=0.000<0.001$），藏彝英语学习者汉语水平越高，其英语语法意识感知、语法意识注意和语法意识理解等层级发展也越强。因此，从方差事后分析可见，我国藏彝英语学习者汉语水平对英语语法意识整体发展和层级发展均产生了显著性影响，汉语水平是影响我国藏彝英语学习者语法意识发展的重要因素。

表28　藏彝（综合）不同汉语水平英语学习者语法意识
发展单因素方差分析事后检验

| 组别 | GAP | | GAN | | GAU | | GA | |
|---|---|---|---|---|---|---|---|---|
| | I-J | p | I-J | p | I-J | p | I-J | p |
| 低水平-中水平 | -2.784 | 0.000 | -3.986 | 0.000 | -4.494 | 0.000 | -11.248 | 0.000 |
| 低水平-高水平 | -5.738 | 0.000 | -9.797 | 0.000 | -11.285 | 0.000 | -26.556 | 0.000 |
| 中水平-高水平 | -2.954 | 0.000 | -5.811 | 0.000 | -6.791 | 0.000 | -15.308 | 0.000 |

注：GA＝语法意识；GAP＝语法意识感知；GAN＝语法意识注意；GAU＝语法意识理解。高水平＝110分以上；中水平＝100～90分；低水平＝80分以下。

#### 4.5.3.3 藏彝不同英语水平英语学习者语法意识发展差异性研究

基于被试英语水平视角，作者对我国藏族、彝族不同英语水平英语学习者语法意识发展特征进行了研究。

#### 4.5.3.3.1 藏族不同英语水平英语学习者语法意识发展差异性研究

为探寻不同英语水平藏族英语学习者语法意识发展是否存在显著性差异，作者做了单因素方差分析。

表29显示，从语法意识整体视角看，我国藏族英语学习者英语水平对语法意识发展产生显著性影响（$F_{藏族GA}=137.542$，$p=0.000<0.001$）；从语法意识层级视角看，英语水平也对英语语法意识感知、语法意识注意和语法意识理解等三层产生显著性影响（$F_{藏族GAP}=31.375$，$p=000<0.001$；$F_{藏族GAN}=102.143$，$p=0.000<0.001$；$F_{藏族GAU}=72.323$，$p=0.000<0.001$）。由此可见，对于我国藏族英语学习者而言，其英语水平对其英语语法意识整体发展和层级发展均产生显著性影响。

表29 藏族不同英语水平英语学习者语法意识发展单因素方差分析

| 组别 | | 平方和 | df | 均方 | F | 显著性 |
| --- | --- | --- | --- | --- | --- | --- |
| GAP | 组间 | 972.219 | 2 | 486.109 | 31.375 | 0.000 |
| | 组内 | 3733.978 | 241 | 15.494 | | |
| GAN | 组间 | 5241.610 | 2 | 2620.805 | 102.143 | 0.000 |
| | 组内 | 6183.636 | 241 | 25.658 | | |
| GAU | 组间 | 2976.289 | 2 | 1488.145 | 72.323 | 0.000 |
| | 组内 | 4958.871 | 241 | 20.576 | | |
| GA | 组间 | 24062.498 | 2 | 12031.249 | 137.542 | 0.000 |
| | 组内 | 21081.055 | 241 | 87.473 | | |

注：GA＝语法意识；GAP＝语法意识感知；GAN＝语法意识注意；GAU＝语法意识理解。

单因素方差分析事后检验（LSD）表明（表30），从语法意识整体视角看，我国藏族不同英语水平英语学习者英语语法意识发展均呈现显著性差异（$p_{藏族低-中GA}=0.000<0.001$；$p_{藏族低-高GA}=0.000<0.001$；$p_{藏族中-高GA}=0.000<0.001$），藏族英语学习者英语水平越高，其英语语法意识发展程度也越高；从语法意识层级视角看，我国藏族不同英语水平英语学习者英语语法意识感知、语法意识注意和语法意识理解均具有显著性差（$p=0.000<0.001$），我国藏族英语学习者英语水平越高，其语法意识感知、语法意识注意和语法意识理解等层级发展程度也越高。因此，基于以上单因素方差分析事后检验可知，我国藏族不同英语水平英语学习者的语法意识整体发展和层级发展均具有显著性差异。

表 30　藏族不同英语水平英语学习者语法意识发展单因素方差分析事后检验

| 组别 | GAP | | GAN | | GAU | | GA | |
| --- | --- | --- | --- | --- | --- | --- | --- | --- |
| | I-J | p | I-J | p | I-J | p | I-J | p |
| 低水平-中水平 | -3.920 | 0.000 | -7.827 | 0.000 | -6.071 | 0.000 | -17.697 | 0.000 |
| 低水平-高水平 | -6.040 | 0.000 | -17.259 | 0.000 | -12.643 | 0.000 | -34.974 | 0.000 |
| 中水平-高水平 | -2.119 | 0.100 | -9.432 | 0.000 | -6.572 | 0.000 | -17.277 | 0.000 |

注：GA＝语法意识；GAP＝语法意识感知；GAN＝语法意识注意；GAU＝语法意识理解。高水平＝110分以上；中水平＝100～90分；低水平＝80分以下。

#### 4.5.3.3.2　彝族不同英语水平英语学习者语法意识发展差异性研究

为探寻不同英语水平彝族英语学习者语法意识发展是否存在显著性差异，作者做了单因素方差分析。

单因素方差分析结果表明（表31），从语法意识整体视角看，英语水平对我国彝族英语学习者英语语法意识发展产生显著性影响（$F_{彝族GA} = 129.098, p = 0.000 < 0.001$）。从语法意识层级视角看，我国彝族英语学习者英语水平也对其语法意识感知、语法意识注意和语法意识理解等三层均产生显著性影响（$F_{彝族GAP} = 50.417, p = 0.000 < 0.001$；$F_{彝族GAN} = 91.372, p = 0.000 < 0.001$；$F_{彝族GAU} = 88.031, p = 0.000 < 0.001$）。可见，对于我国彝族英语学习者而言，英语水平对其英语语法意识的整体发展和层级发展均产生显著性影响。

表 31　彝族不同英语水平英语学习者语法意识发展单因素方差分析

| 组别 | | 平方和 | df | 均方 | F | 显著性 |
| --- | --- | --- | --- | --- | --- | --- |
| GAP | 组间 | 1162.306 | 2 | 581.153 | 50.417 | 0.000 |
| | 组内 | 2628.118 | 228 | 11.527 | | |
| GAN | 组间 | 2881.873 | 2 | 1440.937 | 91.372 | 0.000 |
| | 组内 | 3595.564 | 228 | 15.770 | | |
| GAU | 组间 | 5189.515 | 2 | 2594.758 | 88.031 | 0.000 |
| | 组内 | 6720.415 | 228 | 29.476 | | |
| GA | 组间 | 26097.206 | 2 | 13048.603 | 129.098 | 0.000 |
| | 组内 | 23045.157 | 228 | 101.075 | | |

注：GA＝语法意识；GAP＝语法意识感知；GAN＝语法意识注意；GAU＝语法意识理解。

单因素方差分析事后检验（LSD）表明（表32），从语法意识整体视角看，我国彝族不同英语水平英语学习者的英语语法意识发展均存在显著性差异（$p_{彝族低-中GA} = 0.000 < 0.001$；$p_{彝族低-高GA} = 0.000 < 0.001$；$p_{彝族中-高GA} = 0.000 < 0.001$），学习者英语水平越高，其英语语法意识发展程度也越高。从语法意识层级视角看，我国彝族不同英语水平英语学习者语法意识感知、语法意识注意和语法意识理解

均存在显著性差异（$p < 0.05$；$p < 0.001$），彝族英语学习者语法意识发展与其英语水平的发展存在一致性。由此可见，不同英语水平的我国彝族英语学习者语法意识整体发展、层级发展均存在显著性差异，彝族英语学习者语法意识的发展受到英语水平因素的影响。

表32　彝族不同英语水平英语学习者语法意识发展单因素方差分析事后检验

| 组别 | GAP | | GAN | | GAU | | GA | |
|---|---|---|---|---|---|---|---|---|
| | I-J | p | I-J | p | I-J | p | I-J | p |
| 低水平-中水平 | -3.992 | 0.000 | -5.525 | 0.000 | -7.373 | 0.000 | -17.087 | 0.000 |
| 低水平-高水平 | -5.371 | 0.000 | -9.259 | 0.000 | -12.459 | 0.000 | -27.459 | 0.000 |
| 中水平-高水平 | -1.379 | 0.042 | -3.734 | 0.000 | -5.086 | 0.000 | -10.372 | 0.000 |

注：GA＝语法意识；GAP＝语法意识感知；GAN＝语法意识注意；GAU＝语法意识理解。高水平＝110分以上；中水平＝100～90分；低水平＝80分以下。

#### 4.5.3.3.3　藏彝（综合）不同英语水平英语学习者语法意识发展差异性研究

从藏彝综合视角看，为探寻英语水平对我国藏彝英语学习者语法意识发展产生的影响，作者做了单因素方差分析。

基于藏彝综合视角的单因素方差分析结果表明（表33），语法意识整体上，英语水平对我国藏彝英语学习者语法意识发展产生显著性影响（$F_{藏彝GA} = 293.978$，$p = 0.000 < 0.001$）。从语法意识层级上看，我国藏彝英语学习者英语水平也均对其语法意识感知、语法意识注意和语法意识理解等三层产生显著性影响（$F_{藏彝GAP} = 91.289$，$p = 0.000 < 0.001$；$F_{藏彝GAN} = 181.343$，$p = 0.000 < 0.001$；$F_{藏彝GAU} = 188.935$，$p = 0.000 < 0.001$）。因此，综合语法意识整体和层级视角来看，我国藏彝英语学习者英语水平对其英语语法意识整体和层级发展均产生显著性影响。

表33　藏彝（综合）不同英语水平英语学习者语法意识发展单因素方差分析

| 组别 | | 平方和 | df | 均方 | F | 显著性 |
|---|---|---|---|---|---|---|
| GAP | 组间 | 2499.878 | 2 | 1249.939 | 91.289 | 0.000 |
| | 组内 | 6462.703 | 472 | 13.692 | | |
| GAN | 组间 | 7931.892 | 2 | 3965.946 | 181.434 | 0.000 |
| | 组内 | 10317.405 | 472 | 21.859 | | |
| GAU | 组间 | 9917.984 | 2 | 4958.992 | 188.935 | 0.000 |
| | 组内 | 12388.648 | 472 | 26.247 | | |
| GA | 组间 | 56835.363 | 2 | 28417.682 | 293.978 | 0.000 |
| | 组内 | 45626.435 | 472 | 96.666 | | |

注：GA＝语法意识；GAP＝语法意识感知；GAN＝语法意识注意；GAU＝语法意识理解。

方差分析事后检验（LSD）表明（表34）：从语法意识整体视

角看，不同英语水平的我国藏彝英语学习者语法意识发展均存在显著性差异（$p_{藏彝低-中GA} = 0.000 < 0.001$；$p_{藏彝低-高GA} = 0.000 < 0.001$；$p_{藏彝中-高GA} = 0.000 < 0.001$），我国藏彝英语学习者英语水平发展越高，其英语语法意识发展程度也越高。从语法意识层级视角看，无论是语法意识感知层、语法意识注意层还是语法意识理解层，不同英语水平的我国藏彝英语学习者语法意识发展均存在显著性差异（$p < 0.01$；$p < 0.001$），我国藏彝英语学习者英语水平越高，其英语语法意识感知、语法意识注意和语法意识理解等层级发展也越强。因此，从方差事后分析可见，我国藏彝英语学习者英语水平对英语语法意识整体发展和层级发展均产生了显著性影响，英语水平是影响我国藏彝英语学习者语法意识发展的关键因素。

表34 藏彝（综合）不同英语水平英语学习者语法意识发展单因素方差分析事后检验

| 组别 | GAP | | GAN | | GAU | | GA | |
|---|---|---|---|---|---|---|---|---|
| | I-J | $p$ | I-J | $p$ | I-J | $p$ | I-J | $p$ |
| 低水平-中水平 | -4.135 | 0.000 | -6.696 | 0.000 | -7.185 | 0.000 | -18.050 | 0.000 |
| 低水平-高水平 | -5.886 | 0.000 | -11.520 | 0.000 | -13.261 | 0.000 | -30.668 | 0.000 |
| 中水平-高水平 | -1.751 | 0.005 | -4.824 | 0.000 | -6.076 | 0.000 | -12.618 | 0.000 |

注：GA＝语法意识；GAP＝语法意识感知；GAN＝语法意识注意；GAU＝语法意识理解。高水平＝110分以上；中水平＝100～90分；低水平＝80分以下。

### 4.5.4 相关性分析

为探寻我国藏族、彝族英语学习者学习阶段、语言水平与其语法意识整体发展和层级发展相关关系，作者对数据进行了相关性分析。

#### 4.5.4.1 藏彝英语学习者年级与英语语法意识相关性分析

基于学习者学习阶段视角，作者对藏族、彝族英语学习者所在年级与其英语语法意识发展相关程度进行了检测。

相关性分析结果显示（表35），从藏族组别来看，藏族英语学习者语法意识感知与其学习阶段存在显著性正相关（$p_{藏族GAP} = 0.000 < 0.001$），而语法意识注意与其学习阶段存在显著性负相关（$p_{藏族GAN} = 0.000 < 0.001$），因而最终导致我国藏族英语学习者语法意识发展与其学习阶段在整体上不存在相关性（$p_{藏族GA} = 0.110 > 0.05$）。从彝族组别来看，彝族英语学习者语法意识感知层、语法意识注意层均与其学习阶段不存在显著性相关（$p_{彝族GAP} = 0.531 > 0.05$；$p_{彝族GAN} = 0.337 > 0.05$），但彝族英语学习者语法意识理解层与其学习阶段存在显著性正相关（$p_{彝族\text{GAU}} = 0.000 < 0.001$），因此导致我国彝族英语学习者语法意识发展与其学习阶段在整体上存在显著性正相关性（$p_{彝族\text{GA}} = 0.021 < 0.05$）。另外，基于藏彝语法意识整体视角，我国藏彝英语学习者语法意识发展与其所在学习阶段不存在显著性相关（$p_{藏彝\text{GA}} = 0.658 > 0.05$），但基于藏彝英语语法意识层级视角，我国藏彝英语学习者语法意识感知、语法意识注意层级与其学习阶段存在显著性正相关（$p_{藏彝\text{GAP}} = 0.002 < 0.01$；$p_{藏彝\text{GAN}} = 0.001 < 0.01$），但语法意识理解层与其学习阶段不存在显著性相关（$p_{藏彝\text{GAU}} = 0.088 > 0.05$）。由此可见，我国藏族、彝族英语学习者语法意识整体、层级发展与其学习阶段间的相关性存在自身的发展特征：我国藏族英语学习者语法意识感知与其学习阶段存在显著性正相关，而语法意识注意与其学习阶段却存在显著性负相关，且其负值大于感知层的正值，最终导致我国藏族英语学习者语法意识整体发展与其学习阶段不存在显著性差异；我国彝族英语学习者语法意识感知和语法意识注意均不与学习阶段存在显著性相关，但语法意识理解层却与学习阶段存在显著性正相关，最终导致我国彝族英语学习者语法意识在整体上与其学习阶段存在显著性相关。

表 35　藏彝英语学习者学习阶段与语法意识相关性分析

| 相关 | 藏族综合组 | | 彝族综合组 | | 藏彝综合组 | |
| --- | --- | --- | --- | --- | --- | --- |
| | Pearson | 显著性 | Pearson | 显著性 | Pearson | 显著性 |
| GAP | 0.248 | 0.000 | 0.041 | 0.531 | 0.144 | 0.002 |
| GAN | -0.301 | 0.000 | 0.063 | 0.337 | -0.146 | 0.001 |
| GAU | -0.081 | 0.210 | 0.230 | 0.000 | 0.078 | 0.088 |
| GA | -0.102 | 0.110 | 0.151 | 0.021 | 0.020 | 0.658 |

注：GA＝语法意识；GAP＝语法意识感知；GAN＝语法意识注意；GAU＝语法意识理解。

#### 4.5.4.2　藏彝英语学习者语言水平与英语语法意识相关性分析

基于学习者民族语水平、汉语水平和英语水平等视角，作者对我国藏族、彝族英语学习者民族语水平、汉语水平、英语水平与语法意识间的相关性做了检测。

##### 4.5.4.2.1　藏彝英语学习者民族语水平与英语语法意识相关性分析

相关性分析结果显示（表 36），从藏彝综合视角看，无论是藏彝英语学习者语法意识整体（$p_{藏彝\text{GA}} = 0.244 > 0.05$）还是藏彝英语学习者语法意识感知、语法意识注意和语法意识理解等层级

（$p_{藏彝 GAP} = 0.703 > 0.05$；$p_{藏彝 GAN} = 0.725 > 0.05$；$p_{藏彝 GAU} = 0.075 > 0.05$），藏彝英语学习者英语语法意识发展均与民族语水平不存在显著性相关。从藏族高中、本科阶段、综合以及彝族高中、本科阶段、综合看，除藏族本科阶段英语学习者民族语水平与其英语语法意识注意存在显著性正相关外（$p_{藏族本科 GAN} = 0.035 < 0.05$），其余我国藏族、彝族英语学习者民族语水平与其英语语法意识整体、层级发展均无显著性相关（$p > 0.05$）。这表明，我国藏族、彝族英语学习者民族语水平与其语法意识整体、层级发展均不存在显著的相关性。

表36　藏彝英语学习者民族语水平与语法意识相关性分析

| 相关 | 藏族高中 | | 藏族本科 | | 藏族综合 | | 彝族高中 | | 彝族本科 | | 彝族综合 | | 藏彝综合 | |
|---|---|---|---|---|---|---|---|---|---|---|---|---|---|---|
| | Pearson | p | Pearson | p | Pearson | p | Pearson | p | Pearson | p | Pearson | p | Pearson | p |
| GAP | 0.103 | 0.268 | 0.099 | 0.269 | 0.106 | 0.099 | -0.008 | 0.932 | -0.109 | 0.240 | -0.063 | 0.344 | -0.018 | 0.703 |
| GAN | 0.050 | 0.592 | 0.187 | 0.035 | 0.093 | 0.149 | -0.023 | 0.811 | -0.149 | 0.109 | -0.100 | 0.130 | 0.016 | 0.725 |
| GAU | 0.116 | 0.214 | 0.108 | 0.226 | 0.104 | 0.106 | 0.023 | 0.810 | -0.134 | 0.150 | -0.124 | 0.061 | -0.082 | 0.075 |
| GA | 0.089 | 0.341 | 0.160 | 0.072 | 0.116 | 0.070 | 0.000 | 0.998 | -0.138 | 0.137 | -0.113 | 0.086 | -0.054 | 0.244 |

注：GA＝语法意识；GAP＝语法意识感知；GAN＝语法意识注意；GAU＝语法意识理解。p 指显著性。

#### 4.5.4.2.2　藏彝英语学习者汉语语言水平与英语语法意识相关性分析

相关性分析结果显示（表37），从藏彝综合视角看，无论是藏彝英语学习者语法意识整体（$p_{藏彝 GA} = 0.000 < 0.001$）还是其语法意识感知、语法意识注意和语法意识理解等层级（$p_{藏彝 GAP} = 0.000 < 0.001$；$p_{藏彝 GAN} = 0.000 < 0.001$；$p_{藏彝 GAU} = 0.000 < 0.001$），藏彝英语学习者英语语法意识发展均与其汉语水平存在显著性正相关。从藏族高中、本科阶段、综合以及彝族高中、本科阶段、综合看，我国藏族、彝族英语学习者汉语水平与其英语语法意识整体、层级发展均存在显著性正相关（$p < 0.01$；$p < 0.001$）。这表明，我国藏族、彝族英语学习者汉语水平与其语法意识发展存在显著的相关性，学习者汉语水平越高，其英语语法意识整体、层级发展程度也越强。

表37　藏彝英语学习者汉语语言水平与英语语法意识相关性分析

| 相关 | 藏族高中 | | 藏族本科 | | 藏族综合 | | 彝族高中 | | 彝族本科 | | 彝族综合 | | 藏彝综合 | |
|---|---|---|---|---|---|---|---|---|---|---|---|---|---|---|
| | Pearson | p | Pearson | p | Pearson | p | Pearson | p | Pearson | p | Pearson | p | Pearson | p |
| GAP | 0.421 | 0.000 | 0.439 | 0.000 | 0.419 | 0.000 | 0.611 | 0.000 | 0.224 | 0.015 | 0.422 | 0.000 | 0.459 | 0.000 |
| GAN | 0.557 | 0.000 | 0.640 | 0.000 | 0.550 | 0.000 | 0.700 | 0.000 | 0.288 | 0.002 | 0.475 | 0.000 | 0.525 | 0.000 |
| GAU | 0.598 | 0.000 | 0.607 | 0.000 | 0.598 | 0.000 | 0.701 | 0.000 | 0.280 | 0.002 | 0.411 | 0.000 | 0.545 | 0.000 |
| GA | 0.622 | 0.000 | 0.708 | 0.000 | 0.651 | 0.000 | 0.793 | 0.000 | 0.295 | 0.001 | 0.493 | 0.000 | 0.607 | 0.000 |

注：GA＝语法意识；GAP＝语法意识感知；GAN＝语法意识注意；GAU＝语法意识理解。p 指显著性。

#### 4.5.4.2.3 藏彝英语学习者英语语言水平与英语语法意识相关性分析

相关性分析结果显示（表38），从藏彝综合视角看，无论是藏彝英语学习者语法意识整体（$p_{藏彝 GA}=0.000<0.001$）还是其语法意识感知、语法意识注意和语法意识理解等层级（$p_{藏彝 GAP}=0.000<0.001$；$p_{藏彝 GAN}=0.000<0.001$；$p_{藏彝 GAU}=0.000<0.001$），藏彝英语学习者英语语法意识发展均与其英语水平发展均存在显著性正相关。其次，从藏族高中、本科阶段、综合以及彝族高中、本科阶段、综合看，我国藏族、彝族英语学习者英语水平与其英语语法意识整体、层级发展均存在显著性正相关（$p=0.000<0.001$）。这表明，我国藏族、彝族英语学习者英语水平与其语法意识发展存在显著的相关性，藏彝英语学习者英语水平越高，其英语语法意识发展程度也越高。

表38 藏彝英语学习者英语语言水平与英语语法意识相关性分析

| 相关 | 藏族高中 | | 藏族本科 | | 藏族综合 | | 彝族高中 | | 彝族本科 | | 彝族综合 | | 藏彝综合 | |
| --- | --- | --- | --- | --- | --- | --- | --- | --- | --- | --- | --- | --- | --- | --- |
| | Pearson | $p$ | Pearson | $p$ | Pearson | $p$ | Pearson | $p$ | Pearson | $p$ | Pearson | $p$ | Pearson | $p$ |
| GAP | 0.573 | 0.000 | 0.388 | 0.000 | 0.450 | 0.000 | 0.473 | 0.000 | 0.635 | 0.000 | 0.534 | 0.000 | 0.516 | 0.000 |
| GAN | 0.718 | 0.000 | 0.654 | 0.000 | 0.676 | 0.000 | 0.610 | 0.000 | 0.728 | 0.000 | 0.663 | 0.000 | 0.656 | 0.000 |
| GAU | 0.669 | 0.000 | 0.532 | 0.000 | 0.612 | 0.000 | 0.641 | 0.000 | 0.664 | 0.000 | 0.656 | 0.000 | 0.666 | 0.000 |
| GA | 0.776 | 0.000 | 0.661 | 0.000 | 0.730 | 0.000 | 0.703 | 0.000 | 0.734 | 0.000 | 0.721 | 0.000 | 0.741 | 0.000 |

注：GA＝语法意识；GAP＝语法意识感知；GAN＝语法意识注意；GAU＝语法意识理解。$p$指显著性。

## 4.6 结语

本章节主要针对我国藏族、彝族英语学习者语法意识的整体、层级进行描述性统计分析、独立样本 $t$ 检验、单因素方差分析和相关性分析。研究发现以下三点。①我国藏族、彝族英语学习者语法意识整体、层级发展均偏低，尤其是语法意识注意层和语法意识理解层。②不同性别藏彝英语学习者语法意识发展呈现显著性差异，女性学习者语法意识显著高于男性学习者；不同年级学习者语法意识发展不存在显著性差异，但在语法意识感知和语法意识注意层级上，藏彝本科阶段英语学习者语法意识显著高于藏彝高中阶段英语学习者；不同民族，即藏族和彝族，英语学习者语法意识发展存在显著性差异，彝族英语学习者语法意识整体及层级发展均显著高于藏族英语学习者；虽然不同民族语水平学习者语法意识发展存在一定的差异性，但从整体和层级视角可见，我国藏彝英语学习者民族语水平并未对英语语法意识产生显著性影响；不同汉语水平、不同英语水平学习者语法意识发展均存在显著性差异，我国藏彝英语学习者汉语水平、英语水平均对其英语语法意识整体发展和层级发展产生显著性影响，学习者汉语水平、英语水平越高，其英语语法意识发展程度越强。③学习者性别、民族特性、汉语水平及英语水平是影响我国藏彝英语学习者语法意识发展的重要因素。该调查结论不仅揭示了我国藏族、彝族英语学习者语法意识发展整体、层级现状及特征，也为后续章节有关我国藏彝英语学习者语法意识讨论与分析奠定基础，为我国三语教学实践，即少数民族英语语法教学，提供了可行性建议和策略。

# 5 藏彝英语学习者语用意识问卷调查与研究

## 5.1 引言

语用是一种社会规约，是集体思维与意识的体现；而语用意识不仅包括语用，即语言符号及符号所传递的语用信息，也包括交际主体的主观意识、自我监控与调节的意识性和敏感性。语用意识是学习者语用能力发展的前提和基础。然而，由于语用意识涉及内容较广，因而要全面检测学习者语用意识的发展现状、特征及其成因是存在困难的。本章在以往研究的基础上，从语用意识整体、层级视角，对我国藏彝英语学习者语用意识进行全面调查与研究，旨在探寻其语用意识发展整体、层级现状、特征及发展成因，从而为我国少数民族英语教学/三语教学提供建议和策略。

## 5.2 藏彝英语学习者语用意识调查与研究的理论基础

第2章中，作者在讨论语用意识时指出，语用不仅涉及"语境外"（context external）、"语境内"（context internal）因素，还涉及"微观社会变量"（microsocial variation）和"宏观社会变量"（macrosocial variation）等因素，而语用意识不仅包括"语用语言"（pragmalinguistic）、"社会语用"（sociopragmatic）等内容，还是感觉、知觉、表象、概念、判断、推理等感性与理性认知分析的总和。可见，语用意识体现了交际主体内在心理对客观世界的反映及其认知过程。因此，作者在设计语用意识调查问卷时，所有测试试题中所涉及的语用信息均在一定语境下进行，不仅涉及特定的社会距离、社会权势或特定的交际主体关系等，也包括拒绝、建议、恭维、对感谢的回应、请求、道歉、礼貌等不同语用内容。

Schmidt（1990）和Leow（1997）认为，语言意识由"感知"（perception）、"注意"（noticing）、"理解"（understanding）三层构成。感知，指对"外在事物"（external events）的内在反映的心理过程，是语言意识的最低层。注意，指对存留在短时记忆里信息的体会，是语言意识的中间层。理解，指语言学习过程中的所有思维活动，是语言意识的最高层。而Bialystok（1979，1986）认为，感知是人"自然的"（spontaneous）、"直觉的"（intuitive）隐性语言知识的体现，可依赖学习者主观、直觉感受来测定；注意是客观存在的事实，可通过学习者的客观注意来检测；理解是隐性知识显性化的体现，可依赖学习者对语言规则/现象的解释来检测。因此，语用意识作为语言意识的重要组成部分，包含感知、注意、理解三层（Andrews，2007；Bourke，2008），且可通过直觉、客观注意和对语言规约的诠释等方式进行学习者语用意识发展程度检测。所以，本书基于语用意识整体宏观视角和语用意识层级微观视角，对我国藏族、彝族英语学习者语用意识进行综合、分层调查，旨在探寻其发展规律及内外影响因素。

## 5.3 藏彝英语学习者语用意识调查与研究方法

本节中，作者首先对国内外有关语用意识及能力的调查方法进行简单回顾，并指出以往研究存在的局限，同时提出本研究所采用的具体方法和措施。

### 5.3.1 国外语用意识及能力研究方法的回顾与分析

国外语用意识及能力研究方法众多，但所检测内容较为有限。例如，Farhady（1980）、Shimazu（1989）设计了"单项选择性话语填充"（multiple-choice discourse completion）模式来进行语用能力测试。Hudson et al（1992；1995）采用了"书面语话语填充测试"（written discourse completion test）、"听说话语填充任务"（listening oral discourse completion tasks）、"话语角色扮演任务"（discourse role-play tasks）、"自我评估任务"（discourse self-assessment tasks）、"角色扮演自我评估"（role-play self-assessment）等不同形式的语用测试模式。Bardovi-Harlig & Dörnyei（1998）和 Neizgoda & Röver（2001）先后通过问卷调查对学习者语用意识/能力进行研究。而 Roever(2005)基于网络测试的方法，对学习者会话含义、惯用语、言语行为等能力进行测试。Ishihara（2009）采用写作反思、评分量表、角色扮演、自我评估、同伴评估等形成性评价和终结性评价方式来测试被试的语用意识及能力。Walters（2013）通过话语分析和话语填空测试来检测学习者语用意识及能力。可见，以往国外有关语用意识及能力的检测方法众多，能较为充分地反映学习者在特定语境下言语构建过程及语用能力或特定语域下特定语用意识及能力，但检测内容较为狭窄导致无法全面反映被试语用意识及能力发展的客观事实。例如，虽然 Hudson et al(1992；1995) 采用了多种检测方式对被试的语用能力进行测试，但无论采用何种方式，均主要聚焦于对被试的"请求""道歉""拒绝"等三种常用言语行为的检测。然而，由于语用本身是社会规约，所涉及内容多而繁杂，实际生活中的语用涉及生活的方方面面，不仅包括"请求""道歉""拒绝"等具体言语行为，还包括社会、文化、信仰等诸多内容，因此，Hudson et al（1992；1995）提出的检测方法看似"完美"，却仍然存在检测内容有限的问题。虽然后来 Walters（2013）对 Hudson et al（1992；1995）设计的检测方式进行了修正，采用听力、角色扮演、话语补全等形式来进行检测，但也仍然无法全面反映被试语用意识及能力发展现状与特征。

### 5.3.2　国内语用意识及能力研究方法的回顾与分析

国内语用意识及能力研究方法主要借鉴国外检测模式，本土化研究不够。例如，高一虹（1992）借用国外研究范式，如观察、访谈、角色扮演、写作、反思等检测方式，进行语用意识及能力研究。而刘建达（2006）通过对 Farhady（1980）、Shimazu（1989）和 Hudson et al（1992；1995）提出的"书面语话语填充测试"（written discourse completion test）、"单项选择性话语填充"（multiple-choice discourse completion）和"话语自我评估任务"（discourse self-assessment tasks）的方式来检测我国学习者语用能力。虽然刘建达（2007）也曾采用 Rasch 模型对被试语用能力进行检测，但从国内学者所使用的研究方法看，均主要采用话语补充、判断等国外语用检测范式进行。因此，要测试我国学习者语用意识及能力，应以其高级思维层面的语篇能力和逻辑能力为测试内容，重点注重学习者对语篇内容的整体理解以及学习者外语语用思维的整体建构和解构（贺莉，2018），但从目前的研究方法来看，注重语篇能力和逻辑能力的语用检测仍然鲜见。

### 5.3.3　语用意识研究方法的基本确立

综上，对于语用意识及能力的检测与研究，不仅应在研究方法上有所创新，还应在研究内容上有所补充和完善。虽然刘建达（2008）、赵福利（2009）分别指出，"由于社会语用知识比语用语言知识更难修正，社会语用能力的测试有很多因素需要控制但又难以控制，所以目前已有的语用能力测试都集中测试考生的语用语言知识"，"我们一般只能以某种特定语言结构所包含的语用信息为研究对象，因为迄今为止尚无考察通用语用能力的有效方法"，但我们在实际的语用意识及能力检测过程中，一方面仍需对被试语用知识、语用策略进行考察，另一方面还需将相关检测内容置于一定语境下、语篇中进行，充分利用被试对语用信息的识别、判断与推理等过程来检测被试语用意识及能力。此外，随着国际化和多元文化的发展，对学习者，尤其是外语学习者的语用能力应根据时代、语境、族裔等多种因素进行评定。因此，学习者语用能力的测试既需要实际任务的完成，又需要动态语境的融入。本研究以问卷调查为形式，以拒绝、建议、恭维、对感谢的回应、请求、道歉、礼貌等不同语用信息为内容，并将测试内容置于一定的语境下，将特定的社会距离、社会权势或特定的交际主体关系等语用因素纳入考量，从而探寻我国藏族、彝族英语学习者语用意识发展的整体、层级现状和特征及发展成因。

## 5.4 藏彝英语学习者语用意识调查的开展与实施

本节基于语用意识整体宏观视角和语用意识层级微观视角，对我国藏族、彝族英语学习者语用意识进行综合、分层调查与研究。

### 5.4.1 研究问题

①我国藏族、彝族英语学习者语用意识发展现状是什么？特征是什么？

②不同性别、不同年级、不同民族（藏族和彝族）、不同民族语水平、不同汉语水平、不同英语水平的藏族、彝族英语学习者语用意识发展是否存在显著性差异？

③影响我国藏族、彝族英语学习者语用意识发展的主要因素是什么？

### 5.4.2 研究被试

此次实证调查被试不仅包括我国藏族、彝族高中英语学习者，也包括我国藏族、彝族本科阶段的英语学习者。此次语用意识问卷调查和语法意识问卷调查置于一个问卷中进行，被试的具体信息请详见第4章（语法意识问卷调查与研究），这里不再赘述。

### 5.4.3 语用意识问卷调查

对于语用意识问卷调查，本节主要涉及问卷的设计、调试及具体调查的实施。

#### 5.4.3.1 语用意识调查问卷的设计与调试

语用意识调查问卷的设计。在 2018 年国家社科基金项目申报书中,作者原计划将语用意识调查问卷设计为 15 道测试试题,但在最近几年的研究过程中,作者发现,题量偏少可能无法全面、客观再现英语学习者被试的语用意识发展现状及特征。所以,此次语用意识调查问卷不仅借鉴了 Bardovi-Harlig & Dörnyei(1998)、Davis(2007)、Taguchi(2008)、Couper et al(2016)等国外学者设计的语用意识问卷,也综合借用了陈新仁(2013)、何周春、龚彦知(2020)、龚彦知等(2021a)国内学者设计的语用意识问卷,同时根据我国藏族、彝族英语学习者学习实际进行设计。语用意识问卷分为两部分。第一部分涉及被试个人信息(姓名、性别、学习阶段、民族、英语水平、汉语水平、民族语水平、生源地)。第二部分为语用意识测试题。其内容主要包括拒绝、建议、恭维、对感谢的回应、请求、道歉、礼貌级别等语用表达 7 项,每项 3 小题,共计 21 题。针对每题,要求被试根据自己的理解进行判断与分析:①该题是否有语用失误;②若有语用失误,请纠正;③说明语用失误原因。作者对该问卷进行多次校对;校对完之后再由 2 位外籍英语教师分别校对,以确保该问卷中每一道测试题仅有一个语用失误,且无语法错误。经由作者再次逐一校对后,初步形成此次语用意识调查问卷。

语用意识调查问卷的试测、整理与分析。随机抽取四川某医学院校大一非英语专业藏族、彝族学生(2020 级)63 名,其中藏族 34 名、彝族 29 名。共回收试测卷 63 份,剔除未填写个人信息或个人信息填写不全、全部判断正确或全部判断错误且无任何理由与修正、未完成测试试题等无效问卷共 12 份,其中藏族被试无效问卷 7 份,彝族被试无效问卷 5 份。将回收后的 51 份有效问卷进行统计与分析。分析结果显示,该试测问卷内在信度系数 $\alpha$ 值为 0.69,基本达到调查问卷的内部一致性要求。但项目负责人及团队成员在试测过程中发现,试测被试对问卷内容的理解存在困难,尤其是词汇困难,且由于语用测试试题是基于一定语境下进行,因此相对语法意识测试试题而言,语用意识测试试题内容较多,被试很难在约 30 分钟内完成该测试试题。另外,试测问卷结束后,有被试反映"每道题太长,看不完""有些单词不认识""对话太多,容易把内容搞混淆""读了后面就不知道前面的了"。因此,作者决定对语用意识调查问卷进行简化和优化。

语用意识调查问卷的修正。基于试测问卷的分析结果以及试测被试的反映，作者对该问卷进行了重新调整，统一将词汇难度、句子结构难度以及对话长度等进行了调整，并降低难度，尽量做到浅显易懂、不存在较为生僻的词汇或太长的对话等，确保问卷内容对被试不造成理解困难。经由项目负责人、外教重新核定后，新版本的语用意识调查问卷生成。

语用意识调查问卷的再次试测、整理与分析。随机抽取四川某民族院校大一非英语专业藏族、彝族学生（2020级）67名，其中藏族35名、彝族32名。回收问卷67份，剔除完全判定正确和完全错误但又无修改或原因阐述的试卷11份，有效问卷56份，其中藏族有效问卷27份，彝族有效问卷29份。该试测结果表明，问卷内容难易程度适中，被试能在约30分钟内完成问卷。再次对问卷的内部一致性进行检测，检测结果内在信度系数 $\alpha$ 值为0.70，表明内部一致性较高，具有较高的可信度。因此，最终此次语用意识调查问卷的设计与调试完成。

### 5.4.3.2 语用意识问卷的调查过程

正式测试前准备。作者在各地区教师、学生的帮助下，开始了此次语用意识问卷调查。对于藏族、彝族高中阶段被试的调查，项目负责人及团队在自己所教班级学生的帮助和协调下，与他们当年的高中英语教师取得联系，并协商具体调查项目的细节。采用邮寄和实地调查相结合的方式进行。而对于大学本科藏族和彝族被试的调查，由作者负责具体问卷调查的实施与回收等工作。

语用意识问卷测试前的说明。无论是对高中被试还是大学本科被试，在正式测试开始前，测试教师均须告知被试该次语用意识调查的目的及要求，并举例说明什么是语用失误、如何纠正、如何解释该失误等。在语用意识试测过程中发现，部分被试将一些语用失误归结于语法错误，或将语用失误原因笼统解释成"东西方文化差异""中文思维模式""不符合西方人的习惯"等，并未具体说明是什么样的东西方文化差异、为什么不符合西方人的习惯等。因此，在此次正式测试中，测试教师须告知被试此次语用意识调查仅涉及语用失误不涉及语法错误，并提醒被试从语用角度对存在语用失误的原因进行具体说明与解释。另外，提醒被试一定填完个人信息，否则问卷无效。

语用意识问卷的正式测试。在各教师的帮助下和被试的合作下，正式测试开始。在测试过程中，若被试存在词汇不认识、句子理解困难等问题，测试教师不做任何解释与说明，均由被试独立完成。约 30 分钟后，回收语用意识调查问卷。

### 5.4.3.3 语用意识调查问卷的数据回收、整理及分析

语用意识调查问卷的回收与整理。此次语用意识调查问卷共发放问卷 593 份，包括藏族高中被试 163 份、彝族高中被试 149 份、藏族本科被试 144 份、彝族本科被试 137 份。回收问卷 589，包括藏族高中被试 163、彝族高中被试 148 份，藏族本科被试 143 份、彝族本科被试 135 份。剔除无效问卷 26 份，其中包括藏族高中被试无效问卷 8 份、彝族高中被试无效问卷 7 份，藏族本科被试无效问卷 6 份、彝族本科被试无效问卷 5 份，得到有效语用意识问卷 563 份。但由于本国家社科项目的研究目的在于探寻我国藏彝英语学习者语法意识与语用意识交互关系，因此只有语法意识问卷与语用意识问卷同时有效的被试问卷才能最终纳入统计结果。所以，再次剔除语法意识有效问卷但其语用意识问卷无效，和语用意识有效问卷但其语法意识问卷无效的被试问卷 51 份，得到有效语用意识问卷 512 份。但本研究涉及语法意识与语用意识间的交互机制研究，其语法意识问卷和语用意识问卷需保证一一对应的关系，因此通过对有效语法意识问卷和有效语用意识问卷的一一核对，最终得到有效语用意识问卷仅有 475 份，其中包括藏族高中被试 117 份、彝族高中被试 114 份，藏族本科被试 127 份、彝族本科被试 117 份。

语用意识调查问卷数据的整理与分析。

首先，对每份有效语用意识问卷进行赋值。由于语用意识具有低（感知）、中（注意）、高（理解）三层，层级越高说明意识越强，而问卷中有关语用失误判断、纠正以及失误原因解释等三个问题分别体现学习者语用意识感知、注意、理解三层的发展状况，因此若被试对以上三个问题判断、指正、分析正确，依次赋值 1 分、2 分、3 分。对于问题 1（判断是否有误），若判断正确赋值 1 分，判断错误赋值 0 分；对于问题 2（指出并纠正语用失误），若指出该失误赋值 1 分，正确纠正失误赋值 1 分；对于问题 3（说明语用失误原因），若被试回答的正确性在 80% 及以上，赋值 3 分，若在 50%~80% 之间，赋值 2 分，若在 30%~50% 之间，赋值 1 分，若低于 30% 则赋值 0 分；无论被试对问题 1 或问题 2 的回答是否正确，问题 3 的赋值均按照被试实际阐述情况进行赋值。

其次，将有效语用意识数据逐条输入 SPSS（20.0 版本）统计软件系统。在数据输入前，首先对被试个人信息进行编码，并输入系统。少数民族代码："1"代指彝族，"2"代指藏族。学习阶段代码："2"代指高中阶段，"3"代指本科阶段。性别代码："0"代指男性英语学习者，"1"代指女性英语学习者。而语言水平代码（包括英语、汉语和民族语）："1"代指低水平，"2"代指中水平，"3"代指高水平。由于每个阶段被试的英语、汉语、民族语的语言水平不存在一致性，因而只能根据被试的语言水平实际情况进行不同等级的划分，且在进行语言水平划分时，为充分体现不同语言水平间的差异，将不同语言水平间的分值差增加到 10 分。例如，对于高中阶段藏彝学习者，其英语、汉语、民族语水平均依据其期末考试得分分值进行：分值在 110 分以上为高水平，分值在 100～90 分为中水平，分值在 80 分以下为低水平。而对于本科阶段藏彝学习者，其英语、汉语、民族语水平均参照其高考各科得分分值进行：分值在 110 分以上为高水平，分值在 100～90 分为中水平，分值在 80 分以下为低水平。最后，对输入数据进行描述性分析、独立样本 t 检验、单因素方差分析以及相关性分析。

## 5.5 藏彝英语学习者语用意识问卷调查研究结果

采用 SPSS（20.0 版本）软件对有效数据进行描述性统计分析、独立样本 t 检验、单因素方差分析和相关性分析，对我国藏族、彝族英语学习者语用意识进行综合、分层调查，旨在探寻其发展现状、规律、特征及成因。

### 5.5.1 描述性统计分析

为探寻我国藏族、彝族英语学习者语用意识发展的整体及层级现状，作者采用描述性统计进行分析。语用意识分为语用意识感知、语用意识注意和语用意识理解等三层，且根据语用意识问卷设计、赋值情况，语用意识感知层总分值为 21 分，语用意识注意层总分值为 42 分，语用意识理解层总分值为 63 分，因此语用意识总分值为 126 分。为充分展现我国藏彝英语学习者语用意识整体、层级发展现状、特征，作者在进行描述性统计时，也对被试语用意识整体、层级等相应得分率进行了统计与描述。

#### 5.5.1.1 藏族英语学习者语用意识发展整体及层级现状

描述性统计分析显示（表39），从语用意识整体视角看，我国藏族英语学习者语用意识发展程度较低（$M_{藏族综合PA}=15.3975$），得分率仅为12.22%。从分阶段情况看，我国藏族高中阶段的英语学习者语用意识发展程度较低（$M_{藏族高中PA}=9.6667$），得分率仅占7.67%；与此相对，我国藏族本科阶段英语学习者语用意识发展虽有所提升，但其发展程度仍然偏低（$M_{藏族本科PA}=20.6772$），得分率仅为16.41%。而从语用意识层级视角看，我国藏族高中、本科阶段的英语学习者语用意识感知、语用意识注意和语用意识理解发展程度均较低（$M_{藏族高中PAP}=4.5128$；$M_{藏族本科PAP}=9.9291$；$M_{藏族高中PAN}=1.6581$；$M_{藏族本科PAN}=5.0709$；$M_{藏族高中PAU}=3.5128$；$M_{藏族本科PAU}=5.7402$），得分率分别为21.49%、47.28%、3.95%、12.07%、5.58%和9.11%。由此可见，虽然我国藏族英语学习者语用意识整体、层级发展呈现逐渐上升的发展趋势，但其语用意识发展程度仍然较低，尤其是语用意识注意和语用意识理解层级发展程度极低。

表39 藏族高中、本科阶段英语学习者语用意识整体、层级发展程度描述性统计分析

| 组别 | N | 整体/层级 | 极小值 | 极大值 | 均值 | 标准差 |
| --- | --- | --- | --- | --- | --- | --- |
| 藏族高中 | 117 | PAP | 1.00 | 16.00 | 4.5128 | 3.03887 |
|  |  | PAN | 0.00 | 12.00 | 1.6581 | 2.68188 |
|  |  | PAU | 0.00 | 21.00 | 3.5128 | 4.60437 |
|  |  | PA | 1.00 | 47.00 | 9.6667 | 9.11327 |
| 藏族本科 | 127 | PAP | 2.00 | 18.00 | 9.9291 | 3.76108 |
|  |  | PAN | 0.00 | 28.00 | 5.0709 | 4.15414 |
|  |  | PAU | 0.00 | 24.00 | 5.7402 | 4.71103 |
|  |  | PA | 2.00 | 51.00 | 20.6772 | 8.95304 |
| 藏族综合 | 244 | PAP | 1.00 | 18.00 | 7.3320 | 4.36979 |
|  |  | PAN | 0.00 | 28.00 | 3.4344 | 3.91155 |
|  |  | PAU | 0.00 | 24.00 | 4.6721 | 4.78241 |
|  |  | PA | 1.00 | 51.00 | 15.3975 | 10.56363 |

注：PA＝语用意识；PAP＝语用意识感知；PAN＝语用意识注意；PAU＝语用意识理解。

#### 5.5.1.2 彝族英语学习者语用意识发展整体及层级现状

描述性统计分析显示（表40），从语用意识整体视角看，我国彝族英语学习者语用意识发展程度较低（$M_{彝族综合PA}=21.6277$），得

分率为 17.16%。从发展阶段来看，虽然我国彝族英语学习者语用意识发展呈现阶段性上升趋势，但其发展程度仍然较低（$M_{彝族高中 PA}$ = 14.6491；$M_{彝族本科 PA}$ = 28.4274），得分率分别为 11.63% 和 22.56%。从层级视角看，我国彝族英语学习者语用意识感知层、语用意识注意层和语用意识理解层等均发展较差（$M_{彝族高中 PAP}$ = 7.1316；$M_{彝族本科 PAP}$ = 12.9060；$M_{彝族高中 PAN}$ = 3.000；$M_{彝族本科 PAN}$ = 5.5556；$M_{彝族高中 PAU}$ = 4.5000；$M_{彝族本科 PAU}$ = 9.8889），得分率分别为 33.96%、61.46%、7.14%、13.23%、7.14% 和 15.70%。由此可见，虽然我国彝族英语学习者语用意识发展呈现阶段性上升发展趋势，但其语用意识发展整体、层级程度仍然较低，尤其是语用意识注意层和语用意识理解层发展程度偏低。

表 40　彝族高中、本科阶段英语学习者语用意识整体、层级发展程度描述性统计分析

| 组别 | N | 整体/层级 | 极小值 | 极大值 | 均值 | 标准差 |
| --- | --- | --- | --- | --- | --- | --- |
| 彝族高中 | 114 | PAP | 1.00 | 17.00 | 7.1316 | 4.13171 |
| | | PAN | 0.00 | 14.00 | 3.0000 | 3.72744 |
| | | PAU | 0.00 | 17.00 | 4.5000 | 4.60713 |
| | | PA | 1.00 | 41.00 | 14.6491 | 11.11085 |
| 彝族本科 | 117 | PAP | 3.00 | 21.00 | 12.9060 | 4.43533 |
| | | PAN | 0.00 | 14.00 | 5.5556 | 3.77936 |
| | | PAU | 0.00 | 28.00 | 9.8889 | 7.08298 |
| | | PA | 3.00 | 60.00 | 28.4274 | 13.33734 |
| 彝族综合 | 231 | PAP | 1.00 | 21.00 | 10.0563 | 5.16521 |
| | | PAN | 0.00 | 14.00 | 4.2944 | 3.95847 |
| | | PAU | 0.00 | 28.00 | 7.2294 | 6.55904 |
| | | PA | 1.00 | 60.00 | 21.6277 | 14.07217 |

注：PA = 语用意识；PAP = 语用意识感知；PAN = 语用意识注意；PAU = 语用意识理解。

#### 5.5.1.3　综合藏彝（综合）英语学习者语用意识发展整体及层级现状

描述性统计分析显示（表 41），从语用意识整体视角看，我国藏彝英语学习者语用意识发展程度较低（$M_{藏彝综合 PA}$ = 18.4274），得分率仅占 14.62%。从发展阶段来看，我国藏族、彝族英语学习者语用意识发展整体程度较低（$M_{藏彝高中 PA}$ = 12.1255；$M_{藏彝本科 PA}$ = 24.3934），高中阶段和本科阶段的得分率分别为 9.62% 和 19.36%。从语用意识层级视角来看，我国藏族、彝族英语学习者语用意识感知层、语用意识注意层和理解层发展程度均较低（$M_{藏彝高中 PAP}$ = 5.8052；

$M_{藏彝本科 PAP} = 11.3566$; $M_{藏彝高中 PAN} = 2.3203$; $M_{藏彝本科 PAN} = 5.3033$; $M_{藏彝高中 PAU} = 4.0000$; $M_{藏彝本科 PAU} = 7.7295$），得分率分别为 27.64%、54.08%、5.52%、12.63%、6.35%和12.27%。由此可见，我国藏彝英语学习者语用意识发展整体呈现较低的发展状态，尤其是语用意识注意层和语用意识理解层发展程度不高导致其语用意识整体发展欠佳。

表41 藏彝（综合）英语学习者语用意识整体、层级发展程度描述性统计分析

| 组别 | N | 整体/层级 | 极小值 | 极大值 | 均值 | 标准差 |
|---|---|---|---|---|---|---|
| 藏彝高中 | 231 | PAP | 1.00 | 17.00 | 5.8052 | 3.84269 |
| | | PAN | 0.00 | 14.00 | 2.3203 | 3.30237 |
| | | PAU | 0.00 | 21.00 | 4.0000 | 4.62225 |
| | | PA | 1.00 | 47.00 | 12.1255 | 10.42934 |
| 藏彝本科 | 244 | PAP | 2.00 | 21.00 | 11.3566 | 4.35275 |
| | | PAN | 0.00 | 28.00 | 5.3033 | 3.97811 |
| | | PAU | 0.00 | 28.00 | 7.7295 | 6.30636 |
| | | PA | 2.00 | 60.00 | 24.3934 | 11.89671 |
| 藏彝综合 | 475 | PAP | 1.00 | 21.00 | 8.6568 | 4.95913 |
| | | PAN | 0.00 | 28.00 | 3.8526 | 3.95376 |
| | | PAU | 0.00 | 28.00 | 5.9158 | 5.85129 |
| | | PA | 1.00 | 60.00 | 18.4274 | 12.76766 |

注：PA＝语用意识；PAP＝语用意识感知；PAN＝语用意识注意；PAU＝语用意识理解。

### 5.5.2 独立样本 $t$ 检验

为探寻我国藏族、彝族英语学习者语用意识发展的差异性特征，作者采用独立样本 $t$ 检验进行研究。

#### 5.5.2.1 不同性别英语学习者语用意识发展差异性研究

通过独立样本 $t$ 检验，作者对不同性别我国藏族、彝族英语学习者语用意识发展的差异性特征进行了研究。

##### 5.5.2.1.1 藏族高中、本科不同性别英语学习者语用意识发展差异性研究

表42显示，从学习阶段来看：我国藏族高中阶段男性英语学习者与女性英语学习者语用意识发展存在显著性差异（$p_{藏族高中 PA} = 0.000 < 0.001$），藏族男性英语学习者语用意识发展程度显著低于藏族女性英语学习者；本科阶段我国藏族男性英语学习者与藏族女性英语学习者语用意识发展也存在显著性差异（$p_{藏族本科 PA} = 0.001 < 0.01$），藏族男性英语学习者语用意识发展程度显

著低于藏族女性英语学习者。基于分层视角，除藏族本科阶段男性学习者语用意识理解层与女性学习者不存在显著性差异外（$p_{藏族本科PAU} = 0.057 > 0.05$），其余阶段及层级分析结果显示，我国藏族男性英语学习者语用意识感知层、语用意识注意层和语用意识理解层的发展均显著低于藏族女性英语学习者（$p_{藏族高中PAP} = 0.003 < 0.01$；$p_{藏族高中PAN} = 0.000 < 0.001$；$p_{藏族高中PAU} = 0.000 < 0.001$；$p_{藏族本科PAP} = 0.007 < 0.01$；$p_{藏族本科PAN} = 0.020 < 0.05$）。由此可见，无论从语用意识整体，还是从语用意识层级视角看，我国藏族男性英语学习者语用意识发展显著低于藏族女性英语学习者。

表 42　藏族高中、本科阶段不同性别英语学习者语用意识发展的独立样本 $t$ 检验

| 组别 | | PAP | | PAN | | PAU | | PA | |
|---|---|---|---|---|---|---|---|---|---|
| | | 高中 | 本科 | 高中 | 本科 | 高中 | 本科 | 高中 | 本科 |
| 均值 | 男 | 3.66 | 7.85 | 0.607 | 3.10 | 1.66 | 3.90 | 5.93 | 14.85 |
| | 女 | 5.30 | 10.32 | 2.62 | 5.44 | 5.21 | 6.08 | 13.10 | 21.77 |
| $t$ | | -3.005 | -2.763 | -4.366 | -2.35 | -4.502 | -1.923 | -4.607 | -3.293 |
| $p$ | | 0.003 | 0.007 | 0.000 | 0.020 | 0.000 | 0.057 | 0.000 | 0.001 |

注：$t$ 是指不同性别学习者语用意识发展的独立样本 $t$ 检验。PA＝语用意识；PAP＝语用意识感知；PAN＝语用意识注意；PAU＝语用意识理解。

#### 5.5.2.1.2　藏族（综合）不同性别英语学习者语用意识发展差异性研究

表 43 表明，综合所有藏族被试数据，无论是基于其语用意识整体视角，即藏族不同性别英语学习者语用意识整体发展（$p_{藏族综合PA} = 0.000 < 0.001$），还是基于其语用意识层级视角，即不同性别藏族英语学习者语用意识感知、语用意识注意和语用意识理解等层级发展（$p = 0.000 < 0.001$），我国藏族不同性别英语学习者语用意识发展呈现显著性差异，男性学习者语用意识发展显著低于女性学习者。

表 43　藏族（综合）不同性别英语学习者语用意识发展的独立样本 $t$ 检验

| 组别 | PAP | | PAN | | PAU | | PA | |
|---|---|---|---|---|---|---|---|---|
| | 男 | 女 | 男 | 女 | 男 | 女 | 男 | 女 |
| 均值 | 4.76 | 8.49 | 1.26 | 4.42 | 2.25 | 5.77 | 8.28 | 18.62 |
| $t$ | -6.713 | | -6.276 | | -5.649 | | -7.934 | |
| $p$ | 0.000 | | 0.000 | | 0.000 | | 0.000 | |

注：$t$ 是指不同性别学习者语用意识发展的独立样本 $t$ 检验。PA＝语用意识；PAP＝语用意识感知；PAN＝语用意识注意；PAU＝语用意识理解。

#### 5.5.2.1.3　彝族高中、本科不同性别英语学习者语用意识发展差异性研究

表 44 独立样本 $t$ 检验结果显示，从语用意识整体的阶段视

角，彝族高中阶段不同性别学习者语用意识发展呈现显著性差异（$p_{彝族高中PA} = 0.000 < 0.001$），但彝族本科阶段不同性别的英语学习者语用意识发展未呈现显著性差异（$p_{彝族本科PA} = 0.665 > 0.05$）。从语用意识层级视角看，彝族高中阶段不同性别学习者的语用意识感知、语用意识注意和语用意识理解均呈现显著性差异（$p_{彝族高中PAP} = 0.012 < 0.05$；$p_{彝族高中PAN} = 0.000 < 0.001$；$p_{彝族高中PAU} = 0.000 < 0.001$），而本科阶段虽然彝族男性英语学习者语用意识层级发展仍然低于女性英语学习者，但彝族不同性别的英语学习者语用意识感知、语用意识注意和语用意识理解均无显著性差异（$p_{彝族本科PAP} = 0.416 > 0.05$；$p_{彝族本科PAN} = 0.962 > 0.05$；$p_{彝族本科PAU} = 0.643 > 0.05$）。可见，我国彝族不同性别英语学习者语用意识发展呈现阶段性发展差异：高中阶段不同性别彝族英语学习者语用意识呈现显著性差异，而本科阶段无显著性差异，但从整体上，仍然反映了彝族女性英语学习者语用意识发展高于彝族男性英语学习者。

表44 彝族高中、本科阶段不同性别英语学习者语用意识发展的独立样本 *t* 检验

| 组别 | | PAP | | PAN | | PAU | | PA | |
|---|---|---|---|---|---|---|---|---|---|
| | | 高中 | 本科 | 高中 | 本科 | 高中 | 本科 | 高中 | 本科 |
| 均值 | 男 | 6.08 | 12.38 | 1.58 | 5.53 | 2.60 | 9.41 | 10.29 | 27.59 |
| | 女 | 8.02 | 13.12 | 4.19 | 5.57 | 6.10 | 10.08 | 18.31 | 28.77 |
| *t* | | -2.556 | -0.816 | -3.969 | -0.048 | -4.349 | -0.465 | -4.097 | -0.434 |
| *p* | | 0.012 | 0.416 | 0.000 | 0.962 | 0.000 | 0.643 | 0.000 | 0.665 |

注：*t* 是指不同性别学习者语用意识发展的独立样本 *t* 检验。PA＝语用意识；PAP＝语用意识感知；PAN＝语用意识注意；PAU＝语用意识理解。

#### 5.5.2.1.4 彝族（综合）不同性别英语学习者语用意识发展差异性研究

独立样本 *t* 检验结果显示（表45），无论是基于语用意识整体视角，即彝族不同性别英语学习者语用意识整体发展（$p_{彝族综合PA} = 0.000 < 0.001$），还是基于语用意识层级视角，即不同性别英语学习者语用意识感知、语用意识注意和语用意识理解等层级发展（$p_{彝族综合PAP} = 0.001 < 0.01$；$p_{彝族综合PAN} = 0.001 < 0.01$；$p_{彝族综合PAU} = 0.000 < 0.001$），我国彝族不同性别英语学习者语用意识发展呈现显著性差异，男性学习者语用意识发展显著低于女性学习者。因此，从综合的视角看，我国彝族不同性别的英语学习者语用意识发展整体、层级均呈现显著性差异，彝族女性英语学习者语用意识发展显著高于彝族男性英语学习者。

表 45　彝族（综合）不同性别英语学习者语用意识发展的独立样本 t 检验

| 组别 | | PAP | | PAN | | PAU | | PA | |
|---|---|---|---|---|---|---|---|---|---|
| | | 男 | 女 | 男 | 女 | 男 | 女 | 男 | 女 |
| 均值 | | 8.57 | 10.94 | 3.14 | 4.98 | 5.29 | 8.38 | 17.13 | 24.30 |
| t | | -3.447 | | -3.497 | | -3.546 | | -3.854 | |
| p | | 0.001 | | 0.001 | | 0.000 | | 0.000 | |

注：t 是指不同性别学习者语用意识发展的独立样本 t 检验。PA＝语用意识；PAP＝语用意识感知；PAN＝语用意识注意；PAU＝语用意识理解。

### 5.5.2.1.5　藏彝（综合）高中、本科阶段不同性别英语学习者语用意识发展差异性研究

独立样本 t 检验结果表明（表46），基于语用意识整体视角，藏彝高中阶段不同性别学习者语用意识发展呈现显著性差异（$p_{藏彝高中PA} = 0.000 < 0.001$），男性英语学习者语用意识发展显著低于女性英语学习者；但藏彝本科阶段不同性别的英语学习者语用意识发展未呈现显著性差异（$p_{藏彝PA} = 0.287 > 0.05$）。基于语用意识层级视角，藏彝高中阶段不同性别学习者的语用意识感知、语用意识注意和语用意识理解均呈现显著性差异（$p = 0.000 < 0.001$），而藏彝本科阶段不同性别的英语学习者语用意识感知、语用意识注意和语用意识理解均无显著性差异（$p_{藏彝本科PAP} = 0.212 > 0.05$；$p_{藏彝本科PAN} = 0.159 > 0.05$；$p_{藏彝本科PAU} = 0.636 > 0.05$）。可见，我国藏彝不同性别英语学习者语用意识发展呈现阶段性发展差异：高中阶段不同性别学习者语用意识呈现显著性差异，而本科阶段不同性别英语学习者语用意识发展无显著性差异；但从整体上，女性英语学习者语用意识发展始终高于男性英语学习者。

表 46　藏彝（综合）高中、本科阶段不同性别英语学习者语用意识发展的独立样本 t 检验

| 组别 | | PAP | | PAN | | PAU | | PA | |
|---|---|---|---|---|---|---|---|---|---|
| | | 高中 | 本科 | 高中 | 本科 | 高中 | 本科 | 高中 | 本科 |
| 均值 | 男 | 4.82 | 10.70 | 1.07 | 4.63 | 2.11 | 7.37 | 8.03 | 22.87 |
| | 女 | 6.67 | 11.54 | 3.41 | 5.49 | 5.66 | 7.83 | 15.72 | 24.83 |
| t | | -6.007 | -1.250 | -3.737 | -1.413 | -5.735 | -0.473 | -6.289 | -1.066 |
| p | | 0.000 | 0.212 | 0.000 | 0.159 | 0.000 | 0.636 | 0.000 | 0.287 |

注：t 是指不同性别学习者语用意识发展的独立样本 t 检验。PA＝语用意识；PAP＝语用意识感知；PAN＝语用意识注意；PAU＝语用意识理解。

### 5.5.2.1.6　藏彝（综合）不同性别英语学习者语用意识发展差异性研究

表47显示，无论是从语用意识整体视角，即藏彝不同性别英语学习者语用意识整体发展（$p_{藏彝综合PA} = 0.000 < 0.001$），还是从语用意识层级视角看，即藏彝不同性别英语学习者语用意识层级发展

（$p_{藏彝综合\,PAP} = 0.000 < 0.001$；$p_{藏彝综合\,PAN} = 0.000 < 0.001$；$p_{藏彝综合\,PAU} = 0.000 < 0.001$），我国藏彝不同性别英语学习者语用意识发展均呈现显著性差异，男性学习者语用意识发展显著低于女性学习者。因此，从藏彝综合分析结果可知，我国藏彝不同性别的英语学习者语用意识发展整体、层级均呈现显著性差异，藏彝女性英语学习者语用意识发展均显著高于藏彝男性英语学习者。

表 47　藏彝（综合）不同性别英语学习者语用意识发展的独立样本 $t$ 检验

| 组别 | PAP | | PAN | | PAU | | PA | |
|---|---|---|---|---|---|---|---|---|
|  | 男 | 女 | 男 | 女 | 男 | 女 | 男 | 女 |
| 均值 | 6.78 | 9.62 | 2.26 | 4.68 | 3.86 | 6.98 | 12.97 | 21.25 |
| $t$ | -6.147 | | -6.596 | | -5.676 | | -7.029 | |
| $p$ | 0.000 | | 0.000 | | 0.000 | | 0.000 | |

注：$t$ 是指不同性别学习者语用意识发展的独立样本 $t$ 检验。PA ＝语用意识；PAP ＝语用意识感知；PAN ＝语用意识注意；PAU ＝语用意识理解。

#### 5.5.2.2　藏彝不同年级英语学习者语用意识发展差异性研究

通过独立样本 $t$ 检验，作者对我国藏族、彝族不同年级英语学习者语用意识发展的差异性特征进行了研究。

##### 5.5.2.2.1　藏族不同年级英语学习者语用意识发展差异性研究

表 48 表明，基于语用意识整体视角，我国藏族不同年级英语学习者语用意识发展存在显著性差异（$p_{藏族\,PA} = 0.000 < 0.05$）；基于语用意识层级视角，我国藏族不同年级英语学习者语用意识感知、语用意识注意和语用意识理解等均具有显著性差异（$p_{藏族\,PAP} = 0.000 < 0.001$；$p_{藏族\,PAN} = 0.000 < 0.001$；$p_{藏族\,PAU} = 0.000 < 0.001$），即藏族高中阶段英语学习者语用意识感知、语用意识注意和语用意识理解等层级发展均低于藏族本科阶段英语学习者语用意识发展。可见，我国藏族不同年级英语学习者语用意识整体、层级上均呈现显著性差异，藏族本科阶段英语学习者语用意识整体、层级发展均显著高于藏族高中阶段英语学习者。

表 48　藏族不同年级英语学习者语用意识发展的独立样本 $t$ 检验

| 组别 | PAP | | PAN | | PAU | | PA | |
|---|---|---|---|---|---|---|---|---|
|  | 高中 | 本科 | 高中 | 本科 | 高中 | 本科 | 高中 | 本科 |
| 均值 | 4.51 | 9.93 | 1.66 | 5.08 | 3.51 | 5.74 | 9.67 | 20.68 |
| $t$ | -12.309 | | -7.553 | | -3.730 | | -9.515 | |
| $p$ | 0.000 | | 0.000 | | 0.000 | | 0.000 | |

注：$t$ 是指不同年级学习者语用意识发展的独立样本 $t$ 检验。PA ＝语用意识；PAP ＝语用意识感知；PAN ＝语用意识注意；PAU ＝语用意识理解。

#### 5.5.2.2.2 彝族不同年级英语学习者语用意识发展差异性研究

表 49 显示，基于语用意识整体视角，我国彝族不同年级英语学习者语用意识发展存在显著性差异（$p_{彝族PA} = 0.000 < 0.001$），彝族本科阶段英语学习者语用意识发展显著高于彝族高中阶段英语学习者；而基于层级视角，我国彝族不同年级英语学习者语用意识感知、语用意识注意和语用意识理解等三层均存在显著性差异（$p_{彝族PAP} = 0.000 < 0.001$；$p_{彝族PAN} = 0.000 < 0.001$；$p_{彝族PAU} = 0.000 < 0.001$），即彝族本科阶段英语学习者语用意识感知、语用意识注意和语用意识理解均显著高于彝族高中阶段英语学习者。可见，无论从整体还是从层级视角看，我国彝族不同年级英语学习者语用意识发展均呈现显著性差异，彝族本科阶段英语学习者语用意识发展显著高于彝族高中阶段英语学习者。

表 49 彝族不同年级英语学习者语用意识发展的独立样本 $t$ 检验

| 组别 | PAP | | PAN | | PAU | | PA | |
|---|---|---|---|---|---|---|---|---|
| | 高中 | 本科 | 高中 | 本科 | 高中 | 本科 | 高中 | 本科 |
| 均值 | 7.13 | 12.91 | 3.00 | 5.56 | 4.50 | 9.89 | 14.65 | 28.43 |
| $t$ | -10.232 | | -5.173 | | -6.836 | | -8.519 | |
| $p$ | 0.000 | | 0.000 | | 0.000 | | 0.000 | |

注：$t$ 是指不同年级学习者语用意识发展的独立样本 $t$ 检验。PA ＝语用意识；PAP ＝语用意识感知；PAN ＝语用意识注意；PAU ＝语用意识理解。

#### 5.5.2.2.3 藏彝（综合）不同年级英语学习者语用意识发展差异性研究

独立样本 $t$ 检验结论表明（表 50），从语用意识整体现状看，我国藏彝不同年级英语学习者语用意识发展存在显著性差异（$p_{藏彝PA} = 0.000 < 0.001$）；从语用意识层级视角看，我国藏彝不同年级英语学习者语用意识感知、语用意识注意和语用意识理解等层级也存在显著性差异（$p_{藏彝PAP} = 0.000 < 0.001$；$p_{藏彝PAN} = 0.000 < 0.001$；$p_{藏彝PAU} = 0.000 < 0.001$），即本科阶段藏彝英语学习者语用意识感知、语用意识注意和语用意识理解均显著高于高中阶段藏彝英语学习者。因此，我国藏彝不同年级英语学习者语用意识整体、层级发展均呈现显著性差异，本科阶段藏彝英语学习者语用意识显著高于高中阶段藏彝英语学习者语用意识发展。

表 50　藏彝（综合）不同年级英语学习者语用意识发展的独立样本 t 检验

| 组别 | PAP | | PAN | | PAU | | PA | |
| --- | --- | --- | --- | --- | --- | --- | --- | --- |
|  | 高中 | 本科 | 高中 | 本科 | 高中 | 本科 | 高中 | 本科 |
| 均值 | 5.81 | 11.36 | 2.32 | 5.30 | 4.00 | 7.73 | 12.13 | 24.39 |
| t | -14.704 | | -8.866 | | -7.318 | | -11.924 | |
| p | 0.000 | | 0.000 | | 0.000 | | 0.000 | |

注：t 是指不同年级学习者语用意识发展的独立样本 t 检验。PA ＝语用意识；PAP ＝语用意识感知；PAN ＝语用意识注意；PAU ＝语用意识理解。

### 5.5.2.3　不同民族（藏彝）英语学习者语用意识发展差异性研究

通过独立样本 t 检验，作者对我国藏族、彝族英语学习者语用意识发展的差异性特征进行了研究。

#### 5.5.2.3.1　藏彝高中阶段英语学习者语用意识发展差异性研究

表 51 研究结果显示，基于语用意识整体视角，我国高中阶段藏族和彝族英语学习者语用意识发展呈现显著性差异（$p_{藏彝高中PA}=0.000<0.001$），彝族高中阶段英语学习者语用意识发展显著高于藏族高中阶段英语学习者；基于语用意识层级视角，我国高中阶段藏族和彝族英语学习者语用意识感知、语用意识注意均呈现显著性差异（$p_{藏彝高中PAP}=0.000<0.001$；$p_{藏彝高中PAN}=0.002<0.01$），而语用意识理解层不存在显著性差异（$p_{藏彝高中GAU}=0.105>0.05$），但仍然反映了彝族高中英语学习者语用意识发展程度高于藏族高中英语学习者。因此，我国藏族、彝族高中阶段语用意识发展整体上存在显著性差异，彝族高中阶段英语学习者语用意识显著高于藏族高中阶段英语学习者，且主要体现在语用意识感知层和语用意识注意层。

表 51　藏彝高中阶段英语学习者语用意识发展的独立样本 t 检验

| 组别 | PAP | | PAN | | PAU | | PA | |
| --- | --- | --- | --- | --- | --- | --- | --- | --- |
|  | 藏族 | 彝族 | 藏族 | 彝族 | 藏族 | 彝族 | 藏族 | 彝族 |
| 均值 | 4.51 | 7.13 | 1.66 | 3.00 | 3.51 | 4.50 | 9.66 | 14.65 |
| t | -5.498 | | -3.147 | | -1.629 | | -3.731 | |
| p | 0.000 | | 0.002 | | 0.105 | | 0.000 | |

注：t 是指不同民族学习者语用意识发展的独立样本 t 检验。PA ＝语用意识；PAP ＝语用意识感知；PAN ＝语用意识注意；PAU ＝语用意识理解。

#### 5.5.2.3.2　藏彝本科阶段英语学习者语用意识发展差异性研究

表 52 显示，基于语用意识整体视角，我国本科阶段藏族和彝族英语学习者语用意识发展呈现显著性差异（$p_{藏彝本科PA}=0.000<0.001$），彝族本科阶段英语学习者语用意识发展显著高于藏族本科阶段英语学习者；而基于语用意识层级视角，我国本科阶段藏族和彝族英语学

习者语用意识感知和语用意识理解均呈现显著性差异（$p_{藏彝族本科PAP} = 0.027 < 0.05$；$p_{藏彝族本科GAU} = 0.000 < 0.001$），彝族本科阶段英语学习者语用意识感知和语用意识理解均显著高于藏族本科阶段英语学习者；而藏族本科阶段英语学习者和彝族本科阶段英语学习者语用意识注意不存在显著性差异（$p_{藏彝族本科PAN} = 0.343 > 0.05$）。可见，无论是从整体视角还是从层级视角看，我国本科阶段藏族、彝族语用意识发展整体上存在显著性差异，彝族本科阶段英语学习者语用意识发展显著高于藏族本科阶段英语学习者，且主要体现在语用意识感知和语用意识理解层级上。

表 52 藏彝本科阶段英语学习者语用意识发展的独立样本 $t$ 检验

| 组别 | PAP | | PAN | | PAU | | PA | |
|---|---|---|---|---|---|---|---|---|
| | 藏族 | 彝族 | 藏族 | 彝族 | 藏族 | 彝族 | 藏族 | 彝族 |
| 均值 | 9.93 | 12.91 | 5.07 | 5.56 | 5.74 | 9.89 | 20.68 | 28.43 |
| $t$ | -5.669 | | -0.951 | | -5.426 | | -5.367 | |
| $p$ | 0.027 | | 0.343 | | 0.000 | | 0.000 | |

注：$t$ 是指不同民族学习者语用意识发展的独立样本 $t$ 检验。PA＝语用意识；PAP＝语用意识感知；PAN＝语用意识注意；PAU＝语用意识理解。

#### 5.5.2.3.3 藏彝（综合）英语学习者语用意识发展差异性研究

藏彝（综合）分析结果显示（表53），基于语用意识整体视角，我国藏族和彝族英语学习者语用意识发展呈现显著性差异（$p_{藏彝PA} = 0.000 < 0.001$），彝族英语学习者语用意识发展显著高于藏族英语学习者；而基于语用意识层级视角，我国藏族和彝族英语学习者语用意识感知、语用意识注意和语用意识理解等三层均呈现显著性差异（$p_{藏彝PAP} = 0.000 < 0.001; p_{藏彝PAN} = 0.018 < 0.05; p_{藏彝PAU} = 0.000 < 0.001$），彝族英语学习者语用意识感知、语用意识注意和语用意识理解均显著高于段藏族英语学习者。由此可见，无论是从整体视角还是从层级视角看，我国藏族、彝族英语学习者语用意识发展均存在显著性差异，且彝族英语学习者语用意识整体及层级均显著高于藏族英语学习者。

表 53 藏彝（综合）英语学习者语用意识发展的独立样本 $t$ 检验

| 组别 | PAP | | PAN | | PAU | | PA | |
|---|---|---|---|---|---|---|---|---|
| | 藏族 | 彝族 | 藏族 | 彝族 | 藏族 | 彝族 | 藏族 | 彝族 |
| 均值 | 7.33 | 10.06 | 3.43 | 4.29 | 4.67 | 7.2 | 15.40 | 21.63 |
| $t$ | -6.217 | | -2.381 | | -4.874 | | -5.476 | |
| $p$ | 0.000 | | 0.018 | | 0.000 | | 0.000 | |

注：$t$ 是指不同民族学习者语用意识发展的独立样本 $t$ 检验。PA＝语用意识；PAP＝语用意识感知；PAN＝语用意识注意；PAU＝语用意识理解。

### 5.5.3 单因素方差分析

为探寻民族语水平、汉语水平和英语水平对藏族、彝族英语学习者语用意识发展产生的影响，作者做了单因素方差分析。

#### 5.5.3.1 藏彝不同民族语水平英语学习者语用意识发展差异性研究

基于民族语水平视角，作者对我国藏族、彝族不同民族语水平英语学习者语用意识发展特征进行了研究。

##### 5.5.3.1.1 藏族不同民族语水平英语学习者语用意识发展差异性研究

为探寻不同民族语水平藏族英语学习者语用意识发展是否存在显著性差异，作者做了单因素方差分析。

表 54 显示，虽然从语用意识整体视角看，我国藏族英语学习者民族语水平对其英语语用意识发展产生显著性影响（$F_{藏族PA} = 3.871$，$p = 0.022 < 0.05$），但从语用意识层级视角看，我国藏族英语学习者民族语水平仅对其英语语用意识感知产生显著性影响（$F_{PAP藏族} = 5.382$，$p = 0.005 < 0.01$），而对英语语用意识注意和语用意识理解并未产生显著性影响（$F_{藏族PAN} = 2.117$，$p = 0.123 > 0.05$；$F_{藏族PAU} = 1.287$，$p = 0.278 > 0.05$）。可见，对于我国藏族英语学习者而言，其自身民族语水平发展对其英语语用意识整体发展所产生的影响主要体现在语用意识感知层级上，而对语用意识注意层和理解层均不具有显著性影响。

表 54  藏族不同民族语水平英语学习者语用意识发展单因素方差分析

| 组别 | | 平方和 | df | 均方 | F | 显著性 |
| --- | --- | --- | --- | --- | --- | --- |
| PAP | 组间 | 198.391 | 2 | 99.196 | 5.382 | 0.005 |
| | 组内 | 4441.719 | 241 | 18.430 | | |
| PAN | 组间 | 64.198 | 2 | 32.099 | 2.117 | 0.123 |
| | 组内 | 3653.752 | 241 | 15.161 | | |
| PAU | 组间 | 58.712 | 2 | 29.356 | 1.287 | 0.278 |
| | 组内 | 5499.058 | 241 | 22.818 | | |
| PA | 组间 | 843.915 | 2 | 421.957 | 3.871 | 0.022 |
| | 组内 | 26272.524 | 241 | 109.015 | | |

注：PA＝语用意识；PAP＝语用意识感知；PAN＝语用意识注意；PAU＝语用意识理解。

单因素方差分析事后检验（LSD）表明（表 55），从语用意识整体视角看，我国藏族低民族语水平和中民族语水平（$p_{藏族低-中PA} = 0.663 > 0.05$）英语学习者语用意识发展不存在显著性差异，但低民族语水平和高民族语水平（$p_{藏族低-高PA} = 0.035 < 0.05$），以及中民族语水平和高民族语水平（$p_{藏族中-高PA} = 0.006 < 0.05$）英语学习者语用意识呈现显著性差异。从语用意识层级视角看，除语用意识感知层的中民

族语水平和高民族语水平英语学习者语用意识发展呈现显著性差异外（$p_{藏族中-高PAP}=0.001<0.01$），其余各层级、各民族语水平的学习者间，其语用意识发展均不存在显著性差异（$p>0.05$）。从方差检验事后分析可见，我国藏族英语学习者，其自身的民族语水平虽对英语语用意识发展产生了一定的影响，但该影响仅仅表现在中民族语水平和高民族语水平藏族英语学习者语用意识感知层级上，因此藏族民族语水平并非影响其英语语用意识发展的重要因素。

表55　藏族不同民族语水平英语学习者语用意识发展单因素方差分析事后检验

| 组别 | PAP | | PAN | | PAU | | PA | |
|---|---|---|---|---|---|---|---|---|
| | I-J | p | I-J | p | I-J | p | I-J | p |
| 低水平-中水平 | 0.890 | 0.181 | -0.073 | 0.904 | -0.178 | 0.809 | 0.705 | 0.663 |
| 低水平-高水平 | -1.705 | 0.065 | -1.513 | 0.071 | -1.512 | 0.140 | -4.731 | 0.035 |
| 中水平-高水平 | -2.595 | 0.001 | -1.441 | 0.050 | -1.334 | 0.138 | -5.435 | 0.006 |

注：PA＝语用意识；PAP＝语用意识感知；PAN＝语用意识注意；PAU＝语用意识理解。高水平＝110分以上；中水平＝100～90分；低水平＝80分以下。

#### 5.5.3.1.2　彝族不同民族语水平英语学习者语用意识发展差异性研究

为探寻不同民族语水平彝族英语学习者语用意识发展是否存在显著性差异，作者做了单因素方差分析。

表56显示，从语用意识整体视角看，民族语水平对彝族英语学习者语用意识发展产生显著性影响（$F_{彝族PA}=10.201$，$p=0.000<0.001$）；从语用意识层级视角看，民族语水平也对其语用意识感知、语用意识注意和语用意识理解等三层产生显著性影响（$F_{彝族PAP}=8.368$，$p=0.000<0.001$；$F_{彝族PAN}=11.591$，$p=0.000<0.001$；$F_{彝族PAU}=7.353$，$p=0.001<0.01$）。可见，对于我国彝族英语学习者，无论是从其语用意识发展整体视角还是从语用意识发展的层级视角看，其民族语水平的发展均对其英语语用意识的发展产生显著性影响。

表56　彝族不同民族语水平英语学习者语用意识发展单因素方差分析

| 组别 | | 平方和 | df | 均方 | F | 显著性 |
|---|---|---|---|---|---|---|
| PAP | 组间 | 419.618 | 2 | 209.809 | 8.368 | 0.000 |
| | 组内 | 5716.650 | 228 | 25.073 | | |
| PAN | 组间 | 332.610 | 2 | 166.305 | 11.591 | 0.000 |
| | 组内 | 3271.373 | 228 | 14.348 | | |
| PAU | 组间 | 599.569 | 2 | 299.785 | 7.353 | 0.001 |
| | 组内 | 9295.271 | 228 | 40.769 | | |
| PA | 组间 | 3740.703 | 2 | 1870.351 | 10.201 | 0.000 |
| | 组内 | 41805.280 | 228 | 183.356 | | |

注：PA＝语用意识；PAP＝语用意识感知；PAN＝语用意识注意；PAU＝语用意识理解。

表 57 方差分析事后检验（LSD）表明：从语用意识整体视角看，我国彝族低民族语水平和中民族语水平（$p_{彝族低-中PA} = 0.000 < 0.001$）英语学习者语用意识发展存在显著性差异，但低民族语水平和高民族语水平（$p_{彝族低-高PA} = 0.175 > 0.05$），以及中民族语水平和高民族语水平（$p_{彝族中-高PA} = 0.233 > 0.05$）英语学习者语用意识发展不存在显著性差异。从语用意识层级视角看，语用意识感知、语用意识注意和语用意识理解等三层的低民族语水平和中民族语水平彝族英语学习者语用意识发展均呈现显著性差异（$p_{彝族低-中PAP} = 0.000 < 0.001$；$p_{彝族低-中PAN} = 0.000 < 0.001$；$p_{彝族低-中PAU} = 0.000 < 0.001$），同时语用意识注意层中民族语水平与高民族语水平英语学习者语用意识发展存在显著性差异（$p_{彝族中-高PAN} = 0.030 < 0.05$），但其余各层级、各民族语水平的学习者间，其语用意识发展均不存在显著性差异（$p > 0.05$）。因此，从方差事后分析可见，我国彝族英语学习者民族语水平对英语语用意识发展产生了影响，但这种影响主要体现在低民族语水平和中民族语水平英语学习者之间，而在中民族语水平和高民族语水平、低民族语水平和高民族语水平英语学习者间并无显著性差异，因而我国彝族英语学习者民族语对其英语语用意识发展产生的作用是有限的。

表 57　彝族不同民族语水平英语学习者语用意识发展单因素方差分析事后检验

| 组别 | PAP | | PAN | | PAU | | PA | |
|---|---|---|---|---|---|---|---|---|
| | I-J | $p$ | I-J | $p$ | I-J | $p$ | I-J | $p$ |
| 低水平-中水平 | 2.825 | 0.000 | 2.467 | 0.000 | 3.384 | 0.000 | 8.456 | 0.000 |
| 低水平-高水平 | 1.875 | 0.129 | 0.463 | 0.620 | 1.713 | 0.276 | 4.529 | 0.175 |
| 中水平-高水平 | -0.950 | 0.434 | -2.004 | 0.030 | -1.672 | 0.281 | -3.926 | 0.233 |

注：PA＝语用意识；PAP＝语用意识感知；PAN＝语用意识注意；PAU＝语用意识理解。高水平＝110分以上；中水平＝100～90分；低水平＝80分以下。

### 5.5.3.1.3　藏彝（综合）不同民族语水平英语学习者语用意识发展差异性研究

基于藏彝综合视角，为探寻民族语水平对我国藏彝英语学习者语用意识发展产生的影响，作者做了单因素方差分析。

基于藏彝综合视角的单因素方差分析结果表明（表58），整体上，我国藏彝英语学习者民族语水平对其语用意识发展产生显著性影响（$F_{藏彝PA} = 12.862$, $p = 0.000 < 0.001$）；层级上，我国藏彝英语学习者民族语水平也对其语用意识感知、语用意识注意和语用意识理

解等三层产生显著性影响（$F_{藏彝PAP} = 13.869, p = 0.000 < 0.001$；$F_{藏彝PAN} = 9.075, p = 0.000 < 0.001$；$F_{藏彝PAU} = 7.721, p = 0.001 < 0.01$）。因此，综合藏彝英语学习者民族语水平看，无论是从整体视角还是从层级视角看，我国藏彝英语学习者民族语水平对其英语语用意识感知、语用意识注意和语用意识理解均产生显著性影响。

表58 藏彝（综合）不同民族语水平英语学习者语用意识发展单因素方差分析

| 组别 | | 平方和 | df | 均方 | F | 显著性 |
| --- | --- | --- | --- | --- | --- | --- |
| PAP | 组间 | 647.036 | 2 | 323.518 | 13.869 | 0.000 |
| | 组内 | 11010.029 | 472 | 23.326 | | |
| PAN | 组间 | 274.377 | 2 | 137.189 | 9.075 | 0.000 |
| | 组内 | 7135.307 | 472 | 15.117 | | |
| PAU | 组间 | 514.138 | 2 | 257.069 | 7.721 | 0.001 |
| | 组内 | 15714.493 | 472 | 33.293 | | |
| PA | 组间 | 3993.517 | 2 | 1996.759 | 12.862 | 0.000 |
| | 组内 | 73274.727 | 472 | 155.243 | | |

注：PA＝语用意识；PAP＝语用意识感知；PAN＝语用意识注意；PAU＝语用意识理解。

方差分析事后检验（LSD）表明（表59）：从语用意识整体视角看，我国藏彝低民族语水平和中民族语水平（$p_{藏彝低-中PA} = 0.000 < 0.001$）、中民族语水平和高民族语水平（$p_{藏彝中-高PA} = 0.012 < 0.05$）英语学习者语用意识发展均存在显著性差异，但低民族语水平和高民族语水平英语学习者语用意识未呈现显著性差异（$p_{藏彝低-高PA} = 0.440 > 0.05$）。从语用意识层级视角看，语用意识理解、语用意识感知和语用意识注意的低民族语水平和中民族语水平藏彝英语学习者语用意识发展均呈现显著性差异（$p_{藏彝低-中PAP} = 0.000 < 0.001$；$p_{藏彝低-中PAN} = 0.000 < 0.001$；$p_{藏彝低-中PAU} = 0.000 < 0.001$），以及中民族语水平和高民族语水平英语学习者语用意识感知层、语用意识注意层发展存在显著性差异（$p_{藏彝中-高PAP} = 0.010 < 0.05$；$p_{藏彝中-高PAN} = 0.004 < 0.01$），但其余各层级、各民族语水平的学习者间，其语用意识发展均不存在显著性差异（$p > 0.05$）。因此，从方差事后分析可见，我国藏彝英语学习者民族语水平对其英语语用意识发展产生了影响，但这种影响主要体现在低民族语水平和中民族语水平英语学习者之间，因此是有限的。

表 59　藏彝（综合）不同民族语水平英语学习者语用意识发展单因素方差分析事后检验

| 组别 | PAP | | PAN | | PAU | | PA | |
|---|---|---|---|---|---|---|---|---|
| | I-J | p | I-J | p | I-J | p | I-J | p |
| 低水平-中水平 | 2.488 | 0.000 | 1.482 | 0.000 | 2.263 | 0.000 | 6.171 | 0.000 |
| 低水平-高水平 | 0.632 | 0.405 | -0.174 | 0.776 | 0.886 | 0.329 | 1.513 | 0.440 |
| 中水平-高水平 | -1.856 | 0.010 | -1.66 | 0.004 | -1.377 | 0.108 | -4.658 | 0.012 |

注：PA＝语用意识；PAP＝语用意识感知；PAN＝语用意识注意；PAU＝语用意识理解。高水平＝110 分以上；中水平＝100～90 分；低水平＝80 分以下。

### 5.5.3.2　藏彝不同汉语水平英语学习者语用意识发展差异性研究

基于被试汉语水平视角，作者对我国藏族、彝族不同汉语水平英语学习者语用意识发展特征进行了研究。

#### 5.5.3.2.1　藏族不同汉语水平英语学习者语用意识发展差异性研究

为探寻不同汉语水平藏族英语学习者语用意识发展是否存在显著性差异，作者做了单因素方差分析。

单因素方差分析结果显示（表 60），从语用意识整体视角看，汉语水平对我国藏族英语学习者语用意识发展产生显著性影响（$F_{藏族 PA} = 101.084, p = 0.000 < 0.001$）；从语用意识层级视角看，汉语水平也对我国藏族英语学习者语用意识感知、语用意识注意和语用意识理解等三层产生显著性影响（$F_{藏族 PAP} = 30.571, p = 0.000 < 0.001$；$F_{藏族 PAN} = 58.585, p = 0.000 < 0.001$；$F_{藏族 PAU} = 90.240, p = 0.000 < 0.001$）。由此可见，对于我国藏族英语学习者而言，无论是从语用意识整体视角还是从语用意识层级视角看，其二语（即汉语）水平均对其英语语用意识发展产生显著性影响。

表 60　藏族不同汉语水平英语学习者语用意识发展单因素方差分析

| 组别 | | 平方和 | df | 均方 | F | 显著性 |
|---|---|---|---|---|---|---|
| PAP | 组间 | 938.975 | 2 | 469.488 | 30.571 | 0.000 |
| | 组内 | 3701.135 | 241 | 15.357 | | |
| PAN | 组间 | 1216.279 | 2 | 608.139 | 58.585 | 0.000 |
| | 组内 | 2501.672 | 242 | 10.380 | | |
| PAU | 组间 | 2379.864 | 2 | 1189.932 | 90.240 | 0.000 |
| | 组内 | 3177.906 | 242 | 13.186 | | |
| PA | 组间 | 12370.195 | 2 | 6185.097 | 101.084 | 0.000 |
| | 组内 | 14746.244 | 242 | 61.188 | | |

注：PA＝语用意识；PAP＝语用意识感知；PAN＝语用意识注意；PAU＝语用意识理解。

单因素方差分析事后检验（LSD）表明（表 61），从语用意识整体视角看，我国藏族不同汉语水平英语学习者英语语用意识发展均呈现显著性差异（$p_{藏族低-中PA} = 0.000 < 0.001$；$p_{藏族低-高PA} = 0.000 < 0.001$；$p_{藏族中-高PA} = 0.000 < 0.001$），藏族英语学习者汉语水平越高，其英语语用意识发展程度也越高；从语用意识层级视角看，除中汉语水平和高汉语水平藏族英语学习者语用意识感知层不存在显著性差异外（$p_{藏族中-高PAP} = 0.295 > 0.05$），其余各层级、各汉语水平的藏族英语学习者英语语用意识发展均存在显著性差异（$p < 0.01$；$p < 0.001$），藏族英语学习者汉语水平与其英语语用意识层级发展存在一致性。因此，基于以上单因素方差分析事后检验可知，尽管在语用意识感知层级，中汉语水平和高汉语水平藏族英语学习者语用意识发展不存在显著性差异性，但从其他层级以及整体视角看，我国藏族不同汉语水平英语学习者语用意识发展均具有显著性差异，藏族英语学习者汉语水平越高，其英语语用意识发展程度也越强。

表61 藏族不同汉语水平英语学习者语用意识发展单因素方差分析事后检验

| 组别 | PAP | | PAN | | PAU | | PA | |
|---|---|---|---|---|---|---|---|---|
| | I-J | p | I-J | p | I-J | p | I-J | p |
| 低水平-中水平 | -3.877 | 0.000 | -3.913 | 0.000 | -4.063 | 0.000 | -11.889 | 0.000 |
| 低水平-高水平 | -4.901 | 0.000 | -6.285 | 0.000 | -10.043 | 0.000 | -20.707 | 0.000 |
| 中水平-高水平 | -1.024 | 0.295 | -2.372 | 0.003 | -5.981 | 0.000 | -8.818 | 0.000 |

注：PA＝语用意识；PAP＝语用意识感知；PAN＝语用意识注意；PAU＝语用意识理解。高水平＝110分以上；中水平＝100～90分；低水平＝80分以下。

#### 5.5.3.2.2 彝族不同汉语水平英语学习者语用意识发展差异性研究

为探寻不同汉语水平彝族英语学习者语用意识发展是否存在显著性差异，作者做了单因素方差分析。

表62显示，从语用意识整体视角看，我国彝族英语学习者汉语水平对其自身英语语用意识发展产生显著性影响（$F_{彝族PA} = 10.019$，$p = 0.000 < 0.001$）；从语用意识层级视角看，我国彝族英语学习者汉语水平也对其英语语用意识感知、语用意识注意和语用意识理解等三层均产生显著性影响（$F_{彝族PAP} = 4.381$，$p = 0.014 < 0.05$；$F_{彝族PAN} = 9.130$，$p = 0.000 < 0.001$；$F_{彝族PAU} = 10.428$，$p = 0.000 < 0.001$）。因此，对于我国彝族英语学习者而言，汉语水平的发展程度对其英语语用意识的整体发展和层级发展均产生显著性影响。

表62 彝族不同汉语水平英语学习者语用意识发展单因素方差分析

| 组别 | | 平方和 | df | 均方 | F | 显著性 |
|---|---|---|---|---|---|---|
| PAP | 组间 | 227.104 | 2 | 113.552 | 4.381 | 0.014 |
| | 组内 | 5909.165 | 228 | 25.917 | | |
| PAN | 组间 | 267.225 | 2 | 133.612 | 9.130 | 0.000 |
| | 组内 | 3336.758 | 228 | 14.635 | | |
| PAU | 组间 | 829.253 | 2 | 414.627 | 10.428 | 0.000 |
| | 组内 | 9065.587 | 228 | 39.761 | | |
| PA | 组间 | 3679.495 | 2 | 1839.748 | 10.019 | 0.000 |
| | 组内 | 41866.488 | 228 | 183.625 | | |

注：PA＝语用意识；PAP＝语用意识感知；PAN＝语用意识注意；PAU＝语用意识理解。

单因素方差分析事后检验（LSD）表明（表63），从语用意识整体视角看，我国彝族低汉语水平和中汉语水平英语学习者（$p_{彝族低-中PA}=0.001<0.01$）、低汉语水平和高汉语水平（$p_{彝族低-高PA}=0.000<0.001$）英语语用意识发展均存在显著性差异，但中汉语水平和高汉语水平的彝族英语学习者语用意识发展不存在显著性差异（$p_{彝族中-高PA}=0.109>0.05$）。从语用意识层级视角看，除中汉语水平和高汉语水平英语学习者语用意识感知、语用意识理解层级上不存在显著性差异外（$p_{彝族中-高PAP}=0.598>0.05$；$p_{彝族中-高PAU}=0.136>0.05$），其余不同汉语水平的彝族英语学习者语用意识层级发展均存在显著性差异（$p<0.05$；$p<0.01$；$p<0.001$）。可见，虽然中汉语水平与高汉语水平彝族英语学习者的语用意识发展不存在显著性差异，但从其他不同汉语水平的彝族英语学习者语用意识发展差异性看，汉语水平仍然是影响我国彝族英语学习者英语语用意识发展的重要因素。

表63 彝族不同汉语水平英语学习者语用意识发展单因素方差分析事后检验

| 组别 | PAP | | PAN | | PAU | | PA | |
|---|---|---|---|---|---|---|---|---|
| | I-J | p | I-J | p | I-J | p | I-J | p |
| 低水平-中水平 | -1.970 | 0.010 | -1.609 | 0.005 | -3.412 | 0.000 | -6.999 | 0.001 |
| 低水平-高水平 | -2.470 | 0.016 | -3.159 | 0.000 | -5.168 | 0.000 | -11.060 | 0.000 |
| 中水平-高水平 | -0.500 | 0.598 | -1.551 | 0.031 | -1.756 | 0.136 | -4.061 | 0.109 |

注：PA＝语用意识；PAP＝语用意识感知；PAN＝语用意识注意；PAU＝语用意识理解。高水平＝110分以上；中水平＝100～90分；低水平＝80分以下。

#### 5.5.3.2.3 藏彝（综合）不同汉语水平英语学习者语用意识发展差异性研究

从藏彝综合视角看，为探寻汉语水平对我国藏彝英语学习者语用意识发展产生的影响，作者做了单因素方差分析。

基于藏彝综合视角的单因素方差分析结果表明（表64），整体上，我国藏彝英语学习者汉语水平均对藏彝英语学习者语用意识发展产生显著性影响（$F_{藏彝PA} = 76.406, p = 0.000 < 0.001$）。语用意识层级上，我国藏彝英语学习者汉语水平也均对其语用意识感知、语用意识注意和语用意识理解等三层产生显著性影响（$F_{藏彝PAP} = 39.583, p = 0.000 < 0.001; F_{藏彝PAN} = 54.510, p = 0.000 < 0.001; F_{藏彝PAU} = 68.125, p = 0.000 < 0.001$）。可见，综合从藏彝英语学习者语用意识整体和层级视角看，我国藏彝英语学习者汉语水平均对其英语语用意识整体和层级发展产生显著性影响。

表64 藏彝（综合）不同汉语水平英语学习者语用意识发展单因素方差分析

| 组别 | | 平方和 | df | 均方 | F | 显著性 |
| --- | --- | --- | --- | --- | --- | --- |
| PAP | 组间 | 1674.343 | 2 | 837.172 | 39.583 | 0.000 |
| | 组内 | 9982.722 | 472 | 21.150 | | |
| PAN | 组间 | 1390.313 | 2 | 695.157 | 54.510 | 0.000 |
| | 组内 | 6019.371 | 472 | 12.753 | | |
| PAU | 组间 | 3635.267 | 2 | 1817.634 | 68.125 | 0.000 |
| | 组内 | 12593.364 | 472 | 26.681 | | |
| PA | 组间 | 18897.647 | 2 | 9448.823 | 76.406 | 0.000 |
| | 组内 | 58370.597 | 472 | 123.667 | | |

注：PA＝语用意识；PAP＝语用意识感知；PAN＝语用意识注意；PAU＝语用意识理解。

方差分析事后检验（LSD）表明（表65），从语用意识整体视角看，我国藏彝不同汉语水平的英语学习者语用意识发展均存在显著性差异（$p_{藏彝低-中PA} = 0.000 < 0.001; p_{藏彝低-高PA} = 0.000 < 0.001; p_{藏彝中-高PA} = 0.000 < 0.001$），藏彝英语学习者汉语水平发展越高，其英语语用意识发展程度也越高。从语用意识层级视角看，除中汉语水平和高汉语水平的藏彝英语学习者语用意识感知发展不存在显著性差异外（$p_{藏彝中-高PAP} = 0.342 > 0.05$），其余语用意识感知、语用意识注意、语用意识理解等层级的不同汉语水平藏彝英语学习者语用意识发展均存在显著性差异（$p = 0.000 < 0.001$）。因此，方差事后分析表明，我国藏彝英语学习者汉语水平对英语语用意识整体发展和层级发展均产生了显著性影响，藏彝英语学习者汉语水平越高，其英语语用意识发展也越强。

表 65　藏彝（综合）不同汉语水平英语学习者语用意识
发展单因素方差分析事后检验

| 组别 | PAP | | PAN | | PAU | | PA | |
|---|---|---|---|---|---|---|---|---|
| | I-J | p | I-J | p | I-J | p | I-J | p |
| 低水平-中水平 | -3.56408 | 0.000 | -2.697 | 0.000 | -4.299 | 0.000 | -10.577 | 0.000 |
| 低水平-高水平 | -4.21536 | 0.000 | -4.644 | 0.000 | -7.573 | 0.000 | -16.400 | 0.000 |
| 中水平-高水平 | -0.65128 | 0.342 | -1.947 | 0.000 | -3.275 | 0.000 | -5.823 | 0.000 |

注：PA＝语用意识；PAP＝语用意识感知；PAN＝语用意识注意；PAU＝语用意识理解。高水平＝110分以上；中水平＝100～90分；低水平＝80分以下。

### 5.5.3.3　藏彝不同英语水平英语学习者语用意识发展差异性研究

基于被试英语水平视角，作者对我国藏族、彝族不同英语水平英语学习者语用意识发展特征进行了研究。

#### 5.5.3.3.1　藏族不同英语水平英语学习者语用意识发展差异性研究

为探寻不同英语水平藏族英语学习者语用意识发展是否存在显著性差异，作者做了单因素方差分析。

表 66 显示，从语用意识整体视角看，英语水平对我国藏族英语学习者语用意识发展产生显著性影响（$F_{藏族 PA} = 55.288$，$p = 0.000 < 0.001$）；从语用意识层级视角看，英语水平也对我国藏族英语语用意识感知、语用意识注意和语用意识理解等三层产生显著性影响（$F_{藏族 PAP} = 14.750$，$p = 0.000 < 0.001$；$F_{藏族 PAN} = 32.239$，$p = 0.000 < 0.001$；$F_{藏族 PAU} = 61.638$，$p = 0.000 < 0.001$）。由此可见，对于我国藏族英语学习者而言，其英语水平对其英语语用意识整体发展和层级发展均产生显著性影响。

表 66　藏族不同英语水平英语学习者语用意识发展单因素方差分析

| 组别 | | 平方和 | df | 均方 | F | 显著性 |
|---|---|---|---|---|---|---|
| PAP | 组间 | 506.024 | 2 | 253.012 | 14.750 | 0.000 |
| | 组内 | 4134.087 | 241 | 17.154 | | |
| PAN | 组间 | 784.761 | 2 | 392.380 | 32.239 | 0.000 |
| | 组内 | 2933.190 | 241 | 12.171 | | |
| PAU | 组间 | 1880.820 | 2 | 940.410 | 61.638 | 0.000 |
| | 组内 | 3676.950 | 241 | 15.257 | | |
| PA | 组间 | 8528.574 | 2 | 4264.287 | 55.288 | 0.000 |
| | 组内 | 18587.864 | 241 | 77.128 | | |

注：PA＝语用意识；PAP＝语用意识感知；PAN＝语用意识注意；PAU＝语用意识理解。

单因素方差分析事后检验（LSD）表明（表 67），从语用意识整体视角看，我国藏族不同英语水平英语学习者英语语用意识发展均呈现显著性差异（$p_{藏族低-中 PA} = 0.000 < 0.001$；$p_{藏族低-高 PA} = 0.000 < 0.001$；$p_{藏族中-高 PA} = 0.000 < 0.001$），藏族英语学习者英语水平越高，

其英语语用意识发展程度也越高；从语用意识层级视角看，除藏族中英语水平和高英语水平学习者语用意识感知发展不存在显著性差异外（$p_{藏族中-高PAP} = 0.393 > 0.05$），其余不同英语水平的藏族英语学习者语用意识感知、语用意识注意和语用意识理解等发展均存在显著性差异（$p < 0.05$；$p < 0.001$）。可见，以上单因素方差分析事后检验结果表明，我国藏族不同英语水平英语学习者的语用意识整体发展和层级发展具有显著性差异，藏族英语学习者英语水平越高，其英语语用意识发展程度也越高。

表 67　藏族不同英语水平英语学习者语用意识发展单因素方差分析事后检验

| 组别 | PAP | | PAN | | PAU | | PA | |
|---|---|---|---|---|---|---|---|---|
| | I-J | p | I-J | p | I-J | p | I-J | p |
| 低水平-中水平 | -2.912 | 0.000 | -3.298 | 0.000 | -4.201 | 0.000 | -10.298 | 0.000 |
| 低水平-高水平 | -4.070 | 0.002 | -6.068 | 0.000 | -11.208 | 0.000 | -21.357 | 0.000 |
| 中水平-高水平 | -1.158 | 0.393 | -2.770 | 0.016 | -7.007 | 0.000 | -11.060 | 0.000 |

注：PA＝语用意识；PAP＝语用意识感知；PAN＝语用意识注意；PAU＝语用意识理解。高水平＝110分以上；中水平＝100～90分；低水平＝80分以下。

#### 5.5.3.3.2　彝族不同英语水平英语学习者语用意识发展差异性研究

为探寻不同英语水平彝族英语学习者语用意识发展是否存在显著性差异，作者做了单因素方差分析。

单因素方差分析结果表明（表68），从语用意识整体视角看，英语水平对我国彝族英语学习者英语语用意识发展产生显著性影响（$F_{彝族PA} = 89.057$，$p = 0.000 < 0.001$）；从语用意识层级视角看，我国彝族英语学习者英语水平也对其语用意识感知、语用意识注意和语用意识理解等三层均产生显著性影响（$F_{彝族PAP} = 45.212$，$p = 0.000 < 0.001$；$F_{彝族PAN} = 92.375$，$p = 0.000 < 0.001$；$F_{彝族PAU} = 65.262$，$p = 0.000 < 0.001$）。可见，对于我国彝族英语学习者而言，英语水平对其语用意识的整体发展和层级发展均产生显著性影响。

表 68　彝族不同英语水平英语学习者语用意识发展单因素方差分析

| 组别 | | 平方和 | df | 均方 | F | 显著性 |
|---|---|---|---|---|---|---|
| PAP | 组间 | 1742.538 | 2 | 871.269 | 45.212 | 0.000 |
| | 组内 | 4393.730 | 228 | 19.271 | | |
| PAN | 组间 | 1613.167 | 2 | 806.583 | 92.375 | 0.000 |
| | 组内 | 1990.816 | 228 | 8.732 | | |
| PAU | 组间 | 3602.296 | 2 | 1801.148 | 65.262 | 0.000 |
| | 组内 | 6292.543 | 228 | 27.599 | | |
| PA | 组间 | 19975.640 | 2 | 9987.820 | 89.057 | 0.000 |
| | 组内 | 25570.342 | 228 | 112.151 | | |

注：PA＝语用意识；PAP＝语用意识感知；PAN＝语用意识注意；PAU＝语用意识理解。

单因素方差分析事后检验（LSD）表明（表69），从语用意识整体视角，我国彝族不同英语水平英语学习者的英语语用意识发展均存在显著性差异（$p_{彝族低-中PA} = 0.000 < 0.001$；$p_{彝族低-高PA} = 0.000 < 0.001$；$p_{彝族中-高PA} = 0.000 < 0.001$），彝族英语学习者英语水平越高，其英语语用意识发展程度也越高。从语用意识层级视角看，我国彝族不同英语水平英语学习者语用意识感知、语用意识注意和语用意识理解均存在显著性差异（$p < 0.05$；$p < 0.001$），表明彝族英语学习者语用意识发展与其英语水平的发展存在一致性。由此可见，不同英语水平我国彝族英语学习者的语用意识整体、层级发展均存在显著性差异，彝族英语学习者英语水平越高，其英语语用意识发展程度也越强。

表69 彝族不同英语水平英语学习者语用意识发展单因素方差分析事后检验

| 组别 | PAP | | PAN | | PAU | | PA | |
|---|---|---|---|---|---|---|---|---|
| | I-J | p | I-J | p | I-J | p | I-J | p |
| 低水平-中水平 | -4.838 | 0.000 | -3.602 | 0.000 | -5.796 | 0.000 | -14.323 | 0.000 |
| 低水平-高水平 | -6.641 | 0.000 | -7.295 | 0.000 | -10.643 | 0.000 | -24.560 | 0.000 |
| 中水平-高水平 | -1.803 | 0.040 | -3.693 | 0.000 | -4.846 | 0.000 | -10.237 | 0.000 |

注：PA＝语用意识；PAP＝语用意识感知；PAN＝语用意识注意；PAU＝语用意识理解。高水平＝110分以上；中水平＝100～90分；低水平＝80分以下。

#### 5.5.3.3.3 藏彝（综合）不同英语水平英语学习者语用意识发展差异性研究

从藏彝综合视角看，为探寻英语水平对我国藏彝英语学习者语用意识发展产生的影响，作者做了单因素方差分析。

基于藏彝综合视角的单因素方差分析结果表明（表70），语用意识整体上，英语水平均对我国藏族、彝族英语学习者语用意识发展产生显著性影响（$F_{藏彝PA} = 167.832$，$p = 0.000 < 0.001$）。在语用意识层级上，我国藏彝学习者英语水平也均对其语用意识感知、语用意识注意和语用意识理解等三层产生显著性影响（$F_{藏彝PAP} = 71.326$，$p = 0.000 < 0.001$；$F_{藏彝PAN} = 117.622$，$p = 0.000 < 0.001$；$F_{藏彝PAU} = 142.584$，$p = 0.000 < 0.001$）。因此，从综合语用意识整体和层级视角看，我国藏彝英语学习者英语水平对其英语语用意识整体和层级发展均产生显著性影响。

表70 藏彝（综合）不同英语水平英语学习者语用意识发展单因素方差分析

| 组别 | | 平方和 | df | 均方 | F | 显著性 |
|---|---|---|---|---|---|---|
| PAP | 组间 | 2705.438 | 2 | 1352.719 | 71.326 | 0.000 |
| | 组内 | 8951.627 | 472 | 18.965 | | |
| PAN | 组间 | 2464.620 | 2 | 1232.310 | 117.622 | 0.000 |
| | 组内 | 4945.064 | 472 | 10.477 | | |
| PAU | 组间 | 6112.104 | 2 | 3056.052 | 142.584 | 0.000 |
| | 组内 | 10116.528 | 472 | 21.433 | | |
| PA | 组间 | 32112.546 | 2 | 16056.273 | 167.832 | 0.000 |
| | 组内 | 45155.699 | 472 | 95.669 | | |

注：PA＝语用意识；PAP＝语用意识感知；PAN＝语用意识注意；PAU＝语用意识理解。

方差分析事后检验（LSD）表明（表71），从语用意识整体视角看，我国藏彝不同英语水平的英语学习者语用意识发展均存在显著性差异（$p_{藏彝低-中PA}=0.000<0.001$；$p_{藏彝低-高PA}=0.000<0.001$；$p_{藏彝中-高PA}=0.000<0.001$），我国藏彝英语学习者英语水平发展越高，其英语语用意识发展程度也越高。从语用意识层级视角看，无论是语用意识感知层、语用意识注意层还是语用意识理解层，不同英语水平的我国藏彝英语学习者语用意识发展均存在显著性差异（$p<0.01$；$p<0.001$），学习者英语水平越高，其英语语用意识感知、语用意识注意和语用意识理解等层级发展也越强。因此，从方差事后分析可见，我国藏彝英语学习者英语水平对其英语语用意识整体发展和层级发展均产生了显著性影响，学习者英语水平越高，其英语语用意识发展程度也越高。

表71 藏彝（综合）不同英语水平英语学习者语用意识
发展单因素方差分析事后检验

| 组别 | GAP | | GAN | | GAU | | GA | |
|---|---|---|---|---|---|---|---|---|
| | I-J | p | I-J | p | I-J | p | I-J | p |
| 低水平-中水平 | -4.168 | 0.000 | -3.385 | 0.000 | -5.179 | 0.000 | -12.738 | 0.000 |
| 低水平-高水平 | -6.352 | 0.000 | -6.828 | 0.000 | -10.905 | 0.000 | -24.085 | 0.000 |
| 中水平-高水平 | -2.184 | 0.003 | -3.443 | 0.000 | -5.726 | 0.000 | -11.346 | 0.000 |

注：PA＝语用意识；PAP＝语用意识感知；PAN＝语用意识注意；PAU＝语用意识理解。高水平＝110分以上；中水平＝100～90分；低水平＝80分以下。

### 5.5.4 相关性分析

为探寻我国藏族、彝族英语学习者学习阶段、语言水平与其语用意识整体发展和层级发展相关关系，作者对数据进行了相关性分析。

#### 5.5.4.1 藏彝英语学习者年级与英语语用意识相关性分析

基于学习者学习阶段视角，作者对藏族、彝族英语学习者所在年级与其英语语用意识发展相关程度进行了检测。

相关性分析结果显示（表72），从藏族组别来看，无论是从藏族英语学习者语用意识整体（$p_{藏族\,PA} = 0.000 < 0.001$），还是从语用意识感知、语用意识注意、语用意识理解等层级（$p_{藏族\,PAP} = 0.000 < 0.001$; $p_{藏族\,PAN} = 0.000 < 0.001$; $p_{藏族\,PAU} = 0.000 < 0.001$）看，藏族英语学习者语用意识发展与其学习阶段均存在显著性正相关。从彝族组别来看，彝族英语学习者语用意识发展与藏族英语学习者语用意识发展存在相似性，即彝族英语学习者语用意识整体、层级发展均与其学习阶段存在显著性正相关（$p_{彝族\,PA} = 0.000 < 0.001$; $p_{彝族\,PAP} = 0.000 < 0.001$; $p_{彝族\,PAN} = 0.000 < 0.001$; $p_{彝族\,PAU} = 0.000 < 0.001$）。另外，基于藏彝语用意识整体和层级等综合视角，我国藏彝英语学习者语用意识发展与其所在学习阶段均存在显著性相关（$p_{藏彝\,PA} = 0.000 < 0.001$; $p_{藏彝\,PAP} = 0.000 < .001$; $p_{藏彝\,PAN} = 0.000 < 0.001$; $p_{藏彝\,PAU} = 0.000 < 0.001$）。由此可见，我国藏族、彝族英语学习者语用意识整体、层级发展与其学习阶段均存在显著性正相关，随着学习者学习阶段的深入，其英语语用意识发展也呈现不断发展的上升趋势。

表72 藏彝英语学习者学习阶段与语用意识相关性分析

| 相关 | 藏族综合组 | | 彝族综合组 | | 藏彝综合组 | |
| --- | --- | --- | --- | --- | --- | --- |
| | Pearson | 显著性 | Pearson | 显著性 | Pearson | 显著性 |
| PAP | 0.620 | 0.000 | 0.560 | 0.000 | 0.560 | 0.000 |
| PAN | 0.437 | 0.000 | 0.323 | 0.000 | 0.377 | 0.000 |
| PAU | 0.233 | 0.000 | 0.412 | 0.000 | 0.319 | 0.000 |
| PA | 0.522 | 0.000 | 0.491 | 0.000 | 0.481 | 0.000 |

注：PA ＝语用意识；PAP ＝语用意识感知；PAN ＝语用意识注意；PAU ＝语用意识理解。

#### 5.5.4.2 藏彝英语学习者语言水平与英语语用意识相关性分析

基于学习者民族语水平、汉语水平和英语水平等视角，作者对我国藏族、彝族英语学习者民族语水平、汉语水平、英语水平与语用意识的相关性进行了检测。

##### 5.5.4.2.1 藏彝英语学习者民族语水平与英语语用意识相关性分析

相关性分析结果显示（表73），从藏彝综合视角看，无论是从藏彝英语学习者语用意识整体（$p_{藏彝\,PA} = 0.011 < 0.05$）还是从以及语用意识感知、语用意识理解层级（$p_{藏彝\,PAP} = 0.008 < 0.01$; $p_{藏彝\,PAU} = 0.022 < 0.05$）看，藏彝英语学习者英语语用意识发展与其民族语水

平存在显著性正相关，但藏彝英语学习者语用意识注意和其民族语水平不存在显著性相关（$p_{藏彝PAN} = 0.194 > 0.05$）。由于藏族和彝族民族语言存在差异，因此再次分别对藏族和彝族被试做了民族语与英语语用意识发展相关性分析。从藏族高中、本科阶段、综合情况看，藏族英语学习者民族语水平与其英语语用意识整体及层级发展均不存在显著性相关（$p_{藏族高中PA} = 0.707 > 0.05$；$p_{藏族本科PA} = 0.089 > 0.05$；$p_{藏族综合PA} = 0.089 > 0.05$；$p_{藏族高中PAP} = 0.246 > 0.05$；$p_{藏族高中PAN} = 0.357 > 0.05$；$p_{藏族高中PAU} = 0.326 > 0.05$；$p_{藏族本科PAP} = 0.062 > 0.05$；$p_{藏族本科PAN} = 0.279 > 0.05$；$p_{藏族本科PAU} = 0.427 > 0.05$；$p_{藏族综合PAP} = 0.207 > 0.05$；$p_{藏族综合PAN} = 0.114 > 0.05$；$p_{藏族综合PAU} = 0.185 > 0.05$）。而从彝族高中、本科阶段、综合情况看，尽管彝族综合显示了彝族英语学习者民族语发展与其英语语用意识发展存在显著性负相关（$p_{彝族综合PA} = 0.001 < 0.01$；$p_{彝族综合PAP} = 0.001 < 0.01$；$p_{彝族综合PAN} = 0.005 < 0.01$；$p_{彝族综合PAU} = 0.005 < 0.01$），但从分阶段看，彝族高中、本科阶段英语学习者民族语水平与其英语语用意识注意均不存在显著性相关（$p_{彝族高中PA} = 0.904 > 0.05$；$p_{彝族高中PAP} = 0.476 > 0.05$；$p_{彝族高中PAN} = 0.791 > 0.05$；$p_{彝族高中PAU} = 0.886 > 0.05$；$p_{彝族本科PA} = 0.166 > 0.05$；$p_{彝族本科PAP} = 0.194 > 0.05$；$p_{彝族本科PAN} = 0.120 > 0.05$；$p_{彝族本科PAU} = 0.370 > 0.05$）。由此可见，虽然彝族英语学习者民族语与其英语语用意识发展存在显著性负相关，但综合各层级数据分析和藏族英语学习者的数据分析显示，我国藏族、彝族英语学习者民族语水平与其语用意识发展不存在显著的相关性。该结论也与前文中单因素方差分析结论存在相似性：虽然我国藏彝英语学习者民族语水平对其英语语用意识发展产生一定的影响，但这种影响是相对有限的。

表 73 藏彝英语学习者民族语水平与语用意识相关性分析

| 相关 | 藏族高中 | | 藏族本科 | | 藏族综合 | | 彝族高中 | | 彝族本科 | | 彝族综合 | | 藏彝综合 | |
| --- | --- | --- | --- | --- | --- | --- | --- | --- | --- | --- | --- | --- | --- | --- |
| | Pearson | $p$ | Pearson | $p$ | Pearson | $p$ | Pearson | $p$ | Pearson | $p$ | Pearson | $p$ | Pearson | $p$ |
| PAP | -0.108 | 0.246 | 0.166 | 0.062 | 0.081 | 0.207 | 0.067 | 0.476 | -0.121 | 0.194 | -0.210 | 0.001 | -0.121 | 0.008 |
| PAN | 0.086 | 0.357 | 0.097 | 0.279 | 0.102 | 0.114 | -0.025 | 0.791 | -0.145 | 0.120 | -0.184 | 0.005 | -0.060 | 0.194 |
| PAU | 0.092 | 0.326 | 0.071 | 0.427 | 0.085 | 0.185 | -0.014 | 0.886 | -0.084 | 0.370 | -0.183 | 0.005 | -0.105 | 0.022 |
| PA | 0.035 | 0.707 | 0.151 | 0.089 | 0.109 | 0.089 | 0.011 | 0.904 | -0.084 | 0.166 | -0.216 | 0.001 | -0.116 | 0.011 |

注：PA =语用意识；PAP =语用意识感知；PAN =语用意识注意；PAU =语用意识理解。

### 5.5.4.2.2 藏彝英语学习者汉语语言水平与英语语用意识相关性分析

相关性分析结果显示（表 74），从藏彝综合视角看，无论是藏彝英语学习者语用意识整体（$p_{藏彝PA} = 0.000 < 0.001$）还是其语用意识感知、语用意识注意和语用意识理解等层级（$p_{藏彝PAP} = 0.000 < 0.001$；$p_{藏彝PAN} = 0.000 < 0.001$；$p_{藏彝PAU} = 0.000 < 0.001$），藏彝英语学习者英语语用意识发展均与其汉语水平存在显著性正相关。从藏族高中、本科阶段、综合以及彝族高中、本科阶段、综合看，我国藏族、彝族英语学习者汉语水平与其英语语用意识整体、层级发展均存在显著性正相关（$p < 0.01$；$p < 0.001$）。该分析结果表明，我国藏族、彝族英语学习者汉语水平发展程度越高，其英语语用意识发展程度也越强。

表74 藏彝英语学习者汉语语言水平与语用意识相关性分析

| 相关 | 藏族高中 | | 藏族本科 | | 藏族综合 | | 彝族高中 | | 彝族本科 | | 彝族综合 | | 藏彝综合 | |
| --- | --- | --- | --- | --- | --- | --- | --- | --- | --- | --- | --- | --- | --- | --- |
| | Pearson | $p$ | Pearson | $p$ | Pearson | $p$ | Pearson | $p$ | Pearson | $p$ | Pearson | $p$ | Pearson | $p$ |
| PAP | 0.656 | 0.000 | 0.464 | 0.000 | 0.434 | 0.000 | 0.551 | 0.000 | 0.336 | 0.000 | 0.179 | 0.006 | 0.356 | 0.000 |
| PAN | 0.744 | 0.000 | 0.581 | 0.000 | 0.567 | 0.000 | 0.475 | 0.000 | 0.342 | 0.000 | 0.272 | 0.000 | 0.431 | 0.000 |
| PAU | 0.797 | 0.000 | 0.540 | 0.000 | 0.650 | 0.000 | 0.596 | 0.000 | 0.409 | 0.000 | 0.283 | 0.000 | 0.472 | 0.000 |
| PA | 0.836 | 0.000 | 0.728 | 0.000 | 0.673 | 0.000 | 0.611 | 0.000 | 0.440 | 0.000 | 0.280 | 0.000 | 0.488 | 0.000 |

注：PA＝语用意识；PAP＝语用意识感知；PAN＝语用意识注意；PAU＝语用意识理解。

#### 5.5.4.2.3 藏彝英语学习者英语语言水平与英语语用意识相关性分析

相关性分析结果显示（表75），从藏彝综合视角看，无论是藏彝英语学习者语用意识整体（$p_{藏彝PA} = 0.000 < 0.001$）还是其语用意识感知、语用意识注意和语用意识理解等层级（$p_{藏彝PAP} = 0.000 < 0.001$；$p_{藏彝PAN} = 0.000 < 0.001$；$p_{藏彝PAU} = 0.000 < 0.001$），藏彝英语学习者英语语用意识发展均与其英语水平发展存在显著性正相关。从藏族高中、本科阶段、综合以及彝族高中、本科阶段、综合看，我国藏族、彝族英语学习者英语水平与其英语语用意识整体、层级发展均存在显著性正相关（$p = 0.000 < 0.001$）。因此，该研究结论显示，我国藏族、彝族英语学习者英语水平越高，其英语语用意识发展程度也越高。

表75 藏彝英语学习者英语语言水平与语用意识相关性分析

| 相关 | 藏族高中 | | 藏族本科 | | 藏族综合 | | 彝族高中 | | 彝族本科 | | 彝族综合 | | 藏彝综合 | |
| --- | --- | --- | --- | --- | --- | --- | --- | --- | --- | --- | --- | --- | --- | --- |
| | Pearson | $p$ | Pearson | $p$ | Pearson | $p$ | Pearson | $p$ | Pearson | $p$ | Pearson | $p$ | Pearson | $p$ |
| PAP | 0.578 | 0.000 | 0.389 | 0.000 | 0.324 | 0.000 | 0.449 | 0.000 | 0.653 | 0.000 | 0.516 | 0.000 | 0.475 | 0.000 |
| PAN | 0.688 | 0.000 | 0.487 | 0.000 | 0.459 | 0.000 | 0.738 | 0.000 | 0.602 | 0.000 | 0.669 | 0.000 | 0.577 | 0.000 |
| PAU | 0.722 | 0.000 | 0.492 | 0.000 | 0.574 | 0.000 | 0.689 | 0.000 | 0.597 | 0.000 | 0.602 | 0.000 | 0.613 | 0.000 |
| PA | 0.762 | 0.000 | 0.639 | 0.000 | 0.561 | 0.000 | 0.699 | 0.000 | 0.707 | 0.000 | 0.659 | 0.000 | 0.644 | 0.000 |

注：PA＝语用意识；PAP＝语用意识感知；PAN＝语用意识注意；PAU＝语用意识理解。

## 5.6 结语

本章节主要针对我国藏族、彝族英语学习者语用意识的整体、层级进行描述性统计分析、独立样本 $t$ 检验、单因素方差分析和相关性分析，主要发现以下三点。①我国藏族、彝族英语学习者语用意识整体、层级发展均偏低，尤其是语用意识注意层和语用意识理解层发展程度不高导致其语用意识整体发展欠佳。②基于整体视角，不同性别藏彝英语学习者语用意识发展均呈现显著性差异，女性学习者语用意识显著高于男性学习者；我国藏彝不同年级英语学习者语用意识整体、层级发展均呈现显著性差异，本科阶段藏彝英语学习者语用意识均显著高于高中阶段藏彝英语学习者语用意识发展；无论是从整体视角还是从层级视角看，不同民族，即藏族和彝族，英语学习者语用意识发展存在显著性差异，彝族英语学习者语用意识整体及层级发展均显著高于藏族英语学习者；我国藏彝英语学习者民族语水平对其英语语用意识发展产生影响，但从方差事后分析可见，这种影响主要体现在低民族语水平和中民族语水平英语学习者，是具有相对有限性的；无论是基于整体视角还是基于层级视角，我国藏彝英语学习者汉语水平、英语水平均对其英语语用意识发展产生显著性影响，藏彝英语学习者汉语水平越高或英语水平越高，其英语语用意识发展程度也越强。③学习者性别、学习阶段、民族特性、汉语水平及英语水平是影响我国藏彝英语学习者语用意识发展的重要因素。该调查结论不仅揭示了我国藏族、彝族英语学习者语用意识的发展整体、层级现状及特征，为后续章节有关我国藏彝英语学习者语用意识讨论与分析奠定基础，也为我国三语教学实践，即少数民族英语语用教学，提供了可行性建议和策略。

# 6

# 藏彝英语学习者语法意识与语用意识互动关系的问卷调查与研究

## 6.1 引言

语法意识是有关学习者对语言结构、意义的敏感性与认知，涉及语言符号本身（Borg，2003）；语用意识是有关学习者恰当语言运用的意识性与反思，基于并超越语言符号（Alcon & Safont，2008），因而两者存在一定的映射关系（Ariel，2008；张绍杰，2010）。语言意识具有显著的民族性特征（赵秋野，2008），因此本书关注我国藏彝英语学习者语法意识、语用意识的互动机制，旨在厘清语法意识和语用意识间具体交互程度、形式、作用特征等问题，为我国藏彝等少数民族英语学习者语言认知和运用能力的提升提供理论支持和策略参考。

## 6.2 藏彝英语学习者语法意识与语用意识交互关系研究方法

本章既基于语法意识和语用意识整体宏观视角进行调查与分析，也从语法意识层级和语用意识层级视角进行调查与分析，以探寻我国藏彝英语学习者语法意识与语用意识在宏观与微观等不同视角所呈现的交互作用形式及影响。

### 6.2.1 研究问题

①我国藏彝英语学习者语法意识发展和语用意识发展是否存在程度性差异？若存在，其现状及特征是什么？

②我国藏彝英语学习者语法意识和语用意识间是否存在整体 - 整体交互作用？若是，是相生还是相克或兼而有之？该互动机制是否在藏族、彝族英语学习者间存在异同？若存在，具体表现特征是什么？

③我国藏彝英语学习者语法意识与语用意识间是否存在层级 - 整体交互作用？若是，语法意识各层对语用意识整体发展的贡献率如何？其中哪个语法意识层级对语用意识整体发展产生最显著影响？该互动机制是否在藏族、彝族英语学习者间存在异同？若存在，具体表现特征是什么？

④我国藏彝英语学习者语用意识与语法意识间是否存在层级 - 整体交互作用？若是，语用意识各层对语法意识整体发展的贡献率如何？其中哪个语用意识层级对语法意识整体发展产生最显著影响？该互动机制是否在藏族、彝族英语学习者间存在异同？若存在，具体表现特征是什么？

⑤我国藏彝英语学习者语法意识与语用意识间是否存在层级-层级交互作用？若是，语法意识各层对语用意识各层发展的贡献率如何？该互动机制是否在藏族、彝族英语学习者间存在异同？若存在，具体表现特征是什么？

⑥我国藏彝英语学习者语用意识与语法意识之间是否存在层级-层级交互作用？若是，语用意识各层对语法意识各层发展的贡献率如何？该互动机制是否在藏族、彝族英语学习者间存在异同？若存在，具体表现特征是什么？

### 6.2.2　研究被试

由于本章所涉及的语法意识与语用交互机制研究是基于前面几个章节，如第4章和第5章中所调查的原始数据进行分析与研究，因此有关研究被试的具体信息请详见第4章（"语法意识问卷调查与研究"）和第5章（"语用意识问卷调查与研究"），在此不再赘述。

### 6.2.3　研究过程

由于本章中所使用的原始数据是基于前面章节进行，如第4章和第5章，因此有关语法意识问卷和语用意识问卷的调查与实施过程，在此不再赘述（请详见第4章和第5章）。

### 6.2.4　统计方法

由于本章中所使用的原始数据是基于前面章节进行，如第4章和第5章，因此有关语法意识问卷和语用意识问卷的收集、整体及分析方法等，在此也不再赘述（请详见第4章和第5章）。但由于考虑到本章是针对语法意识与语用意识间的交互机制研究，因此作者再次对原始问卷进行检查，并对语法意识问卷和语用意识问卷进行一一核对。再次核实结果显示，被试的有效语法意识问卷和有效语用意识问卷一致。最后，采用SPSS（20.0版本）统计软件对数据进行独立样本$t$检验、相关性分析、一元线性回归分析以及逐步多元回归分析。

## 6.3　藏彝英语学习者语法意识与语用意识发展的差异性

对于语法意识与语用意识发展先后顺序的问题，国内外学者得出不同的研究结果。例如 Dietrich *et al*（1995）、Felix-Brasdefer（2007）指出，由于外语学习者已具备相关母语语用知识，易产生语用迁移，因此外语语用意识是语法意识发展的前提。而与此相反，House & Kasper（1987）、Blum-Kulka（1989）和 Ariel（2008）则认为，语法中的"时"（tense）、"态"（aspect）、"气"（mood）等均是制约语用的重要因素，也是语法意识先于语用意识发展的重要依据。因此，本节首先分别对藏族、彝族以及藏彝综合英语学习者语法意识和语用意识进行对比研究，以探寻我国藏族、彝族英语学习者语法意识发展和语用意识发展的先后顺序及高低水平。

### 6.3.1 藏族英语学习者语法意识、语用意识发展差异性研究

在第 4 章和第 5 章，作者分别对我国藏族英语学习者语法意识和语用意识进行了描述性统计分析，该分析结论虽然显示了我国藏族英语学习者语法意识与语用意识发展的现状与特征，但并未对藏族英语学习者语法意识和语用意识进行对比分析。表 76 对比分析结论表明，无论从不同学习阶段视角还是从语法意识、语用意识的整体、层级视角看，我国藏族英语学习者语法意识发展程度始终高于语用意识发展程度。

表 76 藏族英语学习者语法意识、语用意识整体、层级发展均值对比分析

| 组别 | GAP | PAP | GAN | PAN | GAU | PAU | GA | PA |
| --- | --- | --- | --- | --- | --- | --- | --- | --- |
| 藏族高中 | 10.3077 | 4.5128 | 11.8974 | 1.6581 | 7.1795 | 3.5128 | 29.3333 | 9.6667 |
| 藏族本科 | 12.4882 | 9.6667 | 7.7795 | 5.0709 | 6.2598 | 5.7402 | 26.5433 | 20.6772 |
| 藏族综合 | 11.4426 | 7.3320 | 9.7541 | 3.4344 | 6.7008 | 4.6721 | 27.8811 | 15.3975 |

注：GA＝语法意识；GAP＝语法意识感知；GAN＝语法意识注意；GAU＝语法意识理解。PA＝语用意识；PAP＝语用意识感知；PAN＝语用意识注意；PAU＝语用意识理解。

### 6.3.2 彝族英语学习者语法意识、语用意识发展差异性研究

在第 4 章和第 5 章，作者分别对我国彝族英语学习者语法意识和语用意识进行了描述性统计分析，该分析结论虽然显示了我国彝族英语学习者语法意识与语用意识发展的现状与特征，也并未对彝族英语学习者语法意识和语用意识进行对比分析。表 77 数据显示，无论从不同学习阶段视角还是从语法意识、语用意识的整体、层级视角看，我国彝族英语学习者语法意识发展始终高于语用意识发展。

表 77　彝族英语学习者语法意识、语用意识整体、层级发展均值对比分析

| 组别 | GAP | PAP | GAN | PAN | GAU | PAU | GA | PA |
|---|---|---|---|---|---|---|---|---|
| 彝族高中 | 13.2544 | 7.1316 | 11.1228 | 3.0000 | 9.5789 | 4.5000 | 33.9474 | 14.6491 |
| 彝族本科 | 13.5897 | 12.9060 | 11.7949 | 5.5556 | 12.8889 | 9.8889 | 38.3590 | 28.4274 |
| 彝族综合 | 13.4242 | 10.0563 | 11.4632 | 4.2944 | 11.2554 | 7.2294 | 36.1818 | 21.6277 |

注：GA＝语法意识；GAP＝语法意识感知；GAN＝语法意识注意；GAU＝语法意识理解。PA＝语用意识；PAP＝语用意识感知；PAN＝语用意识注意；PAU＝语用意识理解。

### 6.3.3　藏彝（综合）英语学习者语法意识、语用意识发展差异性研究

在第 4 章和第 5 章，作者分别对我国藏彝英语学习者综合语法意识和综合语用意识进行了描述性统计分析，该分析结论虽然显示了我国藏彝英语学习者语法意识与语用意识发展的现状与特征，但并未对藏彝英语学习者综合语法意识和综合语用意识进行对比分析。而表 78 对比分析结果显示，综合藏彝英语学习者语法意识、语用意识的整体、层级等数据可见，我国藏彝（综合）英语学习者语法意识发展程度始终高于其语用意识发展程度。

表 78　藏彝（综合）英语学习者语法意识、语用意识整体、层级发展均值对比分析

| 组别 | GAP | PAP | GAN | PAN | GAU | PAU | GA | PA |
|---|---|---|---|---|---|---|---|---|
| 藏彝高中 | 11.7619 | 5.8052 | 11.5152 | 2.3203 | 8.3636 | 4.0000 | 31.6104 | 12.1255 |
| 藏彝本科 | 13.0164 | 11.3566 | 9.7049 | 5.3033 | 9.4385 | 7.7295 | 32.2090 | 24.3934 |
| 藏彝综合 | 12.4063 | 8.6568 | 10.5853 | 3.8526 | 8.9158 | 5.9158 | 31.9179 | 18.4274 |

注：GA＝语法意识；GAP＝语法意识感知；GAN＝语法意识注意；GAU＝语法意识理解。PA＝语用意识；PAP＝语用意识感知；PAN＝语用意识注意；PAU＝语用意识理解。

### 6.3.4　藏彝英语学习者语法意识、语用意识发展的独立样本 $t$ 检验

独立样本 $t$ 检验结果表明（表 79），无论是高中阶段的藏族、彝族英语学习者，还是本科阶段的藏族、彝族英语学习者，其语法意识与语用意识发展始终存在显著性差异，且语法意识发展显著高于语用意识发展。

表 79　藏彝英语学习者语法意识和语用意识发展的独立样本 $t$ 检验

| 组别 | 藏族高中 | | 藏族本科 | | 彝族高中 | | 彝族本科 | | 藏彝高中 | | 藏彝本科 | |
|---|---|---|---|---|---|---|---|---|---|---|---|---|
| | GA | PA | GA | PA | GA | PA | GA | PA | GA | PA | GA | PA |
| 均值 | 29.33 | 9.67 | 26.54 | 20.68 | 33.95 | 14.65 | 38.36 | 28.43 | 31.61 | 12.13 | 32.21 | 24.39 |
| $t$ | 11.853 | | 4.513 | | 10.866 | | 5.648 | | 15.814 | | 6.680 | |
| $p$ | 0.000 | | 0.000 | | 0.000 | | 0.000 | | 0.000 | | 0.000 | |

注：$t$ 是指语法意识和语用意识发展的独立样本 $t$ 检验。GA＝语法意识；PA：语用意识。

## 6.4　藏彝英语学习者语法意识与语用意识整体 – 整体交互关系

为检测我国藏族、彝族英语学习者语法意识与语用意识发展是否存在整体互动关系，作者做了相关性分析和一元线性回归分析。

### 6.4.1　不同阶段语法意识与语用意识相关性分析

为了解我国藏族、彝族英语学习者语法意识与语用意识间产生的整体交互影响，作者首先做相关性分析。

相关分析表明（表 80）：对于我国藏族英语学习者，无论是从高中阶段、本科阶段的阶段视角还是从高中和本科阶段的综合视角可见，我国藏族英语学习者语法意识和语用意识发展均存在显著性正相关（Pearson 相关系数$_{藏族高中}$＝ 0.772, $p < 0.001$；Pearson 相关系数$_{藏族本科}$＝ 0.735, $p < 0.001$；Pearson 相关系数$_{藏族综合}$＝ 0.582, $p < 0.001$）；对于我国彝族英语学习者而言，其英语语法意识发展与其语用意识发展无论是高中阶段、本科阶段，还是高中和本科阶段的综合，其相关性分析结论均表明，我国彝族英语学习者语法意识和语用意识存在显著性正相关（Pearson 相关系数$_{彝族高中}$＝ 0.621, $p < 0.001$；Pearson 相关系数$_{彝族本科}$＝ 0.754, $p < 0.001$；Pearson 相关系数$_{彝族综合}$＝ 0.662, $p < 0.001$）。另外，藏彝两组的综合数据分析显示，我国藏彝英语学习者语法意识与语用意识发展存在显著性正相关（Pearson 相关系数$_{藏彝高中}$＝ 0.695, $p < 0.001$; Pearson 相关系数$_{藏彝本科}$＝ 0.773, $p < 0.001$; Pearson 相关系数$_{藏彝综合}$＝ 0.650, $p < 0.001$）。该分析结果表明，我国藏族、彝族英语学习者语法意识与语用意识发展存在显著性正相关，其语法意识与语用意识存在显著性交互关系。

表 80 藏彝英语学习者语法意识与语用意识相关性分析

| 相关性<br>(GA – PA) | 藏族<br>高中组 | 藏族<br>本科组 | 藏族<br>综合组 | 彝族<br>高中组 | 彝族<br>本科组 | 彝族<br>综合组 | 藏彝<br>高中组 | 藏彝<br>本科组 | 藏彝<br>综合组 |
|---|---|---|---|---|---|---|---|---|---|
| Pearson | 0.772 | 0.735 | 0.582 | 0.621 | 0.754 | 0.662 | 0.695 | 0.773 | 0.650 |
| 显著性 | 0.000 | 0.000 | 0.000 | 0.000 | 0.000 | 0.000 | 0.000 | 0.000 | 0.000 |
| N | 117 | 127 | 244 | 114 | 117 | 231 | 231 | 244 | 475 |

注：GA = 语法意识；PA = 语用意识。

### 6.4.2 不同组别藏彝英语学习者语法意识与语用意识回归分析

为探讨语法意识与语用意识总体上的线性关系是否显著成立，即对其预测性，作者采用一元线性回归，并建立回归模型对数据加以分析和检验。作者以语法意识为自变量，以语用意识为因变量，检测语法意识对语用意识产生的影响。

一元线性回归分析结果表明（表81），藏族高中组、藏族本科组、藏族综合组、彝族高中组、彝族本科组、彝族综合组、藏彝高中组、藏彝本科组以及藏彝综合组等组别的我国藏彝英语学习者语法意识对语用意识的回归模型成立，均通过了 $F$ 检验（$p < 0.001$）和各参数 $t$ 检验（$p < 0.001$），自变量能够显著解释因变量的方差，语法意识对语用意识具有显著预测性。基于各组别看，一元线性回归分析表明，不同组别的藏族、彝族英语学习者语法意识对语用意识的预测力存在差异性。藏族高中组，相关系数 $R_{藏族高中} = 0.772$，测定系数 $R^2_{藏族高中} = 0.597$，校正系数 $R^2_{藏族高中} = 0.593$，说明藏族高中英语学习者语法意识与语用意识密切相关，学习者语法意识能够解释语用意识的 59.3% 的变异。藏族本科组，相关系数 $R_{藏族本科} = 0.735$，测定系数 $R^2_{藏族本科} = 0.541$，校正系数 $R^2_{藏族本科} = 0.537$，说明藏族本科英语学习者语法意识与语用意识密切相关，学习者语法意识能够解释语用意识的 53.7% 的变异。藏族综合组，相关系数 $R_{藏族综合} = 0.582$，测定系数 $R^2_{藏族综合} = 0.339$，校正系数 $R^2_{藏族综合} = 0.336$，说明藏族英语学习者语法意识与语用意识相关，学习者语法意识能够解释语用意识的 33.6% 的变异。彝族高中组，相关系数 $R_{彝族高中} = 0.621$，测定系数 $R^2_{彝族高中} = 0.386$，校正系数 $R^2_{彝族高中} = .381$，说明彝族高中英语学习者语法意识与用意识发展相关，学习者语法意识能够解释语用意识的 38.1% 的变异。彝族本科组，相关系数 $R_{彝族本科} = 0.754$，测定系数 $R^2_{彝族本科} = 0.569$，校正系数 $R^2_{彝族本科} = 0.565$，说明彝族本科英语学习者语法意识与语用意识密切相关，学习者语法意识能够解释语用意识

的 56.5% 的变异。彝族综合组，相关系数 $R_{彝族综合} = 0.662$，测定系数 $R^2_{彝族综合} = 0.438$，校正系数 $R^2_{彝族综合} = 0.436$，说明彝族英语学习者语法意识与语用意识相关，学习者语法意识能够解释语用意识的 43.6% 的变异。基于综合数据看，一元线性回归分析表明，藏彝英语学习者语法意识对语用意识具有显著的预测力，藏彝英语学习者语法意识发展与其语用意识发展存在密切的关联。藏彝高中组，相关系数 $R_{藏彝高中} = 0.659$，测定系数 $R^2_{藏彝高中} = 0.483$，校正系数 $R^2_{藏彝高中} = 0.481$，说明藏彝高中英语学习者语法意识与语用意识密切相关，学习者语法意识能够解释语用意识的 48.1% 的变异。藏彝本科组，相关系数 $R_{藏彝本科} = 0.773$，测定系数 $R^2_{藏彝本科} = 0.598$，校正系数 $R^2_{藏彝本科} = 0.597$，说明藏彝本科英语学习者语法意识与语用意识密切相关，学习者语法意识能够解释语用意识的 59.7% 的变异。整体上，我国藏彝英语学习者语法意识对语用意识的预测能力较强，相关系数 $R_{藏彝综合} = 0.650$，测定系数 $R^2_{藏彝综合} = 0.422$，校正系数 $R^2_{藏彝综合} = 0.421$，说明我国藏彝英语学习者语法意识与语用意识相关，学习者语法意识能够解释语用意识的 42.1% 的变异。

表 81　藏彝英语学习者语法意识与语用意识一元回归分析

| 组别 | 因变量 | 预测变量 | 相关系数 R | 测定系数 $R^2$ | 校正 $R^2$ | 标准误估计 SE | 方差分析 F | 回归系数 β | t |
|---|---|---|---|---|---|---|---|---|---|
| 藏族高中组 | PA | GA | 0.772* | 0.597 | 0.593 | 9.863 | 170.063*** | 1.310 | 13.041*** |
| 藏族本科组 | PA | GA | 0.735* | 0.541 | 0.537 | 7.891 | 147.068*** | 0.952 | 12.127*** |
| 藏族综合组 | PA | GA | 0.582* | 0.339 | 0.336 | 11.104 | 124.102*** | 0.751 | 11.140*** |
| 彝族高中组 | PA | GA | 0.621* | 0.386 | 0.381 | 12.093 | 70.440*** | 0.859 | 8.393*** |
| 彝族本科组 | PA | GA | 0.754* | 0.569 | 0.565 | 8.941 | 151.922*** | 0.767 | 12.326*** |
| 彝族综合组 | PA | GA | 0.662* | 0.438 | 0.436 | 10.977 | 178.821*** | 0.688 | 13.372*** |
| 藏彝高中组 | PA | GA | 0.695* | 0.483 | 0.481 | 11.203 | 214.273*** | 1.037 | 14.638*** |
| 藏彝本科组 | PA | GA | 0.773* | 0.598 | 0.597 | 8.813 | 360.338*** | 0.902 | 18.983*** |
| 藏彝综合组 | PA | GA | 0.650* | 0.422 | 0.421 | 11.185 | 346.029*** | 0.748 | 18.602*** |

注：回归系数为标准化回归系数；GA = 语法意识；PA = 语用意识；* 表示 $p < 0.05$；** 表示 $p < 0.01$；*** 表示 $p < 0.001$。

由于在该一元线性回归分析中，无论将语法意识作为因变量、语用意识作为预测变量，还是将语用意识作为因变量、语法意识作为预测变量，其计算分析结果相同，仅有标准误估计值和回归方程的物理意义等存在差异。因此，以上一元线性回归分析表明，我国藏彝英语学习者语法意识发展与语用意识发展具有显著交互性。但在不同学习阶段，我国藏族、彝族英语学习者语法意识和语用意识间的交互程度存在差异性。对于藏族英语学习者而言，藏族高中阶段、本科阶段英语学习者语法意识分别能够解释其语用意识的 59.3% 的变异和 53.7% 的变异；这表明藏族英语学习者语法意识与语用意识存在密切的交互关系。而对于彝族英语学习者而言，彝族高中阶段、本科阶段英语学习者语法意识分别能够解释其语用意识的 38.1% 的变异和 56.5% 的变异；这表明彝族英语学习者语法意识与语用意识存在密切的交互关系，但高中阶段彝族英语学习者语法意识与语用意识间的相关度显著低于本科阶段。另外，基于藏彝英语学习者整体视角，我国藏彝英语学习者语法意识与语用意识仍然存在密切的交互关系，其语法意识能解释 42.1% 的变异，但高中阶段藏彝英语学习者语法意识和语用意识交互程度（48.1%）低于本科阶段的交互程度（59.7%）。

## 6.5 藏彝英语学习者语法意识与语用意识层级 – 整体交互关系

为了解我国藏族、彝族英语学习者语法意识层级与语用意识、语用意识层级与语法意识之间的交互影响，作者进行了相关性分析及回归分析。

### 6.5.1 语法意识层级与语用意识间相关性分析及回归分析

为检测我国藏族、彝族英语学习者语法意识层级与语用意识间产生的交互影响，作者对数据进行了相关性分析和逐步多元回归分析。

#### 6.5.1.1 语法意识层级与语用意识间相关性分析

为检测我国藏族、彝族英语学习者语法意识层级与语用意识间产生的交互影响，作者首先做了相关性分析。

相关性分析结果显示（表 82），我国藏彝英语学习者语法意识感知、语法意识注意、语法意识理解等三层均与语用意识存在显著性正相关（$p = 0.000 < 0.001$）。基于组别看，藏族高中组、藏族本科组、彝族高中组、彝族本科组学习者语法意识感知、语法意识注意和语法意识理解均与语用意识存在显著性正相关（$p = 0.000 < 0.001$）。基于整体视角，藏彝高中组、藏彝本科组以及藏彝综合组学习者语用意识发展与语法意识感知、语法意识注意和语法意识理解也均存在显著性正相关（$p = 0.000 < 0.001$）。因此，以上研究结论表明，我国藏彝英语学习者语法意识各层的发展均与语用意识发展存在显著性正相关。

表 82　藏彝英语学习者语法意识层级与语用意识间相关性分析

| 组别<br>相关性 | 藏族<br>高中组 | 藏族<br>本科组 | 藏族<br>综合组 | 彝族<br>高中组 | 彝族<br>本科组 | 彝族<br>综合组 | 藏彝<br>高中组 | 藏彝<br>本科组 | 藏彝<br>综合组 |
|---|---|---|---|---|---|---|---|---|---|
| PA-GAP Pearson | 0.530 | 0.475 | 0.544 | 0.364 | 0.673 | 0.448 | 0.477 | 0.560 | 0.513 |
| 显著性 | 0.000 | 0.000 | 0.000 | 0.000 | 0.000 | 0.000 | 0.000 | 0.000 | 0.000 |
| N | 117 | 127 | 244 | 114 | 117 | 231 | 231 | 244 | 475 |
| PA-GAN Pearson | 0.697 | 0.661 | 0.387 | 0.549 | 0.738 | 0.585 | 0.576 | 0.726 | 0.483 |
| 显著性 | 0.000 | 0.000 | 0.000 | 0.000 | 0.000 | 0.000 | 0.000 | 0.000 | 0.000 |
| N | 117 | 127 | 244 | 114 | 117 | 231 | 231 | 244 | 475 |
| PA-GAU Pearson | 0.724 | 0.615 | 0.528 | 0.587 | 0.682 | 0.643 | 0.656 | 0.699 | 0.629 |
| 显著性 | 0.000 | 0.000 | 0.000 | 0.000 | 0.000 | 0.000 | 0.000 | 0.000 | 0.000 |
| N | 117 | 127 | 244 | 114 | 117 | 231 | 231 | 244 | 475 |

注：PA＝语用意识；GAP＝语法意识感知；GAN＝语法意识注意；GAU＝语法意识理解。

为进一步检测语法意识三层分别对语用意识发展产生的影响，做了逐步多元回归分析。逐步多元回归方法是一种探索性的复回归方法，此方法同时使用前进选取法与后退删除法两种方法，筛选出一个最佳的复回归分析模型，其目的在于预测。逐步多元回归分析中，进入回归方程的 $F$ 值小于 0.05，说明预测变量对因变量的预测力达到显著性，而没有进入回归模型的预测变量对因变量没有显著的预测力（吴明隆，2014：390）。

### 6.5.1.2　语法意识三层对语用意识贡献率检验

为进一步检测语法意识三层分别对语用意识发展产生的作用，即预测性和贡献率，作者分别以藏族高中组、藏族本科组、藏族综合组、彝族高中组、彝族本科组、彝族综合组、藏彝高中组、藏彝本科组以及藏彝综合组英语学习者语用意识为因变量，以其语法意识感知、语法意识注意和语法意识理解为预测变量，进行逐步多元回归分析。

表 83 表明，藏族英语学习者语法意识三层，即语法意识感知、语法意识注意和语法意识理解，对语用意识回归模型均通过显著性 $F$ 检验（$p < 0.001$）和各参数 $t$ 检验（$p < 0.05$；$p < 0.01$；$p < 0.001$），表明建立的各回归模型成立。由于在逐步多元回归分析中，$t$ 是说明回归系数是否显著，$\beta$ 是解释对因变量的变异大小，$\beta$ 的绝对值越大，表示该预测变量对因变量的影响越大，其解释因变量的变异量也越大（吴明隆，2014：396-397），因此以下分组、综合分析结果，一方面呈现相关系数、测定系数以及校正系数等数据分析结果，另一方面也从 $\beta$ 绝对值的大小来说明我国藏族英语学习者语法意识感知、语法意识注意和语法意识理解三层分别对其语用意识产生的作用大小。

表 83 藏族英语学习者语法意识三层与语用意识间的逐步多元回归分析

| 组别 | 因变量 | 模型 | 预测变量 | 相关系数 R | 测定系数 $R^2$ | 校正$R^2$ | 标准误差 SE | 方差分析 F | 回归系数 β | t |
|---|---|---|---|---|---|---|---|---|---|---|
| 藏族高中组 | PA | 1 | GAU | 0.724* | 0.524 | 0.520 | 6.313 | 126.700*** | 1.054 | 11.256*** |
| | | 2 | GAU | | | | | | 0.896 | 9.994*** |
| | | | GAP | 0.785* | 0.617 | 0.610 | 5.690 | 91.771*** | 0.689 | 5.251*** |
| 藏族本科组 | PA | 1 | GAN | 0.661* | 0.437 | 0.433 | 6.743 | 97.118*** | 1.169 | 9.855*** |
| | | 2 | GAN | | | | | | 1.002 | 8.568*** |
| | | | GAP | 0.717* | 0.514 | 0.506 | 6.29 | 65.457*** | 0.612 | 4.411*** |
| | | 3 | GAN | | | | | | 0.615 | 3.511** |
| | | | GAP | 0.738* | 0.545 | 0.534 | 6.113 | 49.086*** | 0.631 | 4.673*** |
| | | | GAU | | | | | | 0.486 | 2.909** |
| 藏族综合组 | PA | 1 | GAP | 0.544* | 0.296 | 0.293 | 8.882 | 101.750*** | 1.306 | 10.087*** |
| | | 2 | GAP | | | | | | 1.054 | 8.973*** |
| | | | GAU | 0.678* | 0.460 | 0.455 | 7.798 | 102.461*** | 0.772 | 8.540*** |
| | | 3 | GAP | | | | | | 1.118 | 9.354*** |
| | | | GAU | 0.687* | 0.472 | 0.465 | 7.726 | 71.424*** | 0.993 | 7.646*** |
| | | | PAN | | | | | | -0.261 | -2.348* |

注：预测变量排序是按照进入回归模型先后顺序进行；PA＝语用意识；GAP＝语法意识感知；GAN＝语法意识注意；GAU＝语法意识理解；回归系数为标准化回归系数；* 表示 $p<0.05$；** 表示 $p<0.01$；*** 表示 $p<0.001$。

对于藏族高中组，第一个进入回归模型的是语法意识理解，相关系数 R$_{藏族高中 GAU}$ = 0.724，测定系数 $R^2_{藏族高中 GAU}$ = 0.524，校正系数 $R^2_{藏族高中 GAU}$ = 0.520，说明学习者语法意识理解层能够解释语用意识的 52.0% 的变异。叠加语法意识感知后，第二个回归模型成立，相关系数 R$_{藏族高中 GAU、GAP}$ = 0.785，测定系数 $R^2_{藏族高中 GAU、GAP}$ = 0.617，校正系数 $R^2_{藏族高中 GAU、GAP}$ = 0.610。这说明，藏族高中组英语学习者语法意识理解、语法意识感知均对语用意识发展具有显著预测力，尤其叠加语法意识感知层的作用后，藏族高中英语学习者语法意识能够解释语用意识的 61.0% 的变异。此外，基于 β 绝对值来看，藏族高中阶段英语学习者语法意识理解（β$_{藏族高中 GAU}$ = 0.896）对其语用意识发展产生的影响最大，其次是语法意识感知（β$_{藏族高中 GAP}$ = 0.689），而语法意识注意并未对语用意识整体发展产生显著性作用。

对于藏族本科组，第一个进入回归模型的是语法意识注意，相关系数 R$_{藏族本科 GAN}$ = 0.661，测定系数 $R^2_{藏族本科 GAN}$ = 0.437，校正系数 $R^2_{藏族本科 GAN}$ = 0.433，表明藏族本科阶段学习者语法意识注意层能够解释语用意识的 43.3% 的变异。先后叠加语法意识感知、语法意识理解后，第二、第三个回归模型成立，相关系数 R$_{藏族本科 GAN、GAP}$ = 0.717，

测定系数 $R^2_{藏族本科 GAN、GAP} = 0.514$，校正系数 $R^2_{藏族本科 GAN、GAP} = 0.506$，相关系数 $R_{藏族本科 GAN、GAP、GAU} = 0.738$，测定系数 $R^2_{藏族本科 GAN、GAP、GAU} = 0.545$，校正系数 $R^2_{藏族本科 GAN、GAP、GAU} = 0.534$。这表明，藏族本科阶段英语学习者语法意识三层均对语用意识具有显著预测力，叠加语法意识三层的作用，藏族本科英语学习者语法意识能够解释语用意识的53.4%的变异。基于$\beta$绝对值来看，藏族本科阶段英语学习者语法意识感知（$\beta_{藏族本科 GAP} = 0.631$）对其语用意识发展产生的影响最大，其次分别是语法意识注意（$\beta_{藏族本科 GAN} = 0.615$）和语法意识理解（$\beta_{藏族本科 GAU} = 0.486$）。

综合藏族高中、本科数据，再次进行逐步多元回归分析，结果显示，第一个进入回归模型的是语法意识感知，相关系数 $R_{藏族综合 GAP} = 0.544$，测定系数 $R^2_{藏族综合 GAP} = 0.296$，校正系数 $R^2_{藏族综合 GAP} = 0.293$，表明学习者语法意识感知层能够解释语用意识的29.3%的变异。先后叠加语法意识理解和注意后，第二个回归模型成立，相关系数 $R_{藏族综合 GAP、GAU} = 0.678$，测定系数 $R^2_{藏族综合 GAP、GAU} = 0.460$，校正系数 $R^2_{藏族综合 GAP、GAU} = 0.455$，相关系数 $R_{藏族综合 GAP、GAU、GAN} = 0.687$，测定系数 $R^2_{藏族综合 GAP、GAU、GAN} = 0.472$，校正系数 $R^2_{藏族综合 GAP、GAU、GAN} = 0.465$。这也表明，藏族高中、本科组英语学习者语法意识感知层对语用意识具有显著预测力，叠加语法意识理解和语法意识注意两层的作用，藏族高中、本科英语学习者语法意识能够解释语用意识的46.5%的变异。依据以上综合分析$\beta$绝对值来看，我国藏族英语学习者语法意识感知（$\beta_{藏族综合 GAP} = 1.118$）对其语用意识发展产生的影响最大，其次是语法意识理解（$\beta_{藏族综合 GAU} = 0.993$），而语法意识注意对语用意识发展产生负面影响（$\beta_{藏族综合 GAN} = -0.261$）。

因此，根据以上分组和综合分析，我国藏族英语学习者语法意识三层均对语用意识发展具有显著预测力。但这种显著预测力存在阶段性差异：对于藏族高中阶段英语学习者，其语法意识理解对语用意识发展产生的影响最大，其次是语法意识感知，且语法意识注意并未对语用意识整体发展产生显著性作用；而对于藏族本科阶段英语学习者，其语法意识感知对其语用意识发展产生的影响最大，其次分别是语法意识注意和语法意识理解。另外，基于藏族英语学习者整体视角，我国藏族英语学习者语法意识感知和语法意识理解均对其语用意识的发展产生积极作用，尤其是语法意识感知，但语法意识注意对语用意识发展却产生消极作用。

逐步多元回归分析显示（表84），彝族英语学习者语法意识三层，即语法意识感知、语法意识注意和语法意识理解，对语用意识的回归模型均通过显著性 $F$ 检验（$p<0.001$）和各参数 $t$ 检验（$p<0.01$；$p<0.001$），表明建立的各回归模型成立。由于 $\beta$ 是解释对因变量的变异大小，$\beta$ 的绝对值越大，表示该预测变量对因变量的影响越大，所以以下分组、综合分析结果，一方面呈现相关系数、测定系数以及校正系数等数据分析结果，另一方面也从 $\beta$ 绝对值的大小来说明我国彝族英语学习者语法意识感知、语法意识注意和语法意识理解三层分别对其语用意识发贡献率的大小。

表84　彝族英语学习者语法意识三层与语用意识间的逐步多元回归分析

| 组别 | 因变量 | 模型 | 预测变量 | 相关系数 R | 测定系数 $R^2$ | 校正 $R^2$ | 标准误差 SE | 方差分析 F | 回归系数 $\beta$ | $t$ |
|---|---|---|---|---|---|---|---|---|---|---|
| 彝族高中组 | PA | 1 | GAU | 0.587* | 0.344 | 0.338 | 9.038 | 58.762*** | 0.857 | 7.666*** |
| | | 2 | GAU | 0.615* | 0.378 | 0.367 | 8.842 | 33.718*** | 0.580 | 3.691*** |
| | | | GAN | | | | | | 0.514 | 2.456** |
| 彝族本科组 | PA | 1 | GAN | 0.738 | 0.545 | 0.541 | 9.032 | 137.949*** | 2.015 | 11.745*** |
| | | 2 | GAN | 0.757* | 0.573 | 0.565 | 8.795 | | 1.475 | 5.655*** |
| | | | GAP | | | | | | 1.030 | 2.699** |
| 彝族综合组 | PA | 1 | GAU | 0.643* | 0.414 | 0.411 | 10.800 | 161.497*** | 1.258 | 12.708*** |
| | | 2 | GAU | 0.659* | 0.434 | 0.429 | 10.636 | | 0.924 | 6.056*** |
| | | | GAN | | | | | | 0.589 | 2.848** |

注：预测变量排序是按照进入回归模型先后顺序进行；PA＝语用意识；GAP＝语法意识感知；GAN＝语法意识注意；GAU＝语法意识理解；回归系数为标准化回归系数；* 表示 $p<0.05$；** 表示 $p<0.01$；*** 表示 $p<0.001$。

对于彝族高中组，第一个进入回归模型的是语法意识理解，相关系数 $R_{彝族高中GAU}=0.587$，测定系数 $R^2_{彝族高中GAU}=0.344$，校正系数 $R^2_{彝族高中GAU}=0.338$，说明彝族高中英语学习者语法意识理解层能够解释语用意识的33.8%的变异。再次叠加语法意识注意后，第二个回归模型成立，相关系数 $R_{彝族高中GAU、GAN}=0.615$，测定系数 $R^2_{彝族高中GAU、GAN}=0.378$，校正系数 $R^2_{彝族高中GAU、GAN}=0.367$。这说明，彝族高中组英语学习者语法意识理解层和语法意识注意层对语用意识均具有显著预测力，叠加语法意识理解和语法意识注意两层的作用，彝族高中英语学习者语法意识能够解释语用意识的36.7%的变异。此外，基于 $\beta$ 绝对值来看，彝族高中阶段英语学习者语法意识理解（$\beta_{彝族高中GAU}=0.580$）

和语法意识注意（$\beta_{彝族高中GAN}=0.514$）对语用意识发展产生影响较大，而语法意识感知并未对语用意识整体发展产生显著性影响。

对于彝族本科组，第一个进入回归模型的是语法意识注意，相关系数 $R_{彝族本科GAN}=0.738$，测定系数 $R^2_{彝族本科GAN}=0.545$，校正系数 $R^2_{彝族本科GAN}=0.541$，表明彝族本科阶段英语学习者语法意识注意层能够解释语用意识的54.1%的变异。再次叠加语法意识感知后，第二个回归模型成立，相关系数 $R_{彝族本科GAN、GAP}=0.757$，测定系数 $R^2_{彝族本科GAN、GAP}=0.573$，校正系数 $R^2_{彝族本科GAN、GAP}=0.565$。这表明，彝族本科英语学习者语法意识注意层和语法意识感知层均对语用意识具有显著预测力，叠加语法意识注意和语法意识感知两层的作用，彝族本科英语学习者语法意识能够解释语用意识的56.5%的变异。基于$\beta$绝对值来看，彝族本科阶段英语学习者语法意识注意（$\beta_{彝族本科GAN}=1.475$）对其语用意识发展产生的影响最大，其次是语法意识感知（$\beta_{彝族本科GAP}=1.030$），但语法意识理解并未对语用意识整体发展产生显著性作用。

综合彝族高中、本科数据，再次进行逐步多元回归分析，结果显示，第一个进入回归模型的是语法意识理解，相关系数 $R_{彝族综合GAU}=0.643$，测定系数 $R^2_{彝族综合GAU}=0.414$，校正系数 $R^2_{彝族综合GAU}=0.411$，表明彝族英语学习者语法意识理解层能够解释语用意识的41.1%的变异。再次叠加语法意识注意后，第二个回归模型成立，相关系数 $R_{彝族综合GAU、GAN}=0.659$，测定系数 $R^2_{彝族综合GAU、GAN}=0.434$，校正系数 $R^2_{彝族综合GAU、GAN}=0.429$。这显示，彝族高中、本科组英语学习者语法意识理解层对语用意识具有显著的预测力，叠加语法意识理解和语法意识注意两层的作用，彝族英语学习者语法意识能够解释语用意识的42.9%的变异。依据以上综合分析$\beta$绝对值来看，我国彝族英语学习者语法意识理解（$\beta_{彝族综合GAU}=0.924$）对其语用意识发展产生的影响最大，其次是语法意识注意（$\beta_{彝族综合GAN}=0.589$），而语法意识感知层级的作用并不显著。

以上分组分析和综合分析表明，我国彝族英语学习者语法意识三层均对语用意识发展具有显著预测力。但从不同学习阶段看，这种预测力存在差异性：对于彝族高中阶段英语学习者，其语法意识理解和语法意识注意分别对语用意识发展产生影响较大，但语法意识感知并未对语用意识整体发展产生显著性影响；而对于彝族本科阶段英语学习者，其语法意识注意对其语用意识发展产生的影响最大，其次是语法意识感知，但语法意识理解的作用并不显著。另外，从彝族英语学习者整体视角看，彝族英语学习者语法意识感知、语法意识注意和语法意识理解均对其语用意识的发展产生作用，语法意识理解对语用意识产生的作用最显著，其次是语法意识注意，而语法意识感知层级的作用不显著。

表85显示，我国藏彝英语学习者语法意识三层，即语法意识感知、语法意识注意和语法意识理解，对语用意识回归模型均通过显著性 $F$ 检验（$p < 0.001$）和各参数 $t$ 检验（$p < 0.05$；$p < 0.001$），表明建立的各回归模型成立。

表85 藏彝（综合）英语学习者语法意识三层与语用意识间的逐步多元回归分析

| 组别 | 因变量 | 模型 | 预测变量 | 相关系数 R | 测定系数 $R^2$ | 校正$R^2$ | 标准误差 SE | 方差分析 $F$ | 回归系数 $\beta$ | $t$ |
|---|---|---|---|---|---|---|---|---|---|---|
| 藏彝高中组 | PA | 1 | GAU | 0.656* | 0.430 | 0.428 | 7.890 | 172.856*** | 0.971 | 13.147*** |
| | | 2 | GAU | | | | | | 0.819 | 10.477*** |
| | | | GAP | 0.692* | 0.478 | 0.474 | 7.566 | 104.495*** | 0.536 | 4.585*** |
| | | 3 | GAU | | | | | | 0.689 | 7.009*** |
| | | | GAP | 0.699* | 0.489 | 0.482 | 7.506 | 72.356*** | 0.450 | 3.671*** |
| | | | GAN | | | | | | 0.229 | 2.166* |
| 藏彝本科组 | PA | 1 | GAN | 0.726* | 0.527 | 0.526 | 8.195 | 270.156*** | 1.611 | 16.436*** |
| | | 2 | GAN | | | | | | 0.322 | 12.165*** |
| | | | GAP | 0.758* | 0.575 | 0.571 | 7.791 | 162.775*** | 0.776 | 5.167*** |
| | | 3 | GAN | | | | | | 0.761 | 4.364*** |
| | | | GAP | 0.776* | 0.602 | 0.597 | 7.555 | 120.854*** | 0.774 | 5.316 |
| | | | GAU | | | | | | 0.540 | 4.040*** |
| 藏彝综合组 | PA | 1 | GAU | 0.629* | 0.395 | 0.394 | 9.941 | 308.841*** | 1.170 | 17.574*** |
| | | 2 | GAU | | | | | | 0.931 | 13.416*** |
| | | | GAP | 0.683* | 0.467 | 0.464 | 9.345 | 206.425*** | 0.871 | 7.957*** |

注：预测变量排序是按照进入回归模型先后顺序进行；PA =语用意识；GAP =语法意识感知；GAN =语法意识注意；GAU =语法意识理解；回归系数为标准化回归系数；*表示 $p < 0.05$，**表示 $p < 0.01$，***表示 $p < 0.001$。

对于藏彝高中组，第一个进入回归模型的是语法意识理解，相关系数 $R_{藏彝高中 GAU} = 0.656$，测定系数 $R^2_{藏彝高中 GAU} = 0.430$，校正系数 $R^2_{藏彝高中 GAU} = 0.428$，说明藏彝高中英语学习者语法意识理解层能够解释语用意识的 42.8% 的变异。先后叠加语法意识感知和语法意识注意后，第二、第三个回归模型成立，相关系数 $R_{藏彝高中 GAU、GAP} = 0.692$，测定系数 $R^2_{藏彝高中 GAU、GAP} = 0.478$，校正系数 $R^2_{藏彝高中 GAU、GAP} = 0.474$，相关系数 $R_{藏彝高中 GAU、GAP、GAN} = 0.699$，测定系数

$R^2_{藏彝高中 GAU、GAP、GAN} = 0.489$，校正系数 $R^2_{藏彝高中 GAU、GAP、GAN} = 0.482$。这说明，我国藏彝高中组英语学习者语法意识三层均对语用意识具有显著预测力，叠加语法意识理解、语法意识感知和语法意识注意三层的作用，藏彝高中英语学习者语法意识能够解释语用意识的48.2%的变异。此外，基于$\beta$绝对值来看，我国藏彝高中阶段英语学习者语法意识理解（$\beta_{藏彝高中 GAU} = 0.689$）对语用意识发展的贡献率最大，其次分别是语法意识感知（$\beta_{藏彝高中 GAP} = 0.450$）和语法意识注意（$\beta_{藏彝高中 GAN} = 0.229$）。

对于藏彝本科组，第一个进入回归模型的是语法意识注意，相关系数 $R_{藏彝本科 GAN} = 0.726$，测定系数 $R^2_{藏彝本科 GAN} = 0.527$，校正系数 $R^2_{藏彝本科 GAN} = 0.526$ 表明藏彝本科阶段英语学习者语法意识注意层能够解释语用意识的52.6%的变异。先后叠加语法意识感知、语法意识理解后，第二、第三个回归模型成立，相关系数 $R_{藏彝本科 GAN、GAP} = 0.758$，测定系数 $R^2_{藏彝本科 GAN、GAP} = 0.575$，校正系数 $R^2_{藏彝本科 GAN、GAP} = 0.571$，相关系数 $R_{藏彝本科 GAN、GAP、GAU} = 0.776$，测定系数 $R^2_{藏彝本科 GAN、GAP、GAU} = 0.602$，校正系数 $R^2_{藏彝本科 GAN、GAP、GAU} = 0.597$。这表明，我国藏彝本科组英语学习者语法意识三层均对语用意识具有显著预测力，叠加语法意识三层的作用，藏彝本科英语学习者语法意识能够解释语用意识的59.7%的变异。基于$\beta$绝对值来看，我国藏彝本科阶段英语学习者语法意识感知（$\beta_{藏彝本科 GAP} = 0.774$）对其语用意识发展产生的影响最大，其次分别是语法意识注意（$\beta_{藏彝本科 GAN} = 0.761$）和语法意识理解（$\beta_{藏彝本科 GAU} = 0.540$）。

综合藏彝族全部数据，再次进行逐步多元回归分析，结果显示，第一个进入回归模型的是语法意识理解，相关系数 $R_{藏彝综合 GAU} = 0.629$，测定系数 $R^2_{藏彝综合 GAU} = 0.395$，校正系数 $R^2_{藏彝综合 GAU} = 0.394$，表明学习者语法意识理解层能够解释语用意识的39.4%的变异。再次叠加语法意识感知后，第二个回归模型成立，相关系数 $R_{藏彝综合 GAU、GAP} = 0.683$，测定系数 $R^2_{藏彝综合 GAU、GAP} = 0.467$，校正系数 $R^2_{藏彝综合 GAU、GAP} = 0.464$。这显示，我国藏彝族英语学习者语法意识理解层对语用意识具有显著的预测力，叠加语法意识理解和语法意识感知两层的作用，藏彝英语学习者语法意识能够解释语用意识的46.4%的变异。依据以上综合分析$\beta$绝对值来看，我国藏彝英语学习者语法意识理解（$\beta_{藏彝综合 GAU} = 0.931$）对其语用意识发展产生的影响最大，其次是语法意识感知（$\beta_{藏彝综合GAP} = 0.871$），但语法意识注意层级的作用并不显著。

因此，综合以上分组和综合分析，我国藏彝英语学习者语法意识三层均对语用意识发展具有显著预测力。但在不同学习阶段，我国藏彝英语学习者语法意识和语用意识间的交互存在程度差异性：对于藏彝高中阶段英语学习者，其语法意识理解对语用意识发展的贡献率最大，其次分别是语法意识感知和语法意识注意；而对于藏彝本科阶段英语学习者，其语法意识感知对语用意识发展产生的影响最大，其次分别是语法意识注意和语法意识理解。另外，从全部藏彝英语学习者数据综合分析结论看，我国藏彝英语学习者语法意识感知、语法意识注意和语法意识理解均对其语用意识的发展产生作用，语法意识理解对语用意识产生最显著的作用，其次是语法意识感知，但语法意识注意层级的作用不显著。

### 6.5.2 语用意识层级与语法意识间相关性分析及回归分析

为检测我国藏族、彝族英语学习者语用意识层级与语法意识间交互影响，作者做了相关性分析和逐步多元回归分析。

#### 6.5.2.1 语用意识层级与语法意识间的相关性分析

为检测我国藏族、彝族英语学习者语用意识层级与语法意识间的交互影响，作者首先做了相关性分析。

由表86所知，我国藏彝英语学习者语用意识感知、语用意识注意和语用意识理解等三层均与语法意识存在显著性正相关（$p = 0.000 < 0.001$）。基于组别看，藏族高中组、藏族本科组、藏族综合组、彝族高中组、彝族本科组、彝族综合组学习者语用意识感知、语用意识注意和语用意识理解均与语法意识存在显著性正相关（$p = 0.000 < 0.001$）。基于整体视角，藏彝高中组、藏彝本科组以及藏彝综合组学习者语法意识发展与语用意识感知、语用意识注意和语用意识理解也均存在显著性正相关（$p = 0.000 < 0.001$）。因此，以上研究结论表明，我国藏彝英语学习者语用意识各层的发展均与语法意识发展存在显著性正相关。

表 86 藏彝英语学习者语用意识层级与语法意识间相关性分析

| 组别<br>相关性 | 藏族<br>高中组 | 藏族<br>本科组 | 藏族<br>综合组 | 彝族<br>高中组 | 彝族<br>本科组 | 彝族<br>综合组 | 藏彝<br>高中组 | 藏彝<br>本科组 | 藏彝<br>综合组 |
|---|---|---|---|---|---|---|---|---|---|
| GA-PAP Pearson | 0.584 | 0.502 | 0.347 | 0.558 | 0.646 | 0.575 | 0.574 | 0.641 | 0.512 |
| 显著性 | 0.000 | 0.000 | 0.000 | 0.000 | 0.000 | 0.000 | 0.000 | 0.000 | 0.000 |
| N | 117 | 127 | 244 | 114 | 117 | 231 | 231 | 244 | 475 |
| GA-PAN Pearson | 0.717 | 0.679 | 0.540 | 0.515 | 0.696 | 0.610 | 0.604 | 0.642 | 0.579 |
| 显著性 | 0.000 | 0.000 | 0.000 | 0.000 | 0.000 | 0.000 | 0.000 | 0.000 | 0.000 |
| N | 117 | 127 | 244 | 114 | 117 | 231 | 231 | 244 | 475 |
| GA-PAU Pearson | 0.727 | 0.458 | 0.554 | 0.585 | 0.631 | 0.593 | 0.662 | 0.620 | 0.598 |
| 显著性 | 0.000 | 0.000 | 0.000 | 0.000 | 0.000 | 0.000 | 0.000 | 0.000 | 0.000 |
| N | 117 | 127 | 244 | 114 | 117 | 231 | 231 | 244 | 475 |

注：GA＝语法意识；PA＝语用意识；PAP＝语用意识感知；PAN＝语用意识注意；PAU＝语用意识理解。

为进一步检测语用意识三层分别对语法意识发展产生的影响，作者做了逐步多元回归分析。逐步多元回归方法是一种探索性的复回归方法，此方法同时使用前进选取法与后退删除法两种方法，筛选出一个最佳的复回归分析模型，其目的在于预测。逐步多元回归分析中，进入回归方程的 $F$ 值小于 0.05，说明预测变量对因变量的预测力达到显著性，而没有进入回归模型的预测变量对因变量没有显著的预测力（吴明隆，2014：390）。

### 6.5.2.2 语用意识三层对语法意识贡献率检测

为进一步检测语用意识三层分别对语法意识发展产生的作用，即预测性和贡献率，作者分别以藏族高中组、藏族本科组、藏族综合组、彝族高中组、彝族本科组、彝族综合组、藏彝高中组、藏彝本科组以及藏彝综合组英语学习者语法意识为因变量，以其语用意识感知、语用意识注意和语用意识理解为预测变量，进行逐步多元回归分析。

表 87 显示，藏族英语学习者语用意识三层，即语用意识感知、语用意识注意和语用意识理解，对语法意识回归模型均通过显著性 $F$ 检验（$p < 0.001$）和各参数 $t$ 检验（$p < 0.05$；$p < 0.01$；$p < 0.001$），表明建立的各回归模型成立。由于在逐步多元回归分析中，$t$ 是说明回归系数是否显著，$\beta$ 是解释对因变量的变异大小，$\beta$ 的绝对值越大，表示该预测变量对因变量的影响越大，其解释因变量的变异量也越大（吴明隆，2014：396–397），因此以下分组、综合分析结果，一方面呈现相关系数、测定系数以及校正系数等数据分析结果，另一方面也从 $\beta$ 绝对值的大小来说明我国藏族英语学习者语用意识感知、语用

意识注意和语用意识理解三层分别对其语法意识产生的作用大小。

表87 藏族英语学习者语用意识三层与语法意识间的逐步多元回归分析

| 组别 | 因变量 | 模型 | 预测变量 | 相关系数 R | 测定系数 $R^2$ | 校正$R^2$ | 标准误差 SE | 方差分析 F | 回归系数 $\beta$ | t |
|---|---|---|---|---|---|---|---|---|---|---|
| 藏族高中组 | GA | 1 | PAU | 0.727* | 0.528 | 0.524 | 10.669 | 128.613*** | 2.440 | 11.341*** |
| | | 2 | PAU | 0.758* | 0.574 | 0.567 | 10.177 | 76.869*** | 1.421 | 4.005*** |
| | | | PAN | | | | | | 2.144 | 3.520** |
| | | 3 | PAU | | | | | | 1.287 | 3.673*** |
| | | | PAN | 0.773* | 0.597 | 0.587 | 9.941 | 55.868*** | 1.653 | 2.643* |
| | | | PAP | | | | | | 0.984 | 2.545 |
| 藏族本科组 | GA | 1 | PAN | 0.679* | 0.461 | 0.457 | 8.545 | 107.027*** | 1.896 | 10.345*** |
| | | 2 | PAN | 0.739* | 0.546 | 0.539 | 7.874 | 74.642*** | 1.606 | 8.964*** |
| | | | PAP | | | | | | 0.954 | 4.819*** |
| | | 3 | PAN | | | | | | 1.370 | 7.331*** |
| | | | PAP | 0.763* | 0.583 | 0.573 | 7.581 | 57.273*** | 0.941 | 4.936*** |
| | | | PAU | | | | | | 0.516 | 3.282* |
| 藏族综合组 | GA | 1 | PAU | 0.554* | 0.307 | 0.304 | 11.370 | 107.209*** | 1.579 | 10.354*** |
| | | 2 | PAU | 0.615* | 0.378 | 0.373 | 10.790 | 73.383*** | 1.035 | 5.817*** |
| | | | PAN | | | | | | 1.145 | 5.265*** |

注：预测变量排序是按照进入回归模型先后顺序进行；GA = 语法意识；PAP = 语用意识感知；PAN = 语用意识注意；PAU = 语用意识理解；回归系数为标准化回归系数；* 表示 $p < 0.05$；** 表示 $p < 0.01$；*** 表示 $p < 0.001$。

对于藏族高中组，第一个进入回归模型的是语用意识理解，相关系数 $R_{藏族高中PAU} = 0.727$，测定系数 $R^2_{藏族高中PAU} = 0.528$，校正系数 $R^2_{藏族高中PAU} = 0.524$，说明学习者语用意识理解层能够解释语法意识的 52.4% 的变异。先后叠加语用意识注意和语用意识感知后，第二、第三个回归模型成立，相关系数 $R_{藏族高中PAU、PAN} = 0.758$，测定系数 $R^2_{藏族高中PAU、PAN} = 0.574$，校正系数 $R^2_{藏族高中PAU、PAN} = 0.567$，$R_{藏族高中PAU、PAN、PAP} = 0.773$，测定系数 $R^2_{藏族高中PAU、PAN、PAP} = 0.597$，校正系数 $R^2_{藏族高中PAU、PAN、PAP} = 0.587$。这说明，藏族高中组英语学习者语用意识三层对语法意识均具有显著预测力，叠加语用意识三层的作用，藏族高中英语学习者语用意识能够解释语法意识的 58.7% 的变异。此外，基于 $\beta$ 绝对值来看，藏族高中阶段英语学习者语用意识注意（$\beta_{藏族高中PAN} = 1.653$）对其语法意识发展产生的影响最大，其次分别是语用意识理解（$\beta_{藏族高中PAU} = 1.287$）和语用意识感知（$\beta_{藏族高中PAP} = 0.984$）。

对于藏族本科组，第一个进入回归模型的是语用意识注意，相关系数 $R_{藏族本科PAN} = 0.679$，测定系数 $R^2_{藏族本科PAN} = 0.461$，校正系数

$R^2_{藏族本科 PAN} = 0.457$，表明藏族本科阶段学习者语用意识注意层能够解释语法意识的 45.7% 的变异。先后叠加语用意识感知、语用意识理解后，第二、第三个回归模型成立，相关系数 $R_{藏族本科 PAN、PAP} = 0.739$，测定系数 $R^2_{藏族本科 PAN、PAP} = 0.546$，校正系数 $R^2_{藏族本科 PAN、PAP} = 0.539$，相关系数 $R_{藏族本科 PAN、PAP、PAU} = 0.763$，测定系数 $R^2_{藏族本科 PAN、PAP、PAU} = 0.583$，校正系数 $R^2_{藏族本科 PAN、PAP、PAU} = 0.573$。这表明，藏族本科英语学习者语用意识三层均对语法意识具有显著预测力，叠加语用意识三层的作用，藏族本科英语学习者语用意识能够解释语法意识的 57.3% 的变异。基于 $\beta$ 绝对值来看，藏族本科阶段英语学习者语用意识注意（$\beta_{藏族本科 PAN} = 1.370$）对其语法意识发展产生的影响最大，其次分别是语用意识感知（$\beta_{藏族本科 PAP} = 0.941$）和语用意识理解（$\beta_{藏族本科 PAU} = 0.516$）。

综合藏族高中、本科数据，再次进行逐步多元回归分析，结果显示，第一个进入回归模型的是语用意识理解，相关系数 $R_{藏族综合 PAU} = 0.554$，测定系数 $R^2_{藏族综合 PAU} = 0.307$，校正系数 $R^2_{藏族综合 PAU} = 0.304$，表明学习者语用意识理解层能够解释语法意识的 30.4% 的变异。再次叠加语用意识注意后，第二个回归模型成立，相关系数 $R_{藏族综合 PAU、PAN} = 0.615$，测定系数 $R^2_{藏族综合 PAU、PAN} = 0.378$，校正系数 $R^2_{藏族综合 PAU、PAN} = 0.373$。这也表明，藏族英语学习者语用意识理解层对语法意识具有显著预测力，叠加语用意识理解和注意两层的作用，藏族英语学习者语用意识能够解释语法意识的 37.3% 的变异。依据以上综合分析 $\beta$ 绝对值来看，我国藏族英语学习者语用意识注意（$\beta_{藏族综合 PAN} = 1.145$）对其语法意识发展产生的影响最大，其次是语用意识理解（$\beta_{藏族综合 PAU} = 1.035$），而语用意识感知对语法意识的发展产生的影响相对最弱，且不具有显著性。

因此，根据以上分组和综合分析，我国藏族英语学习者语用意识三层均对语法意识发展具有显著预测力。但这种显著预测力存在阶段性差异：对于藏族高中阶段英语学习者，其语用意识注意对语法意识发展产生的影响最大，其次分别是语用意识理解和语用意识感知；而对于藏族本科阶段英语学习者，其语用意识注意对语法意识发展产生的影响最大，其次分别是语用意识感知和语用意识理解。另外，基于藏族英语学习者综合视角，藏族英语学习者语用意识感知、语用意识注意和语用意识理解均对其语法意识的发展产生作用，但语用意识注意对语法意识产生的作用最为显著，其次分别是语用意识理解和语用意识感知。

逐步多元回归分析显示（表88），彝族英语学习者语用意识三层，即语用意识感知、语用意识注意和语用意识理解，对语法意识回归模型均通过显著性 $F$ 检验（$p<0.001$）和各参数 $t$ 检验（$p<0.01$；$p<0.001$），表明建立的各回归模型成立。

表88　彝族英语学习者语用意识三层与语法意识间的逐步多元回归分析

| 组别 | 因变量 | 模型 | 预测变量 | 相关系数 R | 测定系数 $R^2$ | 校正$R^2$ | 标准误差 SE | 方差分析 $F$ | 回归系数 $\beta$ | $t$ |
|---|---|---|---|---|---|---|---|---|---|---|
| 彝族高中组 | GA | 1 | PAU | 0.585* | 0.343 | 0.337 | 12.515 | 58.352*** | 1.952 | 7.639*** |
|  |  | 2 | PAU | 0.634* | 0.402 | 0.391 | 11.988 | 37.337*** | 1.293 | 4.104*** |
|  |  |  | PAP |  |  |  |  |  | 1.169 | 3.328** |
| 彝族本科组 | GA | 1 | PAN | 0.696* | 0.484 | 0.480 | 9.784 | 107.883*** | 2.497 | 10.387*** |
|  |  | 2 | PAN | 0.734* | 0.538 | 0.530 | 9.296 | 66.453*** | 1.774 | 5.879*** |
|  |  |  | PAU |  |  |  |  |  | 0.589 | 3.660*** |
|  |  | 3 | PAN |  |  |  |  |  | 1.069 | 2.703** |
|  |  |  | PAU | 0.752* | 0.566 | 0.554 | 9.056 | 49.057*** | 0.578 | 3.686*** |
|  |  |  | PAP |  |  |  |  |  | 0.795 | 2.669** |
| 彝族综合 | GA | 1 | PAN | 0.610* | 0.372 | 0.370 | 11.607 | 135.795*** | 2.253 | 11.653*** |
|  |  | 2 | PAN | 0.645* | 0.416 | 0.410 | 11.224 | 81.040*** | 1.394 | 4.968*** |
|  |  |  | PAU |  |  |  |  |  | 0.696 | 4.108*** |
|  |  | 3 | PAN |  |  |  |  |  | 0.942 | 2.989** |
|  |  |  | PAU | 0.661* | 0.437 | 0.430 | 11.0379 | 58.784*** | 0.581 | 3.400** |
|  |  |  | PAP |  |  |  |  |  | 0.624 | 2.959** |

注：预测变量排序是按照进入回归模型先后顺序进行；GA＝语法意识；PAP＝语用意识感知；PAN＝语用意识注意；PAU＝语用意识理解；回归系数为标准化回归系数；*表示 $p<0.05$；**表示 $p<0.01$；***表示 $p<0.001$。

对于彝族高中组，第一个进入回归模型的是语用意识理解，相关系数 $R_{彝族高中PAU}=0.585$，测定系数 $R^2_{彝族高中PAU}=0.343$，校正系数 $R^2_{彝族高中PAU}=0.337$，说明彝族高中英语学习者语用意识理解层能够解释语法意识的33.7%的变异。再次叠加语用意识感知后，第二个回归模型成立，相关系数 $R_{彝族高中PAU、PAP}=0.634$，测定系数 $R^2_{彝族高中PAU、PAP}=0.402$，校正系数 $R^2_{彝族高中PAU、PAP}=0.391$。这说明，彝族高中组英语学习者语用意识理解层和语用意识感知层对语法意识均具有显著预测力，叠加语用意识理解和语用意识感知两层的作用，彝族高中英语学习者语用意识能够解释语法意识的39.1%的变异。此外，基于 $\beta$ 绝对值来看，彝族高中阶段英语学习者语用意识理解（$\beta_{彝族高中PAU}=1.293$）和语用意识感知（$\beta_{彝族高中PAP}=1.169$）对语法意识产生影响较大，但语用意识注意层级作用并不显著。

对于彝族本科组，第一个进入回归模型的是语用意识注意，相关系数 $R_{彝族本科\ PAN}=0.696$，测定系数 $R^2_{彝族本科\ PAN}=0.484$，校正系数 $R^2_{彝族本科\ PAN}=0.480$，表明彝族本科阶段英语学习者语用意识注意层能够解释语法意识的48.0%的变异。先后叠加语用意识理解、语用意识感知后，第二、第三个回归模型成立，相关系数 $R_{彝族本科\ PAN、PAU}=0.734$，测定系数 $R^2_{彝族本科\ PAN、PAU}=0.538$，校正系数 $R^2_{彝族本科\ PAN、PAU}=0.530$，相关系数 $R_{彝族本科\ PAN、PAU、PAP}=0.752$，测定系数 $R^2_{彝族本科\ PAN、PAU、PAP}=0.566$，校正系数 $R^2_{彝族本科\ PAN、PAU、PAP}=0.554$。这表明，彝族本科英语学习者语用意识三层均对语法意识具有显著预测力，叠加语用意识三层的作用，彝族本科英语学习者语用意识能够解释语法意识的55.4%的变异。基于β绝对值来看，彝族本科阶段英语学习者语用意识注意（$β_{彝族本科\ PAN}=1.069$）对其语法意识发展产生的影响最大，其次分别是语用意识感知（$β_{彝族本科\ PAP}=0.795$）和语用意识理解（$β_{彝族本科\ PAU}=0.578$）。

综合彝族高中、本科数据，再次进行逐步多元回归分析，结果显示，第一个进入回归模型的是语用意识注意，相关系数 $R_{彝族综合\ PAN}=0.610$，测定系数 $R^2_{彝族综合\ PAN}=0.372$，校正系数 $R^2_{彝族综合\ PAN}=0.370$，表明彝族英语学习者语用意识注意层能够解释语法意识的37.0%的变异。再次叠加语用意识理解和语用意识感知后，第二、第三个回归模型成立，相关系数 $R_{彝族综合\ PAN、PAU、PAP}=0.645$，测定系数 $R^2_{彝族综合\ PAN、PAU}=0.416$，校正系数 $R^2_{彝族综合\ PAN、PAU}=0.410$，相关系数 $R_{彝族综合\ PAN、PAU、PAP}=0.661$，测定系数 $R^2_{彝族综合\ PAN、PAU、PAP}=0.437$，校正系数 $R^2_{彝族综合\ PAN、PAU、PAP}=0.430$。这显示，彝族英语学习者语用意识注意层对语法意识具有显著的预测力，叠加语用意识理解和语用意识感知两层的作用，彝族英语学习者语用意识能够解释语法意识的43.0%的变异。依据以上综合分析β绝对值来看，我国彝族英语学习者语用意识注意（$β_{彝族综合\ PAN}=0.942$）对其语法意识发展产生的影响最大，其次分别是语用意识感知（$β_{彝族综合\ PAP}=0.624$）和语用意识理解（$β_{彝族综合\ PAU}=0.581$）。

因此，基于以上分组分析和综合分析，我国彝族英语学习者语用意识三层均对语法意识发展具有显著预测力。但这种显著预测力存在阶段性差异：对于彝族高中阶段英语学习者，其语用意识理解对语法意识发展产生的影响最大，其次是语用意识感知，但语用意识注意层级作用并不显著；而对于彝族本科阶段英语学习者，其语用意识注意对其语法意识发展产生的影响最大，其次分别是语用意识感知和语用意识理解。另外，从彝族英语学习者整体视角看，彝族英语学习者语用意识感知、语用意识注意和语用意识理解均对其语法意识的发展产生作用，而语用意识注意对语法意识产生最显著的作用，其次分别是语用意识感知和语用意识理解。

表89显示，我国藏彝英语学习者语用意识三层，即语用意识感知、语用意识注意和语用意识理解，对语法意识回归模型均通过显著性 $F$ 检验（$p<0.001$）和各参数 $t$ 检验（$p<0.01$；$p<0.001$），表明建立的各回归模型成立。

表89 藏彝（综合）英语学习者语用意识三层与语法意识间的逐步多元回归分析

| 组别 | 因变量 | 模型 | 预测变量 | 相关系数 R | 测定系数 $R^2$ | 校正$R^2$ | 标准误差 SE | 方差分析 $F$ | 回归系数 $\beta$ | $t$ |
|---|---|---|---|---|---|---|---|---|---|---|
| 藏彝中组 | GA | 1 | PAU | 0.662* | 0.438 | 0.436 | 11.684 | 178.578*** | 2.227 | 13.363*** |
| | | 2 | PAU | 0.699* | 0.489 | 0.484 | 11.167 | 109.084*** | 1.670 | 8.447*** |
| | | | PAP | | | | | | 1.132 | 4.763*** |
| 藏彝本科组 | GA | 1 | PAN | 0.642* | 0.412 | 0.409 | 10.663 | 169.457*** | 2.238 | 13.018*** |
| | | 2 | PAN | 0.732* | 0.536 | 0.532 | 9.487 | 139.387*** | 1.461 | 8.076*** |
| | | | PAP | | | | | | 1.330 | 8.044*** |
| | | 3 | PAN | | | | | | 1.034 | 5.729*** |
| | | | PAP | 0.777* | 0.604 | 0.599 | 8.789 | 121.847*** | 1.094 | 6.938*** |
| | | | PAU | | | | | | 0.687 | 6.385*** |
| 藏彝综合 | GA | 1 | PAU | 0.598* | 0.358 | 0.356 | 11.797 | 263.228*** | 1.502 | 16.224*** |
| | | 2 | PAU | 0.644* | 0.415 | 0.413 | 11.267 | 167.542*** | 0.957 | 8.022*** |
| | | | PAN | | | | | | 1.204 | 6.821*** |
| | | 3 | PAU | | | | | | 0.863 | 7.098*** |
| | | | PAN | 0.654* | 0.428 | 0.424 | 11.156 | 117.442*** | 0.925 | 4.750*** |
| | | | PAP | | | | | | 0.455 | 3.240** |

注：预测变量排序是按照进入回归模型先后顺序进行；GA＝语法意识；PAP＝语用意识感知；PAN＝语用意识注意；PAU＝语用意识理解；回归系数为标准化回归系数；** 表示 $p<0.01$；*** 表示 $p<0.001$。

对于藏彝高中组，第一个进入回归模型的是语用意识理解，相关系数 $R_{藏彝高中PAU}=0.662$，测定系数 $R^2_{藏彝高中PAU}=0.438$，校正系数 $R^2_{藏彝高中PAU}=0.436$，说明我国藏彝高中英语学习者语用意识理解层能够解释语法意识的43.6%的变异。再次叠加语用意识感知后，第二个回归模型成立，相关系数 $R_{藏彝高中PAU、PAP}=0.699$，测定系数 $R^2_{藏彝高中PAU、PAP}=0.489$，校正系数 $R^2_{藏彝高中PAU、PAP}=0.484$。这说明，藏彝高中组英语学习者语用意识理解层和语用意识感知层对语法意识均具有显著预测力，叠加语用意识理解和语用意识感知两层的作用，藏彝高中英语学习者语用意识能够解释语法意识的 48.4% 的变异。此外，基于 $\beta$ 绝对值，我国藏彝高中阶段英语学习者语用意识理解（$\beta_{藏彝高中PAU} = 1.670$）和语用意识感知（$\beta_{藏彝高中PAP} = 1.132$）对语法意识产生影响较大，但语用意识注意层级对语法意识发展产生的影响不显著。

对于藏彝本科组，第一个进入回归模型的是语用意识注意，相关系数 $R_{藏彝本科PAN} = 0.642$，测定系数 $R^2_{藏彝本科PAN} = 0.412$，校正系数 $R^2_{藏彝本科PAN} = 0.409$，表明我国藏彝本科阶段英语学习者语用意识注意层能够解释语法意识的 40.9% 的变异。先后叠加语用意识感知、语用意识理解后，第二、第三个回归模型成立，相关系数 $R_{藏彝本科PAN、PAP} = 0.732$，测定系数 $R^2_{藏彝本科PAN、PAP} = 0.536$，校正系数 $R^2_{藏彝本科PAN、PAP} = 0.532$，相关系数 $R_{藏彝本科PAN、PAP、PAU} = 0.777$，测定系数 $R^2_{藏彝本科PAN、PAP、PAU} = 0.604$，校正系数 $R^2_{藏彝本科PAN、PAP、PAU} = 0.599$。这表明，我国藏彝本科组英语学习者语用意识三层均对语法意识具有显著预测力，叠加语用意识三层的作用，藏彝本科英语学习者语用意识能够解释语法意识的 59.9% 的变异。基于 $\beta$ 绝对值，我国藏彝本科阶段英语学习者语用意识感知（$\beta_{藏彝本科PAP} = 1.094$）对其语法意识发展产生的影响最大，其次分别是语用意识注意（$\beta_{藏彝本科PAN} = 1.034$）和语用意识理解（$\beta_{藏彝本科PAU} = 0.687$）。

综合藏彝全部数据，再次进行逐步多元回归分析，结果显示，第一个进入回归模型的是语用意识理解，相关系数 $R_{藏彝综合PAU} = 0.598$，测定系数 $R^2_{藏彝综合PAU} = 0.358$，校正系数 $R^2_{藏彝综合PAU} = 0.356$，表明我国藏彝英语学习者语用意识理解层能够解释语法意识的 35.6% 的变异。再次叠加语用意识注意和语用意识感知后，第二、第三个回归模型成立，相关系数 $R_{藏彝综合PAU、PAN} = 0.644$，测定系数 $R^2_{藏彝综合PAU、PAN} = 0.415$，校正系数 $R^2_{藏彝综合PAU、PAN} = 0.413$，相关系数 $R_{藏彝综合PAU、PAN、PAP} = 0.654$，测定系数 $R^2_{藏彝综合PAU、PAN、PAP} = 0.428$，校正系数 $R^2_{藏彝综合PAU、PAN、PAP} = 0.424$。这显示，我国藏彝族英语学习者语用意识理解层对语法意识具有显著的预测力，叠加语用意识注意和语用意识感知两层的作用，藏彝英语学习者语用意识能够解释语法意识的 42.4% 的变异。依据以上综合分析 $\beta$ 绝对值来看，我国藏彝英语学习者语用意识注意

（$\beta_{藏彝综合PAN} = 0.925$）对其语法意识发展产生的影响最大，其次分别是语用意识理解（$\beta_{藏彝综合PAU} = 0.863$）和语用意识感知（$\beta_{藏彝综合PAP} = 0.455$）。

因此，基于以上分组和综合分析，我国藏彝英语学习者语用意识三层均对语法意识发展具有显著预测力。但这种显著预测力也仍然存在阶段性差异：对于藏彝高中阶段英语学习者，其语用意识理解和语用意识感知对语法意识产生影响较大，但语用意识注意层级作用并不显著；而对于藏彝本科阶段英语学习者，其语用意识感知对其语法意识发展产生的影响最大，其次分别是语用意识注意和语用意识理解。另外，基于藏彝英语学习者全部数据的综合分析显示，我国藏彝英语学习者语用意识感知、语用意识注意和语用意识理解均对其语法意识的发展产生作用，但语用意识注意对语法意识产生最显著的作用，其次分别是语用意识理解和语用意识感知。

## 6.6 藏彝英语学习者语法意识与语用意识层级–层级交互关系

为检测我国藏族、彝族英语学习者语法意识三层级和语用意识三层级间的交互程度，作者做了层级间的相关性分析和逐步多元回归分析。

### 6.6.1 语法意识层级与语用意识层级间相关性分析

为检测我国藏族、彝族英语学习者语法意识层级与语用意识层级间产生的交互影响，作者首先做了相关性分析。

相关性分析结果显示（表90），我国藏彝英语学习者语法意识感知、语法意识注意、语法意识理解与语用意识感知、语用意识注意、语用意识理解等层级间均存在显著性正相关（$p < 0.05$；$p < 0.01$；$p < 0.001$）。基于组别看，藏族高中组、藏族本科组、藏族综合组、彝族高中组、彝族本科组、彝族综合组学习者语法意识层级与语用意识层级间均存在显著性正相关（$p < 0.05$；$p < 0.01$；$p < 0.001$）。基于整体视角，藏彝高中组、藏彝本科组以及藏彝综合组学习者语法意识三层级与语用意识三层级间也均存在显著性正相关（$p < 0.001$）。因此，以上研究结论表明，我国藏彝英语学习者语法意识各层的发展与语用意识各层的发展均存在显著性正相关。

表 90　藏彝英语学习者语法意识层级与语用意识层级间相关性分析

| Pearson 相关性 | GAP-PAP | GAP-PAN | GAP-PAU | GAN-PAP | GAN-PAN | GAN-PAU | GAU-PAP | GAU-PAN | GAU-PAU |
|---|---|---|---|---|---|---|---|---|---|
| 藏族高中 | 0.453*** | 0.459*** | 0.488*** | 0.534*** | 0.661*** | 0.643*** | 0.481*** | 0.677*** | 0.721*** |
| 藏族本科 | 0.464*** | 0.433*** | 0.176* | 0.384*** | 0.580*** | 0.491*** | 0.366*** | 0.602*** | 0.411*** |
| 藏族综合 | 0.501*** | 0.486*** | 0.363*** | 0.143* | 0.353*** | 0.454*** | 0.272*** | 0.506*** | 0.533*** |
| 彝族高中 | 0.302** | 0.294** | 0.373*** | 0.524*** | 0.451*** | 0.491*** | 0.531*** | 0.483*** | 0.552*** |
| 彝族本科 | 0.660*** | 0.645*** | 0.500*** | 0.611*** | 0.671*** | 0.635*** | 0.555*** | 0.617*** | 0.594*** |
| 彝族综合 | 0.396*** | 0.426*** | 0.390*** | 0.501*** | 0.542*** | 0.527*** | 0.563*** | 0.575*** | 0.584*** |
| 藏彝高中 | 0.429*** | 0.396*** | 0.437*** | 0.454*** | 0.505*** | 0.563*** | 0.532*** | 0.570*** | 0.632*** |
| 藏彝本科 | 0.554*** | 0.518*** | 0.352*** | 0.562*** | 0.597*** | 0.613*** | 0.557*** | 0.552*** | 0.593*** |
| 藏彝综合 | 0.478*** | 0.467*** | 0.402*** | 0.326*** | 0.438*** | 0.485*** | 0.492*** | 0.543*** | 0.592*** |

注：GA ＝语法意识；GAP ＝语法意识感知；GAN ＝语法意识注意；GAU ＝语法意识理解；PA ＝语用意识；PAP ＝语用意识感知；PAN ＝语用意识注意；PAU ＝语用意识理解；* 表示 $p < 0.05$；** 表示 $p < 0.01$；*** 表示 $p < 0.001$。

为进一步检测语法意识三层对语用意识三层产生的影响以及语用意识三层对语法意识三层产生的影响，作者分别做了逐步多元回归分析。

### 6.6.2　语法意识层级与语用意识层级间逐步多元回归分析

为探讨语法意识三层级与语用意识三层级间的线性关系是否显著成立，即对其预测性，作者分别以语用意识感知、语用意识注意和语用意识理解为因变量，以语法意识感知、语法意识注意和语法意识理解为预测变量，采用逐步多元回归分析，并建立回归模型进行检验。

#### 6.6.2.1　藏族英语学习者语法意识层级与语用意识层级间逐步多元回归分析

藏族英语学习者语法意识各层级与语用意识感知、注意、理解三层级间的回归分析。

表 91 显示，我国藏族英语学习者语法意识三层，即语法意识感知、语法意识注意和语法意识理解，对语用意识感知回归模型均通过显著性 $F$ 检验（$p < 0.001$）和各参数 $t$ 检验（$p < 0.05; p < 0.01; p < 0.001$），表明建立的各回归模型成立。

表91　藏族英语学习者语法意识各层级与语用意识感知层级间的逐步多元回归分析

| 组别 | 因变量 | 模型 | 预测变量 | 相关系数 R | 测定系数 $R^2$ | 校正$R^2$ | 标准误差 SE | 方差分析 F | 回归系数 $\beta$ | t |
|------|--------|------|----------|------------|---------------|-----------|-------------|------------|------------------|---|
| 藏族高中组 | PAP | 1 | GAN | 0.534* | 0.285 | 0.279 | 2.581 | 45.820*** | 0.206 | 6.769*** |
|  |  | 2 | GAN | 0.567* | 0.322 | 0.310 | 2.524 | 27.060*** | 0.158 | 4.433*** |
|  |  |  | GAP |  |  |  |  |  | 0.163 | 2.494* |
| 藏族本科组 | PAP | 1 | GAP | 0.464* | 0.216 | 0.209 | 3.344 | 34.371*** | 0.409 | 5.863*** |
|  |  | 2 | GAP | 0.537* | 0.288 | 0.277 | 3.198 | 25.112*** | 0.355 | 5.189*** |
|  |  |  | GAU |  |  |  |  |  | 0.202 | 3.557** |
| 藏族综合组 | PAP | 1 | GAP | 0.501* | 0.251 | 0.248 | 3.790 | 81.094*** | 0.497 | 9.005*** |
|  |  | 2 | GAP | 0.523* | 0.274 | 0.268 | 3.739 | 45.432*** | 0.459 | 8.142*** |
|  |  |  | GAU |  |  |  |  |  | 0.119 | 2.751** |
|  |  | 3 | GAP |  |  |  |  |  | 0.506 | 8.975*** |
|  |  |  | GAU | 0.559* | 0.313 | 0.304 | 3.645 | 36.394*** | 0.283 | 4.614*** |
|  |  |  | GAN |  |  |  |  |  | -0.193 | -3.685*** |

注：预测变量排序是按照进入回归模型先后顺序进行；GAP＝语法意识感知；GAN＝语法意识注意；GAU＝语法意识理解；PAP＝语用意识感知；* 表示 $p < 0.05$；** 表示 $p < 0.01$；*** 表示 $p < 0.001$。

对于藏族高中组，第一个进入回归模型的是语法意识注意，相关系数 $R_{藏族高中\,GAN} = 0.534$，测定系数 $R^2_{藏族高中\,GAN} = 0.285$，校正系数 $R^2_{藏族高中\,GAN} = 0.279$，说明藏族高中英语学习者语法意识注意层能够解释语用意识感知层的27.9%的变异。再次叠加语法意识感知后，第二个回归模型成立，相关系数 $R_{藏族高中\,GAN、GAP} = 0.567$，测定系数 $R^2_{藏族高中\,GAN、GAP} = 0.322$，校正系数 $R^2_{藏族高中\,GAN、GAP} = 0.310$。这说明，藏族高中组英语学习者语法意识注意和语法意识感知均对语用意识感知层级具有显著预测力，叠加语法意识注意和语法意识感知两层的作用，藏族高中英语学习者语法意识能够解释语用意识感知层级的31.0%的变异。此外，基于 $\beta$ 绝对值来看，藏族高中阶段英语学习者语法意识感知（$\beta_{藏族高中\,GAP} = 0.163$）对语用意识感知层发展的贡献率最大，其次是语法意识注意（$\beta_{藏族高中\,GAN} = 0.158$），但语法意识理解对语用意识感知产生的作用并不显著。

对于藏族本科组，第一个进入回归模型的是语法意识感知，相关系数 $R_{藏族本科\,GAP} = 0.464$，测定系数 $R^2_{藏族本科\,GAP} = 0.216$，校正系数 $R^2_{藏族本科\,GAP} = 0.209$，说明藏族本科英语学习者语法意识感知层能够解释语用意识感知层的20.9%的变异。再次叠加语法意识理解后，第二个回归模型成立，相关系数 $R_{藏族本科\,GAP、GAU} = 0.537$，测定系数 $R^2_{藏族本科\,GAP、GAU} = 0.288$，校正系数 $R^2_{藏族本科\,GAP、GAU} = 0.277$。这说明，藏族本科组英语学习者语法意识感知和语法意识理解均对语用意识感知层级具有显著预测力，叠加语法意识感知和语法意识理解两层的作用，藏族本科英语学习者语法意识能够解释语用意识感知层级的27.7%的变异。此外，基于$\beta$绝对值来看，藏族本科阶段英语学习者法意识感知（$\beta_{藏族本科\,GAP} = 0.355$）对语用意识感知层发展的贡献率最大，其次是语法意识理解（$\beta_{藏族本科\,GAU} = 0.202$），而语法意识注意对语用意识感知产生的作用并不显著。

综合藏族高中、本科组数据进行分析，第一个进入回归模型的是语法意识感知，相关系数$R_{藏族综合\,GAP} = 0.501$，测定系数$R^2_{藏族综合\,GAP} = 0.251$，校正系数$R^2_{藏族综合\,GAP} = 0.248$，说明藏族英语学习者语法意识感知层能够解释语用意识感知层的24.8%的变异。再次叠加语法意识理解和语法意识注意后，第二、第三个回归模型成立，相关系数$R_{藏族综合\,GAP、GAU} = 0.523$，测定系数$R^2_{藏族综合\,GAP、GAU} = 0.274$，校正系数$R^2_{藏族综合\,GAP、GAU} = 0.268$，相关系数$R_{藏族综合\,GAP、GAU、GAN} = 0.559$，测定系数$R^2_{藏族综合\,GAP、GAU、GAN} = 0.313$，校正系数$R^2_{藏族综合\,GAP、GAU、GAN} = 0.304$。这说明，藏族英语学习者语法意识三层均对语用意识感知层级具有显著预测力，叠加语法意识感知、语法意识感知和语法意识注意等三层的作用，藏族英语学习者语法意识能够解释语用意识感知层级的30.4%的变异。此外，基于$\beta$绝对值来看，藏族英语学习者语法意识感知（$\beta_{藏族综合\,GAP} = 0.506$）对语用意识感知层发展的贡献率最大，其次是语法意识理解（$\beta_{藏族综合\,GAU} = 0.283$），而语法意识注意对语用意识感知产生显著性负面影响（$\beta_{藏族综合\,GAN} = -0.193$）。

综合以上组别分析和整体分析，我国藏族英语学习者语法意识感知、语法意识注意和语法意识理解等三层均对语用意识感知层具有显著预测力。但该预测力具有阶段性差异：藏族高中阶段，英语学习者语法意识感知对语用意识感知层发展的贡献率最大，其次是语法意识注意，且语法意识理解对语用意识感知产生的作用不显著；而藏族本科阶段，英语学习者法意识感知对语用意识感知层发展的贡献率最大，其次是语法意识理解，且语法意识注意对语用意识感知产生的作用并不显著。另外，从藏族英语学习者整体视角看，我国藏族英语学习者语法意识感知对语用意识感知层的发展产生较大的影响力，其次是语法意识理解，而语法意识注意对语用意识感知发展产生消极作用。

逐步多元回归分析表明（表92），我国藏族英语学习者语法意识三层，即语法意识感知、语法意识注意和语法意识理解，对语用意识注意回归模型均通过显著性 $F$ 检验（$p<0.001$）和各参数 $t$ 检验（$p<0.05$；$p<0.001$），表明建立的各回归模型成立。

表92 藏族英语学习者语法意识各层级与语用意识注意层级间的逐步多元回归分析

| 组别 | 因变量 | 模型 | 预测变量 | 相关系数 R | 测定系数 $R^2$ | 校正$R^2$ | 标准误差 SE | 方差分析 F | 回归系数 $\beta$ | t |
|---|---|---|---|---|---|---|---|---|---|---|
| 藏族高中组 | PAN | 1 | GAU | 0.677* | 0.458 | 0.453 | 1.984 | 97.063*** | 0.290 | 9.852*** |
| | | 2 | GAU | 0.720* | 0.518 | 0.510 | 1.878 | 61.247*** | 0.252 | 8.527*** |
| | | | GAP | | | | | | 0.163 | 3.775*** |
| | | 3 | GAU | | | | | | 0.191 | 4.499*** |
| | | | GAP | 0.731* | 0.534 | 0.522 | 1.855 | 43.190*** | 0.118 | 2.426* |
| | | | GAN | | | | | | 0.075 | 1.982 |
| 藏族本科组 | PAN | 1 | GAU | 0.602* | 0.363 | 0.357 | 3.330 | 71.082*** | 0.486 | 8.431*** |
| | | 2 | GAU | 0.676* | 0.457 | 0.448 | 3.086 | 52.163*** | 0.429 | 7.842*** |
| | | | GAP | | | | | | 0.307 | 4.643*** |
| 藏族综合组 | PAN | 1 | GAU | 0.506* | 0.256 | 0.253 | 3.381 | 83.310*** | 0.346 | 9.127*** |
| | | 2 | GAU | 0.627* | 0.393 | 0.388 | 3.060 | 78.070*** | 0.281 | 7.906*** |
| | | | GAP | | | | | | 0.340 | 7.378*** |
| | | 3 | GAU | | | | | | 0.373 | 7.332*** |
| | | | GAP | 0.639* | 0.409 | 0.401 | 3.027 | 55.294*** | 0.367 | 7.836*** |
| | | | GAN | | | | | | -0.109 | -2.511* |

注：预测变量排序是按照进入回归模型先后顺序进行；GAP＝语法意识感知；GAN＝语法意识注意；GAU＝语法意识理解；PAN＝语用意识注意；* 表示 $p<0.05$；*** 表示 $p<0.001$。

对于藏族高中组，第一个进入回归模型的是语法意识理解，相关系数 $R_{藏族高中GAU}=0.677$，测定系数 $R^2_{藏族高中GAU}=0.458$，校正系数 $R^2_{藏族高中GAU}=0.453$，说明藏族高中英语学习者语法意识理解层能够解释语用意识注意层的45.3%的变异。先后叠加语法意识感知和语法意识注意后，第二、第三个回归模型成立，相关系数 $R_{藏族高中GAU、GAP}=0.720$，测定系数 $R^2_{藏族高中GAU、GAP}=0.518$，校正系数 $R^2_{藏族高中GAU、GAP}=0.510$，相关系数 $R_{藏族高中GAU、GAP、GAN}=0.731$，测定系数 $R^2_{藏族高中GAU、GAP、GAN}=0.534$，校正系数 $R^2_{藏族高中GAU、GAP、GAN}=0.522$。这说明，藏族高中组英语学习者语法意识三层均对语用意识注意层级具有显著预测力，叠加语法意识理解、语法意识感知和语法意识注意等三层的作用，藏族高中英语学习者语法意识能够解释语用意识注意层级的52.2%的变异。此外，基于 $\beta$ 绝对值来看，藏族高中阶段英语学习者语法意识理解（$\beta_{藏族高中GAU}=0.191$）对语用意识注意层发展的贡献率最大，其次分别是语法意识感知（$\beta_{藏族高中GAP} = 0.118$）和语法意识注意（$\beta_{藏族高中GAN} = 0.075$）。

对于藏族本科组，第一个进入回归模型的是语法意识理解，相关系数 $R_{藏族本科GAU} = 0.602$，测定系数 $R^2_{藏族本科GAU} = 0.363$，校正系数 $R^2_{藏族本科GAU} = 0.357$，说明藏族本科英语学习者语法意识理解层能够解释语用意识注意层的37.7%的变异。再次叠加语法意识感知后，第二个回归模型成立，相关系数 $R_{藏族本科GAU、GAP} = 0.676$，测定系数 $R^2_{藏族本科GAU、GAP} = 0.457$，校正系数 $R^2_{藏族本科GAU、GAP} = 0.448$。这说明，藏族本科组英语学习者语法意识理解和语法意识感知均对语用意识注意层级具有显著预测力，叠加语法意识理解和语法意识感知两层的作用，藏族本科英语学习者语法意识能够解释语用意识注意层级的44.8%的变异。此外，基于$\beta$绝对值来看，藏族本科阶段英语学习者语法意识理解（$\beta_{藏族本科GAU} = 0.429$）对语用意识注意层发展的贡献率最大，其次是语法意识感知（$\beta_{藏族本科GAP} = 0.307$），而语法意识注意对语用意识注意产生的作用并不显著。

综合藏族高中、本科组数据进行分析，第一个进入回归模型的是语法意识理解，相关系数 $R_{藏族综合GAU} = 0.506$，测定系数 $R^2_{藏族综合GAU} = 0.256$，校正系数 $R^2_{藏族综合GAU} = 0.253$，说明藏族英语学习者语法意识理解层能够解释语用意识注意层的25.3%的变异。先后叠加语法意识感知和语法意识注意后，第二、第三个回归模型成立，相关系数 $R_{藏族综合GAU、GAP} = 0.627$，测定系数 $R^2_{藏族综合GAU、GAP} = 0.393$，校正系数 $R^2_{藏族综合GAU、GAP} = 0.388$，相关系数 $R_{藏族综合GAU、GAP、GAN} = 0.639$，测定系数 $R^2_{藏族综合GAU、GAP、GAN} = 0.409$，校正系数 $R^2_{藏族综合GAU、GAP、GAN} = 0.401$。这说明，藏族英语学习者语法意识三层均对语用意识注意层级具有显著预测力，叠加语法意识理解、语法意识感知和语法意识注意等三层的作用，藏族英语学习者语法意识能够解释语用意识注意层级的40.1%的变异。此外，基于$\beta$绝对值来看，藏族英语学习者语法意识理解（$\beta_{藏族综合GAU} = 0.373$）对语用意识注意层发展的贡献率最大，其次是语法意识感知（$\beta_{藏族综合GAP} = 0.367$），而语法意识注意对语用意识注意层级产生显著性负面影响（$\beta_{藏族综合GAN} = -0.109$）。

综合以上组别分析和整体分析，我国藏族英语学习者语法意识感知、语法意识注意和语法意识理解等三层均对语用意识注意层具有显著预测力。从学习阶段看，该预测力存在差异性：对于藏族高中阶段英语学习者，其语法意识理解对语用意识注意层发展的贡献率最大，其次分别是语法意识感知和语法意识注意；而对于藏族本科阶段英语学习者，其语法意识理解对语用意识注意层发展的贡献率最大，其次是语法意识感知，而语法意识注意层级作用并不显著。另外，从整体视角看，我国藏族英语学习者语法意识理解对语用意识注意层发展产生的作用最为显著，其次是语法意识感知，而语法意识注意对语用意识注意产生消极作用。

表93分析结果显示，我国藏族英语学习者语法意识三层，即语法意识感知、语法意识注意和语法意识理解，对语用意识理解回归模型均通过显著性$F$检验（$p < 0.001$）和各参数$t$检验（$p < 0.001$），表明建立的各回归模型成立。

表93 藏族英语学习者语法意识各层级与语用意识理解层级间的逐步多元回归分析

| 组别 | 因变量 | 模型 | 预测变量 | 相关系数 R | 测定系数 $R^2$ | 校正$R^2$ | 标准误差 SE | 方差分析 $F$ | 回归系数 $\beta$ | $t$ |
|---|---|---|---|---|---|---|---|---|---|---|
| 藏族高中组 | PAU | 1 | GAU | 0.721* | 0.520 | 0.516 | 3.204 | 124.553*** | 0.531 | 11.160*** |
| | | 2 | GAU | 0.767* | 0.588 | 0.580 | 2.983 | 81.214*** | 0.462 | 9.834*** |
| | | | GAP | | | | | | 0.297 | 4.325*** |
| 藏族本科组 | PAU | 1 | GAN | 0.491* | 0.241 | 0.235 | 4.120 | 39.722*** | 0.457 | 6.303*** |
| 藏族综合组 | PAU | 1 | GAU | 0.533* | 0.284 | 0.281 | 4.054 | 96.141*** | 0.446 | 9.805*** |
| | | 2 | GAU | 0.583* | 0.340 | 0.335 | 3.901 | 62.124*** | 0.395 | 8.728*** |
| | | | GAP | | | | | | 0.265 | 4.517*** |

注：预测变量排序是按照进入回归模型先后顺序进行；GAP＝语法意识感知；GAN＝语法意识注意；GAU＝语法意识理解；PAU＝语用意识理解；*表示$p < 0.05$；***表示$p < 0.001$。

对于藏族高中组，第一个进入回归模型的是语法意识理解，相关系数 R$_{藏族高中\,GAU}$ = 0.721，测定系数 R$^2_{藏族高中\,GAU}$ = 0.520，校正系数 R$^2_{藏族高中\,GAU}$ = 0.516，说明藏族高中英语学习者语法意识理解层能够解释语用意识理解层的51.6%的变异。再次叠加语法意识感知后，第二个回归模型成立，相关系数 R$_{藏族高中\,GAU、GAP}$ = 0.767，测定系数 R$^2_{藏族高中\,GAU、GAP}$ = 0.588，校正系数 R$^2_{藏族高中\,GAU、GAP}$ = 0.580。这说明，藏族高中组英语学习者语法意识理解和语法意识感知均对语用意识理解层级具有显著预测力，叠加语法意识理解和语法意识感知两层的作用，藏族高中英语学习者语法意识能够解释语用意识理解层级的58.0%的变异。此外，基于$\beta$绝对值来看，藏族高中阶段英语学习者语法意识理解（$\beta_{藏族高中\,GAU}$ = 0.462）对语用意识理解层发展的贡献率最大，其次是语法意识感知（$\beta_{藏族高中GAP} = 0.297$），而语法意识注意对语用意识理解产生的作用并不显著。

对于藏族本科组，仅语法意识注意进入回归模型，相关系数 $R_{藏族本科GAN} = 0.491$，测定系数 $R^2_{藏族本科GAN} = 0.241$，校正系数 $R^2_{藏族本科GAN} = 0.235$，说明藏族本科英语学习者语法意识注意层能够解释语用意识理解层的23.5%的变异。因此，该结果表明，藏族本科阶段英语学习者语法意识注意层对语用意识理解层产生的影响较大，而语法意识感知和语法意识理解均未对语用意识理解层级的发展产生显著性影响。

综合藏族高中、本科组数据进行分析，第一个进入回归模型的是语法意识理解，相关系数 $R_{藏族综合GAU} = 0.533$，测定系数 $R^2_{藏族综合GAU} = 0.284$，校正系数 $R^2_{藏族综合GAU} = 0.281$，说明藏族英语学习者语法意识理解层能够解释语用意识理解层的28.1%的变异。再次叠加语法意识感知后，第二个回归模型成立，相关系数 $R_{藏族综合GAU、GAP} = 0.583$，测定系数 $R^2_{藏族综合GAU、GAP} = 0.340$，校正系数 $R^2_{藏族综合GAU、GAP} = 0.335$。这说明，藏族英语学习者语法意识理解层和语法意识感知层均对语用意识理解层级具有显著预测力，叠加语法意识理解和语法意识感知等两层的作用，藏族英语学习者语法意识能够解释语用意识理解层级的33.5%的变异。此外，基于$\beta$绝对值来看，藏族英语学习者语法意识理解（$\beta_{藏族综合GAU} = 0.395$）对语用意识理解层发展的贡献率最大，其次是语法意识感知（$\beta_{藏族综合GAP} = 0.265$），但语法意识注意并未对语用意识理解层级的发展产生显著性作用。

综合以上组别分析和整体分析，我国藏族英语学习者语法意识感知、语法意识注意和语法意识理解等三层均对语用意识理解层具有显著预测力。但在不同学习阶段，语法意识三层对语用意识理解层产生的影响存在差异性：对于藏族高中阶段英语学习者，其语法意识理解对语用意识理解层发展的贡献率最大，其次是语法意识感知，而语法意识注意的作用并不显著；而对于藏族本科阶段英语学习者，其语法意识注意层对语用意识理解层产生的影响较大，而语法意识感知和语法意识理解对语用意识理解层级的发展并未产生显著性影响。从整体视角看，我国藏族英语学习者语法意识理解对语用意识理解层的发展产生了最为显著的影响力，其次是语法意识感知，语法意识注意的作用并不显著。

### 6.6.2.2 彝族英语学习者语法意识层级与语用意识层级间逐步多元回归分析

彝族英语学习者语法意识各层级与语用意识感知、注意、理解三层级间的回归分析。

逐步多元回归分析结果(表94)显示,我国彝族英语学习者语法意识三层,即语法意识感知、语法意识注意和语法意识理解,对语用意识感知回归模型均通过显著性 $F$ 检验($p < 0.001$)和各参数 $t$ 检验($p < 0.05$;$p < 0.01$;$p < 0.001$),表明建立的各回归模型成立。

表94 彝族英语学习者语法意识各层级与语用意识感知层级间的逐步多元回归分析

| 组别 | 因变量 | 模型 | 预测变量 | 相关系数 R | 测定系数 $R^2$ | 校正$R^2$ | 标准误差 SE | 方差分析 $F$ | 回归系数 $\beta$ | $t$ |
|---|---|---|---|---|---|---|---|---|---|---|
| 彝族高中组 | PAP | 1 | GAU | 0.531* | 0.282 | 0.275 | 3.518 | 43.889*** | 0.288 | 6.625*** |
| | | 2 | GAU | 0.569* | 0.324 | 0.312 | 3.428 | 26.598*** | 0.173 | 2.837** |
| | | | GAN | | | | | | 0.214 | 2.640** |
| 彝族本科组 | PAP | 1 | GAP | 0.660* | 0.436 | 0.431 | 3.346 | 88.816*** | 0.877 | 9.424*** |
| | | 2 | GAP | 0.680* | 0.462 | 0.453 | 3.282 | 48.956*** | 0.619 | 4.344*** |
| | | | GAN | | | | | | 0.230 | 2.360* |
| 彝族综合组 | PAP | 1 | GAU | 0.563* | 0.317 | 0.314 | 4.279 | 106.185*** | 0.404 | 10.305*** |
| | | 2 | GAU | 0.575* | 0.331 | 0.325 | 4.243 | 56.409*** | 0.352 | 7.714*** |
| | | | GAP | | | | | | 0.178 | 2.202* |

注:预测变量排序是按照进入回归模型先后顺序进行;GAP = 语法意识感知;GAN = 语法意识注意;GAU = 语法意识理解;PAP = 语用意识感知;* 表示 $p < 0.05$;** 表示 $p < 0.01$;*** 表示 $p < 0.001$。

对于彝族高中组,第一个进入回归模型的是语法意识理解,相关系数 $R_{彝族高中 GAU} = 0.531$,测定系数 $R^2_{彝族高中 GAU} = 0.282$,校正系数 $R^2_{彝族高中 GAU} = 0.275$,说明彝族高中英语学习者语法意识理解层能够解释语用意识感知层的 27.5% 的变异。再次叠加语法意识注意后,第二个回归模型成立,相关系数 $R_{彝族高中 GAU、GAN} = 0.569$,测定系数 $R^2_{彝族高中 GAU、GAN} = 0.324$,校正系数 $R^2_{彝族高中 GAU、GAN} = 0.312$。这说明,彝族高中组英语学习者语法意识理解和语法意识注意均对语用意识感知层级具有显著预测力,叠加语法意识理解和语法意识注意两层的作用,彝族高中英语学习者语法意识能够解释语用意识感知层级的 31.2% 的变异。此外,基于 $\beta$ 绝对值来看,彝族高中阶段英语学习者语法意识注意($\beta_{彝族高中 GAN} = 0.214$)对语用意识感知层发展的贡献率最大,其次是语法意识理解($\beta_{彝族高中 GAU} = 0.173$),但语法意识感知并未对语用意识感知层级的发展产生显著性影响。

对于彝族本科组，第一个进入回归模型的是语法意识感知，相关系数 $R_{彝族本科\,GAP} = 0.660$，测定系数 $R^2_{彝族本科\,GAP} = 0.436$，校正系数 $R^2_{彝族本科\,GAP} = 0.431$，说明彝族本科英语学习者语法意识感知层能够解释语用意识感知层的 43.1% 的变异。再次叠加语法意识注意后，第二个回归模型成立，相关系数 $R_{彝族本科\,GAP、GAN} = 0.680$，测定系数 $R^2_{彝族本科\,GAP、GAN} = 0.462$，校正系数 $R^2_{彝族本科\,GAP、GAN} = 0.453$。这说明，彝族本科组英语学习者语法意识感知和语法意识注意均对语用意识感知层级具有显著预测力，叠加语法意识感知和语法意识注意两层的作用，彝族本科英语学习者语法意识能够解释语用意识感知层级的 45.3% 的变异。此外，基于 $\beta$ 绝对值来看，彝族本科阶段英语学习者法意识感知（$\beta_{彝族本科\,GAP} = 0.619$）对语用意识感知层发展的贡献率最大，其次是语法意识注意（$\beta_{彝族本科\,GAN} = 0.230$），但语法意识理解并未对语用意识感知层级的发展产生显著性作用。

综合彝族高中、本科组数据进行分析，第一个进入回归模型的是语法意识理解，相关系数 $R_{彝族综合\,GAU} = 0.563$，测定系数 $R^2_{彝族综合\,GAU} = 0.317$，校正系数 $R^2_{彝族综合\,GAU} = 0.314$，说明彝族英语学习者语法意识理解层能够解释语用意识感知层的 31.4% 的变异。再次叠加法意识感知后，第二个回归模型成立，相关系数 $R_{彝族综合\,GAU、GAP} = 0.575$，测定系数 $R^2_{彝族综合\,GAU、GAP} = 0.331$，校正系数 $R^2_{彝族综合\,GAU、GAP} = 0.325$。这说明，彝族英语学习者语法意识理解层和语法意识感知层均对语用意识感知层级具有显著预测力，叠加语法意识理解和语法意识感知的作用，彝族英语学习者语法意识能够解释语用意识感知层级的 32.5% 的变异。此外，基于 $\beta$ 绝对值来看，彝族英语学习者语法意识理解（$\beta_{彝族综合\,GAU} = 0.352$）对语用意识感知层发展的贡献率最大，其次是语法意识感知（$\beta_{彝族综合\,GAP} = 0.178$），而语法意识注意对语用感知发展产生的作用不显著。

综合以上组别分析和整体分析，我国彝族英语学习者语法意识感知、语法意识注意和语法意识理解等三层均对语用意识感知层具有显著预测力。但从学习阶段看，我国彝族英语学习者语法意识三层对语用意识感知层发展产生的作用存在阶段性差异：对于彝族高中阶段英语学习者，其语法意识注意对语用意识感知层发展的贡献率最大，其次是语法意识理解，而语法意识感知作用不显著；而彝族本科阶段英语学习者法意识感知对语用意识感知层发展的贡献率最大，其次是语法意识注意，而语法意识理解产生的作用不具有显著性。从彝族英语学习者整体视角看，我国彝族英语学习者语法意识理解对语用意识感知层的发展产生更大的影响力，其次是语法意识感知，但语法意识注意所产生的作用并不显著。

逐步多元回归分析表明（表95），我国彝族英语学习者语法意识三层，即语法意识感知、语法意识注意和语法意识理解，对语用意识注意回归模型均通过显著性 $F$ 检验（$p < 0.001$）和各参数 $t$ 检验（$p < 0.01$；$p < 0.001$），表明建立的各回归模型成立。

表95 彝族英语学习者语法意识各层级与语用意识注意层级间的逐步多元回归分析

| 组别 | 因变量 | 模型 | 预测变量 | 相关系数 R | 测定系数 $R^2$ | 校正$R^2$ | 标准误差 SE | 方差分析 $F$ | 回归系数 $\beta$ | $t$ |
|---|---|---|---|---|---|---|---|---|---|---|
| 彝族高中组 | PAN | 1 | GAU | 0.483* | 0.233 | 0.227 | 3.278 | 34.111*** | 0.237 | 5.840*** |
| 彝族本科组 | PAN | 1 | GAN | 0.671* | 0.450 | 0.445 | 2.815 | 94.075*** | 0.519 | 9.699*** |
|  |  | 2 | GAN | 0.701* | 0.491 | 0.482 | 2.720 | 55.017*** | 0.331 | 4.100*** |
|  |  |  | GAP |  |  |  |  |  | 0.358 | 3.038** |
| 彝族综合组 | PAN | 1 | GAU | 0.575* | 0.331 | 0.328 | 3.246 | 113.063*** | 0.316 | 10.633*** |
|  |  | 2 | GAU | 0.596* | 0.355 | 0.349 | 3.193 | 62.771*** | 0.212 | 4.642*** |
|  |  |  | GAN |  |  |  |  |  | 0.183 | 2.947** |

注：预测变量排序是按照进入回归模型先后顺序进行；GAP = 语法意识感知；GAN = 语法意识注意；GAU = 语法意识理解；PAN = 语用意识注意；* 表示 $p < 0.05$；** 表示 $p < 0.01$；*** 表示 $p < 0.001$。

对于彝族高中组，仅语法意识理解进入回归模型，相关系数 $R_{彝族高中GAU} = 0.483$，测定系数 $R^2_{彝族高中GAU} = 0.233$，校正系数 $R^2_{彝族高中GAU} = 0.227$，说明彝族高中英语学习者语法意识理解层能够解释语用意识注意层的 22.7% 的变异。因此，该结果表明，彝族高中英语学习者语法意识理解层对语用意识注意层产生的影响较大，而语法意识感知和语法意识注意均未对语用意识注意产生显著性影响。

对于彝族本科组，第一个进入回归模型的是语法意识注意，相关系数 $R_{彝族本科GAN} = 0.671$，测定系数 $R^2_{彝族本科GAN} = 0.450$，校正系数 $R^2_{彝族本科GAN} = 0.445$，说明彝族本科阶段英语学习者语法意识注意层能够解释语用意识注意层的44.5%的变异。再次叠加语法意识感知后,第二个回归模型成立,相关系数 $R_{彝族本科GAN、GAP} = 0.701$,测定系数 $R^2_{彝族本科GAN、GAP} = 0.491$,校正系数 $R^2_{彝族本科GAN、GAP} = 0.482$。这说明,彝族本科组英语学习者语法意识注意和语法意识感知均对语用意识注意层级具有显著预测力,叠加语法意识注意和语法意识感知两层的作用,彝族本科英语学习者语法意识能够解释语用意识注意层级的48.2%的变异。此外,基于 $\beta$ 绝对值来看,彝族本科阶段英语学习者语法意识感知($\beta_{彝族本科GAP} = 0.358$)对语用意识注意层发展的贡献率最大,其次是语法意识注意($\beta_{彝族本科GAN} = 0.331$),而语法意识理解所产生的作用并不显著。

综合彝族高中、本科组数据进行分析,第一个进入回归模型的是语法意识理解,相关系数 $R_{彝族综合GAU} = 0.575$,测定系数 $R^2_{彝族综合GAU} = 0.331$,校正系数 $R^2_{彝族综合GAU} = 0.328$,说明彝族英语学习者语法意识理解层能够解释语用意识注意层的32.8%的变异。再次叠加语法意识注意后,第二个回归模型成立,相关系数 $R_{彝族综合GAU、GAN} = 0.596$,测定系数 $R^2_{彝族综合GAU、GAN} = 0.355$,校正系数 $R^2_{彝族综合GAU、GAN} = 0.349$。这说明,彝族英语学习者语法意识理解层和语法意识注意层均对语用意识注意层级具有显著预测力,叠加语法意识理解和语法意识注意等两层的作用,彝族英语学习者语法意识能够解释语用意识注意层级的34.9%的变异。此外,基于 $\beta$ 绝对值来看,彝族英语学习者语法意识理解($\beta_{彝族综合GAU} = 0.212$)对语用意识注意层发展的贡献率最大,其次是语法意识注意($\beta_{彝族综合GAN} = 0.183$),而语法意识感知的作用并不显著。

综合以上组别分析和整体分析,我国彝族英语学习者语法意识感知、语法意识注意和语法意识理解等三层均对语用意识注意层具有显著预测力。但该预测力存在阶段性差异:对于彝族高中英语学习者,仅其语法意识理解层对语用意识注意层产生较大的影响,而语法意识感知和语法意识注意的作用并不显著;而彝族本科阶段英语学习者,其语法意识感知对语用意识注意层发展的贡献率最大,其次是语法意识注意,而语法意识理解并未对语用意识注意层级发展产生显著性影响。另外,从整体上看,彝族英语学习者语法意识理解对语用意识注意层发展产生的作用最为显著,其次是语法意识注意,但语法意识感知并未产生显著性作用。

表96分析结果显示,我国彝族英语学习者语法意识三层,即语法意识感知、语法意识注意和语法意识理解,对语用意识理解回归模型均通过显著性 $F$ 检验($p<0.001$)和各参数 $t$ 检验($p<0.05$;$p<0.001$),表明建立的各回归模型成立。

表96 彝族英语学习者语法意识各层级与语用意识理解层级间的逐步多元回归分析

| 组别 | 因变量 | 模型 | 预测变量 | 相关系数 R | 测定系数 $R^2$ | 校正$R^2$ | 标准误差 SE | 方差分析 F | 回归系数 $\beta$ | t |
|---|---|---|---|---|---|---|---|---|---|---|
| 彝族高中组 | PAU | 1 | GAU | 0.552* | 0.304 | 0.298 | 3.859 | 49.026*** | 0.334 | 7.002*** |
| 彝族本科组 | PAU | 1 | GAN | 0.635* | 0.403 | 0.398 | 5.496 | 77.633*** | 0.920 | 8.811*** |
| 彝族综合组 | PAU | 1 | GAU | 0.584* | 0.341 | 0.338 | 5.338 | 118.283*** | 0.532 | 10.876*** |
| | | 2 | GAU GAN | 0.596* | 0.356 | 0.350 | 5.289 | 62.884*** | 0.398 0.236 | 5.248*** 2.297* |

注:预测变量排序是按照进入回归模型先后顺序进行;GAP=语法意识感知;GAN=语法意识注意;GAU=语法意识理解;PAU=语用意识理解; * 表示 $p<0.05$;*** 表示 $p<0.001$。

对于彝族高中组,仅语法意识理解进入回归模型,相关系数 $R_{彝族高中GAU}=0.552$,测定系数 $R^2_{彝族高中GAU}=0.304$,校正系数 $R^2_{彝族高中GAU}=0.298$,说明彝族高中英语学习者语法意识理解层能够解释语用意识理解层的29.8%的变异。因此,该结果表明,彝族高中英语学习者语法意识理解层对语用意识理解层产生的影响较大,但语法意识感知和语法意识注意均未对语用意识理解层级的发展产生显著性影响。

对于彝族本科组,仅语法意识注意进入回归模型,相关系数 $R_{彝族本科GAN}=0.635$,测定系数 $R^2_{彝族本科GAN}=0.403$,校正系数 $R^2_{彝族本科GAN}=0.398$,说明彝族本科英语学习者语法意识注意层能够解释语用意识理解层的39.8%的变异。因此,该结果表明,彝族本科英语学习者语法意识注意层对语用意识理解层产生的影响较大,而语法意识感知和语法意识理解的作用并不显著。

综合彝族高中、本科组数据进行分析,第一个进入回归模型的是语法意识理解,相关系数 $R_{彝族综合GAU}=0.584$,测定系数 $R^2_{彝族综合GAU}=0.341$,校正系数 $R^2_{彝族综合GAU}=0.338$,说明彝族英语学习者语法意识理解层能够解释语用意识理解层的33.8%的变异。再次叠加语法意识注意后，第二个回归模型成立，相关系数 $R_{彝族综合GAU、GAN} = 0.596$，测定系数 $R^2_{彝族综合GAU、GAN} = 0.356$，校正系数 $R^2_{彝族综合GAU、GAN} = 0.350$。这说明，彝族英语学习者语法意识理解层和语法意识注意层均对语用意识理解层级具有显著预测力，叠加语法意识理解和语法意识注意等两层的作用，彝族英语学习者语法意识能够解释语用意识理解层级的35.0%的变异。此外，基于β绝对值来看，彝族英语学习者语法意识理解（$\beta_{彝族综合GAU} = 0.398$）对语用意识理解层发展的贡献率最大，其次是语法意识注意（$\beta_{彝族综合GAN} = 0.236$），但语法意识感知的作用并不显著。

综合以上组别分析和整体分析，我国彝族英语学习者语法意识感知、语法意识注意和语法意识理解等三层均对语用意识理解层具有显著预测力。但从学习阶段来看，该预测力存在阶段性差异：彝族高中阶段，英语学习者语法意识理解层对语用意识理解层产生的影响较大，而语法意识感知和语法意识注意的作用并不显著；而彝族本科阶段，英语学习者语法意识注意层对语用意识理解层产生的影响较大，而语法意识感知和语法意识理解并未产生显著性影响。另外，从整体视角来看，我国彝族英语学习者语法意识理解对语用意识理解层的发展产生最为显著的影响力，其次是语法意识注意，而语法意识感知所产生的作用并不显著。

### 6.6.2.3 藏彝（综合）英语学习者语法意识层级与语用意识层级间逐步多元回归分析

藏彝（综合）英语学习者语法意识各层级与语用意识感知、注意、理解三层级间的回归分析。

表97显示，我国藏彝英语学习者语法意识三层，即语法意识感知、语法意识注意和语法意识理解，对语用意识感知回归模型均通过显著性 $F$ 检验（$p < 0.001$）和各参数 $t$ 检验（$p < 0.01$；$p < 0.001$），表明建立的各回归模型成立。

表 97　藏彝（综合）英语学习者语法意识各层级与语用意识
感知层级间的逐步多元回归分析

| 组别 | 因变量 | 模型 | 预测变量 | 相关系数 R | 测定系数 $R^2$ | 校正$R^2$ | 标准误差 SE | 方差分析 F | 回归系数 β | t |
|---|---|---|---|---|---|---|---|---|---|---|
| 藏彝高中组 | PAP | 1 | GAU | 0.532* | 0.283 | 0.279 | 3.262 | 90.180*** | 0.290 | 9.496*** |
|  |  | 2 | GAU | 0.577* | 0.333 | 0.328 | 3.151 | 57.011*** | 0.232 | 7.138*** |
|  |  |  | GAP |  |  |  |  |  | 0.203 | 4.170*** |
| 藏彝本科组 | PAP | 1 | GAN | 0.562* | 0.315 | 0.313 | 3.609 | 111.540*** | 0.456 | 10.561*** |
|  |  | 2 | GAN | 0.641* | 0.411 | 0.406 | 3.355 | 83.978*** | 0.306 | 6.530*** |
|  |  |  | GAP |  |  |  |  |  | 0.403 | 6.240*** |
|  |  | 3 | GAN |  |  |  |  |  | 0.111 | 1.455 |
|  |  |  | GAP | 0.660* | 0.435 | 0.428 | 3.292 | 61.626*** | 0.403 | 6.349*** |
|  |  |  | GAU |  |  |  |  |  | 0.188 | 3.222** |
| 藏彝综合组 | PAP | 1 | GAU | 0.492* | 0.242 | 0.241 | 4.322 | 151.141*** | 0.356 | 12.294*** |
|  |  | 2 | GAU | 0.573* | 0.329 | 0.326 | 4.071 | 115.654*** | 0.254 | 8.390*** |
|  |  |  | GAP |  |  |  |  |  | 0.372 | 7.810*** |
|  |  | 3 | GAU |  |  |  |  |  | 0.347 | 8.706*** |
|  |  |  | GAP | 0.588* | 0.346 | 0.342 | 4.022 | 83.180*** | 0.418 | 8.557*** |
|  |  |  | GAN |  |  |  |  |  | -0.160 | -3.545*** |

注：预测变量排序是按照进入回归模型先后顺序进行；GAP＝语法意识感知；GAN＝语法意识注意；GAU＝语法意识理解；PAP＝语用意识感知；* 表示 $p<0.05$；** 表示 $p<0.01$；*** 表示 $p<0.001$。

对于藏彝高中组，第一个进入回归模型的是语法意识理解，相关系数 $R_{藏彝高中 GAU}=0.532$，测定系数 $R^2_{藏彝高中 GAU}=0.283$，校正系数 $R^2_{藏彝高中 GAU}=0.279$，说明藏彝高中英语学习者语法意识理解层能够解释语用意识感知层的 27.9% 的变异。再次叠加语法意识感知后，第二个回归模型成立，相关系数 $R_{藏彝高中 GAU、GAP}=0.577$，测定系数 $R^2_{藏彝高中 GAU、GAP}=0.333$，校正系数 $R^2_{藏彝高中 GAU、GAP}=0.328$。这说明，我国藏彝高中组英语学习者语法意识理解和语法意识感知均对语用意识感知层级具有显著预测力，叠加语法意识理解和语法意识感知两层的作用，藏彝高中英语学习者语法意识能够解释语用意识感知层级的 32.8% 的变异。此外，基于 β 绝对值来看，藏彝高中阶段英语学习者语法意识理解（$β_{藏彝高中 GAU}=0.232$）对语用意识感知层发展的贡献率最大，其次是语法意识感知（$β_{藏彝高中 GAP}=0.203$），但语法意识注意未对语用意识感知发展产生显著性影响。

对于藏彝本科组，第一个进入回归模型的是语法意识注意，相关系数 $R_{藏彝本科 GAN}=0.562$，测定系数 $R^2_{藏彝本科 GAN}=0.315$，校正系数 $R^2_{藏彝本科 GAN}=0.313$，说明藏彝本科英语学习者语法意识注意层能够解释语用意识感知层的31.3%的变异。先后叠加语法意识感知和语法意识理解后，第二、第三个回归模型成立，相关系数 $R_{藏彝本科 GAN、GAP} = 0.641$，测定系数 $R^2_{藏彝本科 GAN、GAP} = 0.411$，校正系数 $R^2_{藏彝本科 GAN、GAP} = 0.406$，相关系数 $R_{藏彝本科 GAN、GAP、GAU} = 0.660$，测定系数 $R^2_{藏彝本科 GAN、GAP、GAU} = 0.435$，校正系数 $R^2_{藏彝本科 GAN、GAP、GAU} = 0.428$。这说明，我国藏彝本科组英语学习者语法意识三层均对语用意识感知层级具有显著预测力，叠加语法意识注意、语法意识感知和语法意识注意等三层的作用，藏彝本科英语学习者语法意识能够解释语用意识感知层级的42.8%的变异。此外，基于 $\beta$ 绝对值来看，我国藏彝本科阶段英语学习者语法意识感知（$\beta_{藏彝本科 GAP} = 0.403$）对语用意识感知层发展的贡献率最大，其次是语法意识理解（$\beta_{藏彝本科 GAU} = 0.188$）和语法意识注意（$\beta_{藏彝本科 GAN} = 0.111$）。

综合藏彝高中、本科组数据进行分析，第一个进入回归模型的是语法意识理解，相关系数 $R_{藏彝综合 GAU} = 0.492$，测定系数 $R^2_{藏彝综合 GAU} = 0.242$，校正系数 $R^2_{藏彝综合 GAU} = 0.241$，说明藏彝英语学习者语法意识理解层能够解释语用意识感知层的24.1%的变异。再次先后叠加语法意识感知和语法意识注意后，第二、第三个回归模型成立，相关系数 $R_{藏彝综合 GAU、GAP} = 0.573$，测定系数 $R^2_{藏彝综合 GAU、GAP} = 0.329$，校正系数 $R^2_{藏彝综合 GAU、GAP} = 0.326$，相关系数 $R_{藏彝综合 GAU、GAP、GAN} = 0.588$，测定系数 $R^2_{藏彝综合 GAU、GAP、GAN} = 0.346$，校正系数 $R^2_{藏彝综合 GAU、GAP、GAN} = 0.342$。这说明，我国藏彝英语学习者语法意识三层均对语用意识感知层级具有显著预测力，叠加语法意识理解、语法意识感知和语法意识注意等三层的作用，藏彝英语学习者语法意识能够解释语用意识感知层级的34.2%的变异。此外，基于 $\beta$ 绝对值来看，我国藏彝英语学习者语法意识感知（$\beta_{藏彝综合 GAP} = 0.418$）对语用意识感知层发展的贡献率最大，其次是语法意识理解（$\beta_{藏彝综合 GAU} = 0.347$），而语法意识注意对语用意识感知层的发展产生显著性负面影响（$\beta_{藏彝综合 GAN} = -0.160$）。

综合以上组别分析和整体分析，我国藏彝英语学习者语法意识感知、语法意识注意和语法意识理解等三层均对语用意识感知层具有显著预测力。但在不同学习阶段，这种预测力存在差异性：对于藏彝高中阶段英语学习者，其语法意识理解对语用意识感知层发展的贡献率最大，其次是语法意识感知，而语法意识注意的作用并不显著；而对于藏彝本科阶段英语学习者，其语法意识感知对语用意识感知层发展的贡献率最大，其次是语法意识理解和语法意识注意。基于整体视角，我国藏彝英语学习者语法意识感知对语用意识感知层发展产生的影响力最显著，其次是语法意识理解，而语法意识注意对语用意识感知的发展产生消极作用。

逐步多元回归分析表明（表98），我国藏彝英语学习者语法意识三层，即语法意识感知、语法意识注意和语法意识理解，对语用意识注意回归模型均通过显著性 $F$ 检验（$p<0.001$）和各参数 $t$ 检验（$p<0.001$），表明建立的各回归模型成立。

表98 藏彝（综合）英语学习者语法意识各层级与语用意识注意层级间的逐步多元回归分析

| 组别 | 因变量 | 模型 | 预测变量 | 相关系数 R | 测定系数 $R^2$ | 校正$R^2$ | 标准误差 SE | 方差分析 F | 回归系数 $\beta$ | t |
|---|---|---|---|---|---|---|---|---|---|---|
| 藏彝高中组 | PAN | 1 | GAU | 0.570* | 0.325 | 0.322 | 2.719 | 110.346*** | 0.267 | 10.505*** |
| | | 2 | GAU | 0.595* | 0.354 | 0.349 | 2.665 | 62.581*** | 0.230 | 8.346*** |
| | | | GAP | | | | | | 0.132 | 3.213*** |
| 藏彝本科组 | PAN | 1 | GAN | 0.597* | 0.356 | 0.354 | 3.198 | 133.925*** | 0.443 | 11.573*** |
| | | 2 | GAN | 0.646* | 0.417 | 0.412 | 3.051 | 86.122*** | 0.333 | 7.830*** |
| | | | GAP | | | | | | 0.294 | 5.002*** |
| 藏彝综合组 | PAN | 1 | GAU | 0.543* | 0.295 | 0.293 | 3.324 | 197.708*** | 0.313 | 14.061*** |
| | | 2 | GAU | 0.601* | 0.361 | 0.359 | 3.166 | 133.500*** | 0.242 | 10.276*** |
| | | | GAP | | | | | | 0.260 | 7.012*** |

注：预测变量排序是按照进入回归模型先后顺序进行；GAP＝语法意识感知；GAN＝语法意识注意；GAU＝语法意识理解；PAN＝语用意识注意；* 表示 $p<0.05$；*** 表示 $p<0.001$。

对于藏彝高中组，第一个进入回归模型的是语法意识理解，相关系数 $R_{藏彝高中GAU}=0.570$，测定系数 $R^2_{藏彝高中GAU}=0.325$，校正系数 $R^2_{藏彝高中GAU}=0.322$，说明我国藏彝高中英语学习者语法意识理解层能够解释语用意识注意层的32.2%的变异。再次叠加语法意识感知后，第二个回归模型成立，相关系数 $R_{藏彝高中GAU、GAP}=0.595$，测定系数 $R^2_{藏彝高中GAU、GAP}=0.354$，校正系数 $R^2_{藏彝高中GAU、GAP}=0.349$。这说明，我国藏彝高中组英语学习者语法意识理解层和语法意识感知层均对语用意识注意层级具有显著预测力，叠加语法意识理解和语法意识感知的作用，藏彝高中英语学习者语法意识能够解释语用意识注意层级的34.9%的变异。此外，基于 $\beta$ 绝对值来看，我国藏彝高中阶段英语学习者语法意识理解（$\beta_{藏彝高中 GAU} = 0.230$）对语用意识注意层发展的贡献率最大，其次是语法意识感知（$\beta_{藏彝高中 GAP} = 0.132$），而语法意识注意并未对语用意识注意产生显著性影响。

对于藏彝本科组，第一个进入回归模型的是语法意识注意，相关系数 $R_{藏彝本科 GAN} = 0.597$，测定系数 $R^2_{藏彝本科 GAN} = 0.356$，校正系数 $R^2_{藏彝本科 GAN} = 0.354$，说明藏彝本科英语学习者语法意识注意层能够解释语用意识注意层的 35.4% 的变异。再次叠加语法感知后，第二个回归模型成立，相关系数 $R_{藏彝本科 GAN、GAP} = 0.646$，测定系数 $R^2_{藏彝本科 GAN、GAP} = 0.417$，校正系数 $R^2_{藏彝本科 GAN、GAP} = 0.412$。这说明，我国藏彝本科组英语学习者语法意识注意层和语法意识感知层均对语用意识注意层级具有显著预测力，叠加语法意识注意和语法意识感知两层的作用，藏彝本科英语学习者语法意识能够解释语用意识注意层级的 41.2% 的变异。此外，基于 $\beta$ 绝对值来看，我国藏彝本科阶段英语学习者语法意识注意（$\beta_{藏彝本科 GAN} = 0.333$）对语用意识注意层发展的贡献率最大，其次是语法意识感知（$\beta_{藏彝本科 GAP} = 0.294$），但语法意识理解所产生的作用并不显著。

综合藏彝高中、本科组数据进行分析，第一个进入回归模型的是语法意识理解，相关系数 $R_{藏彝综合 GAU} = 0.543$，测定系数 $R^2_{藏彝综合 GAU} = 0.295$，校正系数 $R^2_{藏彝综合 GAU} = 0.293$，说明藏彝英语学习者语法意识理解层能够解释语用意识注意层的 29.3% 的变异。再次叠加语法意识感知后，第二、第三个回归模型成立，相关系数 $R_{藏彝综合 GAU、GAP} = 0.601$，测定系数 $R^2_{藏彝综合 GAU、GAP} = 0.361$，校正系数 $R^2_{藏彝综合 GAU、GAP} = 0.359$。这说明，我国藏彝英语学习者语法意识理解和语法意识感知均对语用意识注意层级具有显著预测力，叠加语法意识理解和语法意识感知的作用，藏彝英语学习者语法意识能够解释语用意识注意层级的 35.9% 的变异。此外，基于 $\beta$ 绝对值来看，我国藏彝英语学习者语法意识感知（$\beta_{藏彝综合 GAP} = 0.260$）对语用意识注意层发展的贡献率最大，其次是语法意识理解（$\beta_{藏彝综合 GAU} = 0.242$），但语法意识注意并未产生显著性作用。

综合以上组别分析和整体分析，我国藏彝英语学习者语法意识感知、语法意识注意和语法意识理解等三层均对语用意识注意层具有显著预测力。然而，该预测力在不同学习阶段呈现不同的特征：藏彝高中阶段，英语学习者语法意识理解对语用意识注意层发展的贡献率最大，其次是语法意识感知，且语法意识注意的作用并不显著；而藏彝本科阶段，英语学习者语法意识注意对语用意识注意层发展的贡献率最大，其次是语法意识感知，且语法意识理解并未产生显著性作用。但从整体上看，藏彝英语学习者语法意识感知对语用意识注意层发展产生的作用最为显著，其次是语法意识理解层级，且语法意识注意的作用不显著。

表99分析结果显示，我国藏彝英语学习者语法意识三层，即语法意识感知、语法意识注意和语法意识理解，对语用意识理解回归模型均通过显著性$F$检验（$p < 0.001$）和各参数$t$检验（$p < 0.05$；$p < 0.01$；$p < 0.001$），表明建立的各回归模型成立。

表99　藏彝（综合）英语学习者语法意识各层级与语用意识理解层级间的逐步多元回归分析

| 组别 | 因变量 | 模型 | 预测变量 | 相关系数 R | 测定系数 R² | 校正R² | 标准误差 SE | 方差分析 F | 回归系数 β | t |
|---|---|---|---|---|---|---|---|---|---|---|
| 藏彝高中组 | PAU | 1 | GAU | 0.632* | 0.399 | 0.397 | 3.590 | 152.186*** | 0.415 | 12.336*** |
| | | 2 | GAU | 0.659* | 0.434 | 0.429 | 3.492 | 87.530*** | 0.357 | 9.898*** |
| | | | GAP | | | | | | 0.203 | 3.760*** |
| | | 3 | GAU | | | | | | 0.290 | 6.421*** |
| | | | GAP | 0.670* | 0.448 | 0.441 | 3.456 | 61.502*** | 0.159 | 2.816** |
| | | | GAN | | | | | | 0.117 | 2.404* |
| 藏彝本科组 | PAU | 1 | GAN | 0.613* | 0.376 | 0.374 | 4.991 | 145.995*** | 0.721 | 12.083*** |
| | | 2 | GAN | 0.630* | 0.397 | 0.392 | 4.916 | 79.453*** | 0.459 | 4.248*** |
| | | | GAU | | | | | | 0.253 | 2.903** |
| 藏彝综合组 | PAU | 1 | GAU | 0.592* | 0.350 | 0.349 | 4.722 | 254.861*** | 0.505 | 15.964*** |
| | | 2 | GAU | 0.613* | 0.376 | 0.374 | 4.631 | 142.365*** | 0.439 | 12.755*** |
| | | | GAP | | | | | | 0.241 | 4.445*** |

注：预测变量排序是按照进入回归模型先后顺序进行；GAP＝语法意识感知；GAN＝语法意识注意；GAU＝语法意识理解；PAU＝语用意识理解；* 表示 $p < 0.05$；** 表示 $p < 0.01$；*** 表示 $p < 0.001$。

对于藏彝高中组，第一个进入回归模型的是语法意识理解，相关系数 $R_{藏彝高中GAU} = 0.632$，测定系数 $R^2_{藏彝高中GAU} = 0.399$，校正系数 $R^2_{藏彝高中GAU} = 0.397$，说明藏彝高中英语学习者语法意识理解层能够解释语用意识理解层的39.7%的变异。先后叠加语法意识感知和语法意识注意后，第二、第三个回归模型成立，相关系数

R$_{藏彝高中\,GAU、GAP}$ = 0.659，测定系数 R$^2_{藏彝高中\,GAU、GAP}$ = 0.434，校正系数 R$^2_{藏彝高中\,GAU、GAP}$ = 0.429，相关系数 R$_{藏彝高中\,GAU、GAP、GAN}$ = 0.670，测定系数 R$^2_{藏彝高中\,GAU、GAP、GAN}$ = 0.448，校正系数 R$^2_{藏彝高中\,GAU、GAP、GAN}$ = 0.441。这说明，我国藏彝高中组英语学习者语法意识三层均对语用意识理解层级具有显著预测力，叠加语法意识理解、语法意识感知和语法意识注意等三层的作用，藏彝高中英语学习者语法意识能够解释语用意识理解层级的44.1%的变异。此外，基于 $\beta$ 绝对值来看，我国藏彝高中阶段英语学习者语法意识理解（$\beta_{藏彝高中\,GAU}$ = 0.290）对语用意识理解层发展的贡献率最大，其次分别是语法意识感知（$\beta_{藏彝高中\,GAP}$ = 0.159）和语法意识注意（$\beta_{藏彝高中\,GAN}$ = 0.117）。

对于藏彝本科组，第一个进入回归模型的是语法意识注意，相关系数 R$_{藏彝本科\,GAN}$ = 0.613，测定系数 R$^2_{藏彝本科\,GAN}$ = 0.376，校正系数 R$^2_{藏彝本科\,GAN}$ = 0.374，说明藏彝本科英语学习者语法意识注意层能够解释语用意识理解层的37.4%的变异。再次叠加语法意识理解后，第二个回归模型成立，相关系数 R$_{藏彝本科\,GAN、GAU}$ = 0.630，测定系数 R$^2_{藏彝本科\,GAN、GAU}$ = 0.397，校正系数 R$^2_{藏彝本科\,GAN、GAU}$ = 0.392。这说明，我国藏彝本科组英语学习者语法意识注意和语法意识理解均对语用意识理解层级具有显著预测力，叠加语法意识注意和语法意识理解两层的作用，藏彝本科英语学习者语法意识能够解释语用意识理解层级的39.2%的变异。此外，基于 $\beta$ 绝对值来看，我国藏彝本科阶段英语学习者语法意识注意（$\beta_{藏彝本科\,GAN}$ = 0.459）对语用意识理解层发展的贡献率最大，其次是语法意识理解（$\beta_{藏彝本科\,GAU}$ = 0.253），但语法意识感知对语用意识理解未产生显著性影响。

综合藏彝高中、本科组数据进行分析，第一个进入回归模型的是语法意识理解，相关系数 R$_{藏彝综合\,GAU}$ = 0.592，测定系数 R$^2_{藏彝综合\,GAU}$ = 0.350，校正系数 R$^2_{藏彝综合\,GAU}$ = 0.349，说明我国藏彝英语学习者语法意识理解层能够解释语用意识理解层的34.9%的变异。再次叠加语法意识感知后，第二个回归模型成立，相关系数 R$_{藏彝综合\,GAU、GAP}$ = 0.613，测定系数 R$^2_{藏彝综合\,GAU、GAP}$ = 0.376，校正系数 R$^2_{藏彝综合\,GAU、GAP}$ = 0.374。这说明，我国藏彝英语学习者语法意识理解层和语法意识感知层均对语用意识理解层级具有显著预测力，叠加语法意识理解和语法意识感知两层的作用，藏彝英语学习者语法意识能够解释语用意识理解层级的37.6%的变异。此外，基于$\beta$绝对值来看，我国藏彝英语学习者语法意识理解（$\beta_{藏彝综合GAU} = 0.439$）对语用意识理解层发展的贡献率最大，其次是语法意识感知（$\beta_{藏彝综合GAP} = 0.241$），但语法意识注意的作用不显著。

综合以上组别分析和整体分析，我国藏彝英语学习者语法意识感知、语法意识注意和语法意识理解等三层均对语用意识理解层具有显著预测力。从学习阶段的视角看，该预测力存在显著的差异性：对于藏彝高中阶段英语学习者，其语法意识理解对语用意识理解层发展的贡献率最大，其次分别是语法意识感知和语法意识注意；而对于藏彝本科阶段英语学习者，其语法意识注意对语用意识理解层发展的贡献率最大，其次是语法意识理解，且语法意识感知并未对语用意识理解产生显著性影响。另外，从藏彝综合视角看，我国藏彝英语学习者语法意识理解对语用意识理解层的发展产生的影响力最显著，其次是语法意识感知，而语法意识注意的作用却不显著。

### 6.6.3　语用意识层级与语法意识层级间逐步多元回归分析

为探讨语用意识三层级与语法意识三层级间的线性关系是否显著成立，即对其预测性，作者分别以语法意识感知、语法意识注意和语法意识理解为因变量，以语用意识感知、语用意识注意和语用意识理解为预测变量，采用逐步多元回归分析，并建立回归模型对其检验。

### 6.6.3.1　藏族英语学习者语用意识层级与语法意识层级间逐步多元回归分析

藏族英语学习者语用意识各层级与语法意识感知、注意、理解三层级间的回归分析。

表 100 显示，我国藏族英语学习者语用意识三层，即语用意识感知、语用意识注意和语用意识理解，对语法意识感知回归模型均通过显著性 $F$ 检验（$p < 0.001$）和各参数 $t$ 检验（$p < 0.01$；$p < 0.001$），表明建立的各回归模型成立。

表 100　藏族英语学习者语用意识各层级与语法意识感知层级间的逐步多元回归分析

| 组别 | 因变量 | 模型 | 预测变量 | 相关系数 R | 测定系数 $R^2$ | 校正$R^2$ | 标准误差 SE | 方差分析 F | 回归系数 $\beta$ | t |
|---|---|---|---|---|---|---|---|---|---|---|
| 藏族高中组 | GAP | 1 | PAU | 0.488* | 0.238 | 0.231 | 3.749 | 35.865*** | 0.453 | 5.989*** |
| | | 2 | PAU | 0.533* | 0.284 | 0.271 | 3.650 | 22.611*** | 0.316 | 3.546** |
| | | | PAP | | | | | | 0.367 | 2.715** |
| 藏族本科组 | GAP | 1 | PAP | 0.464* | 0.216 | 0.209 | 3.795 | 34.371*** | 0.527 | 5.863*** |
| | | 2 | PAP | 0.550* | 0.302 | 0.291 | 3.594 | 26.876*** | 0.408 | 4.518*** |
| | | | PAN | | | | | | 0.321 | 3.926*** |
| 藏族综合组 | GAP | 1 | PAP | 0.501* | 0.251 | 0.248 | 3.817 | 81.094*** | 0.505 | 9.005*** |
| | | 2 | PAP | 0.557* | 0.311 | 0.305 | 3.669 | 54.290*** | 0.335 | 5.115*** |
| | | | PAN | | | | | | 0.334 | 4.565*** |

注：预测变量排序是按照进入回归模型先后顺序进行；GAP＝语法意识感知；PAP＝语用意识感知；PAN＝语用意识注意；PAU＝语用意识理解；* 表示 $p < 0.05$；** 表示 $p < 0.01$；*** 表示 $p < 0.001$。

对于藏族高中组，第一个进入回归模型的是语用意识理解，相关系数 $R_{藏族高中 PAU} = 0.488$，测定系数 $R^2_{藏族高中 PAU} = 0.238$，校正系数 $R^2_{藏族高中 PAU} = 0.231$，说明藏族高中英语学习者语用意识理解层能够解释语法意识感知层的 23.1% 的变异。再次叠加语用意识感知后，第二个回归模型成立，相关系数 $R_{藏族高中 PAU、PAP} = 0.533$，测定系数 $R^2_{藏族高中 PAU、PAP} = 0.284$，校正系数 $R^2_{藏族高中 PAU、PAP} = 0.271$。这说明，藏族高中组英语学习者语用意识理解和语用意识感知均对语法意识感知层级具有显著预测力，叠加语用意识理解和语用意识感知两层的作用，藏族高中英语学习者语用意识能够解释语法意识感知层级的 27.1% 的变异。此外，基于 $\beta$ 绝对值来看，藏族高中阶段英语学习者语用意识感知（$\beta_{藏族高中 PAP} = 0.367$）对语法意识感知层发展的贡献率最大，其次是语用意识理解（$\beta_{藏族高中 PAU} = 0.316$），但语用意识注意并未对语法意识感知发展产生显著性影响。

对于藏族本科组，第一个进入回归模型的是语用意识感知，相关系数 $R_{藏族本科 PAP} = 0.464$，测定系数 $R^2_{藏族本科 PAP} = 0.216$，校正系数 $R^2_{藏族本科 PAP} = 0.209$，说明藏族本科阶段英语学习者语用意识感知层能够解释语法意识感知层的 20.9% 的变异。再次叠加语用意识注意后，第二个回归模型成立，相关系数 $R_{藏族本科 PAP、PAN} = 0.550$，测定系数 $R^2_{藏族本科 PAP、PAN} = 0.302$，校正系数 $R^2_{藏族本科 PAP、PAN} = 0.291$。这说明，藏族本科组英语学习者语用意识感知和语用意识注意均对语法意识感知层级具有显著预测力，叠加语用意识感知和语用意识注意两层的作用，藏族本科英语学习者语用意识能够解释语法意识感知层级的29.1%的变异。此外，基于β绝对值来看，藏族本科阶段英语学习者语用意识感知（$\beta_{藏族本科PAP} = 0.408$）对语法意识感知层发展的贡献率最大，其次是语用意识注意（$\beta_{藏族本科PAN} = 0.321$），但语用意识理解对语法意识感知产生的作用不显著。

综合藏族高中、本科组数据进行分析，第一个进入回归模型的是语用意识感知，相关系数 $R_{藏族综合PAP} = 0.501$，测定系数 $R^2_{藏族综合PAP} = 0.251$，校正系数 $R^2_{藏族综合PAP} = 0.248$，说明藏族英语学习者语用意识感知层能够解释语法意识感知层的24.8%的变异。再次叠加语用意识注意后，第二个回归模型成立，相关系数 $R_{藏族综合PAP、PAN} = 0.557$，测定系数 $R^2_{藏族综合PAP、PAN} = 0.311$，校正系数 $R^2_{藏族综合PAP、PAN} = 0.305$。这说明，藏族英语学习者语用意识感知和语用意识注意均对语法意识感知层级具有显著预测力，叠加语用意识感知和语用意识注意两层的作用，藏族英语学习者语用意识能够解释语法意识感知层级的30.5%的变异。此外，基于β绝对值来看，藏族英语学习者语用意识感知（$\beta_{藏族综合PAP} = 0.335$）对语法意识感知层发展的贡献率最大，其次是语用意识注意（$\beta_{藏族综合PAN} = 0.334$），而语用意识理解对语法意识感知发展并未产生显著性影响。

综合以上组别分析和整体分析，我国藏族英语学习者语用意识感知、语用意识注意和语用意识理解等三层均对语法意识感知层具有显著预测力。但从学习阶段看，这种预测力存在阶段性差异：对于藏族高中阶段英语学习者，其语用意识感知对语法意识感知层发展的贡献率最大，其次是语用意识理解，且语用意识注意并未产生显著性作用；而对于藏族本科阶段英语学习者，其语用意识感知对语法意识感知层发展的贡献率最大，其次是语用意识注意，且语用意识理解产生的作用不显著。综合不同阶段的藏族英语学习者，其语用意识感知对语法意识感知层的发展产生的影响力最大，其次是语用意识注意，且语用意识理解并未对语法意识感知产生显著性作用。

逐步多元回归分析表明（表101），我国藏族英语学习者语用意识三层，即语用意识感知、语用意识注意和语用意识理解，对语法意识注意回归模型均通过显著性 $F$ 检验（$p < 0.001$）和各参数 $t$ 检验（$p < 0.05$；$p < 0.01$；$p < 0.001$），表明建立的各回归模型成立。

表 101　藏族英语学习者语用意识各层级与语法意识
注意层级间的逐步多元回归分析

| 组别 | 因变量 | 模型 | 预测变量 | 相关系数 R | 测定系数 $R^2$ | 校正$R^2$ | 标准误差 SE | 方差分析 F | 回归系数 $\beta$ | t |
|---|---|---|---|---|---|---|---|---|---|---|
| 藏族高中 | GAN | 1 | PAN | 0.661* | 0.437 | 0.432 | 5.919 | 89.326*** | 1.937 | 9.451*** |
| | | 2 | PAN | 0.685* | 0.469 | 0.460 | 5.773 | 50.406*** | 1.196 | 3.462** |
| | | | PAU | | | | | | 0.529 | 2.627* |
| | | 3 | PAN | 0.699* | 0.489 | 0.476 | 5.689 | 39.069*** | 0.965 | 2.695** |
| | | | PAU | | | | | | 0.466 | 2.322* |
| | | | PAP | | | | | | 0.464 | 2.096* |
| 藏族本科组 | GAN | 1 | PAN | 0.580* | 0.336 | 0.331 | 4.143 | 63.366*** | 0.707 | 7.960*** |
| | | 2 | PAN | 0.643* | 0.413 | 0.404 | 3.911 | 43.706*** | 0.555 | 6.036*** |
| | | | PAU | | | | | | 0.327 | 4.036*** |
| | | 3 | PAN | 0.672* | 0.452 | 0.438 | 3.797 | 33.781*** | 0.472 | 5.046*** |
| | | | PAU | | | | | | 0.323 | 4.096*** |
| | | | PAP | | | | | | 0.280 | 2.930** |
| 藏族综合组 | GAN | 1 | PAU | 0.454* | 0.206 | 0.203 | 6.123 | 62.768*** | 0.651 | 7.923*** |

注：预测变量排序是按照进入回归模型先后顺序进行；GAN＝语法意识注意；PAP＝语用意识感知；PAN＝语用意识注意；PAU＝语用意识理解；* 表示 $p<0.05$；** 表示 $p<0.01$；*** 表示 $p<0.001$。

对于藏族高中组，第一个进入回归模型的是语用意识注意，相关系数 $R_{藏族高中 PAN}=0.661$，测定系数 $R^2_{藏族高中 PAN}=0.437$，校正系数 $R^2_{藏族高中 PAN}=0.432$，说明藏族高中英语学习者语用意识注意层能够解释语法意识注意层的 43.2% 的变异。先后叠加语用意识理解和语用意识感知后，第二、第三个回归模型成立，相关系数 $R_{藏族高中 PAN、PAU}=0.685$，测定系数 $R^2_{藏族高中 PAN、PAU}=0.469$，校正系数 $R^2_{藏族高中 PAN、PAU}=0.460$，相关系数 $R_{藏族高中 PAN、PAU、PAP}=0.699$，测定系数 $R^2_{藏族高中 PAN、PAU、PAP}=0.489$，校正系数 $R^2_{藏族高中 PAN、PAU、PAP}=0.476$。这说明，藏族高中组英语学习者语用意识三层均对语法意识注意层级具有显著预测力，叠加语用意识注意、语用意识理解和语用意识感知等三层的作用，藏族高中英语学习者语用意识能够解释语法意识注意层级的 47.6% 的变异。此外，基于 $\beta$ 绝对值来看，藏族高中阶段英语学习者语用意识注意（$\beta_{藏族高中 PAN}=0.965$）对语法意识注意层发展的贡献率最大，其次分别是语用意识理解（$\beta_{藏族高中 PAU}=0.466$）和语用意识感知（$\beta_{藏族高中 PAP}=0.464$）。

对于藏族本科组，第一个进入回归模型的是语用意识注意，相关

系数 $R_{藏族本科 PAN} = 0.580$，测定系数 $R^2_{藏族本科 PAN} = 0.336$，校正系数 $R^2_{藏族本科 PAN} = 0.331$，说明藏族本科英语学习者语用意识注意层能够解释语法意识注意层的 33.1% 的变异。先后叠加语用意识理解和语用意识感知后，第二、第三个回归模型成立，相关系数 $R_{藏族本科 PAN、PAU} = 0.643$，测定系数 $R^2_{藏族本科 PAN、PAU} = 0.413$，校正系数 $R^2_{藏族本科 PAN、PAU} = 0.404$，相关系数 $R_{藏族本科 PAN、PAU、PAP} = 0.672$，测定系数 $R^2_{藏族本科 PAN、PAU、PAP} = 0.452$，校正系数 $R^2_{藏族本科 PAN、PAU、PAP} = 0.438$。这说明，藏族本科组英语学习者语用意识三层均对语法意识注意层级具有显著预测力，叠加语用意识注意、语用意识理解和语用意识感知等三层的作用，藏族本科阶段英语学习者语用意识能够解释语法意识注意层级的 43.8% 的变异。此外，基于 $\beta$ 绝对值来看，藏族本科阶段英语学习者语用意识注意（$\beta_{藏族本科 PAN} = 0.472$）对语法意识注意层发展的贡献率最大，其次分别是语用意识理解（$\beta_{藏族本科 PAU} = 0.323$）和语用意识感知（$\beta_{藏族本科 PAP} = 0.280$）。

综合藏族高中、本科组数据进行分析，仅有语用意识理解进入回归模型，相关系数 $R_{藏族综合 PAU} = 0.454$，测定系数 $R^2_{藏族综合 PAU} = 0.206$，校正系数 $R^2_{藏族综合 PAU} = 0.203$，说明藏族英语学习者语用意识理解层能够解释语法意识注意层的 20.3% 的变异，而语用意识感知和语用意识注意均未对语法意识注意产生显著性影响。

综合以上组别分析和整体分析，我国藏族英语学习者语用意识感知、语用意识注意和语用意识理解等三层均对语法意识感知层具有显著预测力，且藏族英语学习者语用意识三层对语法意识注意层所产生的影响不存在阶段性差异，无论是对于藏族高中阶段英语学习者，还是对于藏族本科阶段英语学习者，其语用意识注意对语法意识注意层发展的贡献率最大，其次分别是语用意识理解和语用意识感知等层级。然而，从整体上看，仅藏族英语学习者语用意识理解对语法意识注意层的发展产生作用，且贡献率仅为 20.3%。

表 102 显示，我国藏族英语学习者语用意识三层，即语用意识感知、语用意识注意和语用意识理解，对语法意识理解回归模型均通过显著性 F 检验（$p < 0.001$）和各参数 t 检验（$p < 0.05; p < 0.001$），表明建立的各回归模型成立。

表 102　藏族英语学习者语用意识各层级与语法意识
理解层级间的逐步多元回归分析

| 组别 | 因变量 | 模型 | 预测变量 | 相关系数 R | 测定系数 $R^2$ | 校正$R^2$ | 标准误差 SE | 方差分析 F | 回归系数 β | t |
|---|---|---|---|---|---|---|---|---|---|---|
| 藏族高中组 | GAU | 1 | PAU | 0.721* | 0.520 | 0.516 | 4.355 | 124.553*** | 0.980 | 11.160*** |
| | | 2 | PAU | 0.737* | 0.543 | 0.535 | 4.266 | 67.797*** | 0.687 | 4.621*** |
| | | | PAN | | | | | | 0.616 | 2.412* |
| 藏族本科组 | GAU | 1 | PAN | 0.602* | 0.363 | 0.357 | 4.127 | 71.082*** | 0.746 | 8.431*** |
| | | 2 | PAN | 0.628* | 0.395 | 0.385 | 4.038 | 40.445*** | 0.646 | 6.805*** |
| | | | PAU | | | | | | 0.215 | 2.572* |
| | | 3 | PAN | | | | | | 0.573 | 5.874*** |
| | | | PAU | 0.651* | 0.424 | 0.410 | 3.956 | 30.157*** | 0.211 | 2.573* |
| | | | PAP | | | | | | 0.248 | 2.489* |
| 藏族综合组 | GAU | 1 | PAU | 0.533* | 0.284 | 0.281 | 4.844 | 96.141*** | 0.637 | 9.805*** |
| | | 2 | PAU | 0.585* | 0.342 | 0.337 | 4.653 | 62.738*** | 0.431 | 5.624*** |
| | | | PAN | | | | | | 0.433 | 4.613*** |

注：预测变量排序是按照进入回归模型先后顺序进行；GAU＝语法意识理解；PAP＝语用意识感知；PAN＝语用意识注意；PAU＝语用意识理解；* 表示 $p<0.05$；** 表示 $p<0.01$；*** 表示 $p<0.001$。

对于藏族高中组，第一个进入回归模型的是语用意识理解，相关系数 $R_{藏族高中 PAU}=0.721$，测定系数 $R^2_{藏族高中 PAU}=0.520$，校正系数 $R^2_{藏族高中 PAU}=0.516$，说明藏族高中英语学习者语用意识理解层能够解释语法意识理解层的 51.6% 的变异。再次叠加语用意识注意后，第二个回归模型成立，相关系数 $R_{藏族高中 PAU、PAN}=0.737$，测定系数 $R^2_{藏族高中 PAU、PAN}=0.543$，校正系数 $R^2_{藏族高中 PAU、PAN}=0.535$。这说明，藏族高中组英语学习者语用意识理解和语用意识注意均对语法意识理解层级具有显著预测力，叠加语用意识理解和语用意识注意两层的作用，藏族高中英语学习者语用意识能够解释语法意识理解层级的 53.5% 的变异。此外，基于 β 绝对值来看，藏族高中阶段英语学习者语用意识理解（$β_{藏族高中 PAU}=0.687$）对语法意识理解层发展的贡献率最大，其次是语用意识注意（$β_{藏族高中 PAN}=0.616$），而语用意识感知并未对语法意识理解产生显著性作用。

对于藏族本科组，第一个进入回归模型的是语用意识注意，相关系数 $R_{藏族本科 PAN}=0.602$，测定系数 $R^2_{藏族本科 PAN}=0.363$，校正系数 $R^2_{藏族本科 PAN}=0.357$，说明藏族本科英语学习者语用意识注意层能够解释语法意识理解层的 35.7% 的变异。先后叠加语用意识理解与语用意识感知后，第二、第三个回归模型成立，相关系数 $R_{藏族本科 PAN、PAU}=$

0.628，测定系数 $R^2_{藏族本科 PAN、PAU}=0.395$，校正系数 $R^2_{藏族本科 PAN、PAU}=0.385$，相关系数 $R_{藏族本科 PAN、PAU、PAP}=0.651$，测定系数 $R^2_{藏族本科 PAN、PAU、PAP}=0.424$，校正系数 $R^2_{藏族本科 PAN、PAU、PAP}=0.410$。这说明，藏族本科组英语学习者语用意识三层均对语法意识理解层级具有显著预测力，叠加语用意识注意、语用意识理解和语用意识感知等三层的作用，藏族本科英语学习者语用意识能够解释语法意识感知层级的 41.0% 的变异。此外，基于 $\beta$ 绝对值来看，藏族本科阶段英语学习者语用意识注意（$\beta_{藏族本科 PAN}=0.573$）对语法意识理解层发展的贡献率最大，其次分别是语用意识感知（$\beta_{藏族本科 PAP}=0.248$）和语用意识理解（$\beta_{藏族本科 PAU}=0.211$）。

综合藏族高中、本科组数据进行分析，第一个进入回归模型的是语用意识理解，相关系数 $R_{藏族综合 PAU}=0.533$，测定系数 $R^2_{藏族综合 PAU}=0.284$，校正系数 $R^2_{藏族综合 PAU}=0.281$，说明藏族英语学习者语用意识理解层能够解释语法意识理解层的 28.1% 的变异。再次叠加语用意识注意后，第二个回归模型成立，相关系数 $R_{藏族综合 PAU、PAN}=0.585$，测定系数 $R^2_{藏族综合 PAU、PAN}=0.342$，校正系数 $R^2_{藏族综合 PAU、PAN}=0.337$。这说明，藏族英语学习者语用意识理解和语用意识注意均对语法意识理解层级具有显著预测力，叠加语用意识理解和语用意识注意两层的作用，藏族英语学习者语用意识能够解释语法意识理解层级的 33.7% 的变异。此外，基于 $\beta$ 绝对值来看，藏族英语学习者语用意识注意（$\beta_{藏族综合 PAN}=0.433$）对语法意识理解层发展的贡献率最大，其次是语用意识理解（$\beta_{藏族综合 PAU}=0.431$）。

综合以上组别分析和整体分析，我国藏族英语学习者语用意识感知、语用意识注意和语用意识理解等三层均对语法意识理解层具有显著预测力。但这种预测力存在阶段性差异：对于藏族高中阶段英语学习者，其语用意识理解对语法意识理解层发展的贡献率最大，其次是语用意识注意，且语用意识感知的作用并不显著；而对于藏族本科阶段英语学习者，其语用意识注意对语法意识理解层发展的贡献率最大，其次分别是语用意识感知和语用意识理解。另外，从藏族英语学习者整体视角看，其语用意识注意对语法意识理解层发展产生的影响力最大，其次是语用意识理解。

#### 6.6.3.2 彝族英语学习者语用意识层级与语法意识层级间逐步多元回归分析

彝族英语学习者语用意识各层级与语法意识感知、注意、理解三层级间的回归分析。

表 103 逐步多元回归分析结果表明,我国彝族英语学习者语用意识三层,即语用意识感知、语用意识注意和语用意识理解,对语法意识感知回归模型均通过显著性 $F$ 检验($p<0.001$)和各参数 $t$ 检验($p<0.05$;$p<0.01$;$p<0.001$),表明建立的各回归模型成立。

表 103 彝族英语学习者语用意识各层级与语法意识
感知层级间的逐步多元回归分析

| 组别 | 因变量 | 模型 | 预测变量 | 相关系数 R | 测定系数 $R^2$ | 校正$R^2$ | 标准误差 SE | 方差分析 $F$ | 回归系数 $\beta$ | $t$ |
|---|---|---|---|---|---|---|---|---|---|---|
| 彝族高中组 | GAP | 1 | PAU | 0.373* | 0.139 | 0.131 | 4.375 | 18.056*** | 0.380 | 4.249*** |
| 彝族本科组 | GAP | 1 | PAP | 0.660* | 0.436 | 0.431 | 2.520 | 88.816*** | 0.497 | 9.424*** |
|  |  | 2 | PAP<br>PAN | 0.694* | 0.481 | 0.472 | 2.426 | 52.925*** | 0.302<br>0.297 | 3.790***<br>3.170** |
| 彝族综合组 | GAP | 1 | PAN | 0.426* | 0.182 | 0.178 | 3.680 | 50.823*** | 0.437 | 7.129*** |
|  |  | 2 | PAN<br>PAP | 0.444* | 0.197 | 0.190 | 3.653 | 27.989*** | 0.302<br>0.143 | 3.399***<br>2.098* |

注:预测变量排序是按照进入回归模型先后顺序进行;GAP =语法意识感知;PAP =语用意识感知;PAN =语用意识注意;PAU =语用意识理解;*表示 $p<0.05$;**表示 $p<0.01$;***表示 $p<0.001$。

对于彝族高中组,仅语用意识理解进入回归模型,相关系数 $R_{彝族高中\,PAU}=0.373$,测定系数 $R^2_{彝族高中\,PAU}=0.139$,校正系数 $R^2_{彝族高中\,PAU}=0.131$,说明彝族高中英语学习者语用意识理解层能够解释语法意识感知层的 13.1% 的变异。可见,对于彝族高中英语学习者,仅其语用意识理解对其语法意识感知的发展产生一定作用,但语用意识感知和语用意识注意对语法意识感知的发展未产生显著性影响。

对于彝族本科组,第一个进入回归模型的是语用意识感知,相关系数 $R_{彝族本科\,PAP}=0.660$,测定系数 $R^2_{彝族本科\,PAP}=0.436$,校正系数 $R^2_{彝族本科\,PAP}=0.431$,说明彝族本科英语学习者语用意识感知层能够解释语法意识感知层的 43.1% 的变异。再次叠加语用意识注意后,第二个回归模型成立,相关系数 $R_{彝族本科\,PAP、PAN}=0.694$,测定系数

$R^2_{彝族本科 PAP、PAN} = 0.481$，校正系数 $R^2_{彝族本科 PAP、PAN} = 0.472$。这说明，彝族本科组英语学习者语用意识感知和语用意识注意均对语法意识感知层级具有显著预测力，叠加语用意识感知和语用意识注意两层的作用，彝族本科英语学习者语用意识能够解释语法意识感知层级的47.2%的变异。此外，基于β绝对值来看，彝族本科阶段英语学习者语用意识感知（$β_{彝族本科 PAP} = 0.302$）对语法意识感知层发展的贡献率最大，其次是语用意识注意（$β_{彝族本科 PAN} = 0.297$），而语用意识理解所产生的作用不显著。

综合彝族高中、本科组数据进行分析，第一个进入回归模型的是语用意识注意，相关系数 $R_{彝族综合 PAN} = 0.426$，测定系数 $R^2_{彝族综合 PAN} = 0.182$，校正系数 $R^2_{彝族综合 PAN} = 0.178$，说明彝族英语学习者语用意识注意层能够解释语法意识感知层的17.8%的变异。再次叠加语用意识感知后，第二个回归模型成立，相关系数 $R_{彝族综合 PAN、PAP} = 0.444$，测定系数 $R^2_{彝族综合 PAN、PAP} = 0.197$，校正系数 $R^2_{彝族综合 PAN、PAP} = 0.190$。这说明，彝族英语学习者语用意识注意和语用意识感知均对语法意识感知层级具有显著预测力，叠加语用意识注意和语用意识感知两层的作用，彝族英语学习者语用意识能够解释语法意识感知层级的19.0%的变异。此外，基于β绝对值来看，彝族英语学习者语用意识注意（$β_{彝族综合 PAN} = 0.302$）对语法意识感知层发展的贡献率较大，其次是语用意识感知（$β_{彝族综合 PAP} = 0.143$），但语用意识理解对语法意识感知的发展并未产生显著贡献率。

综合以上组别分析和整体分析，我国彝族英语学习者语用意识感知、语用意识注意和语用意识理解等三层均对语法意识感知层具有显著预测力。但该预测力在不同学习阶段存在差异性：对于彝族高中阶段英语学习者，仅语用意识理解对其语法意识感知发展产生较强的影响力，语用意识感知和语用意识注意所产生的作用并不显著；对于彝族本科阶段英语学习者，其语用意识感知对语法意识感知层发展的贡献率最大，其次是语用意识注意，而语用意识理解并未产生显著性影响。另外，基于彝族英语学习者整体视角，虽然我国彝族英语学习者语用意识注意对语法意识感知层发展的贡献率最大，其次是语用意识感知，但该两者对语法意识感知层发展产生的影响仍然较为有限，仅能解释语法意识感知层级的19.0%的变异。

逐步多元回归分析表明（表104），我国彝族英语学习者语用意识三层，即语用意识感知、语用意识注意和语用意识理解，对语法意识注意回归模型均通过显著性 $F$ 检验（$p < 0.001$）和各参数 $t$ 检验（$p < 0.05$；$p < 0.01$；$p < 0.001$），表明建立的各回归模型成立。

表 104　彝族英语学习者语用意识各层级与语法意识
注意层级间的逐步多元回归分析

| 组别 | 因变量 | 模型 | 预测变量 | 相关系数 R | 测定系数 $R^2$ | 校正$R^2$ | 标准误差 SE | 方差分析 F | 回归系数 $\beta$ | 回归系数 t |
|---|---|---|---|---|---|---|---|---|---|---|
| 彝族高中组 | GAN | 1 | PAP | 0.524* | 0.275 | 0.268 | 4.881 | 42.475*** | 0.724 | 6.517*** |
|  |  | 2 | PAP | 0.564* | 0.318 | 0.306 | 4.755 | 25.892*** | 0.492 | 3.532** |
|  |  |  | PAU |  |  |  |  |  | 0.331 | 2.650** |
| 彝族本科组 | GAN | 1 | PAN | 0.671* | 0.450 | 0.445 | 3.641 | 94.075*** | 0.867 | 9.699*** |
|  |  | 2 | PAN | 0.719* | 0.517 | 0.509 | 3.426 | 61.070*** | 0.578 | 5.194*** |
|  |  |  | PAU |  |  |  |  |  | 0.237 | 3.986*** |
|  |  | 3 | PAN |  |  |  |  |  | 0.362 | 2.462* |
|  |  |  | PAU | 0.733* | 0.537 | 0.525 | 3.370 | 43.667*** | 0.233 | 3.993*** |
|  |  |  | PAP |  |  |  |  |  | 0.243 | 2.190* |
| 彝族综合组 | GAN | 1 | PAN | 0.542* | 0.294 | 0.291 | 4.468 | 95.436*** | 0.727 | 9.769*** |
|  |  | 2 | PAN | 0.573* | 0.328 | 0.322 | 4.369 | 55.636*** | 0.451 | 4.132*** |
|  |  |  | PAU |  |  |  |  |  | 0.223 | 3.387** |
|  |  | 3 | PAN |  |  |  |  |  | 0.322 | 2.603** |
|  |  |  | PAU | 0.584* | 0.341 | 0.333 | 4.335 | 39.231*** | 0.191 | 2.838** |
|  |  |  | PAP |  |  |  |  |  | 0.178 | 2.155* |

注：预测变量排序是按照进入回归模型先后顺序进行；GAN ＝ 语法意识注意；PAP ＝ 语用意识感知；PAN ＝ 语用意识注意；PAU ＝ 语用意识理解；* 表示 $p < 0.05$；** 表示 $p < 0.01$；*** 表示 $p < 0.001$。

对于彝族高中组，第一个进入回归模型的是语用意识感知，相关系数 $R_{彝族高中 PAP} = 0.524$，测定系数 $R^2_{彝族高中 PAP} = 0.275$，校正系数 $R^2_{彝族高中 PAP} = 0.268$，说明彝族高中英语学习者语用意识感知层能够解释语法意识注意层的 26.8% 的变异。再次叠加语用意识理解后，第二个回归模型成立，相关系数 $R_{彝族高中 PAP、PAU} = 0.564$，测定系数 $R^2_{彝族高中 PAP、PAU} = 0.318$，校正系数 $R^2_{彝族高中 PAP、PAU} = 0.306$。这说明，彝族高中组英语学习者语用意识感知层和语用意识理解层均对语法意识注意层级具有显著预测力，叠加语用意识感知和语用意识理解的作用，彝族高中英语学习者语用意识能够解释语法意识注意层级的 30.6% 的变异。此外，基于 $\beta$ 绝对值来看，彝族高中阶段英语学习者语用意识感知（$\beta_{彝族高中 PAP} = 0.492$）对语法意识注意层发展的贡献率最大，其次是语用意识理解（$\beta_{彝族高中 PAU} = 0.331$），而语用意识注意未对语法意识注意的发展产生显著性影响。

对于彝族本科组，第一个进入回归模型的是语用意识注意，相关系数 $R_{彝族本科PAN}=0.671$，测定系数 $R^2_{彝族本科PAN}=0.450$，校正系数 $R^2_{彝族本科PAN}=0.445$，说明彝族本科英语学习者语用意识注意层能够解释语法意识注意层的44.5%的变异。先后叠加语用意识理解和语用意识感知后，第二、第三个回归模型成立，相关系数 $R_{彝族本科PAN、PAU}=0.719$，测定系数 $R^2_{彝族本科PAN、PAU}=0.517$，校正系数 $R^2_{彝族本科PAN、PAU}=0.509$，相关系数 $R_{彝族本科PAN、PAU、PAP}=0.733$，测定系数 $R^2_{彝族本科PAN、PAU、PAP}=0.537$，校正系数 $R^2_{彝族本科PAN、PAU、PAP}=0.525$。这说明，彝族本科组英语学习者语用意识三层均对语法意识注意层级具有显著预测力，叠加语用意识注意、语用意识理解和语用意识感知等三层的作用，彝族本科英语学习者语用意识能够解释语法意识注意层级的52.5%的变异。此外，基于$\beta$绝对值来看，彝族本科阶段英语学习者语用意识注意（$\beta_{彝族本科PAN}=0.362$）对语法意识注意层发展的贡献率最大，其次分别是语用意识感知（$\beta_{彝族本科PAP}=0.243$）和语用意识理解（$\beta_{彝族本科PAU}=0.233$）。

综合彝族高中、本科组数据进行分析，第一个进入回归模型的是语用意识注意，相关系数 $R_{彝族综合PAN}=0.542$，测定系数 $R^2_{彝族综合PAN}=0.294$，校正系数 $R^2_{彝族综合PAN}=0.291$，说明彝族英语学习者语用意识注意层能够解释语法意识注意层的29.1%的变异。先后叠加语用意识理解和语用意识感知后，第二、第三个回归模型成立，相关系数 $R_{彝族综合PAN、PAU}=0.573$，测定系数 $R^2_{彝族综合PAN、PAU}=0.328$，校正系数 $R^2_{彝族综合PAN、PAU}=0.322$，相关系数 $R_{彝族综合PAN、PAU、PAP}=0.584$，测定系数 $R^2_{彝族综合PAN、PAU、PAP}=0.341$，校正系数 $R^2_{彝族综合PAN、PAU、PAP}=0.333$。这说明，彝族英语学习者语用意识三层均对语法意识注意层级具有显著预测力，叠加语用意识注意、语用意识理解和语用意识感知的作用，彝族英语学习者语用意识能够解释语法意识注意层级的33.3%的变异。此外，基于$\beta$绝对值来看，彝族英语学习者语用意识注意（$\beta_{彝族综合PAN}=0.322$）对语法意识注意层发展的贡献率最大，其次是语用意识理解（$\beta_{彝族综合PAU}=0.191$）和语用意识感知（$\beta_{彝族综合PAP}=0.178$）。

综合以上组别分析和整体分析，我国彝族英语学习者语用意识感知、语用意识注意和语用意识理解等三层均对语法意识注意层具有显著预测力。但在不同学习阶段，我国彝族英语学习者语用意识三层级与语法意识注意层级间的交互存在阶段性差异：在高中阶段，彝族英语学习者语用意识感知对语法意识注意层发展的贡献率最大，其次是语用意识理解，且语用意识注意的作用并不显著；而在本科阶段，彝族英语学习者语用意识注意对语法意识注意层发展的贡献率最大，其次分别是语用意识感知和语用意识理解。另外，从彝族英语学习者整体上看，彝族英语学习者语用意识注意对语法意识注意层发展的贡献率最大，其次是语用意识理解和语用意识感知。

表 105 分析结果显示，我国彝族英语学习者语用意识三层，即语用意识感知、语用意识注意和语用意识理解，对语法意识理解回归模型均通过显著性 $F$ 检验（$p<0.001$）和各参数 $t$ 检验（$p<0.05$; $p<0.01$; $p<0.001$），表明建立的各回归模型成立。

表 105 彝族英语学习者语用意识各层级与语法意识理解层级间的逐步多元回归分析

| 组别 | 因变量 | 模型 | 预测变量 | 相关系数 R | 测定系数 $R^2$ | 校正$R^2$ | 标准误差 SE | 方差分析 $F$ | 回归系数 $\beta$ | $t$ |
|---|---|---|---|---|---|---|---|---|---|---|
| 彝族高中组 | GAU | 1 | PAU | 0.552* | 0.304 | 0.298 | 6.372 | 49.026*** | 0.911 | 7.002*** |
| | | 2 | PAU | 0.600* | 0.360 | 0.349 | 6.139 | 31.238*** | 0.596 | 3.693*** |
| | | | PAN | | | | | | 0.559 | 3.108** |
| 彝族本科组 | GAU | 1 | PAN | 0.617* | 0.381 | 0.376 | 5.050 | 70.849*** | 1.044 | 8.417*** |
| | | 2 | PAN | 0.667* | 0.445 | 0.435 | 4.805 | 45.629*** | 0.676 | 4.335*** |
| | | | PAU | | | | | | 0.300 | 3.607*** |
| 彝族综合组 | GAU | 1 | PAU | 0.584* | 0.341 | 0.338 | 5.856 | 118.283*** | 0.640 | 10.876*** |
| | | 2 | PAU | 0.632* | 0.400 | 0.395 | 5.599 | 75.964*** | 0.414 | 5.619*** |
| | | | PAP | | | | | | 0.444 | 4.746*** |
| | | 3 | PAU | | | | | | 0.321 | 3.726*** |
| | | | PAP | 0.641* | 0.411 | 0.403 | 5.559 | 52.784*** | 0.338 | 3.185** |
| | | | PAN | | | | | | 0.328 | 2.063* |

注：预测变量排序是按照进入回归模型先后顺序进行；GAU＝语法意识理解；PAP＝语用意识感知；PAN＝语用意识注意；PAU＝语用意识理解；* 表示 $p<0.05$；** 表示 $p<0.01$；*** 表示 $p<0.001$。

对于彝族高中组，第一个进入回归模型的是语用意识理解，相关系数 $R_{彝族高中PAU}=0.552$，测定系数 $R^2_{彝族高中PAU}=0.304$，校正系数 $R^2_{彝族高中PAU}=0.298$，说明彝族高中英语学习者语用意识理解层能够解释语法意识理解层的 29.8% 的变异。再次叠加语用意识注意后，第二个回归模型成立，相关系数 $R_{彝族高中PAU、PAN}=0.600$，测定系数 $R^2_{彝族高中PAU、PAN}=0.360$，校正系数 $R^2_{彝族高中PAU、PAN}=0.349$。这说明，彝族高中组英语学习者语用意识理解和语用意识注意均对语法意识理解层级具有显著预测力，叠加语用意识理解和语用意识注意两层的作用，彝族高中英语学习者语用意识能够解释语法意识理解层级的34.9%的变异。此外，基于$\beta$绝对值来看，彝族高中阶段英语学习者语用意识理解（$\beta_{彝族高中PAU}=0.596$）对语法意识理解层发展的贡献率最大，其次是语用意识注意（$\beta_{彝族高中PAN}=0.559$），但语用意识感知所产生的作用并不显著。

对于彝族本科组，第一个进入回归模型的是语用意识注意，相关系数$R_{彝族本科PAN}=0.617$，测定系数$R^2_{彝族本科PAN}=0.381$，校正系数$R^2_{彝族本科PAN}=0.376$，说明彝族本科英语学习者语用意识注意层能够解释语法意识理解层的37.6%的变异。再次叠加语用意识理解后，第二个回归模型成立，相关系数$R_{彝族本科PAN、PAU}=0.667$，测定系数$R^2_{彝族本科PAN、PAU}=0.445$，校正系数$R^2_{彝族本科PAN、PAU}=0.435$。这说明，彝族本科组英语学习者语用意识注意和语用意识理解两层均对语法意识理解层级具有显著预测力，叠加语用意识注意和语用意识理解的作用，彝族本科英语学习者语用意识能够解释语法意识感知层级的43.5%的变异。此外，基于$\beta$绝对值来看，彝族本科阶段英语学习者语用意识注意（$\beta_{彝族本科PAN}=0.676$）对语法意识理解层发展的贡献率最大，其次是语用意识理解（$\beta_{彝族本科PAU}=0.300$），而语用意识感知并未对语法意识理解层的发展产生显著性影响。

综合彝族高中、本科组数据进行分析，第一个进入回归模型的是语用意识理解，相关系数$R_{彝族综合PAU}=0.584$，测定系数$R^2_{彝族综合PAU}=0.341$，校正系数$R^2_{彝族综合PAU}=0.338$，说明彝族英语学习者语用意识理解层能够解释语法意识理解层的33.8%的变异。再次叠加语用意识感知和语用意识注意后，第二、第三个回归模型成立，相关系数$R_{彝族综合PAU、PAP}=0.632$，测定系数$R^2_{彝族综合PAU、PAP}=0.400$，校正系数$R^2_{彝族综合PAU、PAP}=0.395$，相关系数$R_{彝族综合PAU、PAP、PAN}=0.641$，测定系数$R^2_{彝族综合PAU、PAP、PAN}=0.411$，校正系数$R^2_{彝族综合PAU、PAP、PAN}=0.403$。这说明，彝族英语学习者语用意识三层均对语法意识理解层级具有显著预测力，叠加语用意识理解、语用意识感知和语用意识注意等三层的作用，彝族英语学习者语用意识能够解释语法意识理解层级的40.3%的变异。此外，基于$\beta$绝对值来看，彝族英语学习者语用意识感知（$\beta_{彝族综合PAP}=0.338$）对语法意识理解层发展的贡献率最大，其次是语用意识注意（$\beta_{彝族综合PAN}=0.328$）和语用意识理解

（$\beta_{彝族综合\text{PAU}} = 0.321$）。

综合以上组别分析和整体分析，我国彝族英语学习者语用意识感知、语用意识注意和语用意识理解等三层均对语法意识理解层具有显著预测力。基于学习阶段角度，彝族高中阶段英语学习者语用意识理解对语法意识理解层发展的贡献率最大，其次是语用意识注意，且语用意识感知的作用并不显著；而彝族本科阶段英语学习者语用意识注意对语法意识理解层发展的贡献率最大，其次是语用意识理解，且语用意识感知未对其产生显著性影响。而基于彝族英语学习者整体视角，其语用意识感知对语法意识理解层发展的贡献率最大，其次分别是语用意识注意和语用意识理解。

### 6.6.3.3 藏彝（综合）英语学习者语用意识层级与语法意识层级间逐步多元回归分析

藏彝（综合）英语学习者语用意识各层级与语法意识感知、注意、理解三层级间的回归分析。

表 106 显示，我国藏彝英语学习者语用意识三层，即语用意识感知、语用意识注意和语用意识理解，对语法意识感知回归模型均通过显著性 $F$ 检验（$p<0.001$）和各参数 $t$ 检验（$p<0.01$；$p<0.001$），表明建立的各回归模型成立。

表 106　藏彝英语学习者语用意识各层级与语法意识感知层级间的逐步多元回归分析

| 组别 | 因变量 | 模型 | 预测变量 | 相关系数 R | 测定系数 $R^2$ | 校正$R^2$ | 标准误差 SE | 方差分析 $F$ | 回归系数 $\beta$ | $t$ |
|---|---|---|---|---|---|---|---|---|---|---|
| 藏彝高中组 | GAP | 1 | PAU | 0.437* | 0.191 | 0.188 | 4.249 | 54.163*** | 0.446 | 7.360*** |
|  |  | 2 | PAU PAP | 0.486* | 0.236 | 0.229 | 4.139 | 35.219*** | 0.288 0.322 | 3.925*** 3.654** |
| 藏彝本科组 | GAP | 1 | PAP | 0.554* | 0.306 | 0.304 | 3.240 | 106.921*** | 0.494 | 10.340*** |
|  |  | 2 | PAP PAN | 0.613* | 0.376 | 0.371 | 3.081 | 72.519*** | 0.346 0.304 | 6.435*** 5.171*** |
| 藏彝综合组 | GAP | 1 | PAP | 0.478* | 0.229 | 0.227 | 3.823 | 140.331*** | 0.419 | 11.846*** |
|  |  | 2 | PAP PAN | 0.520* | 0.271 | 0.268 | 3.720 | 87.658*** | 0.265 0.297 | 5.826*** 5.216*** |

注：预测变量排序是按照进入回归模型先后顺序进行；GAP = 语法意识感知；PAP = 语用意识感知；PAN = 语用意识注意；PAU = 语用意识理解；* 表示 $p<0.05$，** 表示 $p<0.01$，*** 表示 $p<0.001$。

对于藏彝高中组，第一个进入回归模型的是语用意识理解，相关系数 $R_{藏彝高中\text{PAU}} = 0.437$，测定系数 $R^2_{藏彝高中\text{PAU}} = 0.191$，校正系数

$R^2_{藏彝高中 PAU}=0.188$，说明藏彝高中英语学习者语用意识理解层能够解释语法意识感知层的 18.8% 的变异。再次叠加语用意识感知后，第二个回归模型成立，相关系数 $R_{藏彝高中 PAU、PAP}=0.486$，测定系数 $R^2_{藏彝高中 PAU、PAP}=0.236$，校正系数 $R^2_{藏彝高中 PAU、PAP}=0.229$。这说明，藏彝高中组英语学习者语用意识理解和语用意识感知均对语法意识感知层级具有显著预测力，叠加语用意识理解和语用意识感知两层的作用，藏彝高中英语学习者语用意识能够解释语法意识感知层级的 22.9% 的变异。此外，基于 $\beta$ 绝对值来看，藏彝高中阶段英语学习者语用意识感知（$\beta_{藏彝高中 PAP}=0.322$）对语法意识感知层发展的贡献率最大，其次是语用意识理解（$\beta_{藏彝高中 PAU}=0.288$），但语用意识注意并未对语法意识感知的发展产生显著性影响。

对于藏彝本科组，第一个进入回归模型的是语用意识感知，相关系数 $R_{藏彝本科 PAP}=0.554$，测定系数 $R^2_{藏彝本科 PAP}=0.306$，校正系数 $R^2_{藏彝本科 PAP}=0.304$，说明藏彝本科英语学习者语用意识感知层能够解释语法意识感知层的 30.4% 的变异。再次叠加语用意识注意后，第二个回归模型成立，相关系数 $R_{藏彝本科 PAP、PAN}=0.613$，测定系数 $R^2_{藏彝本科 PAP、PAN}=0.376$，校正系数 $R^2_{藏彝本科 PAP、PAN}=0.371$。这说明，藏彝本科组英语学习者语用意识感知和语用意识注意均对语法意识感知层级具有显著预测力，叠加语用意识感知和语用意识注意两层的作用，藏彝本科英语学习者语用意识能够解释语法意识感知层级的 37.1% 的变异。此外，基于 $\beta$ 绝对值来看，藏彝本科阶段英语学习者语用意识感知（$\beta_{藏彝本科 PAP}=0.346$）对语法意识感知层发展的贡献率最大，其次是语用意识注意（$\beta_{藏彝本科 PAN}=0.304$），而语用意识理解所产生的作用并不显著。

综合藏彝高中、本科组数据进行分析，第一个进入回归模型的是语用意识感知，相关系数 $R_{藏彝综合 PAP}=0.478$，测定系数 $R^2_{藏彝综合 PAP}=0.229$，校正系数 $R^2_{藏彝综合 PAP}=0.227$，说明藏彝英语学习者语用意识感知层能够解释语法意识感知层的 22.7% 的变异。再次叠加语用意识注意后，第二个回归模型成立，相关系数 $R_{藏彝综合 PAP、PAN}=0.520$，测定系数 $R^2_{藏彝综合 PAP、PAN}=0.271$，校正系数 $R^2_{藏彝综合 PAP、PAN}=0.268$。这说明，藏彝英语学习者语用意识感知和语用意识注意均对语法意识感知层级具有显著预测力，叠加语用意识感知和语用意识注意两层的作用,藏彝英语学习者语用意识能够解释语法意识感知层级的26.8%的变异。此外,基于$\beta$绝对值来看,藏彝英语学习者语用意识注意($\beta_{藏彝综合PAN}=0.297$)对语法意识感知层发展的贡献率最大,其次是语用意识感知($\beta_{藏彝综合PAP}=0.265$),而语用意识理解并未对语法意识感知的发展产生显著性作用。

综合以上组别分析和整体分析,我国藏彝英语学习者语用意识感知、语用意识注意和语用意识理解等三层均对语法意识感知层具有显著预测力。从学习阶段看,该预测力存在阶段性差异:对于藏彝高中阶段英语学习者,其语用意识感知对语法意识感知层发展的贡献率最大,其次是语用意识理解,且语用意识注意的作用并不显著;而对于藏彝本科阶段英语学习者,其语用意识感知对语法意识感知层发展的贡献率最大,其次是语用意识注意,但语用意识理解并未产生显著性作用。从藏彝英语学习者整体视角看,藏彝英语学习者语用意识注意对语法意识感知层发展产生更大的影响力,其次是语用意识感知,但语用意识理解并未对语法意识感知的发展产生显著性影响。

逐步多元回归分析表明(表107),我国藏彝英语学习者语用意识三层,即语用意识感知、语用意识注意和语用意识理解,对语法意识注意回归模型均通过显著性$F$检验($p<0.001$)和各参数$t$检验($p<0.01$;$p<0.001$),表明建立的各回归模型成立。

表107 藏彝英语学习者语用意识各层级与语法意识注意层级间的逐步多元回归分析

| 组别 | 因变量 | 模型 | 预测变量 | 相关系数 R | 测定系数 $R^2$ | 校正$R^2$ | 标准误差 SE | 方差分析 $F$ | 回归系数 $\beta$ | $t$ |
|---|---|---|---|---|---|---|---|---|---|---|
| 藏彝高中组 | GAN | 1 | PAU | 0.563* | 0.317 | 0.314 | 5.696 | 106.163*** | 0.837 | 10.304*** |
| | | 2 | PAU | 0.582* | 0.339 | 0.333 | 5.614 | 58.506*** | 0.674 | 6.778*** |
| | | | PAP | | | | | | 0.332 | 2.780** |
| 藏彝本科组 | GAN | 1 | PAU | 0.613* | 0.376 | 0.374 | 4.244 | 145.995*** | 0.522 | 12.083*** |
| | | 2 | PAU | 0.695* | 0.482 | 0.478 | 3.874 | 112.323*** | 0.353 | 7.665*** |
| | | | PAN | | | | | | 0.514 | 7.031*** |
| | | 3 | PAU | | | | | | 0.303 | 6.663*** |
| | | | PAN | 0.726* | 0.526 | 0.521 | 3.713 | 88.936*** | 0.372 | 4.874*** |
| | | | PAP | | | | | | 0.314 | 4.723*** |
| 藏彝综合组 | GAN | 1 | PAU | 0.485* | 0.236 | 0.234 | 5.431 | 145.797*** | 0.515 | 12.075 |
| | | 2 | PAU | 0.508* | 0.259 | 0.255 | 5.354 | 82.302*** | 0.369 | 6.518*** |
| | | | PAN | | | | | | 0.321 | 3.823*** |

注:预测变量排序是按照进入回归模型先后顺序进行;GAN=语法意识注意;PAP=语用意识感知;PAN=语用意识注意;PAU=语用意识理解;*表示$p<0.05$;**表示$p<0.01$;***表示$p<0.001$。

对于藏彝高中组，第一个进入回归模型的是语用意识理解，相关系数 $R_{藏彝高中PAU} = 0.563$，测定系数 $R^2_{藏彝高中PAU} = 0.317$，校正系数 $R^2_{藏彝高中PAU} = 0.314$，说明藏彝高中英语学习者语用意识理解层能够解释语法意识注意层的31.4%的变异。再次叠加语用意识感知后，第二个回归模型成立，相关系数 $R_{藏彝高中PAU、PAP} = 0.582$，测定系数 $R^2_{藏彝高中PAU、PAP} = 0.339$，校正系数 $R^2_{藏彝高中PAU、PAP} = 0.333$。这说明，藏彝高中组英语学习者语用意识理解层和语用意识感知层均对语法意识注意层级具有显著预测力，叠加语用意识理解和语用意识感知的作用，藏彝高中英语学习者语用意识能够解释语法意识注意层级的33.3%的变异。此外，基于 $\beta$ 绝对值来看，藏彝高中阶段英语学习者语用意识理解（$\beta_{藏彝高中PAU} = 0.674$）对语法意识注意层发展的贡献率最大，其次是语用意识感知（$\beta_{藏彝高中PAP} = 0.332$），而语用意识注意未产生显著性作用。

对于藏彝本科组，第一个进入回归模型的是语用意识理解，相关系数 $R_{藏彝本科PAU} = 0.613$，测定系数 $R^2_{藏彝本科PAU} = 0.376$，校正系数 $R^2_{藏彝本科PAU} = 0.374$，说明藏彝本科英语学习者语用意识理解层能够解释语法意识注意层的37.4%的变异。先后叠加语用意识注意和语用意识感知后，第二、第二个回归模型成立，相关系数 $R_{藏彝本科PAU、PAN} = 0.695$，测定系数 $R^2_{藏彝本科PAU、PAN} = 0.482$，校正系数 $R^2_{藏彝本科PAU、PAN} = 0.478$，相关系数 $R_{藏彝本科PAU、PAN、PAP} = 0.726$，测定系数 $R^2_{藏彝本科PAU、PAN、PAP} = 0.526$，校正系数 $R^2_{藏彝本科PAU、PAN、PAP} = 0.521$。这说明，藏彝本科组英语学习者语用意识三层均对语法意识注意层级具有显著预测力，叠加语用意识理解、语用意识注意和语用意识感知等三层的作用，藏彝本科英语学习者语用意识能够解释语法意识注意层级的52.1%的变异。此外，基于 $\beta$ 绝对值来看，藏彝本科阶段英语学习者语用意识注意（$\beta_{藏彝本科PAN} = 0.372$）对语法意识注意层发展的贡献率最大，其次分别是语用意识感知（$\beta_{藏彝本科PAP} = 0.314$）和语用意识理解（$\beta_{藏彝本科PAU} = 0.303$）。

综合藏彝高中、本科组数据进行分析，第一个进入回归模型的是语用意识理解，相关系数 $R_{藏彝综合\,PAU} = 0.485$，测定系数 $R^2_{藏彝综合\,PAU} = 0.236$，校正系数 $R^2_{藏彝综合\,PAU} = 0.234$，说明藏彝英语学习者语用意识理解层能够解释语法意识注意层的 23.4% 的变异。再次叠加语用意识注意后，第二个回归模型成立，相关系数 $R_{藏彝综合\,PAU、PAN} = 0.508$，测定系数 $R^2_{藏彝综合\,PAU、PAN} = 0.259$，校正系数 $R^2_{藏彝综合\,PAU、PAN} = 0.255$。这说明，藏彝英语学习者语用意识理解和语用意识注意均对语法意识注意层级具有显著预测力，叠加语用意识理解和语用意识注意的作用，藏彝英语学习者语用意识能够解释语法意识注意层级的 25.5% 的变异。此外，基于 $\beta$ 绝对值来看，藏彝英语学习者语用意识理解（$\beta_{藏彝综合\,PAU} = 0.369$）对语法意识注意层发展的贡献率最大，其次是语用意识注意（$\beta_{藏彝综合\,PAN} = 0.321$），但语用意识感知并未产生显著性作用。

综合以上组别分析和整体分析，我国藏彝英语学习者语用意识感知、语用意识注意和语用意识理解等三层均对语法意识注意层具有显著预测力。但这种预测力存在阶段性差异：藏彝高中阶段，英语学习者语用意识理解对语法意识注意层发展的贡献率最大，其次是语用意识感知，但语用意识注意并未产生显著性作用；而藏彝本科阶段，英语学习者语用意识注意对语法意识注意层发展的贡献率最大，其次分别是语用意识感知和语用意识理解。从整体上看，藏彝英语学习者语用意识理解对语法意识注意层发展产生的作用最为显著，其次是语用意识注意层，而语用意识感知的作用并不显著。

表 108 分析结果显示，我国藏彝英语学习者语用意识三层，即语用意识感知、语用意识注意和语用意识理解，对语法意识理解回归模型均通过显著性 $F$ 检验（$p < 0.001$）和各参数 $t$ 检验（$p < 0.01$；$p < 0.001$），表明建立的各回归模型成立。

表 108　藏彝英语学习者语用意识各层级与语法意识
理解层级间的逐步多元回归分析

| 组别 | 因变量 | 模型 | 预测变量 | 相关系数 R | 测定系数 $R^2$ | 校正$R^2$ | 标准误差 SE | 方差分析 F | 回归系数 $\beta$ | t |
|---|---|---|---|---|---|---|---|---|---|---|
| 藏彝高中组 | GAU | 1 | PAU | 0.632* | 0.399 | 0.397 | 5.472 | 152.186*** | 0.963 | 12.336*** |
| | | 2 | PAU | 0.661* | 0.437 | 0.432 | 5.307 | 88.628*** | 0.744 | 7.922*** |
| | | | PAP | | | | | | 0.444 | 3.932*** |
| 藏彝本科组 | GAU | 1 | PAU | 0.593* | 0.352 | 0.350 | 5.366 | 131.590*** | 0.626 | 11.471*** |
| | | 2 | PAU | 0.677* | 0.458 | 0.454 | 4.917 | 101.985*** | 0.454 | 8.127*** |
| | | | PAP | | | | | | 0.557 | 6.873*** |
| | | 3 | PAU | | | | | | 0.374 | 6.377*** |
| | | | PAP | 0.698* | 0.487 | 0.481 | 4.793 | 76.067*** | 0.432 | 5.022*** |
| | | | PAN | | | | | | 0.363 | 3.685*** |
| 藏彝综合组 | GAU | 1 | PAU | 0.592* | 0.350 | 0.349 | 5.536 | 254.861*** | 0.694 | 15.964*** |
| | | 2 | PAU | 0.624* | 0.389 | 0.386 | 5.374 | 150.188*** | 0.485 | 8.526*** |
| | | | PAN | | | | | | 0.461 | 5.471*** |
| | | 3 | PAU | | | | | | 0.441 | 7.609*** |
| | | | PAN | 0.634* | 0.402 | 0.398 | 5.324 | 105.328*** | 0.331 | 3.563*** |
| | | | PAP | | | | | | 0.211 | 3.151** |

注：预测变量排序是按照进入回归模型先后顺序进行；GAU＝语法意识理解；PAP＝语用意识感知；PAN＝语用意识注意；PAU＝语用意识理解；* 表示 $p<0.05$；** 表示 $p<0.01$；*** 表示 $p<0.001$。

对于藏彝高中组，第一个进入回归模型的是语用意识理解，相关系数 $R_{藏彝高中PAU}=0.632$，测定系数 $R^2_{藏彝高中PAU}=0.399$，校正系数 $R^2_{藏彝高中PAU}=0.397$，说明藏彝高中英语学习者语用意识理解层能够解释语法意识理解层的 39.7% 的变异。再次叠加语用意识感知后，第二个回归模型成立，相关系数 $R_{藏彝高中PAU、PAP}=0.661$，测定系数 $R^2_{藏彝高中PAU、PAP}=0.437$，校正系数 $R^2_{藏彝高中PAU、PAP}=0.432$。这说明，藏彝高中组英语学习者语用意识理解和语用意识感知均对语法意识理解层级具有显著预测力，叠加语用意识理解和语用意识感知两层的作用，藏彝高中英语学习者语用意识能够解释语法意识理解层级的 43.2% 的变异。此外，基于 $\beta$ 绝对值来看，藏彝高中阶段英语学习者语用意识理解（$\beta_{藏彝高中PAU}=0.744$）对语法意识理解层发展的贡献率最大，其次是语用意识感知（$\beta_{藏彝高中PAP}=0.444$），而语用意识注意并未对语法意识理解的发展产生显著性影响。

对于藏彝本科组，第一个进入回归模型的是语用意识理解，相关系数 $R_{藏彝本科PAU}=0.593$，测定系数 $R^2_{藏彝本科PAU}=0.352$，校正系数

$R^2_{藏彝本科PAU}=0.350$，说明藏彝本科英语学习者语用意识理解层能够解释语法意识理解层的35.0%的变异。先后叠加语用意识感知和语用意识注意后，第二、第三个回归模型成立，相关系数$R_{藏彝本科PAU、PAP}=0.677$，测定系数$R^2_{藏彝本科PAU、PAP}=0.458$，校正系数$R^2_{藏彝本科PAU、PAP}=0.454$，相关系数$R_{藏彝本科PAU、PAP、PAN}=0.698$，测定系数$R^2_{藏彝本科PAU、PAP、PAN}=0.487$，校正系数$R^2_{藏彝本科PAU、PAP、PAN}=0.481$。这说明，藏彝本科组英语学习者语用意识三层均对语法意识理解层级具有显著预测力，叠加语用意识理解、语用意识感知和语用意识注意等三层的作用，藏彝本科英语学习者语用意识能够解释其语法意识理解层级的48.1%的变异。此外，基于$\beta$绝对值来看，藏彝本科阶段英语学习者语用意识感知（$\beta_{藏彝本科PAP}=0.432$）对语法意识理解层发展的贡献率最大，其次分别是语用意识理解（$\beta_{藏彝本科PAU}=0.374$）和语用意识注意（$\beta_{藏彝本科PAN}=0.363$）。

综合藏彝高中、本科组数据进行分析，第一个进入回归模型的是语用意识理解，相关系数$R_{藏彝综合PAU}=0.592$，测定系数$R^2_{藏彝综合PAU}=0.350$，校正系数$R^2_{藏彝综合PAU}=0.349$，说明藏彝英语学习者语用意识理解层能够解释语法意识理解层的34.9%的变异。再次叠加语用意识注意和语用意识感知后，第二、第三个回归模型成立，相关系数$R_{藏彝综合PAU、PAN}=0.624$，测定系数$R^2_{藏彝综合PAU、PAN}=0.389$，校正系数$R^2_{藏彝综合PAU、PAN}=0.386$，相关系数$R_{藏彝综合PAU、PAN、PAP}=0.634$，测定系数$R^2_{藏彝综合PAU、PAN、PAP}=0.402$，校正系数$R^2_{藏彝综合PAU、PAN、PAP}=0.398$。这说明，藏彝英语学习者语用意识三层均对语法意识理解层级具有显著预测力，叠加语用意识理解、语用意识注意和语用意识感知等三层的作用，藏彝英语学习者语用意识能够解释语法意识理解层级的39.8%的变异。此外，基于$\beta$绝对值来看，藏彝英语学习者语用意识理解（$\beta_{藏彝综合PAU}=0.441$）对语法意识理解层发展的贡献率最大，其次分别是语用意识注意（$\beta_{藏彝综合PAN}=0.331$）和语用意识感知（$\beta_{藏彝综合PAP}=0.211$）。

综合以上组别分析和整体分析，我国藏彝英语学习者语用意识感知、语用意识注意和语用意识理解等三层均对语法意识理解层具有显著预测力，且具有阶段性特征：藏彝高中阶段，英语学习者语用意识理解对语法意识理解层发展的贡献率最大，其次是语用意识感知，但语用意识注意所产生的作用并不显著；而藏彝本科阶段，英语学习者语用意识感知对语法意识理解层发展的贡献率最大，其次分别是语用意识理解和语用意识注意。但综合藏彝英语学习者所有数据分析显示，我国藏彝英语学习者语用意识理解对语法意识理解层发展的贡献率最大，其次分别是语用意识注意和语用意识感知。

## 6.7 结语

本章主要基于语法意识和语用意识交互视角，对问卷调查数据进行均值对比分析、相关性分析、一元线性回归分析以及逐步多元回归分析，对语法意识和语用意识间具体交互程度、形式等特征进行研究。调查结论表明：①我国藏彝英语学习者语法意识和语用意识存在显著性差异，其语法意识发展显著高于语用意识发展。②我国藏彝英语学习者语法意识与语用意识发展存在显著性正相关，但这种交互关系在不同学习阶段存在一定的差异性，对于藏族学习者而言，两者的交互性在高中阶段强于本科阶段，而对于彝族学习者而言，两者的交互性在本科阶段更显著。③对于藏族英语学习者，其语法意识感知和语法意识理解均对其语用意识发展产生积极作用，尤其是语法意识感知作用最显著，但语法意识注意对语用意识发展却产生消极作用；对于彝族英语学习者，其语法意识注意和语法意识理解均对其语用意识发展产生影响，但语法意识理解对语用意识产生更显著的作用。④对于藏族英语学习者，其语用意识感知、语用意识注意和语用意识理解等三层均对其语法意识发展产生作用，但语用意识注意对语法意识产生的影响最显著，其次分别是语用意识理解和语用意识感知；对于彝族英语学习者，其语用意识感知、语用意识注意和语用意识理解等三层均对其语法意识发展产生作用，但语用意识注意对语法意识产生最显著的作用，其次分别是语用意识感知和语用意识理解。⑤我国藏彝英语学习者语法意识各层发展与语用意识各层发展均存在显著性正相关；对藏族英语学习者语用意识感知、语用意识注意和语用意识理解等三层产生最具影响力的语法意识层级分别是语法意识感知、语法意识理解和语法意识理解；对彝族英语学习者语用意识感知、语用意识注意和语用意识理解等三层产生最具影响力的语法意识层级均为语法意识理解。⑥我国藏彝英语学习者语用意识各层发展与语法意识各层发展均存在显著性正相关；对藏族英语学习者语法意识感知、语法意识注意和语法意识理解等三层产生最具影响力的语用意识层级分别是语用意识感知、语用意识理解和语用意识注意；对彝族英语学习者语法意识感知、语法意识注意和语法意识理解等三层产生最具影响力的语用意识层级分别是语用意识注意、语用意识注意和语用意识感知。由此可见，我国藏彝英语学习者语法意识与语用意识发展存在交互作用，但这种交互作用具有显著的阶段性、民族性等特征，且表明语法意识层级发展与语用意识层级发展并非一一对应的关系。因此，本研究结论不仅可为后续章节有关语法意识和语用意识交互作用的讨论提供客观数据，也可为我国藏彝等少数民族英语学习者语言认知、语言意识水平及能力的提升提供理论支持和策略参考。

# 7 藏彝英语学习者语法意识与语用意识交互关系及成因

## 7.1 引言

在第 6 章，作者基于语法意识和语用意识交互视角，对问卷调查数据进行相关性分析、一元线性回归分析以及逐步多元回归分析，得出我国藏彝英语学习者语法意识和语用意识存在整体间、层级 - 整体间、层级间"非一一对应"交互关系，且该交互关系也存在阶段性、民族性等特征。然而，在前文实证章节中，作者仅将统计结果进行呈现，并未就其具体交互形式、交互程度、"非一一对应关系"等特征及成因做具体探讨。因此，本章在前面章节实证研究结论基础上，以图文结合的形式，进一步对我国藏彝英语学习者语法意识、语用意识两者整体间、层级间的具体交互关系及成因展开深入讨论与分析。

## 7.2 藏彝英语学习者语法意识与语用意识整体 - 整体交互关系

基于第 6 章相关性分析和一元线性回归分析，研究结论如下：①对于藏族英语学习者而言，无论是高中还是本科阶段，其语法意识与语用意识发展均存在显著相关性，且语法意识对语用意识的回归模型成立，均通过了 $F$ 检验（$p < 0.001$）和各参数 $t$ 检验（$p < 0.001$），自变量能够显著解释因变量的方差，语法意识对语用意识具有显著预测性。藏族英语学习者语法意识与语用意识相关，学习者语法意识能够解释语用意识的 33.6% 的变异。②对彝族英语学习者而言，无论是高中还是本科阶段，其语法意识与语用意识发展均存在显著相关性，且语法意识对语用意识的回归模型成立，均通过了 $F$ 检验（$p < 0.001$）和各参数 $t$ 检验（$p < 0.001$），自变量能够显著解释因变量的方差，语法意识对语用意识具有显著预测性。彝族英语学习者语法意识与语用意识相关，学习者语法意识能够解释语用意识的 43.6% 的变异。③基于藏彝被试综合视角，无论是高中还是本科阶段，我国藏彝英语学习者语法意识与语用意识发展均存在显著相关性，且语法意识对语用意识的回归模型成立，均通过了 $F$ 检验（$p < 0.001$）和各参数 $t$ 检验（$p < 0.001$），自变量能够显著解释因变量的方差，语法意识对语用意识具有显著预测性。藏彝英语学习者语法意识与语用意识相关，学习者语法意识能够解释语用意识的 42.1% 的变异。④基于阶段视角，高中阶段藏彝英语学习者语法意识和语用意识交互程度（48.1%）低于本科阶段的交互程度（59.7%）。由于在该一元线性回归分析中，

无论将语法意识作为因变量、语用意识作为预测变量，还是将语用意识作为因变量、语法意识作为预测变量，其计算分析结果相同，仅有标准误估计值和回归方程的物理意义等存在差异。因此，我国藏族、彝族以及藏彝（综合）英语学习者语法意识和语用意识整体间的交互程度、交互关系可由图1和图2得以呈现。

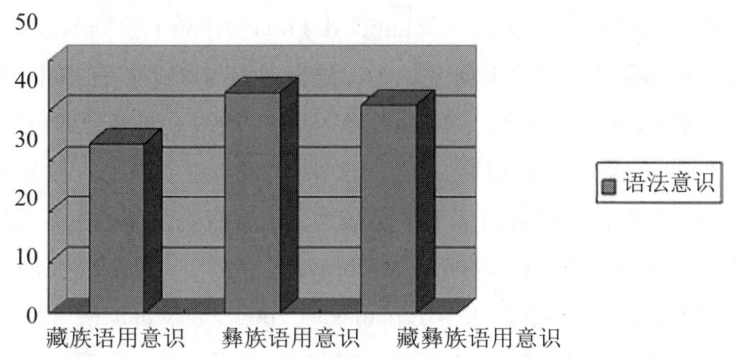

图1　藏彝及藏彝（综合）英语学习者语法意识和语用意识整体间的交互程度

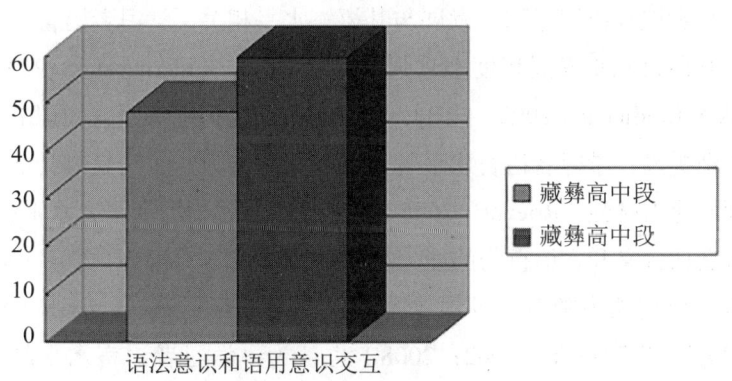

图2　藏彝英语学习者语法意识和语用意识整体交互阶段性特征

## 7.3　藏彝英语学习者语法意识与语用意识整体－整体交互成因

以上分析结论显示，我国藏族、彝族英语学习者语法意识和语用意识整体间的交互关系存在显著性民族差异，且还存在一定的阶段性差异：我国藏族英语学习者语法意识和语用意识交互程度低于我国彝族英语学习者语法意识和语用意识间的交互程度；藏族英语学习者语法意识和语用意识交互强度呈现出逐渐下降的阶段性发展趋势；而彝族英语学习者语法意识和语用意识间交互强度呈现逐渐上升的阶段性发展态势；高中阶段藏彝英语学习者语法意识和语用意识的交互程度低于本科阶段。该分析结论的存在既可能与学习者语言水平有关,也可能与学习者语言认知程度有关。

### 7.3.1 语言水平因素

语言水平是导致我国藏彝英语学习者语法意识与语用意识间交互关系存在差异性的主要因子。以往国内外研究显示,学习者语言意识与其语言水平存在相关性。Schmidt & Frota(1986)根据 Schmidt 在巴西学习葡萄牙语的个案研究认为,语言意识与语言水平之间存在极强的联系。Leow(1997)、Rosa & O'Neill(1999)等实证研究发现,高水平的语言意识对应高的语言水平。Schmidt(2010)和 Stewart(2010)发现,学习者语言水平是影响其语言意识发展的主要原因。Koike(1996)、Bardovi-Harlig & Dörnyei(1998)、Cook & Liddicoat(2002)、Garcia(2004)、Yamanaka(2003)、Schauer(2006)、Dalmau & Gotor(2007)、Taguchi(2008),以及李民、陈新仁(2007)和何周春、龚彦知(2013a)等研究结论显示,学习者语言意识(包括语法意识和语用意识)发展与其语言水平相关,学习者语言水平越高,其语言意识发展程度也越强,反之亦然。Widdowson(1979)和 Cook & Liddicoat(2002)指出,学习者语用能力随着语言知识的完善而逐渐提高;学习者语言水平越高,其语用能力,尤其是对会话含义的理解能力越强。Roever(2005)也认为,外语学习者语言水平越高,理解会话含义和言语行为的能力也越高。Baron & Celaya(2010)发现,学习者语用能力随着其外语水平的提高而逐渐提升。Felix-Brasdefer(2007)和 Taguchi(2002;2008)也认为,学习者语言水平越高,对词汇的恰当运用以及对句法的合理使用等能力越强,对交际语境也更具意识性与敏感性,因而对语言交际策略的把控、自我反思、对自我语言规则的应用及调整的能力也越强。前文在讨论与分析我国藏彝英语学习者语法意识、语用意识发展特征时也指出,学习者语言意识(包括语法意识和语用意识)发展是其语言能力发展的前提和基础,而语言能力的高低也反向制约其语言意识的发展。本问卷调查结果也再次印证了以上研究结论:我国藏彝英语学习者英语水平与其英语语法意识、语用意识发展均存在显著性正相关关系。虽然此次研究结果也显示我国藏族英语学习者和彝族英语学习者语法意识、语用意识发展以及两者间的交互程度均具有显著性民族差异、阶段性差异,彝族英语学习者语法意识、语用意识水平显著高于藏族英语学习者，本科阶段学习者高于高中阶段学习者，高中阶段藏彝英语学习者语法意识和语用意识交互程度低于本科阶段的交互程度，但从不同民族、不同阶段被试的英语水平、汉语水平等视角看，其语言水平高低是造成其语法意识、语用意识发展差异的内在因素。而与此同时，此次问卷调查研究结论也显示，不同民族语水平的藏族、彝族英语学习者语法意识和语用意识并不具有显著性差异，民族语未对其语法、语用意识的发展产生显著性作用，这可能与学习者民族语未参与其英语学习过程的因素有关。在问卷调查过程中，作者通过与被试交流发现，被试英语课堂常常是以汉语、英语为媒介，因而藏彝英语学习者母语的作用并未得到凸显。由此可见，学习者语言水平是影响其语法意识、语用意识及能力发展的重要变量，也是影响我国藏彝英语学习者语法意识和语用意识交互程度强弱的重要因素。

### 7.3.2　语言认知因素

上文指出，学习者语言水平是左右其语法意识、语用意识发展及两者间交互程度的重要因子。然而，学习者语言水平仅仅是其语言认知的表象，因而要探寻我国藏彝英语学习者语法意识、语用意识发展及其交互的原因，还需对语言认知因素做深入探讨。Gyori（2002）指出，认知能力是一种有意识的智力活动，是学习者有意识借助语言认识世界和表达世界的思维、推理、记忆和想象等总和。Piaget（1952；1960）和 Langacher（2006）认为，认知与语言是"相互交织的"（contextually embedded），认知是语言发展的先决条件，学习者对语言的理解主要基于自我"心智结构"（mental constructions），依赖于长期形成的概念与常识。林崇德（2006）也指出，学习者认知能力和其语言能力存在很高的相关性。基于语言的宏观视角看，集体原因、意识或共同要素促使语言的形成，最终确定语言结构的生成与发展，因而语言与认知密切相关。而基于语言的微观层面看，即词汇层面，词是多种概念的群集，而这种群集的概念在每个人心中的呈现都存在类似的特征（索绪尔，2002），所以语言本身就是人类认知的体现。语言是集体意识的体现。学习者有了认知、掌握了语言，也就掌握了该种思维和意识，因为"我们是在用语言把从这个世界中得来的感性经验加以抽象化、概念化、归纳分类，以便可以表征"（成晓光，

2012）。而基于语法意识、语用意识视角，语法意识和语用意识本身就是人类社会认知的结果，因而学习者认知必然作用于语法和语用的发展。语法是语言使用信息的"内化集合"（internalized aggregate）（Bybee & Hopper，2001:7），也是人类在语言使用过程中，对语言的观察、总结、抽象出来的一系列规则体系（李德芳、梁一帆，2003），因此语法是社会化、生活化的产物，也是人类认知、主客观碰撞的结晶。而语用不仅是个体及社会群体对社会现象、客观世界的直接反映，也是人类集体思维与意识等认知的体现。而此次问卷调查分别从语法意识、语用意识的感知、注意和理解等三层逐步展开，不仅体现了我国藏彝英语学习者对语法／语用特征及其隐含意义的有意识注意，也体现其对语法／语用的认识与思考。然而，我国藏族和彝族英语学习者往往所处地理位置较为偏僻，经济、政治、教育等基础条件较差，且其原有的生活习惯、文化信仰等较为传统、信息闭塞等，因而其相对落后的生活环境和有限的认知视野必然约束自身英语语言认知的发展。此次问卷调查结论显示，我国藏彝英语学习者语言认知虽存在一定的相似性，即语言认知程度不高，但也存在民族差异性。我国彝族英语学习者对英语语言的认知不仅仅包括其外在形式还涉及相关理据，因而呈现语法意识和语用意识交互程度逐渐上升的发展态势；但我国藏族英语学习者对英语语言的认知主要停留于语言形式，而存在语法意识和语用意识交互程度逐渐下降的现状；我国彝族英语学习者对语法、语用的理解、认知能力高于藏族英语学习者。正如Ariel（2008）指出，学习者语言能力的发展，无论是其语法能力还是其语用能力，均与认知能力的发展存在一致性。由此可见，学习者语言认知是其语言意识发展的核心要素。

## 7.4 藏彝英语学习者语法意识与语用意识层级－整体交互关系

基于语法意识层级对语用意识整体发展产生的影响及语用意识层级对语法意识整体发展产生的作用的相关性分析和逐步多元回归分析（详见第6章）可见，我国藏彝英语学习者语法意识和语用意识存在层级－整体间的互动关系。

### 7.4.1 藏彝英语学习者语法意识层级对语用意识产生的交互作用

我国藏彝英语学习者语法意识层级对语用意识整体发展产生的作

用存在民族差异性和阶段性特征。

**7.4.1.1 藏族英语学习者语法意识层级对语用意识产生的交互作用**

对藏族英语学习者而言，其语法意识感知层和理解层均对其语用意识发展产生积极作用，尤其是语法意识感知，而语法意识注意对语用意识的发展产生显著的消极作用（见图3）。但在高中阶段，藏族英语学习者语法意识理解层级对语用意识发展产生的影响最大，其次是语法意识感知，而语法意识注意并未对语用意识发展产生显著性作用（见图4）；而在本科阶段，藏族英语学习者语法意识感知层级对语用意识发展产生的影响最大，其次分别是语法意识注意和语法意识理解（见图5）。

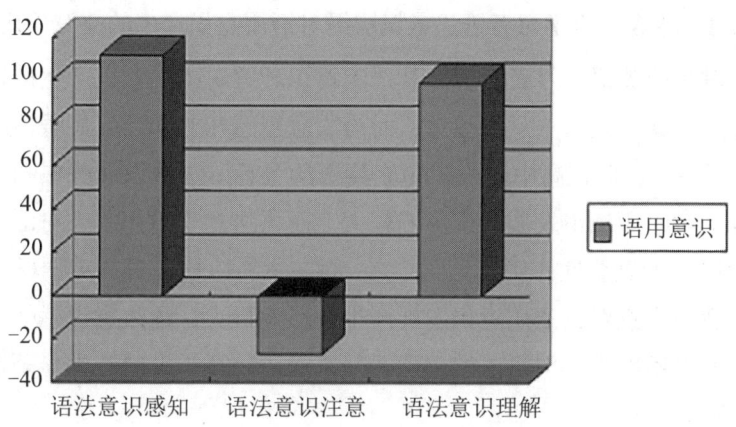

图3　藏族英语学习者语法意识层级和语用意识整体间的交互程度

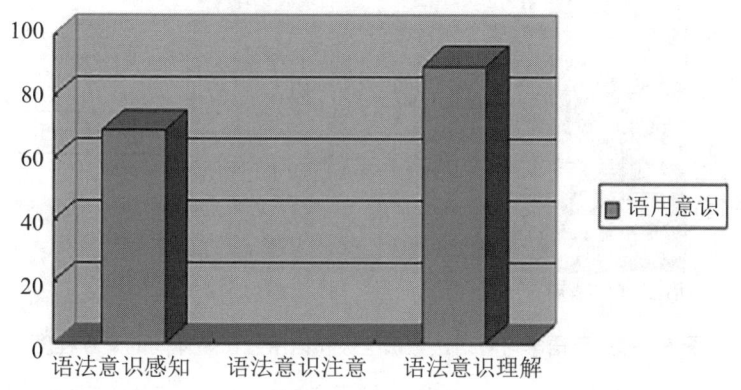

图4　藏族高中阶段英语学习者语法意识层级和语用意识整体间的交互程度

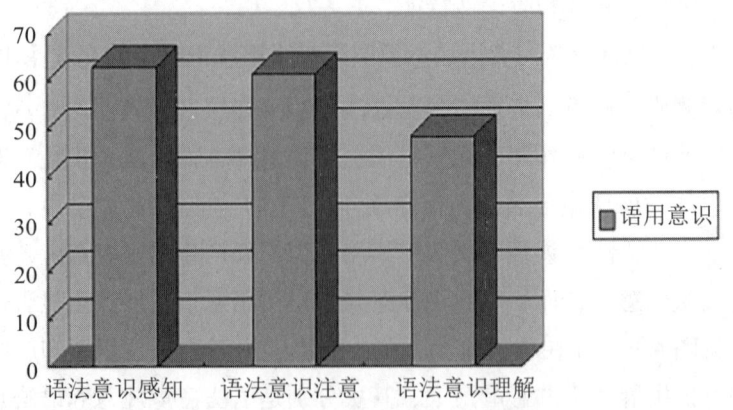

图 5　藏族本科阶段英语学习者语法意识层级和语用意识整体间的交互程度

**7.4.1.2　彝族英语学习者语法意识层级对语用意识产生的交互作用**

对彝族英语学习者而言，其语法意识理解对语用意识产生最显著的作用，其次是语法意识注意，而语法意识感知并未产生显著性影响（见图6）。但在高中阶段，彝族英语学习者语法意识理解层和注意层分别对语用意识发展产生影响较大，而语法意识感知并未对语用意识发展产生显著性作用（见图7）；而在本科阶段，彝族英语学习者语法意识注意对其语用意识发展产生的影响最大，语法意识感知层级产生的作用次之，但语法意识理解并未对语用意识发展产生显著性作用（见图8）。

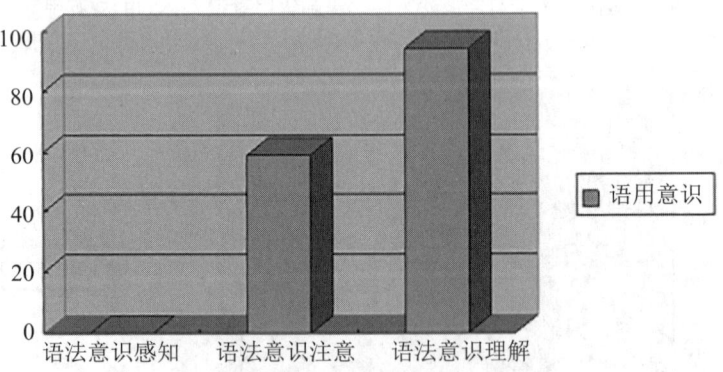

图 6　彝族英语学习者语法意识层级和语用意识整体间的交互程度

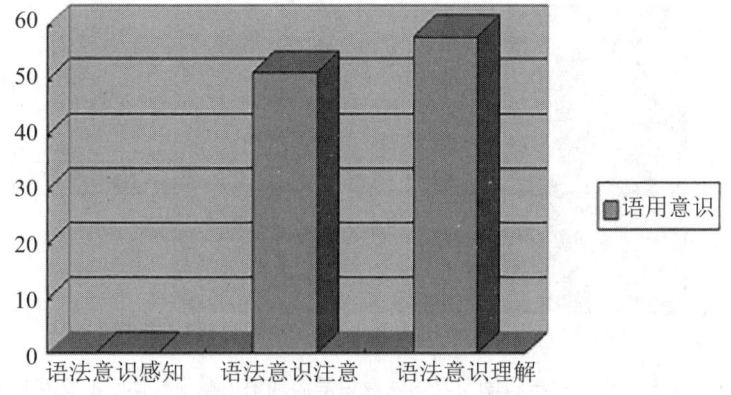

图7　彝族高中阶段英语学习者语法意识层级和语用意识整体间的交互程度

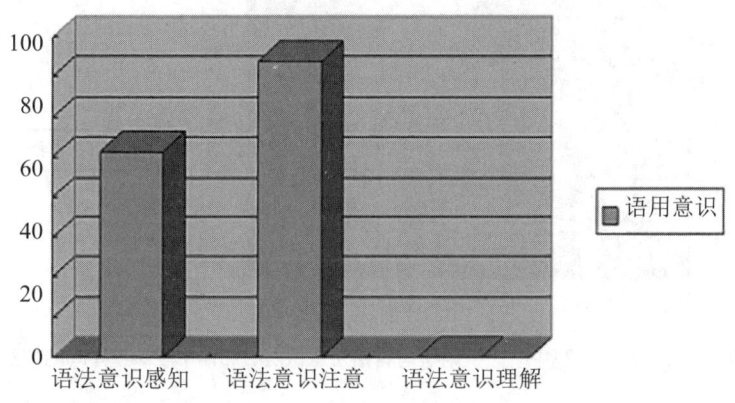

图8　彝族本科阶段英语学习者语法意识层级和语用意识整体间的交互程度

### 7.4.1.3　藏彝（综合）英语学习者语法意识层级对语用意识产生的交互作用

我国藏彝英语学习者语法意识理解对语用意识产生最显著的作用，其次是语法意识感知，而语法意识注意并未产生显著性作用（见图9）。在不同学习阶段，我国藏彝英语学习者语法意识三层和语用意识间的交互存在程度差异性：对于藏彝高中阶段英语学习者，其语法意识理解对语用意识发展的贡献率最大，其次分别是语法意识感知和语法意识注意（见图10）；而对于藏彝本科阶段英语学习者，其语法意识感知对语用意识发展产生的影响最大，其次分别是语法意识注意和语法意识理解（见图11）。

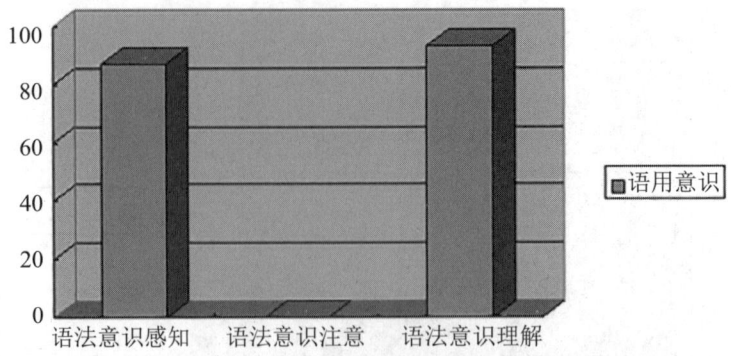

图9 藏彝（综合）英语学习者语法意识层级和语用意识整体间的交互程度

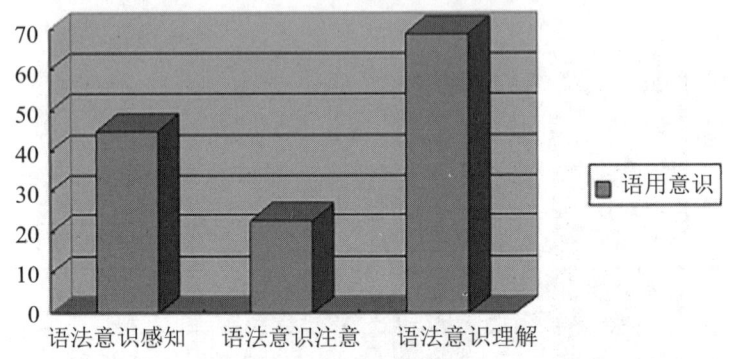

图10 藏彝（综合）高中阶段英语学习者语法意识层级和语用意识整体间的交互程度

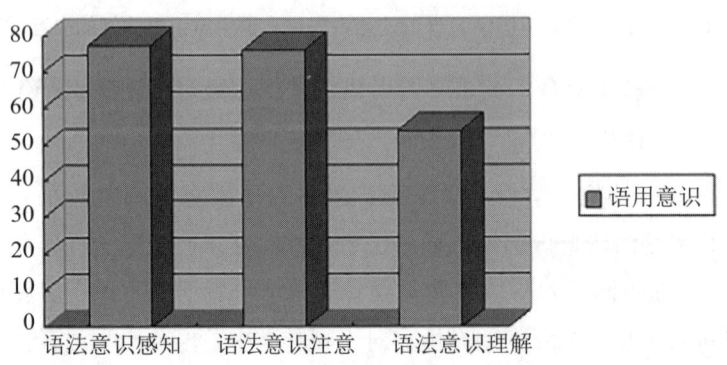

图11 藏彝（综合）本科阶段英语学习者语法意识层级和语用意识整体间的交互程度

### 7.4.2 藏彝英语学习者语用意识层级对语法意识产生的交互作用

我国藏彝英语学习者语用意识层级对语法意识整体发展产生的作用存在民族差异性和阶段性特征。

#### 7.4.2.1 藏族英语学习者语用意识层级对语法意识产生的交互作用

对于藏族英语学习者而言，其语用意识注意对语法意识产生的作用最为显著，其次是语用意识理解，而语用意识感知并未对语法意识发展产生显著性影响（见图12）。但在高中阶段，藏族英语学习者语用意识注意对语法意识发展产生的影响最大，其次分别是语用意识理解和感知（见图13）；而本科阶段，藏族英语学习者语用意识注意对语法意识发展产生的影响最大，其次分别是语用意识感知和理解（见图14）。

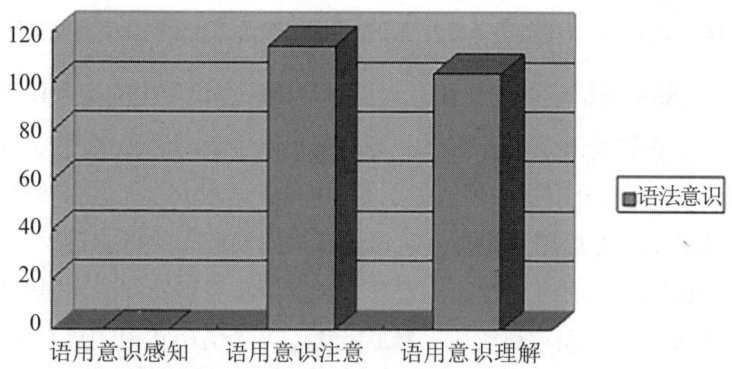

图12 藏族英语学习者语用意识层级和语法意识整体间的交互程度

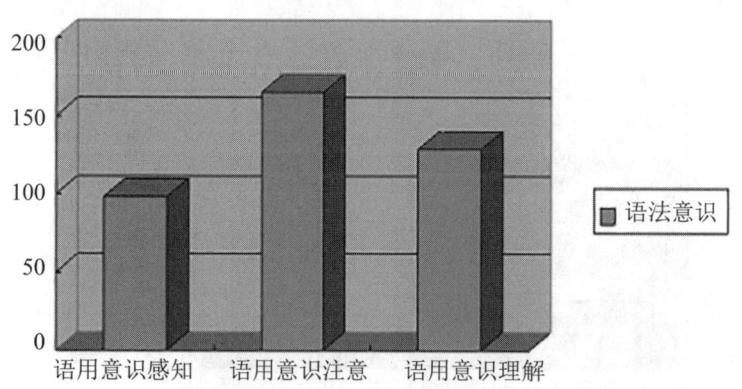

图13 藏族高中阶段英语学习者语用意识层级和语法意识整体间的交互程度

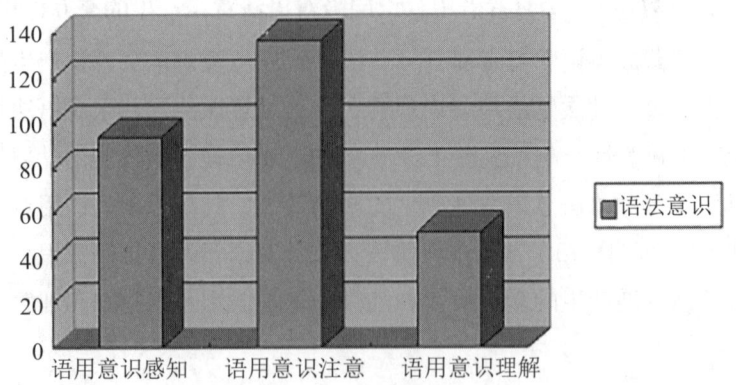

图14 藏族本科阶段英语学习者语用意识层级和语法意识整体间的交互程度

### 7.4.2.2 彝族英语学习者语用意识层级对语法意识产生的交互作用

对于彝族英语学习者而言,其语用意识注意对语法意识产生最显著的作用,其次分别是语用意识感知和理解(见图15)。但在高中阶段,彝族英语学习者语用意识理解对语法意识发展产生的影响最大,其次语用意识感知,而语用意识注意并未对其语法意识发展产生显著性影响(见图16);而本科阶段,彝族英语学习者语用意识注意对其语法意识发展产生的影响最大,其次分别是语用意识感知和理解两个层级(见图17)。

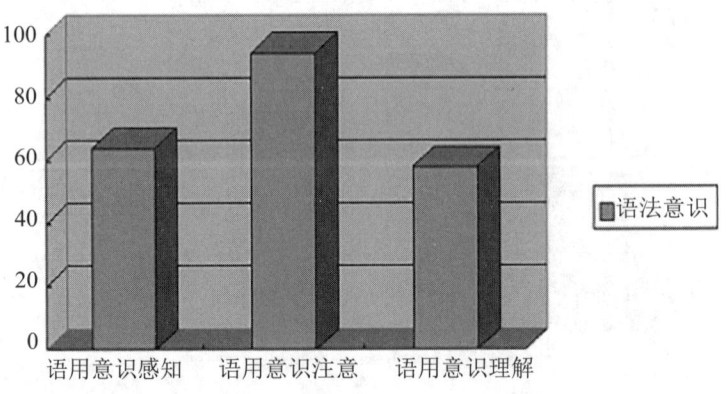

图15 彝族英语学习者语用意识层级和语法意识整体间的交互程度

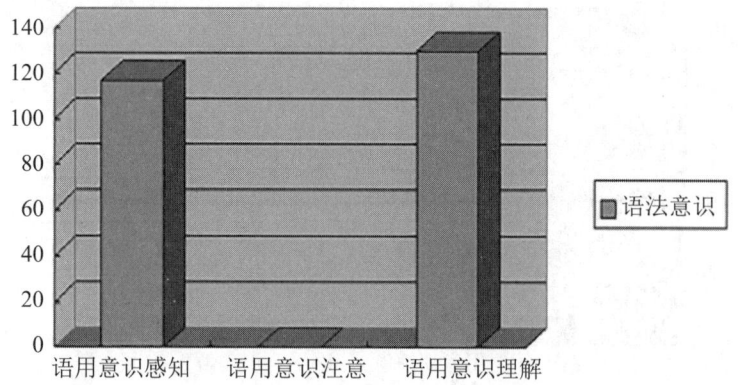

图 16 彝族高中阶段英语学习者语用意识层级和语法意识整体间的交互程度

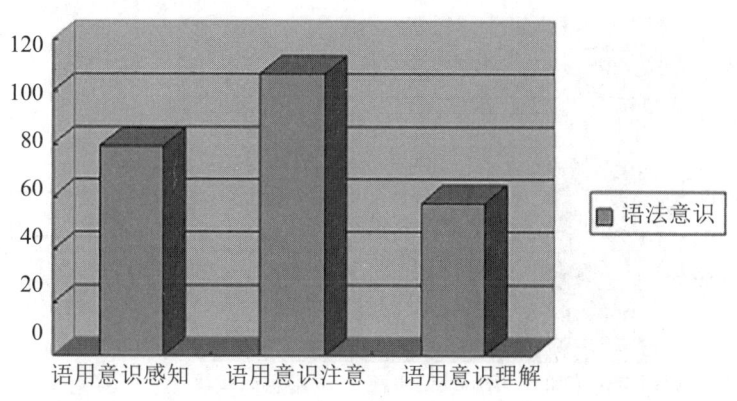

图 17 彝族本科阶段英语学习者语用意识层级和语法意识整体间的交互程度

### 7.4.2.3 藏彝（综合）英语学习者语用意识层级对语法意识产生的交互作用

我国藏彝英语学习者语用意识感知、注意和理解等三层均对其语法意识的发展产生作用，但语用意识注意对语法意识产生的作用最显著，其次分别是语用意识理解和感知（见图18）。在不同学习阶段，我国藏彝英语学习者语用意识三层和语法意识间的交互存在差异性：对于藏彝高中阶段英语学习者，其语用意识理解和感知对语法意识产生影响较大，而语用意识注意对语法意识发展未产生显著性影响（见图19）；而对于藏彝本科阶段英语学习者，其语用意识感知对其语法意识发展产生的影响最大，其次分别是语用意识注意和理解两个层级（见图20）。

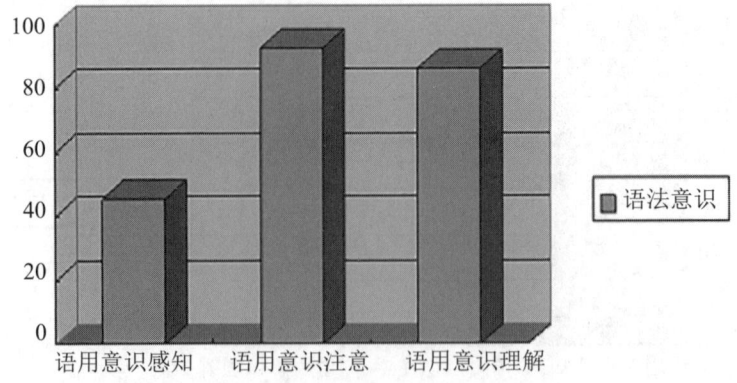

图 18 藏彝（综合）英语学习者语用意识层级和语法意识整体间的交互程度

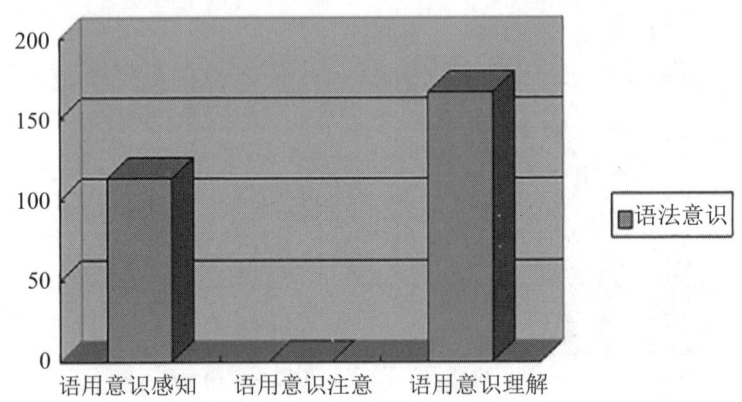

图 19 藏彝（综合）高中阶段英语学习者语用意识层级和语法意识整体间的交互程度

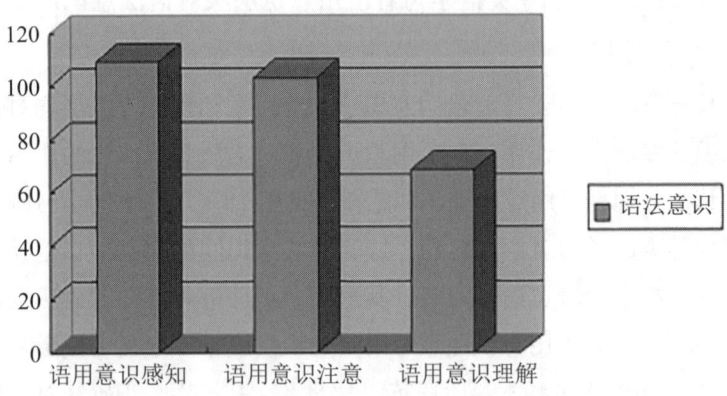

图 20 藏彝（综合）本科阶段英语学习者语用意识层级和语法意识整体间的交互程度

## 7.5 藏彝英语学习者语法意识与语用意识层级 – 整体交互成因

以上结果表明,我国藏彝英语学习者语法意识三层均对语用意识整体,以及语用意识三层均对语法意识整体发展产生显著性作用,但各层级性作用却存在差异性。从民族视角看,藏族英语学习者语法意识感知对其语用意识发展产生的作用最为显著,其次是语法意识理解,而彝族英语学习者语法意识理解层级对其语用意识发展的贡献率最大,其次是语法意识注意;藏族英语学习者语用意识注意层级对语法意识发展产生的作用最为显著,其次分别是语用意识理解和感知等层级;而彝族英语学习者语用意识注意层级对其语法意识发展产生最显著的作用,其次分别是语用意识感知和理解;且以上作用均在高中和本科学习阶段呈现显著阶段性差异。基于藏彝综合视角,我国藏彝英语学习者语法意识理解对语用意识产生最显著的作用,其次是语法意识感知,而语法意识注意并未产生显著性作用;我国藏彝英语学习者语用意识感知、注意和理解等三层均对其语法意识的发展产生作用,但语用意识注意对语法意识产生的作用最显著,其次分别是语用意识理解和感知。可见,我国藏彝英语学习者语法意识层级与语用意识整体、语用意识层级与语法意识整体间均存在显著性相关,且具有显著民族性、阶段性特征。该结论一方面可能与语法、语用本身存在交互机制有关,另一方面也可能与藏彝英语学习者对英语语法、语用等认知差异有关。

### 7.5.1 语法与语用交互因素

从语法与语用关系视角看,语法和语用间本有的密切交互关系是导致我国藏彝英语学习者语法意识与语用意识间存在互动的根本原因。

从语法和语用的分工、协作关系看,语法意识和语用意识两者间存在关联。Larsen-Freeman(1991)和Garrett(1991)认为,虽然语法(意识)与语用(意识)存在分工的不同,但这种分工不是绝对的,也不是毫不相干的,而是形式和功能的"匹配"(mapping)关系。薛兵(2018: 32)和谢应光(2007)指出,语法标记富含大量的语用信息,而语用意义是基于语法结构本身的。语法规约源于个体意识的开启,终于集体意识的吸收与融合,即语用规约。语法化的完成也意味着个体意识最终顺应于集体意识(赵方铭、张绍杰,2020)。Ariel(2017)认为,语法负责编码，而语用负责基于编码的推理。可见，语法和语用因语言符号而存在关联。另外，从三个平面理论、默认意义理论以及语义传递的角度来看，语法意识与语用意识共同隶属于语言能力范畴，且在语言具体使用中得到有机统一。三个平面理论指出，语法是一个较为宽泛的概念，不仅包括句法、语义，也包括语用。这三个平面各为一个子系统，均具有自身的形式和意义，三者间并无先后之分，而是处于平等的地位，共同构成语法这个大系统（范开泰，1993；许小平，1999）。而基于默认意义理论，话语标记不仅是集体意识的体现和语用信息的展现，也是语法规约和语用规约相互作用的结果（张延飞，2018）。从言语交际视角看，语法和语用也是语义传递的必要组成部分。Ariel（2008：1）认为，任何一个语言的使用，既不是仅仅涉及语法，也不是仅仅涉及语用，而是两者的综合，因为人类的言语交际既依赖语法又依赖语用的存在才可能完成。因此，从语法和语用的具体分工、协作关系看，我国藏彝英语学习者语法意识层级和语用意识整体、语用意识层级和语法意识整体间存在关联是必然的。

  语法意识和语用意识互为前提和基础。一方面，语法意识是语用意识发展的前提和基础。语法内容或语法标记不仅涉及外在的语言符号及相应的规则，还涉及内在的意义，而这一隐含意义为语用的产生、发展提供了原型。Ariel（2017：475–480）认为，语法与语用存在分工的不同，语法负责编码，而语用负责基于编码的推理。Grice（1989）也认为，"所言"（say）是"所含"（implicate）推导的前提。因此，语法是语用的基础，且相对更具有自主性。正如张绍杰（2010）指出，在现有的语法、语义、语用研究范畴及关系来看，语法是语义、语用产生的资源和手段，而语义和语用基于语法而产生，并超越语法本身。另一方面，语用意识也是语法意识发展的前提和条件。认知语言学的三大理论假设中的两条理论，即语法是概念化过程和语言知识产生于语言的使用（张绍杰，2017），表明语用是语法形成与发展的基础和原始推力。人类社会将人的认知语用规约化，从而形成语法。尽管并非所有的抽象化、概念化、归类化的认知都可以转化成语法规则，但人类抽象归类认知就是语用形成的基石，而这种抽象、归类认知也是语法规约得以确立的过程和条件（Ariel，2008：53–58）。因此，语用是语法形式产生、形成和演化的原初动力，语言的使用推动并催生了语法结构的形成，语用是语法化过程推进的动因。另外，语法和语用不仅表现为顺应与选择的交互关系，还表现为互为因果的互动关系。语用顺应于语法，同时语法的选择顺应于语用交际目的需要。语法与语用这种双向交互关系不仅决定了语法作为规约化意义编码资源对语用的顺应和语用从语法资源系统中做出选择等关系，也揭示了语法规约性与语用意向性的相互作用机制。从语法和语用的历时、共时关系视角看，语法与语用也依然存在关联。在历时层面上，语法体现为语用法语法化的结果，在特定的言语内部结构，语用信息经过规约化、语法化进程逐渐成为语法标记。在共时层面上，语法体现为提供语言使用的意义编码资源系统；语用体现为说话人对语法所提供资源系统的选择，以及听话人在对语言规约、背景知识大量了解和掌握的基础上对意义的推论性识解（薛兵，2018：44-70）。由此可见，语法和语用本有的互动关联可能是导致我国藏彝英语学习者语法意识和语用意识间交互关系存在的根本因素。

### 7.5.2 学习者语法、语用认知差异因素

虽然我们肯定了语法和语用间存在交互关系，但也并不否定两者间存在的差异。语法和语用意识间的协作为语法意识和语用意识间的互动提供了可能，但语法和语用间的差异也为语法意识和语用意识层级－整体间交互关系的不对等埋下了伏笔。基于社会规约视角，虽然语法、语用均是社会规约的结果，但两者仍然存在差异。语法是一套编码，是制约与控制词间搭配、句子构成的规则系统，具有相对静态性、有限性和自治性，而语用基于语言符号的推理，常常因交际语境、时间、交际对象的变化而变化，因而具有相对灵活性和无限性。语法和语用的根本区别是"内在"和"外在"的问题，一个语法特征或语法功能是语言成分本身固有的，且是通过语用环境来传达的（吴义诚，2018）。而从语法、语用的分工角度看，两者也存在差异。Ariel（2008：xiii；2017）认为，语法与语用存在分工的不同，语法负责语言显性表达，而语用负责获得语言意义的隐性推理；语法是"一套语码"（a set of codes），而语用是基于语码的"非逻辑性推理"（nonlogical inferences）。语法关注语言符号及其所代表的意义，而语用关注语言的社会功能及具体应用。语法是形式的，负责编码；语用是功能的，负责基于编码的推理。另外，从认知视角看，语法与语用存在认知差异。Ariel（2008：9）认为，语法与语用存在不同，可能与其所涉及的不

同认知有关。Purpura（2004）和 Bachman & Palmer（1996）也认为，语法是指语言形式及意义在学习者个体大脑中的"心理表征"（mental representation），而语用是学习者个体对语言功能及应用的具体了解，与语言的社会功能有关，涉及语言的功能知识和社会语言学知识。由此可见，语法是语言成分的固有属性，即语言的内在属性，是与语境等外在因素无关的恒常表现，而语用是语言成分在具体语境里的随机表现。语法具有稳定特征，而语用则具有不确定、灵活性特征，也就是说语言形式可能是固定的，但其功能可能依据语境的不同而不同。语法是基于语言符号本身的显性意义的表达，而语用是超越语言符号本身的隐性意义的表达。语法是有限的，而语用是无限的。对于学习者而言，对有限语法规则的掌握是可能的，但对无限的语用知识的掌握是无止境的，因而给学习者带来的认知负荷也是存在差异的。

　　语法意识、语用意识层级充分体现了学习者认知层级的发展。无论是语法意识还是语用意识，均包括感知、注意和理解等三个层级：感知层级是指学习者对"外在事物"(external events)的内在反映的心理过程，是"自然的"(spontaneous)、"直觉的"（intuitive），也是语言意识的最低层级；注意层级是指学习者对所学信息的有意识聚焦及对存留在短时记忆里信息体会，是语言意识的中间层级；理解层级是指学习者隐性知识显性化的体现，也是学习者对语言规则的演绎、归纳等思维过程，是语言意识的最高层级（Schmidt，1990；Leow，1997；Bialystok，1979；1986）。然而，这三个层级不仅仅是学习者语言意识程度高低的重要体现，也是学习者认知程度深浅的重要体现。基于不同学习阶段的分析结果可见，对于藏彝高中阶段英语学习者，其语法意识理解层对语用意识发展的贡献率最大，而对于藏彝本科阶段英语学习者，其语法意识感知对语用意识发展产生的影响最大。而造成这些现象存在差异的主要原因表面看来是学习者学习阶段、语言水平等因素所致，但其实质可能是学习者语言认知程度的深浅所引起。另外，基于不同民族的分析结果可见，藏族英语学习者语法意识感知对其语用意识发展产生的作用最为显著，其次是语法意识理解，而彝族英语学习者语法意识理解层级对其语用意识发展的贡献率最大，其次是语法意识注意。藏族英语学习者对英语语法、语用的认识更多依赖其语言直觉和客观注意，而彝族英语学习者对英语语法、语用的认识更多依赖于对相关语言规约的有意识注意、理解和反思。因此，藏族英语学习者由于语言认知的不足导致其语言水平和语言意识程度偏低；而彝族英语学习者由于其语言认知水平相对较高，因而其语言水平和语言意识程度也较高。另外，从我国藏彝英语学习者语法意识层级与语用意识整体以及语用意识层级与语法意识整体间的交互关系可见，感知或注意层级均是影响该交互关系的关键因素。例如，从语用意识层级对语法意识发展产生的作用来看，我国藏彝英语学习者语用意识注意层级对语法意识发展产生的作用最显著。该结论一方面再次证明了注意是语言学习的关键，另一方面也表明我国藏彝英语学习者由于其自身语言意识发展程度不高，仅局限于感知或注意层级，聚焦语言符号表象而忽略对语言深层次的理解与认识。虽然Schmidt（1990；1995；2001；2010）、Robinson（1995）和Logan et al（1996）等先后指出，注意不仅是有关学习者对所学内容的"有意识登记"（conscious registration），是短时记忆"编码"（encode）的"结果"（consequence），也是学习者将输入信息转为长时记忆并最终"吸收"（intake）的关键，但注意仅仅是语言意识的中间层级，并非语言认知的全部。注意层级的开启为学习者语言信息的有意识输入提供了可能，但我国藏彝英语学习者语言认知的发展与提升还需其总结、反思等过程的参与。可见，我国藏族、彝族英语学习者语法意识层级和语用意识整体以及语用意识层级和语法意识整体间交互关系呈现差异，表面看是其语言水平参差所致，但实质上仍然是由其语言认知程度深浅造成的。

## 7.6 藏彝英语学习者语法意识与语用意识层级 – 层级交互关系

通过对我国藏彝英语学习者语法意识三层级与语用意识三层级间的相关性、逐步多元回归分析（详见第6章）可知，语法意识与语用意识层级间存在"非一一对应"的交互关联。

### 7.6.1 藏彝英语学习者语法意识各层级对语用意识各层级产生的影响

综合我国藏彝英语学习者语法意识各层对语用意识各层产生的影响，发现我国藏彝英语学习者语法意识层级与语用意识层级间的交互关系存在阶段性、民族性和"非一一对应"的特征。

#### 7.6.1.1 藏族英语学习者语法意识各层级对语用意识各层级产生

的影响

下文分别从高中阶段、本科阶段及其整体等视角对我国藏族英语学习者语法意识各层级对语用意识各层级产生的影响进行分析。

①基于高中阶段，藏族英语学习者语法意识层级对语用意识层级发展产生显著影响：语法意识感知对语用意识感知、注意和理解等三层均产生作用，尤其对语用意识理解产生的影响最显著；语法意识注意仅对其语用意识感知和语用意识注意产生显著性影响，而对语用意识理解不产生显著性影响；语法意识理解仅对语用意识理解和语用意识注意产生显著性影响，但对语用意识感知不产生显著性影响（见图21）。

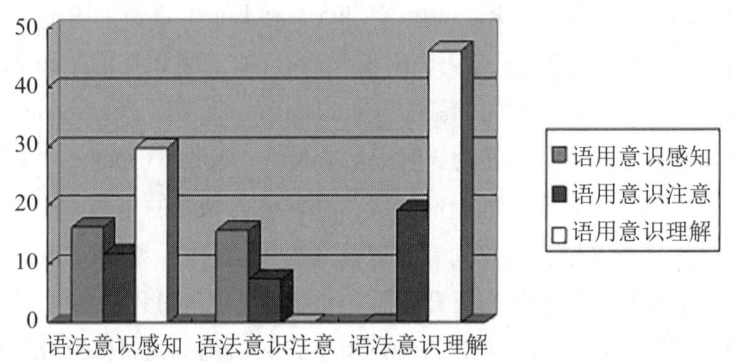

图21 藏族高中阶段英语学习者语法意识层级和语用意识层级间的交互形式及程度

②基于本科阶段，藏族英语学习者语法意识层级对语用意识层级发展产生显著影响：语法意识感知对语用意识感知和语用意识注意均产生显著性作用，但对语用意识理解未产生显著影响；学习者语法意识注意仅对其语用意识理解产生显著性作用，而对其语用意识感知和语用意识理解均无显著性影响；语法意识理解对语用意识注意和语用意识感知产生显著性影响，而对其语用意识理解未产生显著性作用（见图22）。

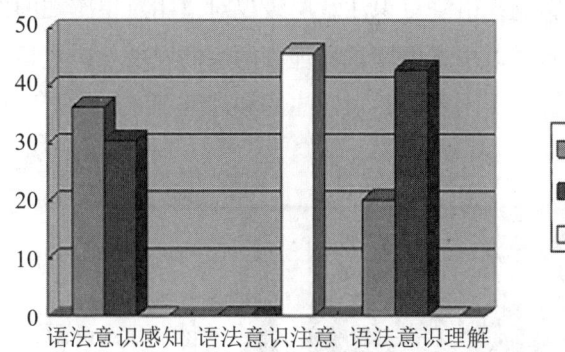

图 22　藏族本科阶段英语学习者语法意识层级和语用意识层级间的交互形式及程度

③基于藏族综合视角，我国藏族英语学习者语法意识层级对语用意识层级发展产生的影响如下：基于语法意识感知层级的视角，藏族英语学习者语法意识感知对其语用意识感知、注意和理解等三层的发展均产生显著影响。基于语法意识注意层，藏族英语学习者语法意识注意均对其语用意识感知、注意产生消极作用，且对语用意识理解不具有显著性影响。基于语法意识理解层，藏族英语学习者语法意识理解均能对语用意识感知、注意和理解三个层级产生积极作用，尤其对语用意识理解的影响更突出（见图23）。

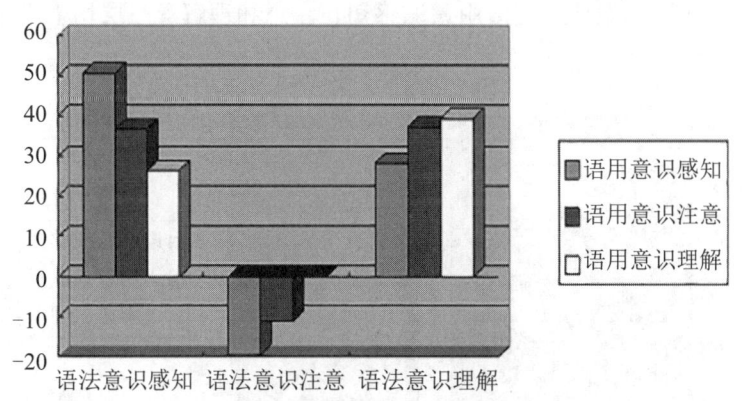

图 23　藏族英语学习者语法意识层级和语用意识层级间的交互形式及程度

### 7.6.1.2　彝族英语学习者语法意识各层级对语用意识各层级产生的影响

下文分别从高中阶段、本科阶段及其整体等视角对我国彝族英语学习者语法意识各层级对语用意识各层级产生的影响进行分析。

①基于高中阶段，彝族英语学习者语法意识层级对语用意识层级发展产生显著影响：语法意识感知对语用意识感知、注意和理解等三

层均不产生显著性影响；语法意识注意层级仅对语用意识感知的发展产生显著性影响，而对语用意识注意和理解两层的发展不产生显著性影响；语法意识理解对语用意识感知、注意和理解等三层均产生积极影响（见图24）。

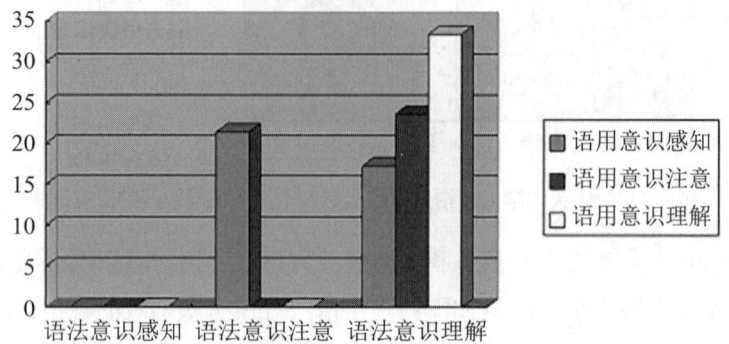

图24　彝族高中阶段英语学习者语法意识层级和语用意识层级间的交互形式及程度

②基于本科阶段，彝族英语学习者语法意识层级对语用意识层级发展产生显著影响：语法意识感知对语用意识感知和语用意识注意均产生显著性作用，但对语用意识理解未产生显著影响；彝族英语学习者语法意识注意对语用意识感知、注意和理解等三层级均产生显著性作用；语法意识理解对语用意识感知、注意和理解等三层均未产生显著性影响（见图25）。

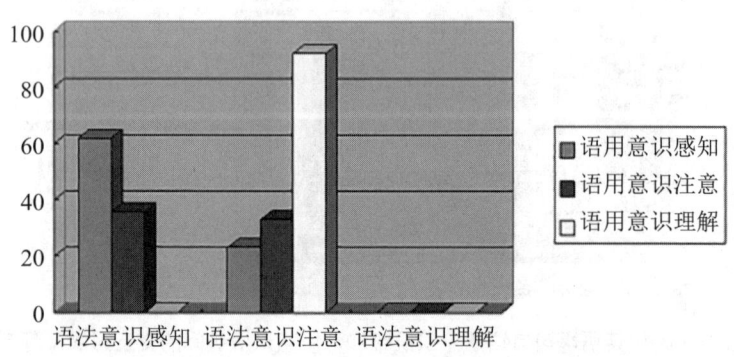

图25　彝族本科阶段英语学习者语法意识层级和语用意识层级间的交互形式及程度

③基于彝族综合视角，我国彝族英语学习者语法意识层级对语用意识层级发展产生的影响如下：基于语法意识感知层，彝族英语学习者语法意识感知仅对其语用意识感知产生显著性作用，而对语用意识注意和语用意识理解不产生显著性影响。基于语法意识注意层，彝族

英语学习者语法意识注意对其语用意识注意和理解均产生积极作用，但对语用意识感知不具有显著性影响。基于语法意识理解层，彝族英语学习者语法意识理解均对其语用意识感知、注意和理解三个层级产生积极作用（见图26）。

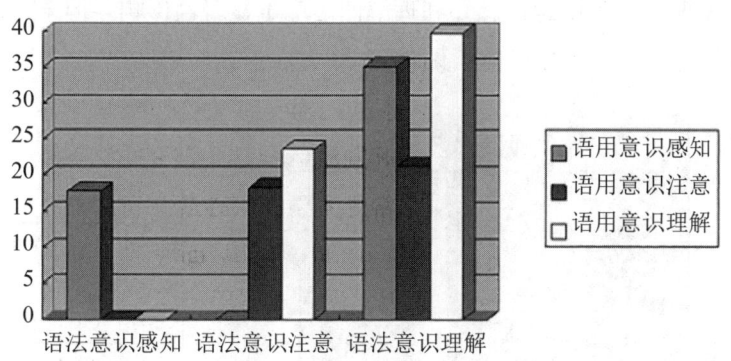

图26 彝族英语学习者语法意识层级和语用意识层级间的交互形式及程度

### 7.6.1.3 藏彝（综合）英语学习者语法意识各层级对语用意识各层级产生的影响

下文仍然从高中阶段、本科阶段及其整体等视角分别对我国藏彝（综合）英语学习者语法意识各层级对语用意识各层级产生的影响进行分析。

①基于高中阶段，我国藏彝（综合）英语学习者语法意识层级对语用意识层级发展产生显著影响：语法意识感知对语用意识感知、注意和理解等三层均产生积极影响；语法意识注意层级仅对其语用意识理解层级的发展产生影响，而对语用意识感知和注意两层的发展未产生显著性影响；语法意识理解对语用意识感知、注意和理解等三层均产生显著性积极影响（见图27）。

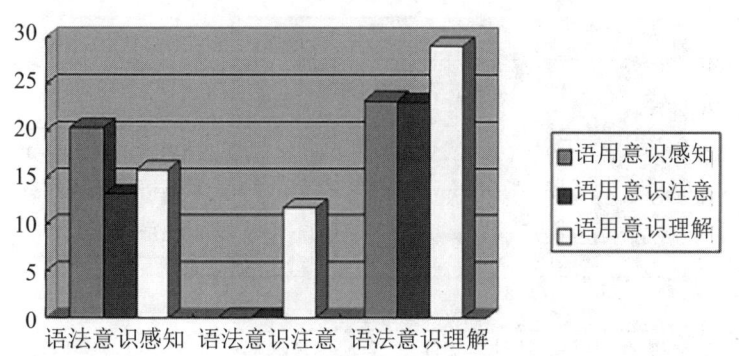

图27 藏彝高中阶段（综合）英语学习者语法意识层级和语用意识层级间的交互形式及程度

②基于本科阶段，我国藏彝（综合）英语学习者语法意识层级对语用意识层级发展产生显著影响：语法意识感知对语用意识感知和语用意识注意均产生显著性作用，但对语用意识理解未产生显著影响；语法意识注意对语用意识感知、注意和理解等三层级均产生作用；语法意识理解对语用意识感知和理解两层产生显著性影响，但未对语用意识注意产生显著性影响（见图28）。

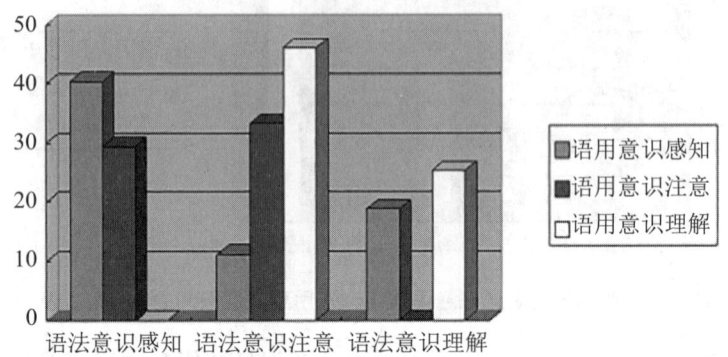

图28　藏彝本科阶段（综合）英语学习者语法意识层级和语用意识层级间的交互形式及程度

③基于藏彝（综合）视角，学习者语法意识层级对语用意识层级发展产生的影响具体如下：基于语法意识感知层，藏彝英语学习者语法意识感知对其语用意识感知、注意和理解等三层均产生积极作用。基于语法意识注意层，藏彝英语学习者语法意识注意未对其语用意识注意和语用意识理解产生显著性影响，但对其语用意识感知产生消极作用。基于语法意识理解层，藏彝英语学习者语法意识理解均对其语用意识感知、注意和理解等三层产生积极作用（见图29）。

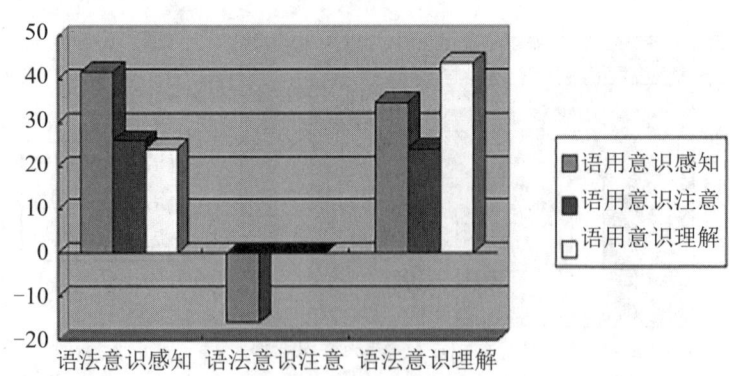

图29　藏彝（综合）英语学习者语法意识层级和语用意识层级间的交互形式及程度

## 7.6.2 藏彝英语学习者语用意识各层级对语法意识各层级产生的影响

由于语法意识层级和语用意识层级间交互作用并不存在"一一对应关系",因此,再次从语用意识各层对语法意识各层作用的角度进行分析与总结,发现我国藏彝英语学习者语用意识层级与语法意识层级间的交互关系与我国藏彝英语学习者语法意识层级与语用意识层级间的交互关系存在差异,且仍然存在阶段性和民族性特征。

### 7.6.2.1 藏族英语学习者语用意识各层级对语法意识各层级产生的影响

以下分别从高中阶段、本科阶段及整体等视角对我国藏族英语学习者语用意识各层级对语法意识各层级产生的影响进行分析。

①基于高中阶段,藏族英语学习者语用意识层级对语法意识层级发展产生显著影响:语用意识感知对语法意识感知和注意两层级的发展产生作用,但对语法意识理解未产生显著性影响;语用意识注意仅对其语法意识注意和语法意识理解产生影响,而对语法意识感知未产生显著性影响;语用意识理解对语法意识感知、注意和理解等三层均产生积极影响(见图30)。

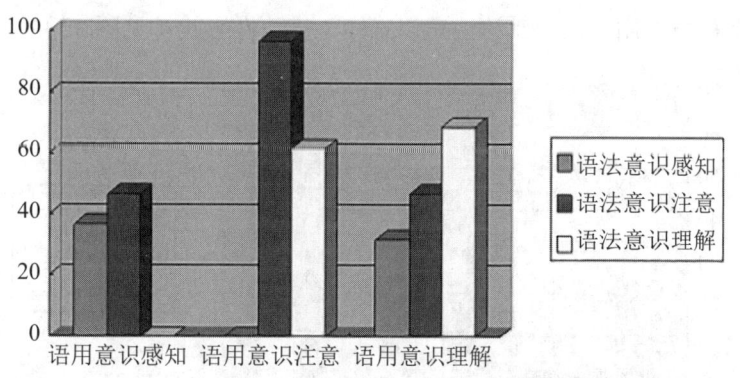

图30 藏族高中阶段英语学习者语用意识层级和语法意识层级间的交互形式及程度

②基于本科阶段,藏族英语学习者语用意识层级对语法意识层级发展产生显著影响:语用意识感知对语法意识感知、注意和理解均产生显著性作用;学习者语用意识注意也对其语法意识感知、注意和理解等三层的发展产生积极作用;语用意识理解对语法意识注意和语法意识理解产生显著性影响,而对语法意识感知未产生显著性作用(见图31)。

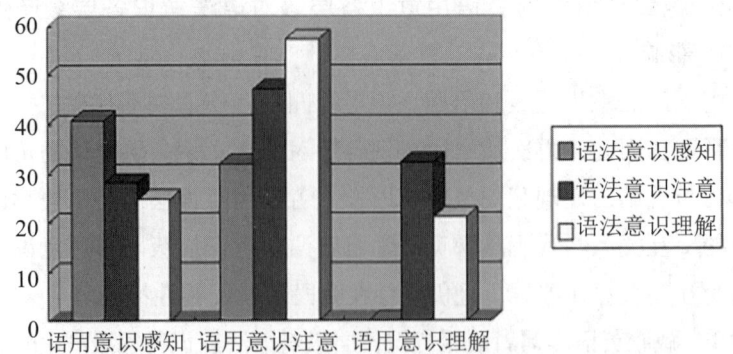

图31 藏族本科阶段英语学习者语用意识层级和语法意识层级间的交互形式及程度

③基于藏族综合视角，我国藏族英语学习者语用意识层级对语法意识层级发展产生的影响如下：基于语用意识感知层级，藏族英语学习者语用意识感知仅对其语法意识感知层级的发展产生显著影响，而对其语法意识注意和理解均无显著性作用。基于语用意识注意层，藏族英语学习者语用意识注意均对其语法意识感知和语法意识理解产生作用，但对其语法意识注意不具有显著性影响。基于语用意识理解层，藏族英语学习者语用意识理解均对其语法意识注意和理解层级的发展产生积极作用，而对其语法意识感知无显著性影响（见图32）。

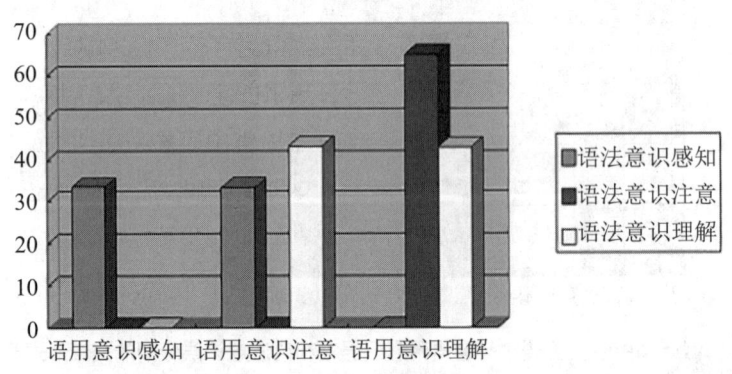

图32 藏族英语学习者语用意识层级和语法意识层级间的交互形式及程度

### 7.6.2.2 彝族英语学习者语用意识各层级对语法意识各层级产生的影响

下文分别从高中阶段、本科阶段及整体等视角对我国彝族英语学习者语用意识各层级对语法意识各层级产生的影响进行分析。

①基于高中阶段，彝族英语学习者语用意识层级对语法意识层级发展产生显著影响：语用意识感知仅对语法意识注意层级的发展产生影响；语用意识注意仅对语法意识理解层级的发展产生影响；语用

意识理解对语法意识感知、注意和理解等三层均产生积极影响（见图33）。

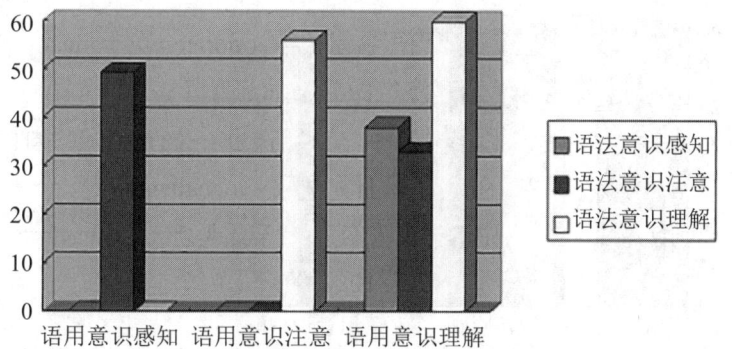

图33 彝族高中阶段英语学习者语用意识层级和语法意识层级间的交互形式及程度

②基于本科阶段，彝族英语学习者语用意识层级对语法意识层级发展产生显著影响：语用意识感知对语法意识感知和语法意识注意均产生显著性作用，但对语法意识理解未产生显著影响；彝族英语学习者语用意识注意对其语法意识感知、注意和理解等三层级均产生显著性作用；语用意识理解对语法意识注意和语法意识理解两层产生显著性影响，但对语法意识感知未产生显著性影响（见图34）。

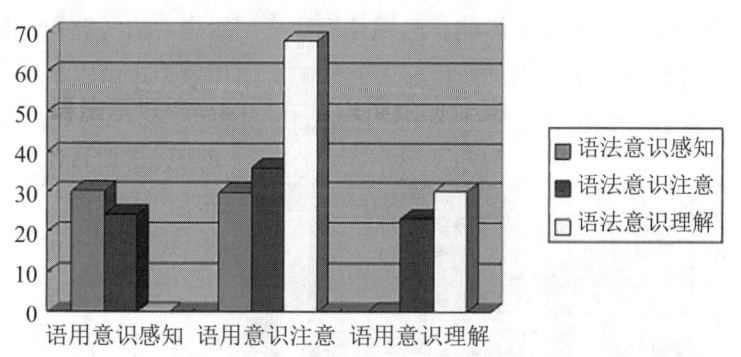

图34 彝族本科阶段英语学习者语用意识层级和语法意识层级间的交互形式及程度

③基于彝族综合视角，我国彝族英语学习者语用意识层级对语法意识层级发展产生的影响如下：基于语用意识感知层，彝族英语学习者语用意识感知对其语法意识感知、注意和理解等三层级的发展产生作用。基于语用意识注意层，彝族英语学习者语用意识注意对其语法意识感知、注意和理解等三层均产生积极影响。基于语用意识理解层，彝族英语学习者语用意识理解对其语法意识注意和语法意识理解

两层级产生积极作用，但对语法意识感知层级未产生显著性影响（见图35）。

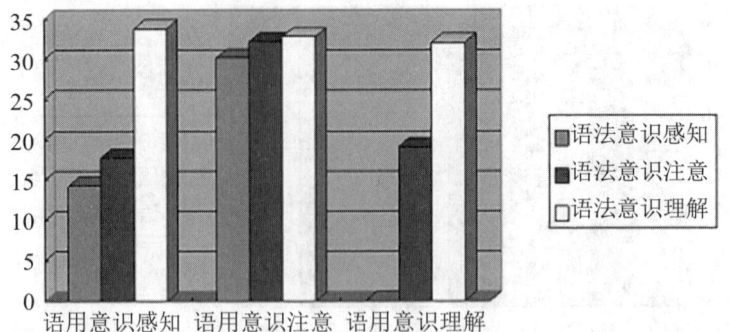

图35 彝族英语学习者语用意识层级和语法意识层级间的交互形式及程度

#### 7.6.2.3 藏彝（综合）英语学习者语用意识各层级对语法意识各层级产生的影响

以下分别从高中阶段、本科阶段及整体等视角对我国藏彝（综合）英语学习者语用意识各层级对语法意识各层级产生的影响进行分析。

①基于高中阶段，藏彝（综合）英语学习者语用意识层级对语法意识层级发展产生显著影响：语用意识感知对语法意识感知、注意和理解等三层均产生积极影响；语用意识注意层级未对语法意识感知、注意和理解等层级的发展产生显著性影响；语用意识理解对语法意识感知、注意和理解等三层均产生积极影响（见图36）。

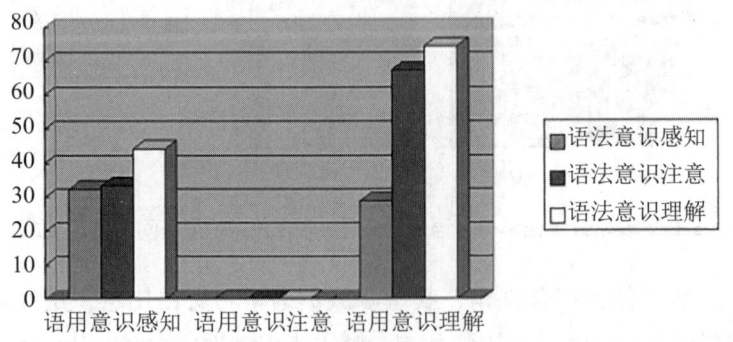

图36 藏彝高中阶段（综合）英语学习者语用意识层级和语法意识层级间的交互形式及程度

②基于本科阶段，藏彝（综合）英语学习者语用意识层级对语法意识层级发展产生显著影响：语用意识感知对语法意识感知、注意和

理解等三层级的发展均产生积极影响;语用意识注意对语法意识感知、注意和理解等三层级的发展也均产生促进作用;语用意识理解对语法意识注意和语法意识理解两层产生显著性影响,但未对语法意识感知产生显著性作用(见图37)。

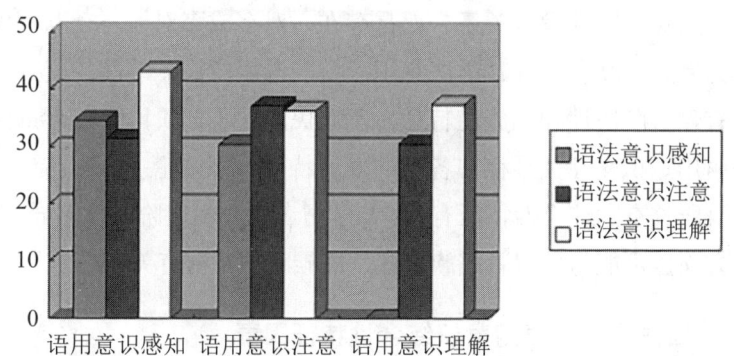

图37　藏彝本科阶段(综合)英语学习者语用意识层级和语法意识层级间的交互形式及程度

③基于藏彝(综合)整体视角,我国藏彝(综合)英语学习者语用意识层级对语法意识层级发展产生的影响如下:基于语用意识感知层,藏彝英语学习者语用意识感知对其语法意识感知和语法意识理解产生积极作用,但对语法意识注意未产生显著性影响。基于语用意识注意层,藏彝英语学习者语用意识注意对其语法意识感知、注意和理解等三层均产生显著性作用。基于语用意识理解层,藏彝英语学习者语用意识理解对其语法意识注意和语法意识理解层级的发展产生积极作用,而对其语法意识感知未产生显著性影响(见图38)。

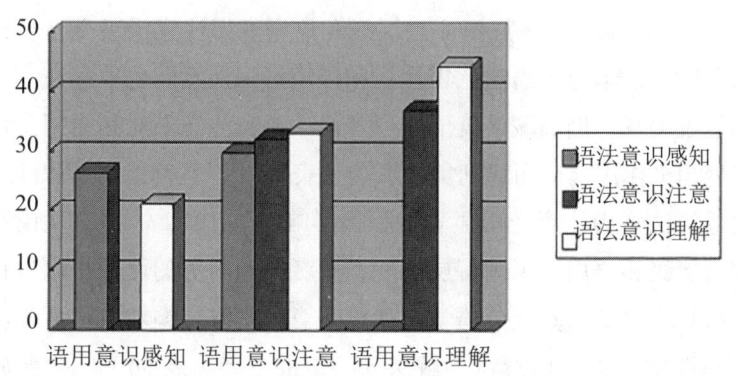

图38　藏彝(综合)英语学习者语用意识层级和语法意识层级间的交互形式及程度

## 7.7 藏彝英语学习者语法意识与语用意识层级 – 层级交互成因

以上结果表明，我国藏族和彝族英语学习者语法意识层级与其语用意识层级间均存在显著交互发展关系，但语法意识感知、注意、理解等三层级与语用意识感知、注意、理解等三层级间的交互作用存在"非一一对应"的发展关系，而是存在一对多或多对一且交互程度不对等的复杂关联。另外，语法意识三层与语用意识三层间的交互关系还具有显著阶段性和民族性特征，不同民族、不同阶段学习者语法意识和语用意识交互关系存在各自的发展特征。该结论一方面与语言意识本身所具有的综合性特征有关，与学习者认知发展阶段性差异有关，另一方面也可能与学习者民族认知、民族意识特征有关。

### 7.7.1 语法意识、语用意识综合性特征因素

本研究基于层级视角发现，我国藏彝英语学习者语法意识层级和语用意识层级间因其自身的综合性而存在"非一一对应"关系：语法意识感知、注意、理解层级的发展并不意味着语用意识感知、注意和理解层级的对应发展，而是存在层级与层级间的交叉、程度不对等的映射关系。基于语法意识感知层级和语用意识感知层级的交互关系看，我国藏彝英语学习者语法意识感知和语用意识感知层级间存在不对称的交互作用。例如，对于彝族英语学习而言，其语法意识感知并非影响其语用意识感知的最重要因素，且其影响程度是在叠加语法意识理解的基础上，才对其语用意识感知产生 32.5% 的变异（表 94），而彝族语用意识感知也并非其语法意识感知发展的首要因素，而是在叠加其语用意识注意的基础上，才能解释其语法意识感知 19.0% 的变异（表 103）。基于语法意识注意层级和语用意识注意层级交互视角，我国藏彝英语学习者语法意识注意和语用意识注意间也不存在完全对应的发展关联。例如藏族英语学习者语法意识注意未对其语用意识注意产生积极作用，反而起到负面影响（表 92），且其语用意识注意并未对其语法意识注意产生显著性积极影响（表 101）。再次从语法意识理解层级和语用意识理解层级看，两者间不对等的促进作用也仍然清晰可见。例如，彝族英语学习者语法意识理解层叠加语法意识注意作用后能解释其语用意识理解层 35.0% 的变异（表 96），而彝族英语学习者语用意识理解层在叠加其语用意识感知和注意两层后能解释其语法意识理解层 40.3% 的变异（表 105）。龚彦知等（2021a）研究

结论也显示，语用意识和语法意识间不仅存在整体互动的交互关系，还存在层级间的交互关系。虽然以往国内外研究也显示，学习者语法意识与语用意识的发展存在非同步的关系，学习者语法意识及能力的发展并不意味着语用意识及能力的发展，反之亦然（Bardovi-Harlig & Hartford，1993；House，1996；Kasper，2000），但并未对两者的不一致、不平衡、不同步等具体特征及成因进行分析。所以，此次实证研究结论再次显示，语法意识层级和语用意识层级存在交互关系，且进一步表明，我国藏彝英语学习者语法意识感知、注意、理解三层与语用意识感知、注意、理解等层级间的交互作用并非一一对应的、平衡的促进关系，而是存在程度不等、一对多或多对一等多种交互特征。

语法意识、语用意识是众多知识、意识的集合与表征，具有综合性特征，因而决定了两者间的不对等、多重交互关系的存在。语言意识本身具有综合性、复杂性、多层性和多种类性等特征，不仅涉及心理学、认知心理学、语言学、心理语言学、教育学、神经生物学以及哲学等学科领域，也牵涉学习者对母语和目标语间关联的感知以及学习者对语言的认知能力等范畴。而语法意识和语用意识是语言意识的重要组成部分，其内部构成也具有语言意识相关特性。何周春、龚彦知（2013b；2017a）研究结论表明，无论是学界对语言意识的界定还是对其涵盖内容及其功能的讨论，都因其内容的综合性、复杂性而"众说纷纭"，未达成一致结论。因此，语言意识的综合性不仅决定了不同种类、不同层级语言意识的存在，同时也为不同种类、不同层级语言意识间开放的、多维的、含混的、不稳定的多重界面关系的产生创设了条件，但同时也使得不同模块、不同层级间交互形式、交互程度变得更复杂化和多样化。语法意识和语用意识是语言意识的核心组成部分，不仅具有各自发展规律、层级性特征，也具有语言意识综合性、不稳定性等特征（何周春、龚彦知，2013a；2013b；2017a；2017b；2020）。而综合性、不稳定性不仅为语法和语用间的交互奠定了基础，也为语法意识层级和语用意识层级间的映射、对接、互动提供了前提条件。然而，语法和语用本身存在差异性，因而必然对两者间的对应关系产生影响。尽管语法和语用间存在交互与关联，但并非语法意识每一层级都存在与语用意识层级相对应的同等关联。前文也指出，语法和语用存在诸多差异，语法是显性的、固定的、有限的，而语用是隐性的、灵活的、无限的，两者不是完全对等的关系。因此，我国藏彝英语学习者语法意识层级和语用意识层级间"非一一对应"关系可能本身就是因语法意识和语用意识自身综合因素所致。

### 7.7.2　学习者认知发展阶段性因素

此次研究结论表明，无论是基于藏族英语学习者、彝族英语学习者，还是基于藏彝综合视角，均可见语法意识层级与语用意识层级交互的阶段性特征。例如，基于藏彝综合视角可知，藏彝高中阶段学习者语法意识注意未对其语用意识发展产生显著性作用，但本科阶段却存在显著性作用（表98）。藏彝高中阶段学习者语用意识注意未对其语法意识发展产生显著性作用，但本科阶段却存在显著性作用（表107）。这表明随着学习阶段的提高，我国藏彝英语学习者对语法、语用的认知以及对语法和语用间密切关联的综合认识也在逐步提高。然而，这种阶段性差异一方面可能是由于课堂教学内容的差异导致，也可能是学习者认知发展的阶段性造成。

学习者认知发展具有阶段性特征。Piaget（1977）认为，儿童的理解认知行为包括"没有概念化的行为"（action without conceptualization）、"概念化"（conceptualization）、"反思抽象化"（reflected abstraction）等不同过程和阶段。施良方（2003：144）曾指出，"一个人学习的方式，通常是从一种混沌的模糊状态，转变成一种有意义的、有结构的状态"。随着学习阶段的变化以及学习者年龄的增长，其语法认知是在不断变化发展的。Brown（2001：16）和肖礼权（2006：53）指出，"儿童在语言学习过程中不需要对语言进行'思考'（thinking），是'潜意识'（subconsciously）学习"；但对于成年学习者来说，"在接触外语语用材料时，总是在内心不断地形成和测试各种法则猜想，总要有意无意地对语言材料进行分析、研究、解剖，以便从中发现和总结某种规律和模式"。Ceci & Howe（1982）也曾指出，随着人的成长，意识从"被动模式"（passive mode），即对外界环境"开放的意识"（open awareness），不断从外界获取新的方法与策略，发展到"控制模式"（controlled mode），即有策略性的"注意分配"（allocation of attention）。由此可见，学习者语言的习得，是与其认知发展有一定关联，因而其语法意识、语用意识的发展与交互也因认知发展阶段性特征而具有阶段性。

我国藏彝英语学习者语法意识各层级和语用意识各层级间的交

互关系存在阶段性特征，这主要与其认知的阶段性特征有关。罗平（2002）和蒋霞、克撒（2012）发现，我国藏族、彝族英语学习者的归纳推理、演绎推理等能力均随着年龄的增加而逐渐加强。何周春、龚彦知（2015a；2017b；2020）和龚彦知等（2021a）研究结论表明，我国英语学习者语言意识发展具有一定的阶段性特征：学习者语法意识发展并非呈现直线上升的阶段性模式，而是呈现倒置的"U"型模式，但其语用意识发展与学习者学习阶段存在相关性，学习者学习阶段越高其语用意识发展程度也越强；在学习初级阶段，语法意识注意层、语用意识注意层是分别影响语用意识、语法意识整体发展的根本原因；而在学习高级阶段，语法意识感知层是影响语用意识发展的主要变量，语用意识理解层是影响语法意识发展的主要因素。另外，何周春、龚彦知（2015a；2017b；2020）、龚彦知等（2021a）还发现，我国英语学习者对语法错误、语用失误的判断与分析能力也存在阶段性特征。一方面，学习者对语法错误的判断与分析呈现显著的认知差异：对于较低阶段的学习者，对语法错误的判断较好，即语法的"感知"意识程度较高，但对语法错误的解释能力较差，即"理解"意识程度较低，无法清楚解释语言错误的缘由；而对于较高阶段的学习者而言，对语法错误的判断以及对错误的解释能力均较好，这与其语言知识的积累有关，也与学习者的认知发展有关。另一方面，学习者对语用失误的判断与分析也存在显著的认知差异。对丁较低阶段学习者而言，他们对语用失误的判断主要基于语言形式而非语言内容，例如常常以"是否通顺"为标准，而并未注意语言表达中的人物关系、社会关系、礼貌准则等相关因素。而对于高级阶段的学习者来说，其语用意识得到明显提高，其语用认知已超越了语言符号本身。例如，尽管高级阶段学习者在进行语用判断与分析时常常也会基于母语语用标准进行，但往往均是从社会关系、权势距离等视角进行。语法意识、语用意识既是学习者对语法规则、功能及其隐含意义的有意识注意，也是学习者对语法、语用等学习过程、内容的认识与思考。此次问卷调查结论显示，虽然我国藏彝英语学习者语法意识和语用意识发展整体水平均较差，但其语法意识和语用意识整体、层级发展水平以及其语法意识和语用意识整体、层级间的交互程度均存在阶段性差异：高中阶段学习者对语法、语用的认知主要停留于语言形式，且对语法、语用的认识较为模糊，未能把握语法和语用的异同；而本科阶段学习者对语法、语用的认知不仅涉及语言外在形式还涉及相关理据，对语法、语用概念的认识也更为清晰；本科阶段学习者语法意识和语用意识发展、交互程度高于高中阶段学习者。可见，我国藏彝英语学习者语法、语用认知的提高不仅是其语法意识和语用意识提升的前提和基础，也是其语法意识和语用意识交互关系得以深入与发展的条件。

### 7.7.3 民族认知、民族意识因素

语言意识具有显著的民族性特征。何周春、龚彦知（2017b）指出，语言意识不仅是"有关语言知识的知识"，更是有关某个特定民族内在主观世界和外在客观世界的融合与统一。洪堡特（1836）认为，由于每个民族所处地理位置、历史、政治、经济及文化均存在自身的特殊性，因此各民族不仅具有独特的语言和文化，也拥有自身的思维和世界观。不同民族有不同的认知基础和集体文化，并由此最终形成了不同的语言意识，因而其语言意识必然具有显著的民族特性。另外，语言意识是民族在社会化过程中历史、文化、经验认知等长期积淀的结果，不仅反映了该民族语言符号如发音、拼写的不同，同时也反映了不同于其他民族的心理、文化、思维机制以及世界图景。姚小平（1995）认为，语言意识的差异不仅仅是其所代表的语言声音和符号的不同，更是世界观的不同。赵秋野（2008）和赵秋野、黄天德（2013）通过对俄罗斯语言意识核心词汇研究，揭示了俄罗斯民族独特的思维、世界图景，说明了语言意识受民族文化的制约。因此，语言意识不是一种简单的社会现象或意识概念，而是基于语言所体现的自然属性（语言符号）和社会属性（社会认知）的综合民族性特征。语言意识是民族集体意识的体现，不仅反映了一个民族语言符号的特性，也反映了民族思维和世界观的特性。问卷调查结论表明，我国藏族、彝族英语学习者民族认知存在差异，不仅可能导致其语言水平发展、语言意识发展程度存在不同，还可能是其语法意识层级和语用意识层级间交互程度不同的重要原因。虽然我国藏族、彝族英语学习者语法意识和语用意识均存在交互与关联，但从整体上看，藏族英语学习者语法意识能够解释语用意识的33.6%的变异（表81），而彝族英语学习者语法意识能够解释语用意识的43.6%的变异（表81）。从层级上看，我国藏彝英语学习者语法意识层级和语用意识层级间的交互程度也依然存在差异性，彝族英语学者语法意识层级和语用意识层级

间的交互程度强于藏族英语学习者。例如虽然藏族、彝族英语学习者语法意识理解均对其语用意识注意产生显著性影响,但藏族英语学习者语法意识理解仅能解释语用意识注意25.3%的变异(表92),而彝族英语学习者语法意识理解能解释其语用意识注意32.8%的变异(表95)。所以,我国藏彝英语学习者语法意识和语用意识发展程度的差异以及两者间交互程度的差异不仅体现了语法、语用意识发展的不同,也体现了其民族认知、民族意识的不同。

民族认知和民族意识不仅是民族文化的体现,也是民族语言意识特征的再现。民族认知是指"民族个体对自己属于某一民族身份的知觉状态,包括民族文化、历史记忆、民族文化符号即其象征意义"(朱敏兰、黄彦华,2016)。语言不仅仅是一种符号,更是一个民族意识的结晶,也是维系民族内部关系的重要纽带。邓忠、吴永强(2021)指出,人的认知具有明确的具身性,人对环境与事实的感受、察觉、情感是其认知的起点。因此,对于藏彝英语学习者,其认知也反映其对生活环境、世界的认识与把控。例如,藏族英语学习者的"生活环境、民族印象、教育影响、宗教熏陶、文化习性、价值观念及思维方式"等为其民族意识和民族情感的培养与强化奠定了基础(朱敏兰、黄彦华,2016),因而形成了强烈的民族本质论意识。而这种强烈的民族本质论意识一方面促进了藏族学习者对自身宗教、文化、风俗等认知与认同,也进一步加强了民族归属感和民族情感依附,但另一方面又导致其对族际边界知觉相对较低,从而约束和限制了藏族学习者认知概念、观念的更新与发展,也可能带来民族偏见和隔阂,甚至可能导致狭隘的民族认同观(陈茂荣,2011;杨军、张蓓,2014;李桐等,2018)。因而,存在藏族英语学习者"对英语的社会文化功能评价不高,对英语语言地位的认同感较低"(边巴等,2016)这一事实。而对于彝族英语学习者,虽然其民族意识和特征也受其生活环境、传统习俗及传统认知的影响,但与藏族英语学习者的民族意识和民族特征有所不同。彝族虽具有崇信万物有灵、崇尚"黑色"文化、"祖先崇拜"等传统思想(嘉日姆几,2008;谢书书等,2008;普忠良,2015),以具象思维、直观经验为先导,以抽象思维和概念思维相对缺失的传统认知为范式(蒋霞、克撒,2012),还具有"黑彝""白彝""红彝""青彝"等不同的支系,但其思维习惯、文化意识均存在显著的汉化倾向(刘可,2007),因而必然对其民族意识的发展提供了更宽泛的空间,也必然对其英语语法意识和语用意识的交互程度产生影响。此次问卷调查过程中，作者发现，无论是从被试的汉语水平还是从其汉化程度，我国彝族英语学习者汉语水平/汉化程度显著高于我国藏族英语学习者。例如，从服饰上看，诸多藏族英语学习者仍然保留其传统服装，而彝族英语学习者服饰几乎与汉族英语学习者无差别；藏族英语学习者更倾向自身民族成员间的互动，且以藏语为媒介，而彝族英语学习者既无显著的"民族团体"意识表现，也未以彝语作为显性的交流媒介。由此可见，藏彝英语学习者民族意识的形成与发展均与其生活环境、传统观念、宗教文化等因素分不开，同时也对其英语语法意识层级和语用意识层级间的交互程度、作用形式等产生不同的影响。

## 7.8 结语

本章研究结论表明，无论是从语法意识和语用意识交互的整体视角，还是从两者间的层级视角看，我国藏彝英语学习者语法意识和语用意识整体间、层级间均存在交互关系，且该交互关系不仅具有阶段性、民族性，还具有一对多、不均等的复杂映射关系。这不仅与语法、语用自身综合因素有关，也与藏彝英语学习者认知发展、民族意识等因素有关。因此，要提升藏彝英语学习者语法意识和语用意识发展水平，不仅需要提升其民族意识水平，还需分别从语法和语用教学等角度入手，正向促进其语法意识和语用意识整体间、层级间的互动，逐步提高其语言意识发展程度、语言水平和语言认知水平。

8 基于语法意识视角的藏彝英语语法教学与研究

## 8.1 引言

在五百多年的语言教学过程中,语法是否应该教、教什么内容、如何教,始终是学界争论不休的主题,但"语法,作为语言的主要组成部分,在外语教学中理所当然要有它应有的地位……与其争论语法究竟要不要教,倒不如说是去研讨我们应该教什么和怎么教……(因为)语法课不能不教"(顾绍熹,1984)。语法教学方法有多种,而基于语法意识视角的语法教学既是以往教法的延续和发展,也是教法创新的尝试与探究。基于语法意识的语法教学,既强调学习者对语法特征及其含义的有意识注意,也注重学习者语法学习过程、学习内容的总结与思考;既注重语言形式,即语法,也注重语言功能,即语用;充分利用了学习者的认知发展规律,不仅体现了学习者主体对语法特有现象的主动认知与反思,也体现了语法意识和语用意识的交互与综合。本章主要基于以往语法意识教学与研究视角,对现今语法教学进行讨论与分析,同时也基于实证调查结论(请见第4章、第5章和第6章),对我国藏族、彝族英语学习者英语语法意识发展现状、特征、成因,以及语法意识和语用意识交互形式与程度,进行相关语法教学讨论,并提出可行性策略。

## 8.2 基于语法意识视角的语法教学源起与发展

要基于语法意识视角进行相关语法教学与研究,首先需了解语法意识的发展历史、时代背景及相关的价值与意义。在第1章,作者已对语法意识的相关界定、分层及其功能做了讨论与分析,这也是对基于语法意识视角的语法教学文献回顾,在此不再赘述。但语法意识术语的提出及相关研究的开启与发展,并不等于语法教学本身,基于语法意识视角的语法教学存在自身的特性,因而也逐渐受到学界的关注。

在批判、反驳传统语法教学的基础上,基于语法意识视角的语法教学应运而生。基于语法意识视角的语法教学原型是 Rutherford & Sharwood-Smith(1985)所倡导的"增强语法意识"(grammar consciousness-raising)教学。Rutherford & Sharwood-Smith(1985)在反对传统语法教学的基础上,尤其反对将语法看成是孤立的语言点,提出了"意识提升"(consciousness-raising,简称为C-R)。Rutherford & Sharwood-Smith(1988:3)指出,"意识提升"主要关注学习者对语言特征的意识性，为其语言信息的输入和信息的获得提供相应的"意识性"（awareness）和"警觉性"（alertness），从而为其语言的获得奠定基础；"意识提升"的语法教学不仅涉及学习者对语法认知"意识"（conscious awareness）的强化，还涉及学习者对相关"语法现象"（grammatical phenomenon）的广泛"接触"（exposure）。因此，Rutherford & Sharwood-Smith（1988）认为，"意识提升"不仅给予了学习者更多语言接触、语法接触的机会，也在恰当的时机给学习者提供了语言特征对比与分析的契机；学习者通过大量语料的对比与分析、语言特征归纳与总结，为对语言形式、意义的感知、注意和理解奠定了坚实的基础。

"意识提升"强调学习者通过不同语言的对比与分析，从而注意两者间的"差异"（gap），为语言认知的获得提供条件。因此，"意识提升"是一种教学方法，强调学习者以自身母语为基础，通过对比发现二语语言特征，从而为其二语语法正迁移的实现搭建桥梁。所以，该教法的目的在于提升学习者语言认知能力和语言水平，而不是为了语法而教/学语法，更强调学习者的主动意识及在实践中主动尝试的运用与修正，是二语学习与习得的合成。这种教法更具有归纳性，而不是演绎性。与传统的语法教学相比，"意识提升"教学具有以下优势与特点：①非孤立的语法规则与特征呈现；②学习者发现语言特征，尤其是显性的特征；③学习者需充分利用认知进行语言特征辨识和反思；④学习者需对呈现语言的特征及规则进行描述和总结；⑤注重学习者主动学习与思考。由此可见，"意识提升"教法不是直接去教授学习者众多语法知识，而是通过学习者自身感知、发现、理解语法，最终达到恰当运用语法的目的；另外，基于意识提升的教学目的在于让学习者学会学习，最终成为一个独立学习的学习者。因此，从某种程度上讲，基于语法意识的语法教学已超越了语法教学本身，也克服了以往传统语法教学的"被动接受与一味灌输"的教学弊端。正如 Rutherford（1987：104）指出，语法是为语言使用服务的，而"意识提升"的语法教学是为学习者学习服务的。在 20 世纪 80 年代，在语法教学受到极大冷落的情况下，Rutherford & Sharwood-Smith 所提出的"意识提升"，不仅为语法教学的革新找到新的方向，为学习者语法意识及能力的提高开辟了路径，也为基于语法意识视角的语法教学的开启与发展提供了契机。

## 8.3 基于语法意识视角的语法教学的几个要素

前文指出,基于语法意识视角的语法教学,不仅仅是语言知识的传递与接受,而且是学习者的主动认知和思考。然而,在外语教学实践过程中,语法教学不仅受教育政策的约束,也受学习者认知、学习语境和语料等多重内外因素的制约。

### 8.3.1 教育政策对语法意识教学的影响

基于语言意识视角,教育政策具有指导性。何周春、龚彦知(2017b)指出,国家教育政策是作用语言意识发展的重要变量。例如20世纪70年代,英国率先提出"语言意识运动"(language awareness movement)。该运动及策略针对英国当时语言教育中存在的"英语文盲"(illiteracy in English)、外语教育失败以及学校存在的"分划性歧视"(divisive prejudices)等问题而提出(Hawkins, 1999)。后来,随着国际交往的日益频繁和跨文化交际中误解的凸显,语言意识运动的目的不仅仅在于激发学习者语言学习兴趣、提高对语言符号及语言应用的认知水平,而且在于增强学习者跨文化交际意识与跨文化包容意识(Simard & Wong, 2004)。而对于我国藏族、彝族等少数民族地区的英语学习者,相关的教育政策也依然是影响其语法意识及能力发展的重要因素之一。例如,针对我国藏族、彝族英语学习者,在高考时有民考民、民考汉等多种选择,虽然这些政策给予了藏彝学习者更多自由选择的权力和机会,但同时也降低了汉语或英语或民族语在高考中的唯一性地位。另外,中国《普通高中英语课程标准》(2020)、《大学英语教学指南》(2020)中有关语法教学内容和方针显示,虽然相关课程标准或教学指南对英语语法教学做出了具体说明和内容指导,但却并未对我国少数民族英语学习者语法教学给出特定政策指向和分类说明,因此可能导致藏彝英语语法教学方向及内容的模糊性。然而,语言意识"是意识到语言之于人生、之于单位、之于社会、之于国家的意义"(李宇明,2013),语言意识运动本身就是一种教育政策,对具体的语言教学内容和教学方法具有显著的指导性。而语法意识是语言意识的重要分支,因而也必然受到相关政策的影响。

基于语法意识视角,教育政策更具实践性和操作性。何周春、龚彦知(2017b)研究结论表明,各国或地方的语言政策是影响语法意识发展的重要因素。例如,针对语法教学,"英格兰和威尔士教育技术部"（England and Wales' Department for Education and Skills）发布的教学大纲（DES/WO1990：9-14）以及QCA（1998：17）文件就明确指出，语法是英语母语的"骨架"（skeleton），是语言教学的重要组成部分，同时也指出语法意识是学习者逐渐学会独立使用语言的重要标志之一。澳大利亚在全国教学大纲中也明确指出，英语课程不仅应以显性的方式对语言知识进行讲解，而且应对语言的作用机制进行解释，让学习者了解"英语是怎么运行的"（how the English language works），其目的是加强学习者对语言的准确理解与准确使用（转引自 Mulder, 2011）。而中国《普通高中英语课程标准》（2020）以及《大学英语教学指南》（2020）等也对英语语法教学目的、内容等做了清晰要求；尽管该《普通高中英语课程标准》和《大学英语教学指南》未对我国藏彝等少数民族英语语法教学做出明确指示和分类，但从我国藏彝等少数民族地区英语学习者考试试题内容构成及地方政策导向也可依然看出，教育政策始终是影响教学实践的重要指挥棒。可见，语法意识教学的具体实施，如教学内容、教学方法等，是受国家或地方等相关政策制约的。

## 8.3.2 学习者认知对语法意识教学的影响

学习者认知发展是决定语法教学成效的关键因素。在第1章，作者指出，语法意识的形成与发展与人的认知密不可分，语法本身就是人类认知的汇集和体现。而认知是大脑运作机能的构成要素，不仅具有"整体性"（global）、"概念性"（concept）、"意向性"等特征，还具有"组块性"（chunk）、"意义性"（meaning）和"推理性"（deduction）等特征（R. Ellis, 1991：32-38）。因此，学习者认知不仅是影响其母语语法和外语语法形成与发展的重要因素，也是作用最终语法教学成效的重要变量。正如 Langacher（2006）指出，学习者认知与语言是"紧密交织的"（contextually embedded）；语言的意义存在于"观念"（conceptualization），而这种观念不仅仅是对"现实的客观反映"（mirror objective reality），也是学习者"理解"（apprehend）、"感知"（conceive）、"看待"（portray）、"构建"（construct）现实世界的方式。实证研究结论（第4章、第5章和第6章）表明，我国藏彝英语学习者主要来自四川、云南、贵州、甘肃等经济欠发达地区，不仅地理位置偏僻，经济、教育等基础条件也较差，再加之原有的生活习惯、文化信仰、民族意识等约束，藏彝英语学习者对英语语言的认知会受到较大影响。所以，学习者语言认知的发展与其自身认知概念、认知能力的发展密不可分，因而对其语法教学成效必然产生影响。

基于认知因素的语法教学需具有一定的规律性和阶段性。语言学习是一个渐进和积累的过程，学习者在处理高一级的语言材料时需要借助已有储存的语言知识规则，因此，语法能力发展呈现出缓慢、非线性甚至可能回滑的特点（戴炜栋、任庆梅，2006）。何周春、龚彦知（2013a；2015a；2017b）调查发现，我国英语学习者语法意识呈现由低到高再逐渐降低的发展趋势。Corder（1988）、Doughty & Williams（1998：11）和 Mitchell（2000）指出，由于不同阶段学习者对语法的理解存在差异，因此语法教学应选择合适的时间、合理的教法，针对不同的教学对象提供合理的教学内容，从而促进学习者中介语及中介语语法的发展。多数实证研究结论显示（如 Haight *et al*, 2007; Vogel *et al*, 2011），随着学习阶段的提高，"归纳式"（inductive approach）语法教学模式比"演绎式"（deductive approach）语法教学模式更有效。因为"归纳式"语法教学有利于学习者主动探寻语言规则、发现语言规则，对学习者产生的影响更为深远，存留在记忆中的语言规则更易储存（Fischer，1979）。因此，就学习者认知发展因素而言，语法教学不是单向的或没有章法可循的，不是学习者已有知识和能力的简单重复，而是具有一定认知规律性的，是一个不断向上的螺旋式发展过程（黄慧，2007）。英语语法教学在教学内容、教学方法的设计与安排应与学习者认知发展相适应，具有阶段性特征。若语法教学内容与方法与学习者认知发展阶段不匹配，容易导致学习者对语法规则的理解与记忆存在困难。此次的实证研究（请详见第 4 章、第 5 章和第 6 章）结论也表明，不同阶段的我国藏彝英语学习者，其语法意识及能力的发展存在阶段性差异，本科阶段英语学习者语法意识显著高于高中阶段英语学习者，而学习者认知则可能是导致该差异存在的主要内因。然而，语法教学要具有一定的阶段性，就需要具有一定的短期教学目标和长期教学目标的系统规划，而不是固定不变的简单重复或零散的语法知识传授。因此，张人（2004）认为，语法教学应基于"先感性后理性"的原则采用"先内隐后外显"的顺序进行，更有助于促进学习效率的提高。例如，在初级阶段，可通过语法意识感知的方式，让学习者体验语法、感知语法；而在高级阶段，如大学阶段，应在中学语法知识的积累基础上，利用学习者的认知能力去分析、推断语言规律，对其语法知识系统化和应用化，让学习者将以前的旧知识（语法知识）和现有的新知识（应用知识）有机地结合起来，从而提高其语言运用能力。也正如何周春、龚彦知（2015b）指出，由于学习者认知的发展以及前期英语基础知识的建立，大学英语语法教学不应该仅仅关注语法形式，而应聚焦语法功能与意义。所以，从整体来看，学习者的认知阶段具有"固定性"（fixed），因而只有当学习者认知能力和所学语法知识相吻合时，学习者才能对所学知识进行识别与吸收（Pienemann，1989）。

### 8.3.3 学习者注意对语法意识教学的影响

注意是影响语言（包括语法）教学的重要因素。何周春、龚彦知（2013a）指出，注意是决定学习者语言学习能否发生或成功的关键。注意既是对存留在短时记忆里信息的体会，是信息输入和信息输出的关键，也是连接感知和理解的纽带。Schmidt（1990；1995）提出的注意假说存在两种不同的观点，即"强势观"（strong version）和"弱势观"（weak version），前者认为注意是语言获得的必要、充分条件，后者认为注意仅仅是一个有利于促进语言获得的必要条件，而不是充分条件。但无论是"强势观"还是"弱势观"，两者均肯定了注意在语言习得过程中的重要性。而 Sternberg（1996：68）直接把注意视为一个认知过程，认为注意有三种主要的功能：①信号发觉功能，即指导人们有意识地去发觉和找寻某种刺激信号的功能；②选择性注意功能，即指导人们有目的地注意或忽略某些刺激信息的作用；③分散注意功能，即指导人们对现有注意资源的合理分配并协调完成不同事情。Palmeria (1995) 通过实验前测和实验后测等研究表明，学习者的注意程度与其语言获得存在正相关。此次问卷调查实证研究结论也显示（第4章、第5章和第6章），我国藏族、彝族英语学习者的语法意识注意层级发展滞后，从而导致其整体语法意识水平偏低。可见，对于外语学习者而言，注意不仅是其认知的动力资源，是对信息进行有效加工的一个必要条件，也是外语学习者语言获得的必要条件。

学习者注意资源的有限性影响教学成效。Van Patten（1990）和 Murphy（2005）指出，学习者注意具有"选择性"（selective）、"有限性"（limited）等特点；学习者不能在同一时间里既注意语言形式又注意语言意义/内容,而只能聚焦于或偏重于某一方面。Hulstijn & Hulstijn（1984）也认为,学习者注意是有限的,要么注意语言形式而忽略其意义,要么注意语言意义而忽略其形式。何周春、龚彦知(2013a；2015a；2020)通过实证调查发现,在我国语境下,英语学习者的注意资源分配具有显著性特征,学习者往往先将注意集中在语言形式,然后再集中在意义所指,因而在语法和语用的资源分配过程中,学习者首先注意的是语法规则,而随着语法知识的掌握与完善,再将注意转移至语用；学习者不仅因注意资源的有限性而出现注意分配不合理的问题,而且也出现学习者语法、语用意识发展程度/水平存在不平衡性的问题。在教学实践过程中,作者也常常发现以下现象：在听力教学过程中,学习者常常过于注重语言形式与细节而忽略了对所听内容的整体把握；在写作中,学习者的语法意识不强可能导致写作中的语法错误；在口语表达过程中,由于学习者过于注重语言形式的正确性忽略恰当语义的传递,因而可能出现言之无物。此次问卷调查结论（第4章、第5章和第6章）也显示,我国藏彝英语学习者语法意识注意层级对语用意识发展产生的影响并不显著,而语用意识注意却对语法意识产生了非常显著的作用。另外,在问卷调查过程中作者也发现,我国藏族、彝族英语学习者将更多精力放在对语法规则和词汇的死记硬背上,无暇顾及相关的语用信息。这些结论与现象说明,注意是影响学习者语法意识发展、语法意识和语用意识交互机制的重要因素,但由于我国藏彝英语学习者的注意仅限于语言外在形式而未深入语言内在意义、功能及其理据,因而无法对语用意识的发展产生影响。可见,注意是学习者外语学习的必要条件,但学习者注意资源的分配、控制、深浅程度制约了其功效的发挥。

### 8.3.4 语境对语法意识教学的影响

语法本身是动态的,是基于语境而存在的。在第1章中作者指出,语法意识的形成与发展不仅与人的认知有关,也与社会规约、语境有关。此次问卷调查结论（第4章、第5章和第6章）也表明,我国藏彝英语学习者语法意识发展、语法意识和语用意识整体、层级交互机制均呈现一定的阶段性和民族性特征,而这些特征的存在均与其语言环境有关。因此语法并非简单的语言符号,而是基于一定语境产生、发展并含有特定意义的语言单位。林大津、谢朝群（2003）也认为,语法并非孤立的、死的结构,而是与人类情景化行为互动的结果,语法不仅穿梭于人际交往,同时交互于语言与人类生活之间。正如Larsen-Freeman(2002)指出,就语法规则本身而言,语法是相对固定的,但就其具体语境的使用而言,又是灵活的、语境化的。语法不仅包括语言"形式"(form),也包含一定的语境下如何恰当地基于语言形式表达想要的"意图"(intentions),语法的形式可能是相对固定的,但其隐含的意义却是需要根据语境的不同而不同。因此,语法是形式的,但也是具有自身特定意义和功能的;语法是相对固定的"死"规则,但也是基于语境的"活"规约。而此次问卷调查结果也指出,我国藏彝英语学习者语法意识发展程度较低,可能与其"死记硬背"、脱离语境等因素有关。

基于语境的语法教学才是有效的语法教学。传统的语法教学之所以受到诸多批判,主要是将语法的形式、意义、语境及功能等相剥离,忽视了语境的重要性。语法教学应在一定意义的语境下进行,而不是为了语法而语法(Mulder,2011)。Chung Cheng & Mojica-Diaz(2006)指出,基于一定语境的语法教学,不仅有利于促进学习者语法能力的提升,也有利于学习者语用能力的提升。林正军、姜晖(2012)认为:"语法教学应该从语言使用出发,注重从实际运用的语言中概括规则、理解语义。语法教学的理念应该是从语言使用到语法结构再到语法的使用,而不是单纯的语法规则讲解和例示……应注重对语境的创设,注重对语言使用的抽象和概括,注重语法形式和意义或功能的结合以及注重探究语法现象背后的理据。"在教学过程中,教师既可参照 Hughes & Mecarthy(1998)"语篇语法"(discourse grammar)的方式进行,也可依据 R. Ellis(2003)"结构-任务"(structure-based task)的教学模式进行。Hughes & Mecarthy(1998)的"语篇语法"教学,不仅强调语篇的连接方式,更强调语法所使用的具体语境,在一定的语境中去感悟语法、解析语法。而 R. Ellis(2003)提出的"结构-任务"教学,不仅注重以"语言结构产出为任务"(structure-based production task)、以语言"理解为任务"(comprehension task),还以语言"意识提升为任务"(consciousness-raising task)。该教学方法,一方面凸显了语言结构的重要性,学习者不仅应理解语言结构、使用语言结构,并应在恰当的时候产出相应的语言结构;另一方面也凸显了语境的重要性,让学习者在一定语境下体验语言结构、认识语言。

可见，基于语境的语法教学，是语法和语用的综合，不仅让"死"的语法知识变得"灵活"、具有自身的生命力，也为学习者语言的获得和运用提供了条件；而基于孤立的语法点的讲解或基于句子层面的语法讲解的语法教学模式已不适应现代教学和学习者认知发展的需要，应结合语境，采用自上而下或自下而上的语法教学才是有意义的、有效的语法教学（Rutherford，1988；Celce-Murcia & Olshtain，2000；Pennington，2002；Hinkel，2002a；2002b）。

### 8.3.5 语料输入与输出量对语法意识教学的影响

语法教学过程中，语料输入量影响语法教学成效。语料输入不仅包括具体目标语特征、规则信息、语篇信息的输入，还涉及输入信息对学习者产生的可接受性和挑战性。在强化输入过程中，教师可采用多方法、多途径。例如教师根据教学实际，尤其是针对学习者所处的学习阶段和认知发展水平，可通过对语言形式的显性讲解、讨论、"元语言"（metalinguistic）描述、纠错等形式，适当增加语法规则的直接输入与记忆，促进学习者对语法知识的积累；也可通过"输入涌入"（input flood）、"花园幽静"（garden-path）、"语篇强化"（textual enhancement）等策略进行（Sharwood-Smith，1993；Gascoigne，2006）。另外，Vygotsky（1978）的"临近发展区域"（zone of proximal development）、Krashen（1985）的"输入假说"（input hypothesis）等理论表明，在教学过程中，只有当输入信息既具有可接受性又具有挑战性时，教学才能充分调动学习者的积极性，发挥其潜能；只有当学习者接触到"可理解性语言输入"（comprehensible input）时，才能集中注意力并产生对输入信息的理解。教师可采用具体语法规则与语篇相结合的方式进行语法教学。例如，Doughty & Williams（1998）和 Jahan & Kormos（2015）指出，"强化输入"（input enhancement）重在信息输入，同时增加"外在"（externally）的"显性目标语特征"（salient target forms），如采用加粗、下划线、字体放大、字母大写、斜体、"色彩编码"（colour coding）等具体形式标注，从而突显学习目标，并吸引学习者的注意。因此，对于语法意识发展水平相对较低的藏彝英语学习者而言，以感知、注意等认知为基础的语料输入是必要的。而基于语法知识和语篇视角的语料输入的形式可具有多样性，可促进学习者语法意识感知层级的提升，可促进学习者语法意识注意层级的发展，为语法意识理解奠定了语料基础。

　　语料输出也是促进学习者语法知识发展的重要方法。Swain（1995；1998；2000）指出，单凭"可理解性输入"（comprehensible input）并不能保证学习者语言习得/学习的产生；语言习得/学习的产生，一方面既需要可理解性输入，另一方面也需要学习者信息的"强化输出"（pushed output）。Swain（1995；1998）认为，语言输出具有"注意/触发功能"（noticing/triggering functions）、"假设验证功能"（hypothesis testing function）和"元语言反思功能"（metalinguistic reflective function），不仅有助于学习者注意自身语言输出的形式和意义，还有助于学习者对自我输出语言进行不断假设、验证与调整，以及对所学语言内容的反思与内化。Izumi（2002）和 Russell（2014）也认为，"强化输出"有利于学习者注意自身输出语言形式，也有利于学习者在输出过程中不断"试误"（hypothesis-test）与验证，从而为其语法能力的获得提供条件。因此，对于学习者语法知识的获得，不仅应有输入量的增加，还应有输出量的要求。虽然我国藏彝英语学习者英语水平整体发展较低，英语输出困难的问题较为突出，但在教学过程中，必要的语料输出可能既是"迫使"其学习的手段之一，也是自我检测、自我反思的重要方法之一。所以，适当的语料输出既为学习者语言体验提供了机会，也为自我注意、反思语言规则及其应用提供了前提。

## 8.4　基于语法意识视角的英语语法教学的开展与实施

　　语言意识研究结论表明：语言不仅具有自身的自然属性，也具有一定的社会属性；不仅反映了语言符号本身，更是反映了语言符号所传递的思维、社会价值观、文化等信息。语法是语言必不可缺的部分，是反映客观世界和客观物体所依赖的基本符号与规则，也是人呈现客观世界、客观物体的态度、意识、价值观等的基本框架。所以，语法本身也具有自然和社会双重属性，是人类语言认知过程中主客观的综合与统一。Nassaj & Fotos（2004）认为，有效的语法教学需要具备以下几个要素：①学习者对语法形式的注意和持续意识性；②反复性"意义－聚焦"（meaning-focused）和语言"接触"（exposure）；③提供练习与输出的机会。因此，基于语法意识的英语语法教学，学习者不再是传统模式中语法知识的被动接受者，而是一个主动认知语言、认知世界的学习者，也是探索世界、探索语言的应用者和创造者。

因此，基于语法意识的语言教学给予了学习者去探索语言、感悟语言、认知语言和使用语言的机会，有助于学习者对语言知识的积累和恰当使用。基于语法意识角度的语法教学，其内容不再是对形式、意义、功能的割裂，也不再对形式、意义、功能等顾此失彼，而是培养学习者对语法的整体感知、注意、理解等认知能力，将语言结构、意义和功能进行有机整合，体现语法意识和语用意识的交互与协同。语法意识具有感知层、注意层和理解层等不同意识层级，且存在分工的不同（请详见第1章），因而容易导致信息处理的不同、认知模式的不同和学习结果的差异（Leow，1997）。因此，依据语法意识的多层级性特点，基于语法意识视角的语法教学内容与方法也存在自身的特征。但基于语法意识的层级教学，并非语法意识感知、注意和理解等层级教学的分离，也并不意味着三层级教学存在必然的先后顺序，而是体现了学习主体的螺旋式认知发展规律和学习者语法意识、语用意识间的交互促进，也体现了语法意识教学的螺旋式推进模式。正如R. Ellis（1987）指出，语法教学的最好途径不只是简单的语法实践，而是对学习者语法意识及能力的培养。因此，本节有关语法意识层级教学主要依据语法意识感知、注意和理解等三层级进行，并同时参考我国藏彝英语学习者语法意识发展现状、特征、相关影响因素以及其语法意识和语用意识交互机制进行。

### 8.4.1 基于语法意识感知层的语法教学

基于语法意识感知层的语法教学，语料融入是语法教学的前提和基础。从语言意识的界定和从语言意识的层级特性来看，语言感知或语言直觉是语言意识的重要组成部分。例如，Carter（2003）认为，语言意识是学习者对语言的功能、形式的意识性和敏感性，语言意识是一种综合的语言直觉能力。可见，学习者对语言的直觉、敏感性或感知是语言意识的重要组成部分，也是语法意识的重要组成部分。而语法意识感知，是指对"外在事物"(external events)的内在反映的心理过程（Schmidt，1990），是隐性的、直觉的、综合的语言规则认知；既是语法意识的最低层级，也是学习者无法以言语形式描述其主观感受的层级（Leow，1997）。无论是强化输入还是强化输出，均强调学习者对语料大量接触的必要性，其中语料的输入是学习者感知语言的必要途径。另外，语法规则是相对固定的，但就具体语境的应用而言，又是灵活的、语境化的。因此，大量语料的接触涉及不同语境的体验，是语法意识教学得以有效进行的前提和基础。正如Spada（1997）和R. Ellis（2002）指出，只有当学习者对所学语言接触量达到一定量的程度时，有效的语法教学才是可能的和可行的。而对于我国英语学习者尤其是藏族、彝族英语学习者而言，随着语言水平的提高和认知能力的提升，学习者完全有能力通过自身对语料接触量的增加来提升自我语言的感悟能力，如通过听、说、读、写等方式增加语料接触；在语料接触过程中，学习者还可通过试误的方式进行语言学习，对所学语言形式、内容进行假设，并不断进行验证，从而促进语言学习的进步。所以，大量的语料接触是学习者对语言结构的形式和表层意义的感性认识和综合认知的前提和基础。

基于语法意识感知层的语法教学，语料的具体选择、设计与安排是语法教学的关键。首先，有目的性地进行语料选择。教师需根据教学内容、教学目的以及学习者认知发展阶段等特征进行语料的选择与储备。前文指出，学习者认知发展及其语法意识发展存在显著的阶段性特征，因此对语法语料的选择、设计与安排也应具有阶段性特征。例如，针对高中阶段、本科阶段的藏族、彝族英语学习者，教师在教学过程中对于语料的选择应有所不同。由于高中阶段藏族、彝族英语学习者语法意识发展程度较低，词汇量有限，教师需根据其语言水平，对语料进行简化，以便有利于学习者对语料的可理解性输入。而对于相关语法规则，可依据一定语境进行简单、浅层的讲解，让学习者有一个初步的语言认识。但针对大学本科阶段的藏族、彝族英语学习者，由于其认知水平的发展、英语词汇量的增加等因素，教师在教学过程中可以使用语篇导入的形式，将相关语法规则以附带的形式进行讲解与分析，并进行总结与反思，为学习者语言知识的积累和运用提供条件。其次，注意语言规则"死的"和"活的"特性。语法不是静止的语言符号，而是基于一定语境下"活"的规则。针对某个语法专项内容的强化，教师既需引导学习者把握语言常规的用法，也需注意特定语境下特定语法规则的具体使用。因此，基于语法意识感知层的语法教学更像是隐性语法教学，尤其是高级阶段学习者，既可基于一定的语境进行，也可基于一定的语篇内容进行，将语法内容融入语料或语篇中；基于语法意识感知层的语法教学不仅涉及语法规则本身，也涉及语法所依赖的语境、人物、事件等多重因素。基于我国藏族、彝族英语学习者语法意识发展现状及特征，即语法意识整体发展水平偏低、本科阶段英语学习者语法意识发展高于高中阶段英语学习者，以及我国藏彝英语学习者语法意识和语用意识整体、层级间存在互为促进的关系，英语语法教学不仅需要呈现与分析"死的"语法规则，还需给学习者提供英语体验的机会，如简易文本阅读，让学习者透过文本了解和认识部分语言规则。这不仅有利于学习者感知语言规则，也为学习者感知语用提供了可能。

因此，基于语法意识感知层级的语法教学体现了语法基于语境下"活"的本性，也适应了学习者认知发展的阶段性特征，为学习者语法学习兴趣的提升提供了可能，避免了学习者机械地、孤立地、被动地记忆语法规则，为学习者感知语法、感知语用以及两者间的互化奠定了基础。

### 8.4.2 基于语法意识注意层的语法教学

基于语法意识注意层级的语法教学，注意是关键。国内外研究表明，注意不仅可为学习者提供比较、选择、使用等机会，还为学习者语法知识的识别与记忆提供了条件。Schmidt（1990；1995）提出的"注意假说"（noticing hypothesis）表明，虽然并非一切的学习都是"有意地"（deliberately/intentionally）进行，但注意是所有学习的必要条件，也是"长时记忆"（long-term memory）信息储存的必要充分条件；注意不仅是学习者认知的动力资源，使学习者聚焦学习内容，是学习者对信息进行有效加工的必要条件，也是将语言学习中的输入转化成"吸收"（intake）的必要条件。因此，注意是决定学习者语言学习能否产生及生效的关键。而语法意识注意，是指对存留在学习者短时记忆里信息的体会（Schmidt，1990），是显性的、有意识的认知；既是语法意识的中间层，也是学习者能表达出自身主观感受但不能总结出语言规则的层级（Leow，1997）。国内外诸多学者强调，语法教学可通过学习者有意识注意语言形式的方式进行。例如，Brown（1994）、Celce-Murcia（1992）、Lightbown & Spada（1993）等认为，聚焦语言形式的语法教学有利于学习者语法特征的观察与掌握。Fotos（1998）研究结论表明，通过文本突显的方式进行语法教学，虽不能保证学习者语言习得水平的提高,但对其语法规则的获得是具有一定促进作用的。Tolentino & Tokowicz(2014)研究结论也表明,学习者对 L1 和 L2 的形式、特征的聚焦与对比,有利于学习者对相关语言规则的掌握。综上所述,以往研究表明,基于注意层级的语法教学,类似于显性语法教学,主要聚焦语言形式。而第 4 章、第 5 章和第 6 章实证研究结论表明,我国藏彝英语学习者语法意识注意并未对其语用意识注意产生显著性作用,但语用意识注意却对语法意识注意产生了显著性影响。可见,我国藏彝英语学习者对语言形式的注意并未对其英语学习尤其是语用学习,产生深远的影响。因为语言形式聚焦仅仅是语法意识教学中的一部分,而基于语法意识注意层级的教学,不仅应有语言形式聚焦,还应有语言意义和语言功能等聚焦。

基于语法意识注意层级的语法教学,注意资源分配及不同语言的对比与分析是常态。首先,学习者注意资源的合理分配。由于注意资源存在有限性和选择性,学习者不可能在同一时刻既注意语言形式又注意语言意义和相关的语境等因素,因此学习者注意资源既应有分配的先后,也应有分配的主次,既可先聚焦语言形式再聚焦语言意义,也可主要聚焦语言意义,附带注意语言形式。例如 Robinson(1997)指出,学习者在学习过程中,若先注意语言意义再注意语言形式可能更"有助于"(conducive)学习的产生,也有利于减轻学习者"注意"(attention)资源和"记忆"(memory)资源分配的"压力"(taxed)。前文指出,我国藏彝英语学习者语法意识注意和语用意识注意间正向交互关系相对其他层级交互关系而言并不十分突出,甚至出现负相关。可见,该结论一方面反映了学习者注意存在有限性,另一方面也反映了我国藏彝英语学习者存在顾此失彼的学习现状。因此,在英语语法教学过程中,需进行注意资源的合理分配,既可先突显语言形式、再偏重语言意义及语言功能,也可先从意义、功能入手,再聚焦语言形式,有效地将语法和语用进行整合,强化两者间的互动。例如,在语法感知教学的基础上,即综合、直觉感受,对所选语料进行再次加工,采用加下划线、斜体、黑体、粗体等形式,将所学语法规则进行标注,强化学习者对语法规则的注意。Doughty & Varela(1998)指出,通过凸显文本的显性度吸引学习者的注意力,让学习者有意识注意语言形式,从而促进其语言的获得。其次,通过不同语言间的对比与分析,聚焦不同语言间的异同。通过母语语法和目的语语法的对比、分析,突出所学语言的特征,从而提高学习者对语法形式、意义和功能的注意,强化其语言认知。由于我国藏彝英语学习者不仅存在英语水平整体偏低、不同阶段学习者语法意识发展不平衡等问题,还存在汉、英、母语(藏语/彝语)等不同语言间语码转换的认知负荷、注意分配等问题。因此不仅需要针对不同阶段的不同教学内容聚焦,还需通过不同语言间的对比与分析,聚焦不同语言间语法规则的异同。例如,针对高中阶段的英语学习者,可使其注意聚焦语言文本本身,注重学习者对文本意义的识解和认知,引导学习者通过文本发现语法规则,通过语法规则反向加深对文本的理解;而针对本科阶段的英语学习者,可首先将学习者的注意引向语言所传递的信息,再由语义信息转向语言形式,即语法规则,并从语言规则返回到语用信息。我国藏彝英语学习者通过汉、英、藏/彝等三种语言间语法规则的对比与分析,一方面可强化对母语的认知,同时也加深对汉语、英语的认识和了解。在教学实践过程中,学习者既可通过小组讨论和总结的形式进行语法规则聚焦,也可通过自我反思或同伴纠错的方式强化对语法规则的注意和认识。

因此,基于语法意识注意层级的语法教学,不仅需要考虑学习者注意资源的有限性、阶段性等特征,还需考虑不同语言的异同等因素,既需要语言形式聚焦的教学,也需要语言意义、功能聚焦的教学,从而为学习者最终获得和应用语言规则提供条件,摆脱简单的、孤立的语法规则识别和记忆。

### 8.4.3 基于语法意识理解层的语法教学

基于语法意识理解层级的语法教学,总结与反思是关键。学习者对语言的理解是其主动认知语言的体现,也是学习者隐性知识显性化的体现。Bialystok & Ryan(1985)认为,隐性知识可以显性化,但这种显性化知识是语言习得的"终极产品"(end product of acquisition),而非习得的源头。因此,对语言规则的理解不是指学习者对语言规则的初步识别,而是指学习者对语言规则的反复认知与内化。语法意识理解是将隐性语法知识显性化,不仅可夯实已有语法知识基础,还可为新知识的融入建构通道。语法意识理解,是指语言学习过程中的所有思维活动,如对语言规则的演绎与归纳(Schmidt,1990),是显性的,也可是隐性的;既是语法意识的最高层,也是学习者能表达自身主观感受和总结相关语言规则的层级（Leow，1997）。国内外研究表明，对语法知识理解是语法意识及能力提升的必要条件。李德芳、梁一帆（2003）指出，必要的语法讲解不仅可避免错误形式的过早定型，还可有助于学习者语言学习效率的提高。Wright & Bolitho（1993）认为，要培养学习者的反思能力和独立学习能力，语言教学不仅应"谈论语言"（talking about language），还应思考语言。可见，基于语法意识理解层的语法教学，不仅仅是教师显性语法知识的讲解，而更多是学习者对语言形式、语言意义和语言功能的主观总结与反思。然而，第4章、第5章和第6章实证研究结论显示，虽然我国藏彝英语学习者语法意识理解可有效促进语用意识各层级的发展，但由于我国藏彝英语学习者语法意识整体、语法意识层级发展均较低，因而必然影响其效能的发挥。

基于语法意识理解层级的语法教学，语法规则的明晰、总结和应用是重点。首先，显性语法规则的辨析和总结是必要组成部分。语法知识是有关语言规则的知识，是语言使用者长期语言使用规约化的一个结果，具有相对固定性，因而采用原有灌输传统模式，容易导致语法教学枯燥乏味。因此，基于语法意识理解层级的语法教学，首先是学习者对语法规则的分析与总结。通过学习者主动理解语法，如讨论与总结，可以有效地将学习者带入语法学习中来，培养学习者的逻辑思维能力，不仅为学习者感悟语法、内化语法提供条件，也为学习者显性语法知识和隐性语法知识间的转化提供契机。学习者参与的语言形式、意义和功能的讲解和推理更有助于语法知识体系的形成。因此，传统的语法教学通常只讲规则，不讲理据（林正军、姜晖，2012），这是不合理的，因为这容易导致学习者语法错误的僵化。然而，此次问卷调查结论（第4章）表明，我国藏彝英语学习者语法意识理解层级水平不高，因而最终导致语法意识发展整体程度偏低。因此，针对我国藏族、彝族英语学习者语法意识发展现状及特征，应鼓励学习者在教师的指导和引导下，首先对相关语法规则进行辨析与总结，然后教师再根据学习者总结、反思情况进行必要的诠释与说明。其次，具体语法规则的应用是检验学习者语法能力的重要路径，也是强化语法和语用融合与转化的重要通道。语法源于语言的使用，学习者通过语言规则的使用能再次认识语法、总结语法。在此次的调查过程中作者还发现，我国藏彝英语学习者注重对相关语法规则的死记硬背，却忽视了对相关语法规则的具体应用，导致其语法意识的发展受到制约。因此，在教学实践过程中，教师可将具体语法的应用置于阅读、听力、口语等训练过程中，也可应用于英语写作过程中，从而为学习者语法规则应用与反思以及其语用能力的发展提供条件。

可见，基于语法意识理解层的语法教学，其教学重点不再是仅仅聚焦语言形式和意义，而是通过鼓励学习者从语言输入、输出中有意识地总结和分析相关的语言规则，并通过语言的使用，激活其认知过程，从而加深对语言的理解、夯实旧知识、建立新知识，强化其语法意识和语用意识间的兼容与互补，并逐渐成为独立的学习者。

## 8.5 基于语法意识视角的英语语法教学特征

基于语法意识视角的语法教学，强调的是教师引导、以学习者为中心的发现性教学，强调语法和语用的有机融合，注重通过学习者自我观察、发现来理解语言最终学会独立学习。因此，基于语法意识视角的语法教学既是对已有教法的创新，是多种因素的综合，也是显性语法教学和隐性语法教学的整合。

### 8.5.1 基于语法意识视角的语法教学是既往教学的创新

与传统的语法教学相比，基于语法意识视角的语法教学具有自身的独特性。Bourke（2008）指出，基于语法意识视角的语法教学与传统的语法教学有本质的区别：①基于语言意识视角的语法不再是有关语法的"基本事实"（facts），也不是语言"结构"（structures）和"功能"（functions）的简单"总和"（repertoire），而是一种如何处理语言的认知策略的总和，包括对语言信息的注意（noticing）、"假设"（hypothesis）、"试测"（testing）、"问题解答"（problem-solving）和"重构"（restructuring）；②基于语法意识视角的语法教学是首先基于语言"意义"（meaning）而不是语言形式，其目的是探寻语言形式和意义的对应关系，以及探究语法"意义"（meanings）、"功能"（functions）、"形式－功能"（form-function）等"映射"（mapping）关系；③基于语法意识视角的语法教学目的是培养学习者对语言形式的意识性和敏感性，而不是仅仅对诸多语法规则的简单记忆，学习者需对所输入语言结构进行有意识"探析"（explore），需通过"实际语言使用"（certain operations）来关注语言的某一特征；

④基于语法意识视角的语法教学还需通过某些典型语言规则讲解或任务教学模式进行，采用小组学习与讨论，逐渐通过学习者有意识注意语言"规则"（patterns）、发现规则、清晰自身中介语和目的语间的差异，从而有意识构建、优化自身语言系统；⑤基于语法意识视角的语法教学是"多维度的"（multi-faceted），不仅包括对语法意识的提升，也包括对词汇、语素、语音、话语等"语言元素"（linguistic components）的发展；⑥基于语法意识视角的语法教学是"信息驱动"（data driven），一方面需对学习者进行直接语言规则讲解，另一方面更需要学习者基于"信息"（data）进行独立"推断"（infer）和"总结"（generalize）。由此可见，基于语法意识视角的语法教学法是以"过程为导向"（process-oriented）的教学，体现了教学过程中学习者"发现"（discovery）、"检测"（investigation）、"理解"（understanding）等识解过程，因而该教法与以往以"结果为导向"（product-orientation）的灌输式教法存在差异（Bourke, 2008）。基于语法意识视角的语法教学不仅拓宽了语法教学的内容，既注重语法又融入语用，还将学习者主观情感、态度等因素纳入教学中，充分激发了学习者学习的积极性、主动性和创造性，培养了学习者探索性、批判性等独立思考能力与独立学习的能力。

　　基于语法意识视角的语法教学，既是对以往教法的改进与完善，也是培养学习者终生学习能力的一条新途径。学习者是语言知识的探寻者，而不仅仅是语言知识的接受者。语法意识提升的目的不是在于语法知识的直接灌输与学习者的被动接受，而是通过无意识感知、有意识注意以及主观识解等认知体验与反思，为学习者已有知识和新知识间建立起桥梁，为显性知识和隐性知识间的转化提供条件。基于语法意识视角的语法教学，不仅是学习者对目的语语言知识的掌握与运用及对语言的批判与思考，也是学习者对自我语言（母语）及文化的反思学习过程。因此，基于语法意识视角的语法教学并非简单的教学知识授予，而是在教师引导下，学习者通过自身主动性和发现性学习，从而获得对语言规则及其应用的相关意识和认识；基于语法意识视角的语法教学，虽然教学内容所指与传统的语法教学内容存在一定的相似性，但其教学目标不仅仅是语言知识的积累，其教学过程也不仅仅是教师的讲解，其教学方法也不仅仅是单向的知识传授与灌输，而是以培养学习者语言综合素质与能力为目标。以学习者主动探索发现为主要方法，最终使学习者成为积极的和独立的学习者。

### 8.5.2 基于语法意识视角的语法教学是多因素的综合

早期的语言意识教学与研究就是语法意识教学与研究本身，因而基于语法意识视角的语法教学实践特点与当初基于语言意识教学的特征存在类似，均是对学习者多重因素的考量。Hawkins(1984)依托语言意识，认为语言教学应将如下因素纳入考量：①通过"信息获得"（get the message），学习者思考语言的本质；②通过说与写，探寻书面语和口语间的差异；③通过语言分析，探寻有关词性、时态等构成；④通过语言使用，关注日常生活中语言使用的恰当性；⑤基于语言的多样性和动态性，提升语言意识，理解他国语言，反对语言歧视；⑥语言的习得和外语学习应存在一定的阶段性。而Borg(1994)更直接指出，语言意识就是一种具体的语言教学方法，并具有综合性特征：①"不断探索语言"（ongoing investigation of language），语言是一种动态现象而非固定不变的语言知识；②学习者针对语言现象进行相互"分析交流"（talking analytically about）；③学习者在语言学习过程中不断"探索"（exploration）与"发现"（discovery）；④既可促进学习者对语言的理解，也可促进学习者学习技能的提高，最终成为独立的学习者；⑤学习者认知与情感是语言意识教学中必须考虑的两个重要因素。与此类似，国内学者孙艳玲（2009）也指出，语法意识提升的语法教学具有自身特性：①教学目标不再是局限于某个语法结构，而是着眼于学习者长远的发展；②学习者不再是被动的语法知识接受者，而是基于自身观察—假设—验证的主动发现语法规则和语用规则的学习者；③语法教学不再是局限于简单的句子，而是基于一定的语篇、语境进行。因此，基于语言意识框架下的语法意识教学是多重因素的综合，不仅具有"描述性"（description）、"探索性"（exploration）、"语言性"（languaging），还具有"投入性"（engagement）和"反思性"（reflection）（Svalberg, 2007）等特征；不仅注重学习者内与外、感性与理性、主观与客观等多种因素的纳入，还注重语言本体与学习者主体的结合；不仅注重对学习者相关语法规则信息的可理解性输入与积累，还重视真实语料语篇的输入，强化具体语境下恰当、准确的语料输出。

本章前文指出，语法意识教学的具体实施，既需要将学习者认知发展、注意等主观因素纳入考量，也需要将语言环境、语料融入的质与量等客观因素纳入思考。因此，基于语法意识视角的语法教学是将客观语言规律与主观认知规律相结合的教学，是综合语言表象，即客观语言规则与学习者内在因素（情感、认知等主观因素），从而获得内在语言结构的教学方法。所以，语法意识教学过程是一个外在信息输入、内在信息理解和输出的交互过程，是基于学习者有意识和无意识感知、注意、理解的综合过程，也是客观语言规约与学习者主观认知的协调统一过程。

### 8.5.3 基于语法意识视角的语法教学是显性和隐性语法教学的综合

无论是基于显性语法教学还是基于隐性语法教学的语法教学均有利有弊。例如，单一的显性语法教学具有忽略语法"意义、语境及功能"（meaning, context and function）（Aski, 2003）、只讲规则、不讲理据（林正军、姜晖，2012）等实质性弊病；而单一的隐性语法教学也存在过度注重学习者语言应用性而忽视语言正确性、过度依赖学习者对语料的接触而忽略对语法规则的理解与应用、容易导致学习者语法错误石化等问题。而语法不仅是有关语言的形式的基本规则和规约，也是制约语言意义的形成和使用的重要因素，语法为言语交际的实施与完成能提供了前提条件。因此，有效的语法教学是显性教学和隐性教学的综合。而基于语法意识视角的语法教学为该综合方法的实现提供了新的视阈。基于语法意识视角的语法教学可充分利用显性与隐性语法教学两者所具有的优点，使两者在语法教学中得到有机协调与整合。

基于语法意识视角的语法教学为学习者显性语法知识和隐性语法知识间的转化奠定了基础。有关隐性知识和显性知识的关系，学界主要存在"强接口"（strong interface）假说和"弱接口"（weak interface）假说两种理论。强接口假说认为，只要通过反复练习、强化，学习者显性知识完全能转化成隐性知识。例如 Sharwood-Smith（1981）与 DeKeyser（1998）指出，显性知识不仅"源于"（derive）隐性知识，而且可以通过强化"练习"（practice）"转化"（convert）成隐性知识。而弱接口假说认为，反复练习不一定能将显性知识转化为隐性知识，但至少可"加快"（speed up）语言学习的进程（R. Ellis, 2005）；显性知识能转化成隐性知识，依赖于一定的时间、条件和方法。例如，

R. Ellis（2005）指出，学习者显性知识能转化成隐性知识，还需依赖以下三个条件：①学习者已做好学习语言知识的充分准备；②学习者"旧知识"（previous knowledge）与所学新知识已建立联系；③学习者在语言输出过程中有意识使用所学的新知识。可见，显性语法知识与隐性语法知识虽然各有其自身的特质，但也存在交叉与互为转化的关系。正如 N. Ellis（2005）指出，在任何时候，我们头脑中所反映是显性知识与隐性知识间的"复杂动态互动过程"（complex dynamic interactions）。语法既是一种描述性语言规则，用于词与词的搭配或句子构建，是一个相对静态的、自治的系统，但也不完全是自治的、孤立的，而是与一定语义、语用、语境等相关联的。因此，既有显性语法知识的讲解与传授也有隐性语法知识的应用与体验的语法意识教学为学习者显性、隐性语法知识的形成和转换提供了条件。

基于语法意识视角的语法教学，不仅仅是简单的语法知识罗列与讲解，不再是语法形式、意义、功能的割裂或语法规则与语境的脱离，也不再是仅强调准确性而忽视流利性或提高流利度却牺牲准确度等教学实践；而是既有显性手段，如记忆法、语法分析法，对教学语言材料中的词、语法等内容进行诠释与说明，也有通过情景或上下文语境等隐性方式来体验语法知识，通过使用语言交流归纳总结语法规则，强调学习者主动性学习与发现性学习等综合过程。教师既能以显性的方式，让学习者有意识注意自身的语法系统与所学语法系统之间的差距，通过直观的讲解与知识传授，促进学习者对语法的理解、掌握与运用，也可将语法知识融入具体的听说、阅读和写作过程中，让学习者体验语法、认知语法，从而形成心理表征，为其语言的正确使用提供基础。例如，Robinson（1995）和 Schmidt（2001；2010）研究结论表明，显性教法不仅可突出语法项目，吸引学习者注意，也为其语法知识的获得提供前提。Goodman（1967）、Smith（1971）以及龚彦知、何周春（2021b）研究结论也指出，英语语法教学可基于阅读附带教学模式进行，在阅读过程中，学习者不仅可依赖自身已有语法知识对语言材料进行理解和意义识别，还为其语法知识的隐性获得和体验提供条件。语法教学既需要大量的显性控制性练习，使学生对语言结构形式和表层意义有充分的感性认识，也需要有语境、情景的融入，将语法规则隐性融入语境、语用、语篇中，实现语法形式、意义、功能的统一（刘柏茹、邓天中，2003）。所以，基于语法意识视角的语法教学，既可做到语言使用的准确性、流利性和得体性，也可做到语法形式、结构、意义、用法及情景的协同。教学中，教师、学习者不仅要对语篇进行语法分析，突显语篇中语场、语旨、语式间的关联，还需厘清语言使用者是如何对语言形式做出不同的选择及如何合理安排，清晰语篇信息的上下连贯，从而准确把握语言结构和意义功能的实质。因此，基于语法意识视角的语法教学，不仅是语法形式、意义、功能的教学，是显性和隐性语法教学的综合，也是语法意识和语用意识的协同。

## 8.6 结语

充分利用语法意识提升学习者的语法能力与应用，不仅是学习者获取语法知识的一种途径，也是提升其语言能力的一种方法。语法既是人类生活的产物、实践经验的结晶，也是人类交际的必要工具。语法的形式、意义、功能不仅体现了语法本身所具有的"规则"、逻辑的一面，也体现了语法社会规约、人类认知的一面。因此，语法教学不仅应考虑语法本身所具有的自然属性，还应考虑其所具有的社会属性。正如 Doughty et al（1971）指出，教师的任务不是去将语言"分离"（impart），而是要对学生的语言知识和语言"直觉"（intuition）进行"分析"（work on）、"提升"（develop）、"精化"（refine）和"澄清"（clarify）。而基于语法意识视角的语法教学正充分体现了这一本质特征。采用语法意识的语法教学方法有助于学习者认识语言框架的构成，从而使学习者将显性知识内化，或将隐性知识显性化，促进学习者显性知识和隐性知识的互通，增强学习者语法意识和语用意识的交互程度，强化学习者对语言知识的理解和应用。采用语法意识并不是传统语法教学的重复，具有自身的特征：①目的不同，传统语法教学偏重语法知识内容本身的传递，着眼于短期的、零星的知识点，而语法意识是着眼于长期的学习目标，教会学习者如何学习；②语法意识学习过程是一个学习者主动识别、认知语言的过程，也是一个不断假设、验证、再假设、再验证的主动学习过程，而不是被动的、死记硬背的灌输过程；③语法意识不仅仅要求学习者注意语言形式，更需要注重语言形式背后的隐含意义，基于一定的语境从而认知语言和使用语言，是语法意识和语用意识的有效结合。因此在基于语法意识视角的英语教学中,语法意识不是英语教学的目的,而是以语法意识为手段,给学习者提供学习支架的一种教学方法,从而加强对语言的认知和对语言的正确使用,而不是原有的灌输式、被动语式的语法翻译法的教学模式的重复。

# 9 基于语用意识视角的藏彝英语语用教学与研究

## 9.1 引言

语用教学是语言教学中必要的组成部分。在提升学习者语用意识及能力的过程中,学界不断尝试新的教学方法,如显性和隐性语用教学,但也依然存在学习者语用意识及能力较低的问题。基于语用意识视角的语用教学是以学习者语用意识及能力提升为目的,是一种创新的语用教学理念和模式。基于语用意识的语用教学既是显性语用教学和隐性语用教学的协同与统一,是基于语用意识感知、注意和理解等层级的循环往复,也是语用和语法的有机融合和协调发展。因此,本章将先从历时的角度阐述基于语用意识视角的语用教学源起与发展,再基于语用意识视角特别是语用意识层级视角,并结合前面章节(第4章、第5章和第6章)的实证结论,探讨针对我国英语学习者尤其是我国藏彝族英语学习者的语用教学方法与措施,以促进其语用意识及能力、语法意识及能力的发展。

## 9.2 基于语用意识视角的语用教学的源起与发展

与基于语法意识视角的语法教学相比,基于语用意识视角的语用教学兴起相对较晚,这可能与语用复杂性、灵活性、隐蔽性等特征造成教学难度系数增加有关,也可能与语法、语用在外语教学中所占比重及受重视的程度不同有关。但基于语用意识视角的语用教学与基于语法意识视角的语法教学存在类似的起源和发展,均是以意识、认知为核心,以提升学习者语言应用能力为基础,以培养有跨文化交际意识、文化包容意识的独立学习者为目标,伴随语言意识运动的开展而逐渐兴起。

随着20世纪70年代英国语言意识运动的兴起、语法意识教学的具体实施以及文化交融的需要,国内外逐渐意识到语言知识仅仅是语言学习的一部分,要提升学习者语言意识水平和跨文化交际能力还需从语用意识视角入手。语用意识是语用能力的一部分,基于"意识提升"(awareness-raising)的语用教学是外语语用教学的"开端"(opening step)(Alcon & Safont-Jorda,2008)。与语法意识教学类似,基于语用意识视角的语用教学也是源于"意识提升"(Rutherford,1978)及后来的"形式意义聚焦"(focus on form)(Doughty & Williams,1998)等基本理念与方法。学界认为,基于意识提升的语用教学有利于学习者语用意识及能力的提升。例如 Jeon & Kaya（2006）和 Takahashi（2010）指出，通过意识提升，无论是显性的还是隐性的，均有利于促进学习者相关语用意识及能力的提高。但基于语用意识视角的语用教学，不是指一种具体的教学方法，而是基于意识视角的，多途径、多形式的教学模式。例如 House（1996）和 Takahashi（2001）基于语用规则的讲解来促进学习者对语用规则的认知；Takimoto（2007）以问题为导向，采用"问题解决"（problem-solving）策略，以此强化学习者对语用策略的运用；Fukuya & Zhang（2005）基于语用"重置"（recast）的教学方式来促进学习者对具体语境的适应和具体语言的应用；而 Abrams（2014）和 Cheng（2016）分别采用"真实视听输入"（authentic audiovisual input）和"真实二语互动"（authentic L2 interactions）的教学方法来提升学习者对语用隐含意义的体悟。可见，基于意识视角的语用教学范式是多样的、多途径的，但无论具体方法存在多大异同，它们均将学习者主观认知和客观语用规约视为一个整体，也为学习者语用意识开启、语用知识转化为实际语用能力提供了条件。

然而，语用既涉及语言符号本身，又涉及会话者以及相关社会规约，是以意识为核心，因此要了解基于语用意识视角的语用教学渊源，还需厘清语言与意识间的关系。有学者认为意识决定语言（如屠友祥，2008），也有学者认为语言决定意识（如洪堡特，1836；Jaynes，1976），还有学者认为语言是意识的再现（如 Rosenthal，2005；N. Ellis，2005）。然而，虽然这些争论还未达成一致结论，但以往研究均显示了语言与意识密不可分的关系。一方面，语言促进了意识的生成，同时也是意识的外在表征；另一方面，意识不仅为语言的发展提供基础和指引，也可能制约着语言的创新与发展。基于语用意识视角的语用教学不仅涉及语言使用，也涉及学习者对语言使用现象的直觉、主观感受、理性分析和反思等意识形态。因此，基于语用意识的语用教学应以学习者意识为核心、采用与其认知规律相协调的教学方式。

## 9.3 基于语用意识视角的语用教学的几个要素

前文指出，基于语用意识视角的语用教学，其目的不仅仅是促进学习者对语用知识的积累，更是培养具有文化包容意识和独立学习能力的学习者。然而，以往教学实践表明，语用教学效果总是收效甚微，这可能与教育政策、语言环境等外在因素有关，也可能与学习者母语语用意识、语用认知、语法意识等内在因素有关。

### 9.3.1 教育政策对语用意识教学的影响

与基于语法意识视角的语法教学类似，基于语用意识视角的语用教学也仍然受到相关教育政策的制约。20世纪70年代语言意识运动的初期，语言意识主要应用于以英语为母语的学习者，其目的在于"解决'英语文盲'（illiteracy in English）、外语教育失败和存在于校园的'分划性歧视'（divisive prejudices）等问题"（Hawkins，1999）。因此，语言意识运动的最初目的是提高本族语者自身母语水平，即英语水平，并强化学习者对语言规则的认知，增强其母语功能和身份认同。可见，早期的语言意识政策聚焦语法意识本身，而缺乏有关语用意识的教学规划与策略。但随着外来移民的增多以及不同地区、文化和种族间矛盾的加剧，原有的语言意识政策难以满足现实社会发展的需要。因而语言意识运动从原有的提升母语水平、语言规则认知，转向激发外语学习者语言学习的兴趣、提高学习者对语言应用的认知，强调培养学习者"语言包容意识"（linguistic tolerance）、"跨文化意识"（cross-cultural awareness）和"社会融入意识"（social integration）（Simard & Wong，2004），语言意识不仅涉及语言符号本身，也涉及民族心理和思维机制等内容。在我国，针对藏彝等少数民族的"民考民""民考汉"等相关教育政策也影响着具体语用教学的实施。可见，在相关语言政策影响下，语用意识研究是继语言符号本体研究，即语法意识研究之后的又一新兴领域。

对于我国英语学习者，其语用意识及能力的培养也是各政策、文件重要内容之一。教育部高教司在《普通高中英语课程标准》（2020）、《大学英语教学指南》（2020）中明确指出："高中英语教学与考试应在考查学生基础知识的基础之上，以语言能力、思维品质、文化意识、学习能力为核心素养，培养其英语基本技能和实际语言的交际能力"；"在今后的学习、工作和社会交往中能用英语有效地进行交流……提高综合文化素质，以适应社会发展和国际交流的需要"；"大学英语课程应以培养学习者语言应用能力为导向，强化学习者语用知识的积累，提升学习者语言的实际运用能力"。针对英语专业的《普通高等学校本科外国语言文学类专业教学指南》（2020）也明确指出，对英语专业的学生应加强其语用能力的培养，尤其是跨文化交际能力和学习研究能力的培养；英语专业的培养目标在于培养学生良好的综合素质，使其具有较强的跨文化交际能力和语言运用能力，能更好适应国家与地方经济建设和社会发展需要。2018年《中国英语能力等级量表》对语用能力进行了分级阐述，为具体的语言教学、语用教学提供了指南和具体纲要："语用能力指语言学习者和使用者结合具体语境，运用各种知识和策略，理解和表达特定交际意图的能力，包括语用理解能力和语用表达能力。"由此可见，无论是从中学《普通高中英语课程标准》，还是从大学非英语专业及英语专业《大学英语教学指南》《普通高等学校本科外国语言文学类专业教学指南》，以及通用的《中国英语能力等级量表》等文件来看，学习者语用能力的培养是我国外语教学的重要目标。

然而，相关《普通高中英语课程标准》《大学英语教学指南》《普通高等学校本科外国语言文学类专业教学指南》《中国英语能力等级量表》并未就我国藏彝英语学习者特殊情况做分类指导和评价，必然导致相关教学内容不清、教学方法不明等问题。此次实证研究结果（第4章、第5章和第6章）表明，我国藏彝英语学习者，无论从其教学内容还是从其考试内容来看，英语语用并未受到应有的重视；学习者英语语用意识及能力的形成往往是在汉语、母语（藏语、彝语）语用迁移的影响下进行，因而其英语语用意识发展程度极低。然而，语用意识是民族文化和人内在世界的有机组成部分，是民族语言、思维、文化的综合，是隐藏于交际双方背后的知识、规约和意识，不仅制约交际双方对语言形式和表达方式的选择，也是言语交际得以实现的前提和基础。因此，针对我国藏彝英语学习者特有性，应有与之对应的语用框架，将三语学习者语用意识及能力的发展纳入考量，为具体语用教学提供方针和策略，从而为培养有跨文化交际意识、文化包容意识的"人"创造条件。

### 9.3.2 语言环境对语用意识教学产生的影响

语言环境是左右学习者语用意识及能力发展的重要因素。首先基于个案研究实例来看，语言环境对学习者语用意识的发展产生影响。例如，Schmidt & Frota（1986）对Schmidt的葡萄牙语的学习经历研究结果显示，Schmidt 在语用方面有显著性进步，主要是因为 Schmidt 在目的语社区的言语交际过程中有意识注意相关语言的恰当使用和有意识确保语言交际的持续进行，同时也增加了真实语料的输入与吸收。与此相反，脱离目的语国家的外语学习者可能难以得到相应语用意识及能力发展的结果。另外，Schmidt（2010）对一位名叫 Wes 的被试的为期 3 年的调查研究表明，在美国檀香山市（Honolulu）居住的三年期间，Wes 在语用方面取得了巨大进步，而在语法方面却停滞不前。Schmidt（2010）认为，这一方面是 Wes 融入美国社会的强烈动机的结果，另一方面也是外在语境影响的结果。Cohen（1997）根据自身在美国夏威夷大学日语学习的经历研究，发现尽管自己花了大量时间和精力学习日语，学习的重点是词汇、语法等，但由于缺乏相关语用教学和语用信息输入，因而在语言使用方面存在问题，如不知什么时候该自己表达，或该采用什么样的语言形式来表达自己的意图等。

其次，从诸多问卷调查结论来看，语言环境仍然是影响学习者语用意识及能力发展的重要因素。例如 Bouton（1994）、Olshtain & Blum-Kulka（1985）和 Schauer（2006）通过问卷调查发现，学习者在目的语社区停留时间长短与其语用意识的发展存在正相关的关系，停留时间越长越有利于学习者语用意识及能力的提高。Bouton（1994）研究发现，在目的语国家（美国）停留 17 个月和 4.5 年的被试与本族语者被试在语用识别上存在显著性差异。通过数据分析与对比发现，停留目的语社区的 17 个月和 4.5 年的被试的语用意识及能力均有显著性提升，但停留目的语社区 4.5 年的被试语用意识及能力显著高于停留 17 个月的被试，其语用意识及能力已几乎达到本族语者语用水平。Bella（2012）对 140 名高水平希腊语二语学习者的调查研究表明，停留目的语社区的经历对外语学习者的语用意识发展和语法意识发展均具有显著性作用，尤其是学习者语用意识提高程度显著高于语法意识提升程度。Taguchi（2011a）也曾针对居住目的语国家被试的时间长短与其语用发展的关系进行调查与研究，发现居住目的语国家时间的长短是影响学习者语用发展的决定性因素，尤其是学习者对目的语所隐含语用意义的准确理解程度显著增强。

以上结论表明，语言环境是影响学习者语用意识发展的重要变量。然而，此次实证研究结论（第 4 章、第 5 章和第 6 章）却显示，我国藏彝英语学习者语用意识发展程度较低，尤其是语用意识理解层级发展程度极低。这一方面与学习者语用认知较差有关（下文将进行论述），另一方面也与藏彝英语学习者外在语言环境有关。例如，我国藏彝英语学习者主要分布于西藏、四川、云南、甘肃、青海、贵州、广西等不同省、自治区，不仅存在地理位置偏僻，经济、教育等基础条件较差的问题，原有生活习惯、文化信仰等较为传统，信息闭塞等事实，还存在以语法为主语用为辅、以汉语为主要媒介、被动学习的英语教学环境，因而其语法意识和语用意识发展程度极低，且存在不平衡性特征，其语法意识发展显著高于语用意识的发展，也最终制约其语法意识和语用意识间交互形式和交互程度的发展。虽然学界一直强调语言环境在学习者语用意识提升中的作用，但也承认语言环境并非决定学习者语用意识发展的唯一因素，学习者语用意识及能力的提高还依赖其目的语"参与度"（participation）、"社会化程度"（socialization）等其他因素（Taguchi，2008；Taguchi，2011b）。然而，此次实证研究结论也表明，我国藏彝英语学习者不仅具有强烈的自身民族依附情感，且对英语文化的认同度、包容度较低。因此，要提升我国藏彝英语学习者语用意识水平，不仅需要从外在语言环境着手，为学习者构建一个更为开放的学习环境，还需从学习者自身主观学习态度、学习动机入手，鼓励藏彝英语学习者逐渐增强自身跨文化交际意识和文化包容意识。

### 9.3.3 母语语用意识对英语语用意识教学的影响

此次问卷调查结论（第4章、第5章和第6章）表明，我国藏彝英语学习者语用意识发展与其母语，即藏语或彝语，并不存在相关性，且其英语语用意识和语法意识间的整体、层级交互程度也与其母语并不存在必然关联，这与我国藏彝英语学习者自身学习实际有关。例如以汉语为主要课堂用语的微观社会环境（英语课堂）和以汉语为主要媒介的宏观社会环境必然制约我国藏彝英语学习者母语语用功能的发挥，而使汉语语用对英语语用意识发展产生的影响却非常显著。然而，这仍然无法否定学习者语用意识发展及其语用意识和语法意识交互机制与学习者母语有关的基本结论。

国内外诸多研究结论显示，母语语用负迁移是致使学习者语用意识及能力偏低的重要因素。Takahashi（1996）研究表明，外语学习者的语用发展受其母语语用的影响，尤其是母语语用固化导致了外语语用的机械套用。Bialystok（1993）和 Felix-Brasdefer（2007）也发现，由于成年学习者在学习外语前已经获得母语的语用知识和相关文化，因而成年学习者在语用学习过程中容易将母语语用知识运用到二语语用学习过程中。Olshtain & Cohen（1989）通过对学习者"道歉"（apologize）语用的研究表明，被试常常采用母语标准来对"道歉"语用表达进行判断与分析，因而造成诸多语用失误。Dufon（1999）和 Siegal（1996）发现，成人在学习和使用外语语用时，由于受自身已有价值观或母语语用的影响，容易出现对外语语用的使用不恰当，如"拒绝"（reject）。而国内学者卢加伟（2013）和何周春、龚彦知（2020）研究发现，学习者在外语语用测试和实践过程中，总是存在自觉不自觉地基于母语语用立场，进行外语语用的识别与运用，尤其是语言水平偏低的学习者。诚然，母语语用意识及能力对学习者外语语用意识及能力的发展也存在积极的一面，尤其是当外语文化及其社会规约与母语文化及其社会规约存在相似时，语用正迁移效应更为突显。但无论是从母语语用对外语语用产生的正迁移还是负迁移的作用来看，学习者母语语用是影响其外语语用意识及能力发展的重要因素。

语用意识本身是集体意识的体现，也是一个民族意识的集合，并具有相应的文化特征。因此，对于我国藏彝英语学习者而言，虽然其母语未对其语用意识发展、语用意识和语法意识间的交互产生显著性影响，但其母语意识或多或少在其英语语用意识发展过程中扮演着正迁移或负迁移的角色。所以，对于我国藏彝英语学习者而言，其语用意识不仅具有自身母语语用意识及能力等特征，而且还具有一定的汉语语用意识及能力等特点，因而我国藏彝英语学习者不仅需要对三种语用信息进行储存与记忆，对不同语用信息进行辨识与区分，还需要对不同语用信息进行融合和创新。

### 9.3.4 学习者语用认知对语用意识教学的影响

语用是复杂的、综合的，因而必然给学习者语用认知带来挑战。

语用是社会规约认知，是集体意识的结晶，且具有显著的民族性和综合性特征。Jaszczolt(2005; 2010)认为，语言不仅是一种语言符号，更是一种社会文化和认知现象。语言学习者对语言的语用加工包括语用推导和语用默认。语用推导是语言使用者的有意识语用推理的过程，而语用默认是无意识过程，也是语言使用者的集体意向、规约等自然识解过程。语用不仅反映语言符号所特指的客观世界，更反映一个民族的集体思维与意识。俄罗斯心理语言学也认为语言意识是民族思维和民族文化的统一。语用意识不是独立于文化，而是基于文化并反映文化，是集体意向的体现。所以，语用意识不仅涉及语言本身，也涉及不同民族心理、思维机制，是民族文化和人内在世界的有机组成部分，是民族语言、思维、文化的社会规约及自我认知的总和，是关于客观世界和主观世界的综合，也是概念和知识的集合。因此，学习者语用意识及能力的复杂不仅受语用本身内容的复杂性制约，还受外在社会、文化等诸多因素的影响，因而必然给学习者语用认知的形成与发展带来困难。所以，语用教学的开展与实施不是单向的语用信息"填塞"，而是需要学习者认知能力与之适应。我国藏彝英语学习者不仅具有自身独特的文学、歌舞、医学和宗教等文化和传统的礼仪、服饰、婚俗、节庆等习俗，还兼容了汉族文化和习俗，因而其语用认知的发展更具有综合性、复杂性等特征，因此有关语用教学的教学内容及方法应将该特点纳入考量。

从语用意识形成与发展过程看，语用意识是不断发展变化的、动态的、阶段性的。Schmidt（1993）指出，语用意识与语言形式、功能、意义，以及学习者和语境等多种因素存在关联。语用的实现受具体言语发生的时间、地点、人际关系、社会文化、政治经济等多重外在因素的影响，也受交际主体性格、心情、态度等内在因素的约束。同一个语用知识可能因客观时间或主观态度的不同而产生不同的语用效果。因此，语用的不确定性或多变性体现了语用意识的灵活性和动态性。何周春、龚彦知（2013a；2015b；2017b；2020）发现，学习者语言意识/语用意识发展是一个不断提高与完善的动态发展过程，我国英语学习者语言意识/语用意识发展与其学习阶段的变化存在一致性，学习阶段越高，学习者语用意识发展程度也越高。此次实证研究结论（第4章、第5章和第6章）显示，我国藏彝英语学习者语用认知发展程度较低，具有一定的阶段性特征，本科学习者语用意识发展水平高于高中阶段学习者。可见，语用意识的形成与发展是一个从不自觉到自觉再到不自觉的显性和隐性结合过程，具有显著的阶段性特征。Langacher（2006）曾指出，认知与语言是"相互交织的"（contextually embedded），学习者对语言的理解主要基于自我"心智结构"（mental constructions），并依赖于长期形成的概念与常识。人的学习常常是从有意识开始到无意识结束的过程。再次从语言与认知的角度看，语用意识是学习者主客观综合的体现，是基于特定语境、交际双方心理及共同协商而产生，并随着学习者学习阶段和认知能力的发展而发展，因而学习者语用意识也是动态的、阶段性的。前文在论述学习者认知因素时也指出，学习者的认知发展是由"混沌的模糊状态"发展到"有意义的、有结构的状态"（施良方，2003：144），或从"无概念性的行为"到"概念性"再到"反思性抽象"（Piaget，1977）等不同认知阶段过程。可见，学习者语用意识是一个不断发展变化的动态过程，无论是学习者语用知识、语用能力、语用实践能力等不同能力（Purpura，2004：86）的提升，还是语用意识感知、语用意识注意、语用意识理解等不同层级的发展，均需依据学习者认知发展阶段来进行。

### 9.3.5　语法意识发展对语用意识教学的影响

语法意识是学习者语用意识发展的条件。Bardovi-Harlig（2000）指出，虽然现有研究还不能表明语用意识是独立于语法意识而存在的，但至少可以肯定语法意识是语用意识发展的必要条件。尽管学界有关语法意识和语用意识交互关系的争论还未达成一致，但无论从规约视角看还是从功能视角看，语法意识的发展均对学习者语用意识的发展产生影响。基于规约视角，语法意识是语用意识的基础和前提。语法规约是起于个体意识的开启，终于集体意识的吸收与融合，即语用规约。语法化的完成意味着个体意识最终顺应于集体意识（赵方铭、张绍杰，2020）。Ariel（2008：60）也指出，虽然所有语用都是"超语法"（extragrammatical），但并非所有超语法都可成为语用，因为语用仅仅是基于语法并超语法的一种类型。而从语法和语用的功能视角看，语法意识是语用意识的前提和基础。Ariel（2017：475-480）认为，语法与语用存在分工的不同，语法负责编码，而语用负责基于编码的推理。因此，语法是语用的基础，且相对更具有自主性。国内学者张绍杰（2018）也指出："语法形式或结构如何与语义、语用相互作用决定话语意义的识解……语法是构建意义的资源系统，说话人表达什么意向决定着对资源系统即语言形式的选择，因而语言形式便成为意义识解的出发点，这是句法的优先地位使然。"可见，从语用、语法规约以及其功能视角看，语法是语言形式/符号的显性规则，而语用是基于语法并超越语法的隐性规约，语法意识为语用意识的发展建立了必要的前提条件。因此，学习者语法意识的发展必然对其语用意识的发展产生影响。

前文实证研究表明，无论是基于语法意识和语用意识整体层面还是基于两者间层级层面，我国藏彝英语学习者语法意识和语用意识间存在互为影响的因素。虽然学界对语法意识和语用意识间的交互关系存在两种相反的观点，但两者间存在交互是必然。例如有学者认为语法意识发展先于语用意识发展，且是语用意识发展的前提和基础（House & Kasper，1987；Blum-Kulka et al，1989；Takahashi，2001；Cook & Liddicoat，2002）。也有学者认为语用意识发展先于语法意识发展，且是语法意识发展的前提和基础（Dietrich et al，1995；Felix-Brasdefer，2007；薛兵，2018：48）。虽然以上有关语法意识和语用意识发展先后顺序的争论似乎进入了鸡生蛋还是蛋生鸡的死循环，但从另外一面也折射出语法意识和语用意识存在交叉与映射关系，交互促进双方的发展。国内外实证研究结论显示，语法意识和语用意识的确存在交互关系。例如Ariel（2008：257）指出，语法与语用共同完成语言意义的传递，因而存在映射、交织的关联。薛兵（2018：24）和张延飞（2018）也认为，语法是语用的再现，也是反作用语用的潜在因素。龚彦知等（2021a）通过对我国英语学习者语法意识和语用意识的交互关系研究，发现我国英语学习者语法意识和语用意识存在交互关系，但这种交互关系呈现出逐渐减弱的阶段性特征。而此次实证研究结论也显示，我国藏彝英语学习者语法意识和语用意识整体间、层级间均存在密切的交互关系，且该交互关系呈现阶段性、民族性特征。由此可见，语法意识和语用意识间既存在互为条件的关系，也存在相生的交互关系，学习者语法意识的发展必然对其语用意识发展产生影响。所以，针对我国藏彝英语学习者，语用教学不是单独的语用知识传授、语用原则诠释，还需与语法相结合，在培养学习者一定语法能力的基础上进一步开展语用教学，更有利于藏彝英语学习者语用意识及能力的提高。正如吴伟平（2009）指出，"语用框架与语言形式相结合是大纲的基础；强调在语言实际运用过程中掌握语言基本知识；强调语用为纲，语言结构为语言运用服务的原则"。

## 9.4 基于语用意识视角的英语语用教学的开展与实施

Verity（2003）和 Bourke（2008）认为，语言意识是一种理论，更是一种教学实践模式：以"过程为导向"（process-oriented），即以"发现"（discovery）、"检验"（investigation）和"理解"（understanding）等为过程，达到学习者"描述"（description）语言、"阐释"（explanation）语言、"反思"（reflection）语言和"探寻"（exploration）语言的目的。而语用意识是语言意识的重要组成部分，其教学范式也可按照语言意识的基本范式进行。因此，基于语用意识视角的语用教学模式与以往以"结果为导向"（product-orientation）的灌输式教学模式存在差异，不仅包括对语用知识的描述、诠释，也包括对语用知识、语用规约的发现、检验和反思，同时也是语用意识和语法意识的融合与协同。

语用意识包括语用感知、语用注意和语用理解三层，三个层级既有分工的不同，也有彼此间的交叉，还为学习者显性知识与隐性知识间的转化提供了条件。因此，基于语用意识视角的语用教学是以社会规约、文化规约等信息为内容，是以显性语用教学和隐性语用教学综合为范式，也包括学习者无意识和有意识的参与和协同，不仅有助于学习者语用知识框架的形成，也有助于学习者将显性语用知识内化，或将隐性语用知识外显化，从而促进学习者显性语用知识和隐性语用知识间的转化和总体语用能力的提升。因此，本节有关语用意识层级教学主要依据语用意识感知、注意和理解等三层级进行，并同时参考我国藏彝英语学习者语用意识发展现状、特征、相关影响因素以及其语用意识和语法意识交互机制进行。

### 9.4.1 基于语用意识感知层级的语用教学

前文在论述人类的认知阶段时指出，人类认知的发展是由隐性认知发展到显性认知再到隐性认知的循环过程，也是一个从无意识到有意识再到无意识的个别到一般的认知过程。因此，基于语用意识感知层的语用教学是一种语言体验式教学。无论是从儿童母语习得过程来看，还是从 Piaget（1952；1960）所提出的人的认知发展阶段理论来看，感知既是人类意识形成的必要基础，也是学习者语用信息注意、理解、分析、反思的前提和条件。此次问卷调查结论（第 4 章、第 5 章和第 6 章）表明，在我国藏彝英语学习者语用意识感知、注意和理解三层级中，语用意识感知层级发展相对较好，且有利于促进学习者语法意识整体和层级的发展。

基于语用意识感知层级的语用教学，偏重于隐性语用教学的一面。语用意识感知与语言意识感知存在相似，也是指对"外在事物"（external events）的内在反映的心理过程（Schmidt，1990），是隐性的、直觉的、综合的语用规则认知；既是语用意识的最低层级，也是学习者基于"无意识的推理"（unconscious inference），且无法以言语形式描述其主观感受的无意识层级（Reber，1993；Leow，1997）。因此，基于语用意识感知层级的语用教学更类似于隐性的语用教学，侧重于学习者对语用信息的体验和整体认知，而不注重语言符号和碎片式的语用信息的讲解与理性化分析。在语用教学过程中，教师既可通过大量语篇阅读，为学习者感知语言提供前提，为后期的语用语料发现与分析提供必要的信息储备，也可通过"角色扮演"（role play）、"在线互动"（on-line interactions）（Eisenchlas，2011）、"网络自助"（self-access website）（Ishihara，2007)等方式，为学习者创设真实的语言环境，也为学习者提供在一定语境下进行语用运用的机会，从而强化学习者隐性语用知识的认识与体会。正如Kasper & Schmidt（1996）和杨忠、张绍杰（1991）指出，在外语教学课堂中，教授学习者相关语用知识仅仅是课堂语用教学的一部分，还应不断为学习者提供体验语用的机会；语用教学应从语言知识转移到语用能力培养，遵循整体入手的原则，聚焦施事行为的分析与推断，突显学习者词汇联想和语篇浸透。因此，基于语用意识感知层级的语用教学，尤其是针对我国藏彝英语学习者语用意识发展程度较低的现状，其语用教学可以采用语用体验式教学或语用附带式教学等模式进行，一方面可基于词汇引入、阅读训练附带增强我国藏彝英语学习者对英语文化、社会的整体认知，另一方面也可基于真实语料体验，解决我国藏彝英语学习者英语语言、英语文化认同感较低等问题（边巴等，2016；尹辉等，2017）。所以，基于语用意识感知层级的语用教学不仅可为学习者真实语料接触创设契机，为其特定语境、人物关系、社会规约等语用信息感知提供条件，也符合我国藏彝英语学习者感性思维、直觉思维、具象思维等认知特点。

### 9.4.2 基于语用意识注意层级的语用教学

语用意识注意是指对存留在学习者短时记忆里信息的体会

（Schmidt，1990），是显性的、有意识的认知；既是语用意识的中间层，也是学习者能表达出自身主观感受但不能总结出语用规则的层级（Leow，1997）。前文在论述人类的认知阶段时指出，学习者对语言"陈述性知识"（declarative knowledge）的有意识记忆与掌握是人类认知发展的必要的一步；而学习者显性语用知识的获得需要有意识注意的参与。Schmidt（1990；1995）认为，只有当"输入"（input）的知识被"注意"（noticed）到，输入知识才有可能被"吸收"（intake）。Robinson（1995）认为，"注意"（noticing）既是对所"验证"（detected）信息的进一步"注意资源分配"（allocation of attentional resource），也是"验证"（detection）和"意识"（awareness）的集合体现；注意既是输入信息在短时记忆中的"演练"（rehearsal），是短时记忆"编码"（encode）的"结果"（consequence），也是将输入信息转为长时记忆的关键，是语言学习的必要条件。Rosa & O'Neill（1999）也指出，有意识注意对语言吸收具有显著性促进作用，学习者意识程度越高其吸收程度也越强。可见，学习者语用知识的获得离不开注意这一关键因素的参与。此次问卷调查结果（第4章、第5章和第6章）也表明，我国藏彝英语学习者语用意识注意对其语法意识整体发展以及对语法意识感知、注意、理解等层级发展均有显著性积极作用，在缺乏英语语境的情况下，显性注意是其语用意识提升必要的一环。

　　基于语用意识注意层级的语用教学，着重于显性语用教学模式的使用，聚焦显性语用知识的讲解与分析，促进学习者显性语用知识的积累与内化。在语用教学过程中，一方面教师可通过学习者对语篇中语用知识的有意识注意，去发现和总结相关语用知识，提升学习者对语用的敏感性和意识性；另一方面教师也可引导学习者聚焦相关语用知识的分析与归纳，促进语用知识框架的形成。教师既可对语篇中有关语用信息进行标注，对不同类别的语用信息如道歉、恭维等采用不同字体或不同颜色进行分类识别，或对相关语用信息进行讲解、"操练"（practice）、显性语用"反馈"（feedback）与语用总结，或是对语言形式、功能意义和相关的语境特征进行讲解与分析（House，1996；Takahashi，2001；Kasper & Rose，2002b；Ranta & Lyster，2007），还可通过对母语和目的语的文化对比，从而注意到两种语言、文化各自的特征及其差异（Shively，2010），使学习者注意相关语用信息，进一步理解与吸收，从而达到提升显性语用知识的目的。我国藏彝英语学习者受自身特定传统文化、生活习惯、地理环境和认知概念等制约，且其自身文化、习俗、思维、认知等与英语语言相关因素差异甚大，容易导致学习者在语用学习过程中存在畏难情绪、学习动机不强、对目的语文化认同度偏低甚至抵制或有意违背目的语语用原则（周莉，2013；王静，2016；尹辉等，2017）等现状，再加之我国藏彝英语学习者语用意识发展程度较低主要起因于语用注意层级发展水平较低。因此，在语用教学实践过程中，教师可通过对汉语、母语（藏语／彝语）和英语语用知识的逐一讲解、示例、对比，从而让学习者有意识注意英语语用与汉语、母语语用等异同；教师可通过示例让学习者对自我文化、宗教信仰、生活环境、思维模式、认知概念等进行简单阐释，再从英语语言、英语文化视角诠释示例中所涉及的文化、信仰等主题，从而让学习者在增强自身民族文化、民族意识认同的基础上，提升对不同文化的认同意识和包容意识。所以，基于语用意识注意层级的语用教学，其目的是促进学习者对显性语用知识的积累，为其显性语用知识向隐性知识的转化奠定基础，这也符合我国藏彝英语学习者意象思维、类比思维等认知特点。

### 9.4.3　基于语用意识理解层级的语用教学

语用意识理解是语用意识的最高层，也是学习者识别、分析、归纳与总结语用信息的层级。Schmidt（1990；1995）指出，"理解"（understanding）是指对相关语言规则的整体"认知"（recognition），既包括"显性学习"（explicit learning），即有意识"知识"(knowledge)、有意识"审察"（insight）和有意识"假设"（hypothesis），也包括"隐性学习"（implicit learning），即无意识的言语信息"总结"（generalization）和"归类"（abstraction）。Leow（1997）、Rosa & O'Neill（1999）认为，"理解"层级具有两个显著特征：①"质化"（qualitatively）特征，一个"基于概念驱动的处理过程"（conceptually driven processing）；②"量化"（quantitatively）特征，一个基于"识别"（recognition）和"控制性产出"（controlled production）的过程。由此可见，语用意识理解层是学习者对语用信息的有意识和无意识、显性和隐性的识解、分析、对比等认知过程，也是学习者对语用知识的总结、归类、吸收等积累和内化过程。教师既可基于语法规则对所承载的语用信息进行讲解，也可基于语用信息诠释强化学习者对语法规则的认知。此次问卷调查结果（第4章、第5章和第6章）以及相关文献（如蒋霞、克撒，2012）研究表明，虽然我国藏彝英语学习者缺乏抽象思维、推理认知，且其语用意识理解层级发展较为缓慢，阻碍了语用意识整体发展，但从藏彝英语学习者语用意识与语法意识整体、层级间的交互形式及程度来看，其语用意识理解不仅是语用意识固有的层级之一，也是促进学习者语法意识发展的重要元素之一。因此，基于语用意识视角的语用教学不仅有利于学习者语用意识的提高，也有利于学习者语法意识的发展。

基于语用意识理解层级的语用教学，是显性语用教学和隐性语用教学的综合。Wright & Bolitho（1993）认为，依据语言意识教学模式，语言教学不仅应有"谈论语言"、思考语言，更应逐渐培养学习者有意识提出问题，加深对语言的理解，使学习者从被动学习转变为自主学习。在语用教学过程中，既可有"情景性练习"（situated practice）、"显性讲解"（overt instruction），也可有"批判性修正"（critical framing）、"转化式练习"（transforming practice）；既可有语言层面的"显性分析"（explicit analysis）、母语和外语语用的对比，也可有文化、社会、身份、距离、政治等主题层面的讨论（Cope & Kalantzis, 2000；Eslami-Rasekh, 2005）。因此，基于语用意识理解层级的语用教学，教师的任务不是去将语言"分离"（impart），而是要对学习者的语言知识和语言"直觉"（intuition）进行"开发"（work on）、"提升"（develop）、"精化"（refine）和"澄清"（clarify）（Doughty et al, 1971）。学习者既可通过语言体验去发现语用规约和理解语用规约，也可基于语言文字和文化的对比与分析，通过总结与反思，强化自身的语用意识。George（1972）指出，学习者语用知识是对所学语言"洞察"（insight）的结果。总之，基于语用意识理解层级的语用教学强调的是学习者发现性学习，注重引导学习者通过自我观察与发现来理解语言、学会独立学习，是学习者有意识和无意识学习的结合，也是显性语用教学和隐性语用教学的协调与统一。无论是在语言输入还是输出过程中，学习者可通过对母语语用和外语语用信息的对比与分析发现异同，理解其背后的理据，为其语用知识的积累提供基础；学习者也可有意识、无意识注意相关输入、输出语言符号及符号所代指的意义，加速对语用信息的理解与内化。也正如Kasper & Rose（2002b）指出，语用课堂教学不仅需要有计划地为学习者提供有效的语用知识，还需为学习者语用输出提供机会，才能有效促进学习者语用意识及能力的提升。而对于我国藏彝英语学习者，其语用意识理解层级发展程度较低，且其发展往往是以汉语、母语（藏语/彝语）语用迁移为基础，因而需要显性语用知识的输入和隐性语用知识的潜移默化。随着藏彝英语学习者归纳推理、演绎推理等能力的逐渐加强（罗平，2002），基于语用意识理解层级的语用教学应得到进一步加强。

## 9.5 基于语用意识视角的英语语用教学特征

前文指出，基于语用意识视角的语用教学不是指一种具体的教学方法，而是以意识、认知为核心，以培养独立学习者为目标的教学模式。另外，从语用特性来看，语用不仅具有多维度性，也具有多层级性，而学习者语用意识及能力的发展也受内外环境、社会因素制约，因此基于语用意识的语用教学既是顺应学习者认知发展的需要，也是显性语用教学和隐性语用教学整合的必然。

### 9.5.1 基于语用意识视角的语用教学是顺应学习者认知的发展

语用的形成与发展离不开人类认知的发展，而学习者语用意识及能力的提升也与认知发展因素相关。因此，基于语用意识视角的语用教学一方面反映了语用乃人类认知集合的本性，另一方面也遵循了学习者认知发展规律这一特性。

基于语用意识视角的语用教学体现了语用本质特征。语用既是个体及社会群体对社会现象、客观世界的镜像，也是集体思维与意识。语用的形成与发展与一个社会、民族的形成与发展息息相关，也与具体的言语交际行为息息相关，因而语用具有社会规约性。而语用的实现受具体言语所发生的时间、地点、人际关系、社会文化、政治经济等多重外在因素的影响，也受交际主体性格、心情、态度等内在因素的约束。同一个语用知识可能因客观时间或主观态度的不同而产生不同的语用效果。因此，语用也具有复杂性和动态性，而语用意识本身具有多层级性特征。语用意识由感知、注意和理解等不同层级构成，不同层级反映认知主体的语用认知发展程度。因此，基于语用意识视角的语用教学不仅可从层级视角进行也可从整体循环视角进行，不仅体现了语用社会规约性、复杂性和多层性等特征，也为遵循学习者语用认知发展规律提供了条件。例如，我国藏彝英语学习者不仅有自身传统的意象思维、直觉思维等思维模式，还具有强烈的民族意识、民族依附等情感，因而对语用信息的直觉感知有利于提升藏彝学习者对英语语用信息的体验与认知。

基于语用意识视角的语用教学是学习者认知发展的需要。此次实证研究结论（第4章、第5章和第6章）也表明，学习者认知发展存在阶段性，学习者语用意识和语法意识整体、层级交互均具有阶段性特征，而基于语用意识视角的语用教学也将这一特性纳入考量。我国藏彝英语学习者具有直觉思维、具象思维、类比思维等特征，而基于语用意识层级视角的语用教学也恰好与之相适应。Reber（1993：86）将人类认知分为"显性认知"（explicit cognition）和"隐性认知"（implicit cognition）。前者是指自我总结、自我监控的意识和能力，是有意识的；而后者是指对外在世界，如环境、自我、他人等，自然反映的原始意识和能力，是无意识的；两者共同隶属于意识的范畴。与此类似，Anderson（1993）提出的"适应性思维－理性控制"（adaptive control of thought-rational）模式更为清晰地展示了人类认知发展的几个阶段："认知阶段"（cognitive stage）、"联想阶段"（associate stage）和"自动阶段"（autonomous stage）。认知阶段，主要指学习者对语言中"陈述性知识"（declarative knowledge）的有意识记忆与掌握，例如对语法规则过去时态的识记与理解。而联想阶段是指学习者对语言知识获得的漫长过程，但也是学习者容易"犯错误"（erroneous）的过程。在该阶段中，学习者经过反复操练，其部分陈述性知识可转化为"程序性知识"（procedural knowledge）；且相对认知阶段而言，联想阶段学习者对语言规则的使用速度和正确度均有较大幅度提升。自动阶段是指学习者通过"广泛练习"（extensive practice）而最终达到自动化程度或本族语者语言水平。而此次问卷调查（第7章）研究结论也表明，我国藏彝英语学习者语用意识发展具有显著阶段性特征，从表象上看该特征是由学习者语言水平不同造成的，但实际上却是由学习者语言认知差异造成的。由此可见，人类的认知具有阶段性，是无意识和有意识的共同作用的过程，也是显性认知与隐性认知有机结合的结果。而基于语用意识的语用教学是在充分考量学习者认知发展的基础上进行的，不仅可对于不同学习阶段学习者采用不同教学内容和范式，而且在综合应用显性语用教学和隐性语用教学模式时也可依据特定教学对象而有所不同。

  基于语用意识视角的语用教学迎合了学习者语用能力阶段性发展的需要。从学习者语用使用过程看，学习者语用过程包括知识分析过程和心理控制过程。知识分析过程是指隐性知识变为显性知识的有意识过程，表现为对知识的理解和有意识使用；而控制过程是指心理聚焦，如将注意资源分配于某些特定知识、信息或语言形式上并在使用过程中根据特定语境加以心理整合和调控（Bialystok，1993）。从学习者认知发展的阶段性看，这种知识分析过程和心理控制过程也是一个无意识和有意识结合的过程，且在不同阶段，两者各自所占比重存在差异。Becker（1982）通过对儿童的语用认知能力研究发现，儿童的语用认知能力随着年龄的增长而增加。例如，对于"请求"（request）的认知能力，先是以肢体语言或声音等方式来发出请求，到了大约5岁，儿童就掌握了直接的或间接的请求策略。Bialystok（1993）和何周春、龚彦知（2020）也发现，成人的外语语用发展与儿童的外语语用发展是存在差异性的：成人的外语语用的获得是基于一定母语语用信息和外语词汇本身，主要从母语社会规约和外语语言形式等视角来理解语言和使用语言；而儿童的外语语用习得，更注重外语语言使用本身，即语言所表达的目的及方式。另外，吴亚秋（2011）指出，语用推理包括经验推理和分析推理。经验推理是基于已有信息的选择，而分析推理是建立在经验推理之上的分析与判断。经验推理往往是不被注意的、无意识的，而分析推理却是有意识的、有目的性的。成年学习者的外语语用推理往往是经验推理和分析推理的合作，但偏重于前者，往往是一个有意识的认知过程；而儿童外语语用推理虽然也夹杂有意识和无意识的参与，但更倾向于后者，往往是一个无意识的认知过程。因此，成年学习者的外语语用能力的发展是基于外显的和零散的语用信息、语言形式（即语言符号本身）以及母语语用信息等方式得以实现，其语用知识或形式与其所代指的语用功能是分离的；而儿童外语语用的获得来源于外语言语的使用，是语言符号和社会规约的整合。而此次问卷调查（第7章）研究结论也表明，我国藏彝英语学习者语用意识发展具有显著阶段性特征，本科阶段英语学习者语用意识发展水平显著高于高中阶段英语学习者。随着学习者年龄的增加及社会认知的发展，其语用能力得到一定程度的提高。基于语用意识视角的语用教学，不仅可分别从感知、注意、理解等层级进行，还可将三者视为一个循序渐进的统一体，因而适应了学习者语用发展的要求，也为语用教学的因材施教提供了可能。

### 9.5.2 基于语用意识视角的语用教学是显性与隐性语用教学的整合

无论是显性语用教学还是隐性语用教学均存在自身的利与弊，两者均有利于促进学习者语用意识及能力的提高。基于语用意识视角的语用教学不仅可充分利用显性与隐性语用教学两者所具有的优点，而且可对两者进行有机协调与整合。因此，基于语用意识的语用教学既具有显性语用教学直接、简单、明了的特征，也呈现出隐性语用教学潜移默化、润物细无声等特点。

基于语用意识视角的语用教学为学习者显性语用知识和隐性语用知识间的转化奠定了基础。从语用意识构成要素看，尤其是从显性语用知识和隐性语用知识交互关系来看，显性语用教学和隐性语用教学是学习者语用培养过程中不可缺的基本教学范式。显性语用教学，主要指对语用信息的明确释义，一方面通过教师对相关语用规则进行讲解，另一方面学习者通过对相关规则的讨论和注意，从而获得语用知识；而隐性语用教学主要通过阅读、写作、交际或目的语社区言语交际的参与等形式的语言输入、输出以及语用修正方式，让学习者主动体验、发现和运用相关的语用规则。尽管显性语用知识与隐性语用知识呈现"认知差异"（cognitive lacunae），但显性语用知识和隐性语用知识间存在接口和互为转化的可能（Nisbett & Wilson，1977；Nisbett & Ross，1980； R. Ellis，1997）。而这种转化关系的实现不仅需要对练习频率、时间等的考量，还需显性知识和隐性知识量的突破。例如，只有当显性知识的量达到一定"阈限"，显性知识才有可能转化为隐性知识。所以，显性知识与隐性知识间是否存在接口，不是由显性知识和隐性知识本身来决定的，而是依赖外在客观信息的输入和内在主观的认知的参与，即外在信息的强化输入和训练以及学习者内在认识的深化和内化。然而，显性语用教学并不能保证显性语用知识的获得，且隐性语用教学也不能确保隐性语用知识的内化。而基于语用意识视角的语用教学是显性语用教学和隐性语用教学的整合，不仅为学习者显性语用知识和隐性语用知识的获得提供了可能，也为其两类语用知识间的相互转化奠定了基础。

基于语用意识视角的语用教学既具有显著的层级性，也具有综合性的特征。前文指出，基于语用意识视角的语用教学既可从语用意识感知、注意和理解等层级入手，有针对性地实施语用教学，又可采用循环往复的教学模式，强化学习者语用认知和实际应用能力。例如基于语用意识感知层的语用教学遵循整体入手的原则，注重学习者对隐性语用信息的感知与体验；基于语用意识注意层的语用教学强调以显性模式增加学习者对显性语用知识的积累；而基于语用意识理解层的语用教学凸显有意识和无意识的结合，促进学习者对语用知识的内化与吸收。可见，不同层级的语用教学虽存在一定的差异性，但也存在相互协调、互为补充的关系。另外，语用内容的复杂性、综合性决定了语用教学的杂合性。语用既与语境内因素有关，也与语境外因素有关，不仅涉及人物关系、心理/社会距离、冒犯程度等微观社会变量，还涉及区域、社会、种族等宏观社会变量（Blum-Kulka & House，1989；Schneider & Barron，2008）。因此，在具体的语用教学过程中，教师可依据教学对象的客观实际对不同层级语用教学有所取舍，而不是绝对地将不同层级的语用教学截然分开甚至对立；具体的语用教学是显性语用教学和隐性语用教学的互补与融合，也是层级视角语用教学和整体视角语用教学的有机协调与统一。在教学实践中，教师既可依据学习者意识认知发展程度和语言水平发展程度，合理安排显性语用教学和隐性语用教学的顺序，可先采用显性语用教学，夯实学习者语用知识，奠定语用认知基础，继而以隐性语用教学模式，为学习者语用感知、语用体验提供可能，然后再进行语用反思；也可先进行隐性语用教学，为学习者语用意识及知识的体会提供条件，再进行语用规约发现、总结和分析。可见，基于语用意识视角的语用教学既可有显性语用教学的参与，也可有隐性语用教学的融入。而对于我国藏彝英语学习者，由于其英语水平较低，再加之其汉语、母语（藏语、彝语）文化与英语文化差异极大以及学习者对英语文化认同度较低（尹辉等，2017），因而采用先显后隐的语用教学方式，更有利于学习者对相关语用知识的清晰认识，从而为隐性语用知识的获得奠定基础。所以，采用显性语用教学，教师可聚焦于语用知识的呈现、诠释与传授，可传递静态的语用知识；而采用隐性的语用教学，可将静态语用知识转化为动态的语用能力，对实际的语用应用产生显著的影响。

### 9.5.3 基于语用意识视角的语用教学是层级教学的循环

基于语用意识层级视角的语用教学，并不是一个从语用意识感知到语用意识注意再到语用意识理解的单向、一次性教学过程，而是一个从低语用意识层级到高语用意识层级再到低语用意识层级的不断循环往复的教学过程。Kasper & Rose（2002b）指出，语用教学既可采用显性也可采用隐性模式，显性教学模式明确要求学习者注意某一特定语言形式，并对相关语用规则进行讲解、讨论与分析总结，而隐性教学模式主要采用强化输入、修正等形式进行，学习者在语言输入和修正过程中发现、理解和应用相关语用规则。学习者外语语用的获得是一个较为漫长的过程，也是一个不断使用、出错、修正、反思、再次使用等反复过程。因此，基于语用意识层级循环的语用教学是显性语用教学和隐性语用教学的交替与融合；既可采用显性—隐性—显性的循环教学模式进行，也可采用隐性—显性—隐性的循环教学模式进行。

显性—隐性—显性的语用教学循环模式。French & Beaulieu(2016)基于 Ranta & Lyster（2007）的"APF"三步循环教学模式，即"意识"（awareness）、"练习"（practice）、"反馈"（feedback）的教学模式，进行语用教学。首先，意识阶段，通过提升学习者意识，让学习者有意识注意目的语的语言形式与特征以及所隐含意义等。在该阶段主要要求学习者以显性的方式注意语言，但并不要求学习者做出相应的语用产出。而在练习阶段，学习者需要对前期所学语用知识进行不断的练习，例如通过角色扮演的方式强化对语言形式、意义的输入以及对语言的理解。在反馈阶段，通过纠错，让学习者一方面注意自身语言形式的表达及意义的传递所存在的不足，另一方面强化学习者内在的语言形式 - 意义的建构。与此类似，国内学者更是以直接、显性的开端方式进行语用教学。胡美馨（2007）认为，语用教学应包括以下四个环节：①语用知识明示教学；②技能意识培养；③技能意识产出；④对语用知识和技能的反思。第一阶段的明示教学，主要围绕教材所提供的材料，说明语用所涉及的语境、语用规约以及具体言语行为如何实现等。第二阶段，主要通过学习者对教材中所使用的语料进行观察，并做对比，辨析交际双方的年龄、性别、社会地位、语境等信息，从而培养学习者语用意识。第三阶段对前期所培养的语用知识及语用意识进行具体实践与应用，通过角色扮演、角色对比分析以及话语完型填空等方式进行具体语用的操练与应用。第四阶段采用笔记、录像、教师反馈等方式启发学习者对相关语用学习和使用的反思与评价，从而进一步修正自身语用所存在的不足。以上四个环节并非单向进行的，而是不断循环加以推进的。由此可见，虽然 French & Beaulieu（2016）和胡美馨（2007）的语用教学范式是以显性语用教学为开端、以隐性语用教学为辅助，且以显性语用教学为收尾，但并非表明以上教法即为单向的、一次性的显性—隐性—显性语用教学，而是显性、隐性语用教学的综合与循环。

隐性—显性—隐性的语用教学循环模式。Oller（1989）基于语言习得模式，认为语用教学既包括语用"产出"（productive）过程也包括语用"接受"（receptive）过程。该语用教学范式主要包括以下几个步骤：①"感知运动编码"（sensory-motor encoding）；②"注意或应急意识"（attention or immediate consciousness）；③"短时和长时记忆"（short- and long-term memory）；④"基于短时记忆和长时记忆的信息回顾"（retrieval from short- and long-term memory）；⑤基于"语法机制"（grammatical mechanism）、"图式"（schemata）、"笔记"（scripts）等信息的语用实践。在该语用教学范式中，语用接受过程和语用产出过程既可同时存在也可单独存在，且均包含以上五个步骤的参与和循环。与 Oller（1989）提出的语用产出过程和语用接受过程的教学方式类似，Kasper & Rose（2002b）提出的语用教学的"五步法"，认为语用教学应包括五步。第一步，"前期铺垫"（prebasic），基于一定的语境，但并无确定的句法或其他相关教学目标。第二步，"公式化表达"（formulaic），分析语言表达中的具体公式化语言。第三步，"解构"（unpacking），包括对公式化语用表达和对"常规间接"（conventional indirectness）表达模式的使用与分析。第四步，"语用拓展"（pragmatic expansion），添加新的语用言语表达及相关知识。第五步，"细微调整"（fine-tuning），基于一定的语境、教学目标及学习者具体情况进行语用教学目标和内容的调整。Shively（2010）也提出一种循环式语用教学方法：首先通过语言接触或社会融入，再在语用接触过程中注意观察语言的使用，尤其注意语用的恰当性，然后再对相关语用信息进行整理与收集，最后对所得到的语用信息进行分析、反思并形成一定的假设，为下次的语言接触中语用的恰当使用奠定基础。可见，Oller（1989）、Kasper & Rose（2002b）和 Shively

（2010）等提出的语用教学范式存在一定的相似性：以隐性语用教学为开端、以显性语用教学为过渡、以隐性语用教学为结束的循环模式，体现了基于语用意识感知、语用意识注意、语用意识理解等层级教学的基本过程，反映了学习者有意识和无意识交替、循环的认知过程。

此次问卷调查研究结论表明，我国藏彝英语学习者语用意识发展程度较低，一方面是由于其内在层级发展不高，如语用意识注意层级发展较差，另一方面是由于其英语语言水平较低、英语语言认知不足。而在教学实践过程中，我国藏彝英语学习者常常因词汇量有限、阅读能力差等问题导致其英语学习兴趣不足，再加之我国藏彝英语学者在汉、藏／彝、英等不同语言间的转换过程中认知负荷的增加导致其学习负担加重（李月林，2003；李晓莉，2021）等现状，教师可从显性语用知识入手，采用显性—隐性—显性的语用教学循环模式，通过有意识注意语用特征，充分利用类比思维特征，增加学习者语用知识的积累，并通过角色扮演、篇章阅读等隐性模式，利用藏彝学习者直觉思维、经验思维加深学习者对语用信息的感知和体验，再以分析、对比、总结等显性的方式促进学习者抽象思维和推理认知的发展。

## 9.6 结语

基于语用意识视角的语用教学是循环式的，而不是一步到位的，因此其教学模式也是由多种教学方法的间插整合而成。学习者的语用知识的积累、运用及反思不是一个单向的过程，而是一个认知、反思、修正、再认知的循环往复过程。基于语用意识的语用教学，既可能是显性语用教学和隐性语用教学等不同教法的交替与补充，也可能是语用意识感知、注意和理解等不同层级的互动与延续，还可能是语用意识和语法意识的协调与发展，充分体现了语用教学"教学有法、教无定法"的特征。

# 结束语

本研究主要基于问卷调查，通过描述性统计分析、独立样本 $t$ 检验、单因素方差分析和相关性分析、一元线性回归分析以及逐步多元回归分析，旨在探寻我国藏彝英语学习者语法意识和语用意识发展现状、特征以及语法意识和语用意识整体间、层级间交互形式、交互程度及成因等。研究结论表明：①我国藏彝英语学习者语法意识和语用意识整体、层级发展均偏低，尤其是注意层和理解层；不同性别、不同学习阶段、不同英语水平/汉语水平以及不同民族（藏彝）英语学习者语法意识、语用意识发展均存在显著性差异；②我国藏彝英语学习者的性别、学习阶段、民族特性、汉语水平及英语水平是影响其语法意识和语用意识发展的重要因素；③我国藏彝英语学习者语法意识和语用意识间存在显著交互关系，该交互关系不仅表现在两者的整体间，也表现在两者的不同层级间；④我国藏彝英语学习者语法意识和语用意识整体间、层级间交互关系不仅具有阶段性、民族性，还具有一对多或多对一且不均等的映射复杂特征；⑤我国藏彝英语学习者语法意识与语用意识间复杂的交互关系不仅与藏彝学习者英语/汉语水平、语言认知发展程度有关，也与语法意识、语用意识本身存在交互机制、民族意识等因素有关；⑥根据我国藏彝英语学习者语法意识、语用意识发展现状以及语法意识和语用意识整体、层级交互机制等特征，可基于语法意识、语用意识层级视角、语法意识和语用意识交互视角，对语言结构、意义和功能进行有机整合，注重学习者阶段性认知差异、民族性差异，培养藏彝英语学习者对语法/语用的整体感知、注意、理解等认知能力，从而提升其语法意识、语用意识发展水平及能力。

本研究既从文献理论视角探讨语法意识和语用意识间的交互关系，也从实证角度深入挖掘我国藏彝英语学习者语法意识和语用意识整体、层级间的复杂交互与关联，并从教学实践层面对我国藏彝英语学习者语法、语用教学的实施提出参考意见和可行性策略。因此，本研究成果既具有一定的学术价值，也具有一定的应用价值。其学术价值主要体现在以下两个方面：①从宏观的整体视角和微观的层级角度探讨语法意识与语用意识交互机制，不仅有利于辨析两者具体的交互程度、作用形式、交互特征等，而且推进了语言意识研究向更深入的层级层面发展；②以我国藏彝英语学习者为研究对象，不仅推动了针对三语学习者中介语语法和语用研究，也凸显和延伸了语言意识研究的国别性和民族性。其应用价值主要体现在以下两个方面：①作者研发的"语法意识和语用意识问卷调查量表"可为今后的二语学习者、外语学习者、三语学习者语言意识相关研究提供借鉴；②本研究成果可广泛应用于我国藏彝等少数民族的英语教学实践，如教法的改进和教材的编写等，以提高少数民族学习者英语水平。

然而，本研究也还存在一定的不足。例如，在研究方法方面，原计划采用问卷调查和"功能核磁共振成像"（fMRI）进行，但由于近几年的现实困难，不仅功能核磁共振成像承办单位不能接受外来人员进行实验，相关被试也无法或不愿出校参与实验，因而导致功能核磁共振成像实验无法实施。但为保证此次研究结论的效度和信度，作者一方面采用增加被试量的方式，如原计划问卷调查被试仅为本科阶段的藏彝英语学习者 100 名，但实际调查被试既包括高中阶段藏彝英语学习者 100 名，还包括本科阶段藏彝英语学习者 100 名，另一方面采用数据深入分析方式，如逐步多元回归分析，对所得数据进行科学分析。因此，在今后的研究中，可利用功能核磁共振成像实验分析我国藏彝英语学习者语法意识和语用意识发展在额叶、额下回、顶叶、枕叶、扣带回、颞叶、海马等不同脑区的影像，从而进一步探究我国藏彝英语学习者语法意识和语用意识间的交互与关联。另外，基于语法意识视角的英语语法教学和基于语用意识视角的英语语用教学还需经过教学实践进行检验、反思和改进，以进一步促进基于语言意识视角的英语语言教学的发展与应用。

本项目研究在国家社科基金委的支助下得以开展，感谢国家社科基金委对该项目的支助。同时，作者也得到诸多专家、教师、学生的指导和帮助，在此一并致谢！向你们表示崇高的敬意和衷心的感谢！

# 参考文献

边巴，次嘎，白玛曲珍，2016. 语言态度对西藏藏族大学生英语学习的影响 [J]. 西藏科技，280（7）：37–39.

陈建林，张聪霞，刘晓燕，等，2018. 二语水平对藏－汉－英三语者英语词汇语义通达的影响 [J]. 外语教学与研究，50（5）：727–737，801.

陈茂荣，2011. "民族"与"民族认同"问题研究述评 [J]. 黑龙江民族丛刊，123（4）：38–48.

陈新仁，2013. 语用学与外语教学 [M]. 北京：外语教学与研究出版社.

成晓光，2012. 语言与意识——后语言哲学视域中的解析 [J]. 外语学刊，167（4）：9–17.

戴炜栋，任庆梅，2006. 语法教学的新视角：外显意识增强式任务模式 [J]. 外语界，111（1）：7–15.

邓忠，吴永强，2021. 认知诗学视野下藏族当代诗歌中中华民族共同体意识的三个维度 [J]. 西藏大学学报（社会科学版），36（3）：136–143.

范开泰，1993. 语法分析三个平面 [J]. 语言教学与研究，51（3）：37–52.

高一虹，1992. 语言能力与语用能力的联系——中国、拉美学生在英语字谜游戏中的交际策略对比 [J]. 现代外语，56（2）：1–9，72.

高远，2007. 增强语法意识，加强语法教学——谈大学英语语法教学 [J]. 外语界，123（6）：15–24.

龚彦知，李永红，何周春，2021a. 中国英语学习者语法意识与语用意识交互机制研究 [J]. 外语界，203（2）：54–62.

龚彦知，何周春，2021b. 大学英语阅读教学中语法附带教学与设计——以成都中医药大学长学制班为例 [J]. 成都中医药大学学报（教育科学版），23（4）：75–76，128.

顾绍熹，1984. 我国英语语法教学的过去和现在 [J]. 外国语，32（4）：

7–11, 33.

何春燕, 2011. 我国语用能力培养研究述评 [J]. 外语教学理论与实践, 136（4）: 65–71.

何周春, 龚彦知, 2013a. 中国英语学习者语言意识发展研究——以语用意识与语法意识为视角 [J]. 现代外语, 36（3）: 278–285.

何周春, 龚彦知, 2013b. 语言意识研究中的问题与相关思考 [J]. 中国外语教育, 6（1）: 26–32.

何周春, 龚彦知, 2015a. 中国英语学习者语法意识发展路径及成因研究 [J]. 外语界, 170（5）: 52–60.

何周春, 龚彦知, 2015b. 基于语法意识视角的大学英语语法教学研究 [J]. 成都中医药大学学报（教育科学版）, 17（4）: 50–52.

何周春, 龚彦知, 2017a. 语言意识: 概念、研究现状、问题与趋势 [J]. 中国外语教育, 10（1）: 73–79, 102.

何周春, 龚彦知, 2017b. 基于语法意识视域下的大学英语语法教学的设计与应用 [J]. 成都中医药大学学报（教育科学版）, 19（4）: 47–49.

何周春, 龚彦知, 2020. 中国英语学习者语用意识发展特征与规律研究 [J]. 外语教学理论与实践, 170(2): 29–36, 14.

洪堡特, 1836. 论人类语言结构的差异及其对人类精神发展的影响 [M]. 姚小平, 译. 北京: 商务印书馆.

胡美馨, 2007. 言语行为语用意识培养在综合英语教材中的实现 [J]. 外语研究, 104（4）: 65–69.

胡壮麟, 2017. 英语语法及其发展史 [J]. 北京第二外国语学院学报, 39（5）: 5–16.

黄慧, 2007. 建构主义视角下的大学英语语法教学研究 [D]. 上海: 上海外国语大学.

贺莉, 2018. 俄语学习者语块语用能力现状调查及语用失误的认知分析 [J]. 外语学刊, 202（3）: 80–85.

嘉日姆几, 2008. 彝汉纠纷中的身份、认知与权威——以云南省宁蒗彝族自治县为例 [J]. 民族研究, 174（4）: 40–49.

蒋庆胜, 2021. 兼义辞格特性研究: 语法－语用互动视角 [J]. 外国语言文学, 38（2）: 115–125.

蒋霞, 克撒, 2012. 社会文化对彝族大学生英语学习认知的作用机制 [J].

西南民族大学学报（人文社会科学版），33（6）：187–190.

教育部高等学校大学外语教学指导委员会，2020.大学英语教学指南[M].北京：高等教育出版社.

教育部高等学校外国语言文学类专业教学指导委员会英语专业教学指导分委员会，2020.普通高等学校本科外国语言文学类专业教学指南——英语类专业教学指南[M].上海：上海外语教育出版社.

李德芳，梁一帆，2003.《新编大学英语语法教程》的编写思路[J]。外语界，96（4）：72–73.

李民，陈新仁，2007.中国英语专业学生语法/语用意识程度及其能力调查[J].中国外语，4（6）：35–41.

李民，陈新仁，肖雁，2009.英语专业学生性格类型与语法、语用能力及其意识程度研究[J].外语教学与研究，41(2)：119–124.

李栩，冯聪，鞠实儿，2018.旅居与杂居藏汉双文化个体认知差异的研究[J].应用心理学，24（4）：208–215.

李晓莉，2021.彝族英语三语学习者语用能力发展模式研究[J].现代英语（20）：94–97.

李宇明，2013.唤起全社会的语言意识[N].中国社会科学报，2013-12-02：B01.

李月林，2003.少数民族学生英语学习的特殊性研究[J].西南民族大学学报（人义社科版），24（8）：334–336.

林崇德，2006.思维心理学研究的几点回顾[J].北京师范大学学报（社科版），197（5）：35–42.

林大津，谢朝群，2003.互动语言学的发展历程及其前景[J].现代外语，26（4）：411–418.

林正军，姜晖，2012.认知语法观指导下的中学英语语法教学[J].课程·教材·教法，32（6）：80–85.

刘柏茹，邓天中，2003.大学英语动态语法教学的理论与实践[J].山东外语教学，92（1）：53–56.

刘建达，2006.外语语言能力：定义、教学与测试[J].江西师范大学学报（哲学社会科学版），39（2）：108–113.

刘建达，2007.语用能力测试的评卷对比研究[J].现代外语，30（4）：395–404，438.

刘建达，2008.语用能力测试研究：现状、问题与启示[J].外语研究，

110（4）：52-58.

刘可，2007.浅析彝族大学生在英语写作过程中的思维语言策略[J].西南民族大学学报（人文社科版）（S1）：208-210.

卢加伟，2013.认知框架下的课堂语用教学对学习者二语语用能力发展的作用[J].解放军外国语学院学报，36（1）：67-71.

罗平，2002.藏族在校青少年思维发展的调查研究[J].西藏大学学报（汉文版），17（1）：75-80.

普忠良，2015.从空间与方位的语言认知看彝族的空间方位观[J].西南民族大学学报（人文社会科学版），36（4）：32-37.

盛云岚，2015.二语习得界面假说剖析[J].现代外语，38（5）：678-686.

施良方，2003.学习论[M].北京：人民教育出版社.

双文庭，潘曼妮，2020.论信息结构背后的两个系统及其对英语句法的制约——兼谈英语写作构句教学[J].外语研究，37（6）：55-59.

孙艳玲，2009.语法教学与语法习得[J].山东外语教学，30（2）：60-67.

索绪尔，2002.索绪尔第三次普通语言学教程[M].屠友祥，译.上海：上海人民出版社.

屠友祥，2008.语言符号的无意识直觉和联想关系——索绪尔手稿研究之一[J].社会科学，333（4）：108-124,189.

王静，2016.少数民族地区英语教育的调查与思考——以四川凉山彝区英语教育为例[J].中南民族大学学报（人文社会科学版），36（3）：76-79.

王琦，2004.英语教师的语言意识水平：调查与启示[J].西北师大学报（社会科学版），41（6）：118-121.

魏娜，2017.藏族大学生反事实思维方式与英语学习成就动机相关性研究[J].西藏民族大学学报（哲学社会科学版），38（4）：137-141.

吴明隆，2014.问卷统计分析实务[M].重庆：重庆大学出版社.

吴伟平，2009.社会语言学理论与对外汉语教学实践[J].语言教学与研究，146（2）：37-44.

吴亚秋，2011.语用推理过程中心理倾向的干扰：误解的认知根源[J].

外语教学，32（1）：24–28.

吴义诚，2018. 语法性与语用性——汉语名词短语作有定解读的实质 [J]. 当代语言学，20（4）：497–515.

肖礼权，2006. 英语教学方法论 [M]. 北京：外语教学与研究出版社.

谢书书，张积家，和秀梅，等，2008. 文化差异影响彝、白、纳西和汉族大学生对黑白的认知 [J]. 心理学报，40（8）：890–900.

谢应光，2007. 语法构式中的语用信息 [J]. 天津外国语学院学报，14（6）：40–45.

许小明，1999. 语法研究三个平面理论述评 [J]. 华南师范大学学报（社会科学版），122（6）：93–97.

薛兵，2018. 语法与语用互动关系研究——以汉语时态、语态、语气为证 [D]. 长春：东北师范大学.

薛兵，张绍杰，2018. 默认语义学模式下的句法限制问题：诠释与批判 [J]. 外语与外语教学，303（6）：2–9.

闫小斌，2008. 会话修正与元语用意识 [J]. 山西农业大学学报（社会科学版），7（1）：78–81.

杨军，张蓓，2014. 甘南地区藏族青少年民族认同及其影响因素分析 [J]. 民族教育研究，25（2）：67–71.

杨敏，2008. 再论语言意识 [J]. 外语界，129（6）：71–75.

杨忠，张绍杰，1991. 语用学理论与精读课的侧重点 [J]. 外语与外语教学，53（1）：1–5, 13.

姚小平，1995. 人文研究与语言研究 [M]. 北京：外语教学与研究出版社.

尹辉，李葆卫，王孟娟，2017. 西藏高校藏族学生英语教育认同实证研究 [J]. 西藏民族大学学报（哲学社会科学版），38（4）：130–136.

张巨文，2003. 从哲学角度看语用意识的实质和作用 [J]. 郑州航空工业管理学院学报（社会科学版），22（4）：103–105.

张人，2004. 内隐认知及其对英语语法教学的启示 [J]. 外语界，102（4）：43–47.

张绍杰，2010. 语法和语用——基于语言使用的互动视角 [J]. 外语学刊，156（5）：74–79.

张绍杰，2017. 话语识解的认知机制：语法 - 语用互动视角 [J]. 外语教学与研究，49（5）：663–674.

张绍杰，2018. "语法 – 语用界面研究"专栏主持人语 [J]. 外语与外语教学，303（6）：1.

张绍杰，薛兵，2018. 汉语语态连续统——基于语法 – 语用互动的视角 [J]. 浙江外国语学院学报，149（1）：17–24.

张延飞，2018. 默认意义新解：语法 – 语用互动视角 [J]. 外语与外语教学，303(6)：36–41.

赵方铭，张绍杰，2020. 汉语紧缩句语用失误探究：句法 – 语用互动视角 [J]. 语言文字应用，116（4）：112–122.

赵福利，2009. 语法知识对语用知识预测力的实证研究 [J]. 外语教学与研究，41（4）：284–290.

赵秋野，2003. 试论语言意识的民族文化特点 [J]. 外语学刊，114（3）：69–72.

赵秋野，2008. 俄罗斯语言意识核心词汇研究综述 [J]. 解放军外国语学院学报，31（1）：26–31.

赵秋野，黄天德，2013. 从 СВОЙ–ЧУЖОЙ 的语言意识内容和结构看俄罗斯人的语言哲学观 [J]. 外语学刊，173（4）：78–82.

中华人民共和国教育部，2020，普通高中英语课程标准（2017年版，2020修订）[M]. 北京：人民教育出版社.

中华人民共和国教育部，国家语言文字工作委员会，2018. 中国英语能力等级量表 [M]. 北京：高等教育出版社.

周莉，2013. 彝族地区少数民族初中生英语学习的特殊困难及成因 [J]. 楚雄师范学院学报，28（11）：76–82.

朱敏兰，黄彦华，2016. 青海藏族与蒙古族青年民族认同比较研究 [J]. 北方民族大学学报（哲学社会科学版），129（3）：57–59.

朱跃，伍函，2013. 对近十年来国内外语界面研究的思考 [J]. 外国语文，29（5）：18–21.

Abrams Z I, 2014. Using film to provide a context for teaching L2 pragmatics [J]. *System*, 46(1): 55–64.

Alcon E, Safont-Jorda M P, 2008. Pragmatic awareness in second language acquisition [M] // Cenoz J, Hornberger N. *Encyclopedia of Language and Education*. New York: Springer: 193–204.

Anderson J R, 1993. *Rules of the Mind* [M]. Hillsdale, NJ: Erlbaum.

Andrews S, 1999a. Why do L2 teachers need to 'know about language'?

Teacher metalinguistic awareness and input for learning [J]. *Language and Education*, 13(3): 161–176.

Andrews S, 1999b. 'All these like little name things': A comparative study of language teachers' explicit knowledge of grammar and grammatical terminology [J]. *Language Awareness*, 8(3–4): 143–159.

Andrews S, 2001. The language awareness of the L2 teacher: Its impact upon pedagogical practice [J]. *Language Awareness*, 10(2–3): 75–90.

Andrews S, 2003. Teacher language awareness and the professional knowledge base of L2 teacher [J]. *Language Awareness*, 12(2): 81–95.

Andrews S, 2007. *Teacher Language Awareness* [M]. Cambridge: Cambridge University Press.

Ariel M, 2008. *Pragmatics and Grammar* [M]. Cambridge: Cambridge University Press.

Ariel M, 2010. *Defining Pragmatics* [M]. Cambridge: Cambridge University Press.

Ariel M, 2017. Pragmatics and grammar: More pragmatics or more grammar [M] // Huang Y. *The Oxford Handbook of Pragmatics*. Oxford: Oxford University Press: 473–492.

Aski J M, 2003. Foreign language textbook activities: Keeping pace with second language acquisition research [J]. *Foreign Language Annals*, 36(1): 57–65.

Austin J, 1962. *How to Do Things with Words* [M]. Oxford: Oxford University Press.

Bachman L F, 1990. *Fundamental Considerations in Language Testing* [M]. Oxford: Oxford University Press.

Bachman L F, Palmer A, 2010. *Language Assessment in Practice* [M]. Oxford: Oxford University Press.

Bardovi-Harlig K, 2000. Exploring the interlanguage of interlanguage pragmatics: A research agenda for acquisitional pragmatics [J]. *Language Learning*, 49(4): 677–713.

Bardovi-Harlig K, Hartford B S, 1993. Learning the rules of academic talk: A longitudinal study of pragmatic development [J]. *Studies in Second Language Acquisition*, 15(3): 279–304.

Bardovi-Harlig K, Hartford B S, 1996. Input in an institutional setting [J]. *Studies in Second Language Acquisition*, 18(2): 171–188.

Bardovi-Harlig K, Dörnyei Z, 1998. Do language learners recognize pragmatic violations? Pragmatic versus grammatical awareness in instructed L2 learning [J]. *TESOL Quarterly*, 32(2): 233–262.

Baron J, Celaya M L, 2010. Developing pragmatic fluency in an EFL context [J]. *EUROSALA Yearbook*, 10(1): 38–61.

Becker J A, 1982. Children's strategic use of requests to mark and manipulate social status [M] // Kuczaj S A. *Language Development: Language, Thought and Culture*. Hillsdale, NJ: Erlbaum: 1–3.

Bella S, 2012. Pragmatic awareness in a second language setting: The case of L2 learners of Greek [J]. *Multilingua*, 31(1): 1–33.

Bialystok E, 1979. Explicit and implicit judgments of L2 grammaticality [J]. *Language Learning*, 29(1): 81–103.

Bialystok E, 1986. Factors in the growth of linguistic awareness [J]. *Child Development*, 57(2): 498–510.

Bialystok E, 1993. Symbolic representation and attentional control in pragmatic competence [M] // Kasper G, Blum-Kulka S. *Interlanguage Pragmatics*. Oxford: Oxford University Press: 43–58.

Bialystok E, Ryan E B, 1985. A metacognitive framework for the development of first and second language skills [M] // Forest-Pressley D, MacKinnon G, Waller T. *Metacognition, Cognition, and Human Performance*. Orlando, FL: Academic Press: 207–252.

Blum-Kulka S, 1989. Playing it safe: the role of conventionality in indirectness [M] // Blum-Kulka S, House J, Kasper G. *Crossing-cultural Pragmatics: Requests and Apologies*. Norwood, NJ: Ablex: 37–70.

Blum-Kulka S, House J, 1989. Cross-cultural and situational variation in requesting behavior [M] // Blum-Kulka S, House J, Kasper G. *Cross-cultural Pragmatics: Requests and Apologies*. Norwood, NJ: Ablex: 123–154.

Borg S, 1994. Language awareness as methodology: Implications for teachers and teacher training [J]. *Language Awareness*, 3(2): 61–71.

Borg S, 2003. Teacher in grammar teaching: A literature review [J]. *Language Awareness*, 12(2): 96–108.

Bourke J M, 2008. A rough guide to language awareness [J]. *English Teaching Forum*, 1(1): 12–21.

Bouton L, 1994. Conversational implicature in a second language: Learned slowly when not deliberately taught [J]. *Journal of Pragmatics*, 22(2): 157–167.

Bowey J, 1986. Syntactic awareness in relation to reading skill and ongoing reading comprehension monitoring [J]. *Journal of Experimental Child Psychology*, 41(2): 282–299.

Brown H D, 1994. *Principles of Language Learning and Teaching* [M]. Englewood Cliffs, NJ: Prentice Hall Regents.

Bryant P, Nunes T, Bindman M, 2000. The relations between children's linguistic awareness and spelling: The case of the apostrophe [J]. *Reading and Writing: An Interdisciplinary Journal*, 12(3): 253–276.

Bybee J, Hopper P, 2001. *Frequency and the Emergence of Linguistic Structure* [M]. Amsterdam: John Benjamins Publishing Company.

Cain K, 2007. Syntactic awareness and reading ability: Is there any evidence for a special relationship? [J]. *Applied Psycholinguistics*, 28(4): 679–694.

Carter R, 1990. *Knowledge about Language and the Curriculum: The LINC Reader* [M]. London: Hodder & Stoughton.

Ceci S J, Howe M J A, 1982. Metamemory and effects of intending, attending, and intending to attend [M] // Underwood G. *Aspects of Consciousness*. London: Academic Press: 147–164.

Celce-Murcia M, 1992. Formal grammar instruction: An educator comments [J]. *TESOL Quarterly*, 26(2): 406–409.

Celce-Murcia M, Olshtain E, 2000. *Discourse and Context Language Teaching: A Guide for Teachers* [M]. Cambridge: Cambridge University Press.

Cheng T, 2016. Authentic L2 interactions as material for a pragmatic awareness-raising activity [J]. *Language Awareness*, 25(3): 159–178.

Chung Cheng A, Mojica-Diaz C, 2006. The effects of formal instruction and study abroad on improving proficiency [J]. *Applied Language Learning*, 16(1): 17–36.

Clark A, 2001. *Mindware: An Introduction to the Philosophy of Cognitive Science* [M]. Oxford: Oxford University Press.

Cohen A D, 1997. Developing pragmatic ability: Insights from the accelerated study of Japanese [M] // Cook H M, Hijirida K, Tahara M. *New Trends and Issues in Teaching Japanese Language and Culture*. Honolulu: Second Teaching and Curriculum Center, University of Hawaii at Manoa: 135–159.

Cook M, Liddicoat A J, 2002. The development of comprehension in interlanguage pragmatics: The case of request strategies in English [J]. *Australian Review of Applied Linguistics*, 25(1): 19–39.

Cope B, Kalantzis M, 2000. *Multiliteracies: Literacy Learning and the Design of Social Futures* [M]. New York: Routledge.

Corder S P, 1988. Pedagogic grammars [M] // Rutherford W, Smith M S. *Grammar and Second Language Teaching: A Book of Readings*. Boston: Heinle & Heinle Publishers: 123–145.

Couper G, Denny H, Watkins A, 2016. Teaching the sociocultural norms of an undergraduate community of practice [J]. *TESOL Journal*, 7(1): 4–39.

Culpeper J, Haugh M, 2014. *Pragmatics and the English Language* [M]. Basingstoke: Palgrave McMillan.

Dalmau M S, Gotor H C, 2007. From "Sorry very much" to "I'm ever so sorry": Acquisitional patterns in L2 apologies by Catalan learners of English [J]. *Intercultural Pragmatics*, 4(2): 287–315.

Davis J M, 2007. Resistance to L2 pragmatics in the Australian ESL context [J]. *Language Learning*, 57(4): 611–649.

DeKeyser R M, 1998. Beyond focus on from: Cognitive perspectives on learning and practicing second language grammar [M] // Doughty C J, Williams J. *Focus on Form in Second Language Acquisition*. New York: Cambridge University Press: 42–63.

DES/WO, 1990. *Modern Foreign Languages for Ages 11 to 16* [M]. London: HMSO.

Dietrich R, Klein W, Noyau C, 1995. *The Acquisition of Temporality in a Second Language* [M]. Amsterdam: John Benjamins Publishing Company.

Donmall B G, 1985. *Language Awareness: NCLE Papers and Reports* [M]. London: CILT.

Doughty P, Pearce J, Thornton G, 1971. *Language in Use* [M]. London: Edward Arnold.

Doughty C, Varela E, 1998. Communicative focus on form [M] // Doughty C, Williams J. *Focus on Form in Classroom Second Language Acquisition*. Cambridge: Cambridge University Press: 114–138.

Doughty C, Williams J, 1998. *Focus on Form in Classroom Second Language Acquisition* [M]. Cambridge: Cambridge University Press.

Dufon M A, 1999. The acquisition of linguistic politeness in Indonesian as a second language by sojourners in a naturalistic context [D]. Honolulu: University of Hawaii.

Eisenchlas S A, 2011. On-line interactions as a resource to raise pragmatic awareness [J]. *Journal of Pragmatics*, 43(1): 51–61.

Eisenstein M, Bodman J W, 1986. 'I very appreciate': Expressions of gratitude by native and non-native speakers of American English [J]. *Applied Linguistics*, 7(2): 167–185.

Ellis N, 2005. At the interface: Dynamic interactions of explicit and implicit language knowledge [J]. *Studies in Second Language Acquisition*, 27(2): 305–352.

Ellis R, 1987. *Second Language Acquisition in Context* [M]. Upper Saddle River: Prentice Hall.

Ellis R, 1991. *Instructed Second Language Acquisition: Learning in the Classroom* [M]. Oxford: Basil Blackwell.

Ellis R, 1997. *Second Language Acquisition* [M]. Oxford: Oxford University Press.

Ellis R, 2002. Does form-focused instruction affect the acquisition of implicit knowledge? A review of the research [J]. *Studies in Second Language Acquisition*, 24(2): 223–236.

Ellis R, 2003. *Task-based Language Learning and Teaching* [M]. Oxford:

Oxford University Press.

Ellis R, 2005. Measuring implicit and explicit knowledge of a second language: A psychometric study [J]. *Studies in Second Language Acquisition*, 27(1): 141–172.

Eslami-Rasekh Z, 2005. Raising the pragmatic awareness of language learners [J]. *ELT Journal*, 59(3): 199–208.

Faerch C, Kasper G, 1989. Internal and external modification in interlanguage request realization [M] // Blum-Kulka S, House J, Kasper G. *Cross-cultural Pragmatics: Requests and Apologies*. Norwood, NJ: Ablex: 221–247.

Farhady H, 1980. Justification, development and validation of functional language testing [D]. Los Angeles: University of California.

Felix-Brasdefer J C, 2007. Pragmatic development in the Spanish as a FL classroom: A cross-sectional study of learner requests [J]. *Intercultural Pragmatics*, 4(2): 253–286.

Fischer R, 1979. The inductive-deductive controversy revised [J]. *Modern Language Journal*, 63(3): 98–105.

Fotos S, 1998. Shifting the focus from forms to form in the EFL classroom [J]. *ELT Journal*, 52(4): 301–307.

French L M, Beaulieu S, 2016. Effects of sociolinguistic awareness on French L2 learners' planned and unplanned oral production of stylistic variation [J]. *Language Awareness*, 25(1–2): 55–71.

Fukuya Y, Zhang Y, 2005. Effects of recasts on EFL learners' acquisition of pragmalinguistic conversations of request [J]. *Second Language Studies*, 21(1): 1–47.

Garcia P, 2004. Development differences in speech act recognition: A pragmatic awareness study [J]. *Language Awareness*, 13(2): 96–115.

Garrett N, 1991. Technology in the service of language learning: Trends and issues [J]. *Modern Language Journal*, 75(1): 74–101.

Gascoigne C, 2006. Explicit input enhancement: Effects on target and non-target aspects of second language acquisition [J]. *Foreign Language Annals*, 39(4): 551–564.

Gattegno C, 1976. *The Common Sense of Teaching Foreign Languages* [M].

New York: Educational Solutions Inc.

George H V, 1972. *Common Errors in Language Learning: Insights from English* [M]. Rowley, MA: Newbury House.

Gilmore A, 2011. "I prefer not text": Developing Japanese learners' communicative competence with authentic materials [J]. *Language Learning*, 61(3): 786–819.

Gombert J E, 1992. *Metalinguistic Development* [M]. Chicago: University of Chicago Press.

Goodman K S, 1967. Reading: A psycholinguistic guessing game [J]. *Journal of the Reading Specialist*, 6(4): 126–135.

Grice P, 1989. *Studies in the Way of Words* [M]. Cambridge: Harvard University Press.

Gyori G, 2002. Semantic change and cognition [J]. *Cognitive Linguistics*, 13(2): 123–166.

Haight C, Herron C, Cole S P, 2007. The effects of deductive and guided inductive instructional approaches on the learning of grammar in the elementary foreign language classroom [J]. *Foreign Language Annals*, 40(2): 288–310.

Hawkins E W, 1981. *Modern Language in the Curriculum* [M]. Cambridge: Cambridge University Press.

Hawkins E W, 1984. *Awareness of Language* [M]. Cambridge: Cambridge University Press.

Hawkins E W, 1987. *Awareness of Language: An Introduction* [M]. Cambridge: Cambridge University Press.

Hawkins E W, 1999. Foreign language study and language awareness [J]. *Language Awareness*, 8(3–4): 124–142.

Hinkel E, 2002a. Grammar teaching in writing classes: Tenses and cohesion [M] // Hinkel E, Fotos S. *New Perspectives on Grammar Teaching in Second Language Classrooms*. Mahwah, NJ: Erlbaum: 181–198.

Hinkel E, 2002b. Why English passive is difficult to teach (and learn) [M] // Hinkel E, Fotos S. *New Perspectives on Grammar Teaching in Second Language Classrooms*. Mahwah, NJ: Erlbaum: 233–260.

Hopper P J, 1987. Emergent grammar [J]. *Berkeley Linguistics Society*,

13(2): 139–157.

House J, 1996. Developing pragmatic fluency in English as a foreign language: Routines and metapragmatic awareness [J]. *Studies in Second Language Acquisition*, 18(2): 225–252.

House J, Kasper G, 1987. Interlanguage pragmatics: Requesting in a foreign language [M] // Lörscher W, Schulze R. *Perspectives on Language in Performance: Studies in Linguistics, Literary Criticism, and Language Teaching and Learning to Honour Werner Hüllen on the Occasion of His 60 Birthday.* Tübingen: 1250–1288.

Hudson T, Detmer E, Brown J D, 1992. *A Framework for Testing Cross-cultural Pragmatics* [M]. Honolulu: Second Language Teaching and Curriculum Center, University of Hawaii.

Hudson T, Detmer E, Brown J D, 1995. *Developing Prototypic Measures of Cross-cultural Pragmatics* [M]. Honolulu: Second Language Teaching and Curriculum Center, University of Hawaii.

Hughes R, Mecarthy M, 1998. From sentence to discourse: Discourse grammar and English language teaching [J]. *TESOL Quarterly*, 32(2): 263–287.

Hulstijn J, Hulstijn W, 1984. Grammatical errors as a function of processing constraints and explicit knowledge [J]. *Language Learning*, 34(1): 23–43.

Ishihara N, 2006. Subjectivity, second/foreign language pragmatic use, and instruction: Evidence of accommodation and resistance [D]. Minneapolis: University of Minnesota.

Ishihara N, 2007. Web-based curriculum for pragmatics instruction in Japanese as a foreign language: An explicit awareness-raising approach [J]. *Language Awareness*, 16(1): 21–40.

Ishihara N, 2009. Teacher-based assessment for foreign language pragmatics [J]. *TESOL Quarterly*, 43(3): 445–470.

Izumi S, 2002. Output, input enhancement, and the noticing hypothesis: An experimental study on ESL relativization [J]. *Studies in Second Language Acquisition*, 24(4): 541–577.

Jackendoff R, 2007. *Language, Consciousness, Culture: Essays on Mental*

Structure [M]. Cambridge: MIT Press.

Jahan A, Kormos J, 2015. The impact of textual enhancement on EFL learners' grammatical awareness of future plans and intentions [J]. *International Journal of Applied Linguistics*, 25(1): 46–66.

James C, Garrett P, 1991. *Language Awareness in the Classroom* [M]. Harlow: Longman.

Jaszczolt K, 2005. *Default Semantics: Foundations of a Compositional Theory of Acts of Communication* [M]. Oxford: Oxford University Press.

Jaszczolt K, 2010. Default semantics [M] // Heine B, Narrog H. *The Oxford Handbook of Linguistic Analysis*. Oxford: Oxford University Press: 193–221.

Jaszczolt K, 2011. Salient meanings, default meanings, and automatic processing [M] // Jaszczolt K, Allan K. *Salience and Defaults in Utterance Processing*. Berlin: Mouton de Gruyter: 11–34.

Jaynes J, 1976. *The Origin of Consciousness in the Breakdown of the Bicameral Mind* [M]. Boston: Houghton Mifflin.

Jeon E H, Kaya T, 2006. Effects of L2 instruction on interlanguage pragmatic development: A meta-analysis [M] // Norris J M, Ortega L. *Synthesizing Research on Language Learning and Teaching*. Amsterdam: Benjamins: 165–211.

Juul H, 2005. Grammatical awareness and the spelling of inflectional morphemes in Danish [J]. *International Journal of Applied Linguistics*, 15(1): 87–112.

Kasper G, 2000. Classroom research on interlanguage pragmatics [M] // Rose K R, Kasper G. *Pragmatics in Language Teaching*. Cambridge: Cambridge University Press.

Kasper G, Rose K R, 2002a. Pragmatic development in a second language [J]. *Language Learning*, 52(s1): 1–11.

Kasper G, Rose K R, 2002b. *Pragmatic Development in a Second Language* [M]. Oxford: Blackwell.

Kasper G, Schmidt R, 1996. Developmental issues in interlanguage pragmatics [J]. *Studies in Second Language Acquisition*, 18(2): 149–

169.

Koike D A, 1989. Pragmatic competence and adult L2 acquisition: Speech acts in interlanguage [J]. *Modern Language Journal*, 73(3): 279–289.

Koike D A, 1996. Transfer of pragmatic competence and suggestions in Spanish foreign language learning [M] // Gass S, Neu J. *Speech Acts across Cultures*. Berlin: Mouton de Gruyter: 257–281.

Krashen S D, 1985. *The Input Hypotheses: Issues and Implications* [M]. New York: Pergamon Press.

Langacher R W, 2006. The conceptual basis of grammatical structure [M] // Byrnes H, Weger-Guntharp H, Sprang K A. *Educating for Advanced Foreign Language Capacities: Constructs, Curriculum, Instruction, Assessment*. Washington, D. C.: Georgetown University Press: 17–39.

Larsen-Freeman D, 1991. Teaching grammar [M] // Celce-Murcia M. *Teaching English as a Second or Foreign Language*. Boston, MA: Heinle & Heinle: 279–283.

Larsen-Freeman D, 2002. The grammar of choice [M] // Hinkel E, Fotos S. *New Perspectives on Grammar Teaching in Second Language Classrooms*. Mahwah, NJ: Lawrence Erlbaum: 103–118.

Laughlin V T, Wain J, Schmidgall J, 2015. Defining and operationalizing the construct of pragmatic competence: Review and recommendations [J]. *ETS Research Report Series*, 2015(1): 1–43.

Layton N, Robison J, Lawson M, 1998. The relationship between syntactic awareness and reading performance [J]. *Journal of Research in Reading*, 21(1): 5–23.

Leech G, 1983. *Principles of Pragmatics* [M]. London: Longman.

Leow R P, 1997. Attention, awareness, and foreign language behavior [J]. *Language Learning*, 51(s1): 113–155.

Leow R P, 2000. A study of the role of awareness in foreign language behavior [J]. *Studies in Second Language Acquisition*, 22(4): 557–584.

Leow R P, 2006. The role of awareness in L2 development: Theory, research, and pedagogy [J]. *Indonesian Journal of English Language Teaching*, 2(2): 125–139.

Levinson S, 2000. *Presumptive Meanings: The Theory of Generalized*

*Conventional Implicature* [M]. Cambridge: MIT Press.

Lightbown P M, Spada N, 1993. *How Languages Are Learned* [M]. Oxford: Oxford University Press.

Logan G D, Taylor S E, Etherton J L, 1996. Attention in the acquisition and expression of automaticity [J]. *Journal of Experimental Psychology: Learning, Memory, and Cognition*, 22(3): 620–638.

Mitchell R, 2000. Applied linguistics and evidence-based classroom practice: The case of foreign language grammar pedagogy [J]. *Applied Linguistics*, 21(3): 281–303.

Mulder J, 2011. Grammar in English curricula: Why should linguists care? [J]. *Language and Linguistics Compass*, 5(12): 835–847.

Murphy L, 2005. Attending to form and meaning: The experience of adult distance learners of French, German and Spanish [J]. *Language Teaching Research*, 9(3): 295–317.

Nassaj H, Fotos S, 2004. Current developments in research of the teaching of grammar [J]. *Annual Review of Applied Linguistics*, 24(1): 126–145.

Nation K, Snowling M J, 2000. Factors influencing syntactic awareness skills in normal readers and poor comprehenders [J]. *Applied Psycholinguistics*, 21(2): 229–241.

Neizgoda K, Röver C, 2001. Pragmatic and grammatical awareness: A function of the learning environment [M] // Rose K, Kasper G. *Pragmatics in Language Teaching*. Cambridge: Cambridge University Press: 63–79.

Nisbett R E, Wilson T D, 1977. Telling more than we know: Verbal reports on mental processes [J]. *Psychological Review*, 84(3): 231–259.

Nisbett R E, Ross L, 1980. *Human Inference: Strategies and Shortcomings of Social Judgment* [M]. Englewood Cliffs, NJ: Prentice-Hall.

Oller J W, 1989. *Language and Experience: Classic Pragmatism* [M]. Lanham, Maryland: University press of America.

Olshtain E, Blum-Kulka S, 1985. Degree of approximation: Nonnative reactions to native speech act behavior [M] // Gass S, Madden C. *Input in Second Language Acquisition*. Rowley, MA: Newbury House: 303–325.

Olshtain E, Cohen A, 1989. Speech act behavior across languages [M] // Dechert H W, Raupach M. *Transfer in Language Production.* Norwood, NJ: Ablex: 53–67.

Palmeria W K, 1995. A study of uptake by learners of Hawaiian [M] // Schmidt R W. *Attention and Awareness in Foreign Language Learning.* Honolulu: Second Language Teaching and Curriculum Center, University of Hawaii: 127–161.

Pearson L. 2006. Patterns of development in Spanish L2 pragmatic acquisition: An analysis of novice learners' production of directives [J]. *Modern Language Journal*, 90(4): 473–495.

Pennington M. 2002. Grammar and communication: New directions in theory and practice [M] // Hinkel E, Fotos S. *New Perspectives on Grammar Teaching in Second Language Classrooms.* Mahwah, NJ: Lawrence Erlbaum:77–98.

Piaget J, 1952. *The Origins of Intelligence in Children* [M]. New York: International Universities Press.

Piaget J, 1960. *The Child's Conception of the World* [M]. Paterson, NJ: Routledge.

Piaget J, 1977. *The Gap of Consciousness* [M]. London: Routledge and Kegan Paul.

Pienemann M, 1989. Is language teachable? Psycholinguistic experiments and hypothesis [J]. *Applied Linguistics*, 10(1): 217–243.

Pratt C, Tunmer W E, Bowey J A, 1984. Children's capacity to correct grammatical violations in sentences [J]. *Journal of Child Language*, 11(1): 129–141.

Purpura J, 2004. *Assessing Grammar* [M]. Cambridge: Cambridge University Press.

QCA, 1998. *The Grammar Papers: Perspectives on the Teaching of Grammar in the National Curriculum* [M]. London: Qualifications and Curriculum Authority.

Ranta L, Lyster R, 2007. A cognitive approach to improving immersion students' oral language abilities: The awareness-practice-feedback sequence [M] // De Keyser R. *Practice in Second Language:*

*Perspectives from Applied Linguistics and Cognitive Psychology*. Cambridge: Cambridge University Press: 141–160.

Reber A S, 1993. *Implicit Learning and Tacit Knowledge: An Essay on the Cognitive Unconscious* [M]. Oxford: Clarendon Press.

Robinson P, 1995. Attention, memory and the "noticing" hypothesis [J]. *Language Learning*, 45(2): 283–331.

Robinson P, 1997. Generalizability and automaticity of second language learning under implicit, incidental, enhanced, and instructed conditions [J]. *Studies in Second Language Acquisition*, 19(2): 223–247.

Roever C, 2005. *Testing ESL pragmatics: Development and Validation of a Web-based Assessment Battery* [M]. Frankfurt: Peter Lang.

Rosa E, Leow R P, 2004. Awareness, different learning conditions, and L2 development [J]. *Applied Psycholinguistics*, 25(2): 269–292.

Rosa E, O'Neill M D, 1999. Explicitness, intake, and the issue of awareness: Another piece to the puzzle [J]. *Studies in Second Language Acquisition*, 21(4): 511–556.

Rosenthal D M, 2005. *Consciousness and Mind* [M]. Oxford: Oxford University Press.

Russell V, 2014. A closer look at the output hypothesis: The effect of pushed output on noticing and inductive learning of the Spanish future tense [J]. *Foreign Language Annals*, 47(1): 25–47.

Rutherford W, 1987. *Second Language Grammar: Learning and Teaching* [M]. London: Longman.

Rutherford W, 1988. Aspects of pedagogical grammar [M] // Rutherford W, Smith M S. *Grammar and Second Language Teaching: A Book of Readings*. Boston: Heinle & Heinle: 171–185.

Rutherford W, Sharwood-Smith M, 1985. Consciousness-raising and universal grammar [J]. *Applied Linguistics*, 6(3): 274–282.

Rutherford W, Sharwood-Smith M, 1988. *Grammar and Second Language Teaching: A Book of Readings* [M]. New York: Newbury House.

Salsbury T, Bardovi-Harlig K, 2000. Oppositional talk and the acquisition of modality in L2 English [M] // Swierzbin B, Morris F, Anderson M, et al. *Social and Cognitive Factors in Second Language Acquisition*.

Somerville, MA: Cascadilla Press: 56–76.

Saussure F, 1916. *Course in General Linguistics* [M]. Paris: Payot.

Schauer G A, 2006. Pragmatic awareness in ESL and EFL contexts: Contrast and development [J]. *Language Learning*, 56(2): 269–318.

Schauer G A, 2012. Pragmatics and grammar [M] // Carol A. *The Encyclopedia of Applied Linguistics*. Chapelle: Wiley Blackwell: 2–7.

Schmidt R, 1983. Consciousness, acculturation and the acquisition of communicative competence [M] // Wolfson N, Judd E. *Sociolinguistics and Second Language Acquisition*. Rowley, MA: Newbury House: 137–174.

Schmidt R, 1990. The role of consciousness in second language learning [J]. *Applied Linguistics*, 11(2): 129–158.

Schmidt R, 1993. Consciousness, learning and interlanguage pragmatics [M] // Kasper G, Blum-Kulka S. *Interlanguage Pragmatics*. New York: Oxford University Press: 21–42.

Schmidt R, 1995. Consciousness and Foreign Language Learning: A Tutorial on the Role of Attention and Awareness in Learning [M] // Schmidt R W. *Attention and Awareness in Foreign Language Learning*. Honolulu: University of Hawaii Press: 1–63.

Schmidt R, 2001. Attention [M] // Robinson P. *Cognition and Second Language Instruction*. New York: Cambridge University Press: 3–32.

Schmidt R, 2010. Attention, awareness, and individual differences in language learning [M] // Chan W M, Chi S, Cin K N, et al. *Proceedings of CLaSIC 2010*. Singapore: National University of Singapore: 721–737.

Schmidt R, Frota S, 1986. Developing basic conversational ability in a second language: A case study of an adult learner of Portuguese [M] // Day R. *Talking to Learn: Conversation in Second Language Acquisition*. Rowley, MA: Newbury: 237–326.

Schneider K P, Barron A, 2008. *Variational Pragmatics* [M]. Amsterdam: Benjamins.

Searle J, 1979. *Expression and Meaning: Studies in the Theory of Speech Acts* [M]. Cambridge: Cambridge University Press.

Sharwood-Smith M, 1981. Consciousness-raising and the second language learner [J]. *Applied Linguistics*, 2(2): 159–168.

Sharwood-Smith M, 1993. Input enhancement in instructed SLA [J]. *Studies in Second Language Acquisition*, 15(2): 165–179.

Shimazu Y M, 1989. Construction and concurrent validation of a written pragmatic competence test of English as a second language [D]. San Francisco: University of San Francisco.

Shively R, 2010. From the virtual world to the real world: A model of pragmatics instruction for study abroad [J]. *Foreign Language Annals*, 43(1): 105–137.

Siegal M, 1996. The role of learner subjectivity in second language sociolinguistic competency: Western women learning Japanese [J]. *Applied Linguistics*, 17(3): 356–382.

Simard D, Wong W, 2004. Language awareness and its multiple possibilities for the L2 classroom [J]. *Foreign Language Annals*, 37(1): 96–109.

Smith F, 1971. *Understanding Reading: A Psycholinguistic Analysis of Reading and Learning to Read* [M]. New York: Holt, Rinehart & Winston.

Sorace A, Serratrice L, 2009. Internal and external interfaces in bilingual language development: Beyond structural overlap [J]. *International Journal of Bilingualism*, 13(2): 195–210.

Spada N, 1997. Form-focussed instruction and second language acquisition: A review of classroom and laboratory research [J]. *Language Teaching*, 30(2): 1–15.

Sperber D, Wilson D, 1995. *Relevance: Communication and Cognition* [M]. Oxford: Blackwell.

Sternberg R, 1996. *Cognitive Psychology* [M]. Fort Worth: Harcourt Brace College Publishers.

Stewart J A, 2010. Using e-journals to assess students' language awareness and social identity during study abroad [J]. *Foreign Language Annals*, 43(1): 138–159.

Svalberg A M-L, 2007. Language awareness and language learning [J].

Cambridge Journals, 40(4): 287–308.

Swain M, 1995. Three functions of output in second language learning [M] // G Cook, Seidlhofer. *Principle and Practice in Applied Linguistics: Studies in Honour of H. G. Widdowson*. Oxford: Oxford University Press: 125–144.

Swain M, 1998. Focus on form through conscious reflection [M] // Doughty C, Williams J. *Focus on Form in Classroom Second Language Acquisition*. Cambridge: Cambridge University Press: 85–113.

Swain M, 2000. The output hypothesis and beyond: Mediating acquisition through collaborative dialogue [M] // Lantolf J P. *Sociocultural Theory and Second Language Learning*. Oxford: Oxford University Press: 97–114.

Taguchi N, 2002. An application of relevance theory to the analysis of L2 interpretation processes: The comprehension of indirect replies [J]. *International Review of Applied Linguistics in Language Teaching*, 40(2): 151–176.

Taguchi N, 2008. Cognition, language contact, and the development of pragmatic comprehension in a study-abroad context [J]. *Language Learning*, 58(1): 33–71.

Taguchi N, 2011a. The effect of L2 proficiency and study-abroad experience on pragmatic comprehension [J]. *Language Learning*, 61(3): 904–939.

Taguchi N, 2011b. Teaching pragmatics: Trends and issues [J]. *Annual Review of Applied Linguistics*, 31(2): 289–310.

Takahashi S, 1996. Pragmatic transferability [J]. *Studies in Second Language Acquisition*, 18(2): 189–223.

Takahashi S, 2001. The role of input enhancement in developing pragmatic competence [M] // Rose K R, Kasper G. *Pragmatics in Language Teaching*. New York: Cambridge University Press: 171–199.

Takahashi S, 2010. The effect of pragmatic instruction on speech act performance [M] // Martinezflor A, Uso-Juan E. *Speech Act Performance: Theoretical, Empirical and Methodological Issues*. Amsterdam: John Benjamins: 127–142.

Takimoto M, 2009. The effects of input-based tasks on the development of learners' pragmatic proficiency [J]. *Applied Linguistics*, 30(1): 1–25.

Tolentino L C, Tokowicz N, 2014. Cross-language similarity modulates effectiveness of second language grammar instruction [J]. *Language Learning*, 64(2): 279–309.

Tomlin R S, Villa V, 1994. Attention in cognitive science and second language acquisition [J]. *Studies in Second Language Acquisition*, 16(2): 183–203.

Tong X, Tong X, Shu H, et al, 2014. Discourse-level reading comprehension in Chinese children: What is the role of syntactic awareness? [J]. *Journal of Research in Reading*, 37(s1): 48–70.

Tunmer W E, Grieve R, 1984. Syntactic awareness in children [M] // Tunmer W E, Pratt C, Herriman M. *Metalinguistic Awareness in Children*. New York: Springer-Verlag: 92–104.

Van Patten B, 1990. Attending to form and content in the input: An experiment in consciousness [J]. *Studies in Second Language Acquisition*, 12(3): 287–301.

Verity D P, 2003. Everyone's a native speaker: Promoting language awareness in the classroom [J]. *NUCB JLCC*, 5(2): 133–141.

Verschueren J, 2000. Notes on the role of metapragmatic awareness in language use [J]. *Pragmatics*, 10(4): 439–456.

Vogel S, Herron C, Cole S, et al, 2011. Effectiveness of a guided inductive versus a deductive approach on the learning of grammar in the intermediate-level college French classroom [J]. *Foreign Language Annals*, 44(2): 353–380.

Vygotsky L S, 1978. *Mind in Society: The Development of Higher Psychological Process* [M]. Cambridge, MA: Harvard University Press.

Walters F S, 2013. Interface between a discourse completion test and a conversation analysis-informed test of L2 pragmatics competence [M] // Ross S J, Kasper G. *Assessing Second Language Pragmatics*. Hampshire: Palgrave Macmillan: 172–195.

White L, 2011. Second language acquisition at the interfaces [J]. *Lingua*,

121(4): 577–590.

Widdowson H G, 1979. *Explorations in Applied Linguistics* [M]. Oxford: Oxford University Press.

Wilkins D A, 1976. *Notional Syllabus* [M]. London: Oxford University Press.

Wittgenstein L, 1953. *Philosophical Investigations* [M]. New York: McMillan.

Wray A, 1999. Formulaic language in learners and native speakers [J]. *Language Teaching*, 32(4): 213–231.

Wright T, Bolitho R, 1993. Language awareness: A missing link in language teacher education? [J]. *ELT Journal*, 47(4): 292–304.

Yamanaka J E, 2003. Effects of proficiency and length of residence on the pragmatic comprehension of Japanese ESL learners [J]. *Second Language Studies*, 22(1): 107–175.